普通高等教育经济管理类专业"十三五"规划教材

管理信息系统

（第二版）

主　编　黄位华
副主编　付　泉　张秋燕
　　　　桂夏芸　苏翠华
主　审　谌贻庆

华中科技大学出版社
中国·武汉

内 容 简 介

本教材共分为10章。每章首先引入学习目标和案例,在最后介绍本章小结、关键概念、简答题、综合案例、上机实践。第1章主要介绍了企业资源与企业竞争力的相关内容;第2章主要介绍了信息系统与管理信息系统的相关内容;第3章主要介绍了信息系统战略作用的相关内容;第4章主要介绍了管理信息系统规划的相关内容;第5章主要介绍了系统规划模型与系统开发方法的相关内容;第6章主要介绍了企业资源计划(ERP)的相关内容;第7章主要介绍了决策支持系统的相关内容;第8章主要介绍了供应链管理系统的相关内容;第9章主要介绍了客户关系管理系统的相关内容;第10章主要介绍了大数据与管理信息系统的相关内容。

图书在版编目(CIP)数据

管理信息系统/黄位华主编. —2版. —武汉:华中科技大学出版社,2017.1
ISBN 978-7-5680-2495-2

Ⅰ.①管… Ⅱ.①黄… Ⅲ.①管理信息系统 Ⅳ.①C931.6

中国版本图书馆CIP数据核字(2017)第012265号

管理信息系统(第二版)   黄位华 主编
Guanli Xinxi Xitong

策划编辑:范 莹
责任编辑:陈元玉
封面设计:原色设计
责任校对:张会军
责任监印:周治超

出版发行:华中科技大学出版社(中国·武汉) 电话:(027)81321913
    武汉市东湖新技术开发区华工科技园 邮编:430223
录 排:华中科技大学惠友文印中心
印 刷:武汉科源印刷设计有限公司
开 本:710mm×1000mm 1/16
印 张:25.25
字 数:521千字
版 次:2013年8月第1版 2020年1月第2版第2次印刷
定 价:48.80元

本书若有印装质量问题,请向出版社营销中心调换
全国免费服务热线:400-6679-118 竭诚为您服务
版权所有 侵权必究

第二版前言

现阶段,飞速发展的信息技术正在深刻地影响着这个世界,信息化对经济和社会的巨大影响力也在与日俱增,信息已经成为现代企业最重要的资源。为反映学科的前沿,我们的教材也要根据时代的发展和需要不断地修改完善,正因如此,我们对第一版的内容进行了修订。

与第一版相比,本版修改的内容主要如下。

(1) 根据管理信息系统的新发展,增加了第10章。

(2) 调整了其他章节的次序,并对各个章节作了较大的修改、补充和完善。

(3) 替换了每章最后的上机实践,代之的是浙科企业管理信息化模拟教学软件的操作内容。

(4) 替换了每章中的阅读材料、综合案例,取而代之的是最新的能够结合知识点的阅读材料和综合案例。

修订后,本书突出了需求驱动的管理信息系统应用和信息系统管理,简化了管理信息系统的开发过程和技术,使教材内容更具先进性、前沿性。

此次修订仍由南昌大学科学技术学院管理系的老师负责编写修改方案,分工如下:由谌贻庆教授主审,黄位华进行统稿和审稿,其中第1章、第2章、第3章由苏翠华、桂夏芸修订编写,第4章、第5章由黄位华修订编写,第6章、第7章由付泉修订编写,第8章、第9章由张秋燕修订编写,第10章由黄位华增加编写。

在本书的写作和修订过程中,我们引用、参考了大量中外文献,包括书籍和网络资料,在此谨向所有引用的文献著者、向给予指导和帮助的专家学者表示诚挚的谢意。

由于编者水平有限,书中难免存在错误和疏漏,恳请专家、读者批评指正。

编者于南昌大学科学技术学院
2016年10月

目 录

第1章 企业资源与企业竞争力 1
  1.1 企业的构成 2
  1.2 企业资源的种类和特点 4
  1.3 企业资源配置与企业核心竞争力 16

第2章 信息系统与管理信息系统 40
  2.1 企业经营环境的变化 41
  2.2 信息是一种重要的资源 49
  2.3 信息系统 55
  2.4 管理信息系统 58

第3章 信息系统的战略作用 84
  3.1 信息 91
  3.2 竞争威胁模型——行业环境分析 93
  3.3 价值链模型——企业自身环境分析 100

第4章 管理信息系统的规划 129
  4.1 企业战略管理目标 130
  4.2 管理信息系统规划 137
  4.3 项目筹划 139
  4.4 企业管理诊断 147
  4.5 需求定位 152

第5章 系统规划模型与系统开发方法 181
  5.1 管理信息系统规划概述与系统规划模型 182
  5.2 信息系统开发方法 195

第6章 企业资源计划 226
  6.1 企业资源计划的概念、特点及发展历程 227
  6.2 企业资源计划的基本原理 233
  6.3 企业资源计划的主要功能模块 244
  6.4 应用企业资源计划应注意的问题 252

第7章 决策支持系统 271
  7.1 决策问题与决策理论 272
  7.2 决策支持系统 277

7.3　决策支持系统的主要类型 …………………………………… 282
   7.4　人工智能系统 ………………………………………………… 286
第 8 章　供应链管理系统 ……………………………………………… 301
   8.1　供应链管理产生的原因 ………………………………………… 302
   8.2　供应链管理概述 ………………………………………………… 306
   8.3　供应链管理信息系统 …………………………………………… 315
第 9 章　客户关系管理系统 …………………………………………… 333
   9.1　客户关系管理的定义与本质 …………………………………… 334
   9.2　客户关系管理产生的背景及其发展 …………………………… 336
   9.3　客户关系管理的功能和企业文化 ……………………………… 339
   9.4　客户关系管理系统 ……………………………………………… 343
第 10 章　大数据与管理信息系统 …………………………………… 363
   10.1　大数据与大数据分析 ………………………………………… 365
   10.2　大数据与信息处理 …………………………………………… 374
   10.3　大数据与管理信息系统 ……………………………………… 379
   10.4　大数据带来的问题与采取的措施 …………………………… 383

参考文献 ………………………………………………………………… 396

第1章　企业资源与企业竞争力

学习目标

1. 了解企业的构成；
2. 了解企业资源的分类；
3. 掌握企业核心竞争力与企业资源的关系；
4. 了解企业资源是如何配置的。

引入案例

善用资源，提升企业竞争力

案例背景

广流化学公司是一家精细化工企业。20世纪70年代，该公司注册了Flexamax产品专利，这是一种用于生产精细陶瓷的化合物。在此之后，广流化学公司在陶瓷添加剂市场几乎独享了30年的主导地位。虽然对手引进了与之竞争的产品，但没有一家企业能从广流化学公司吸引走太多的顾客。尽管广流化学公司产品的价格较高，但仍主导着市场。因为该公司发掘了三项资源：先进的产品、持续创新的声誉，以及能比竞争者更好地解决顾客问题的销售工程师队伍。这种资源组合形成了持久的优势，该公司把销售Flexamax产品的利润回注到研发中，以此保持产品的领先性。

变革时代

随着贸易壁垒的消除，来自东欧厂商的竞争威胁出现了。广流化学公司的销售工程师不再向志趣相投的陶瓷工程师推销产品；采购部门的影响力下降，采购人员也变得不太注意技术，而更关心成本。在新形势下，一家名叫精化学的公司开始以其Thermalease系列产品获得成功，该产品与Flexamax产品的化学成分十分相似。广流化学公司的销售工程师开始给产品价格打折，以保持销量。为了完成年度利润的增长目标，广流化学公司的经理们开始设法节省成本，他们自然想到了以前的法宝，于是，他们削减销售费用，加强研发投入，以维持公司作为创新者的声誉。

精化学公司利用与广流化学公司之间的价位差扩大销售，将增加的收入投资于顾客服务。顾客尝试过精化学公司的产品和服务后，纷纷再次购买。精化学公司的市场份额扩大了，了解顾客需要的机会也随之增多。不管精化学公司是否知道，它已经创立了持久优势的新模式。虽然广流化学公司仍主导着市场，但精化学公司正在加紧侵蚀其市场份额。

为此,广流化学公司的经理们忧心忡忡,于是,公司开发了模拟市场竞争力的模型。该模型包含广流化学公司及其竞争者所利用的、新近的和先前的一切关键资源。模型显示,如果广流化学公司在研发、服务和价格上保留其原有政策,那么公司将在3年内失去市场主导地位。模型还显示,如果广流化学公司缩减研发费用,建立不同于精化学公司的服务,那么最终将会重新夺回主导地位,但公司必须立即进行自身改造。要做到这一点,广流化学公司必须开发强劲的服务能力,从顾客的技术进步中进行学习,让全公司共享这方面的知识,并将所学知识编码化。还必须放弃许多孤芳自赏的研发能力,以消除贵族化的研究心态。

◎ 案例启示

要提升企业竞争力,领导成功的变革,就必须认识到给企业带来竞争优势的资源会不断消竭。应及早将盈利投入新资源,以便新的持久优势得以生根发芽。如果在过去占优的企业不能意识到竞争优势会慢慢消退,竞争对手就会借助建立新的资源,最终实现赶超。身处条件变化威胁之中的企业应该采取下列措施。

(1) 了解自身的资源系统。要明了如何建立核心资源,了解使核心资源枯竭的因素,或者知道核心资源的兴衰与其他资源之间的关系。

(2) 寻找先行指标。必须捕捉信息,使其能预示创建持久优势的不同资源重要性的变化。

(3) 预见冲击。我们往往认为,所谓冲击,就是资源一下子突然枯竭。但事实上,阻碍资源积累的冲击也许更重要,因为它们更难以察觉。

(4) 辨识有助于未来持久优势的资源。虽然没有办法能确切地预测哪些新资源会促进未来的持久优势,但可以描述可能的持久优势来源,并开发创建持久优势的能力。

(5) 辨识必须破除的资源。要使企业获得新生,光有"立"是不够的,还必须"破"。

事实说明,在当今新经济时代的背景下,企业要在瞬息万变的市场环境中立于不败之地,就必须依托现代化的管理思想和手段,对企业内外部资源进行有效整合和配置,从而提升企业的竞争力,这样才能使企业立于不败之地。

1.1 企业的构成

关于企业的构成元素,不同的专家有不同的看法。有的人认为企业是由产品和服务构成的,有的人认为企业是由部门和经营单位构成的,还有的人认为企业是活动的集合。下面主要从两个方面来阐述企业的构成元素。

首先对资源与能力这两个概念本身进行定义和区分。

广义而言,任何可以称为企业强项或弱项的事物,任何可以作为企业选择和实施其战略的基础的东西都可以看成是企业资源,如企业的资产组合、属性特点、对外关系、品牌形象、员工队伍、管理人才、知识产权,等等。依据这种宽泛的理解,企业的能力自然也可以看成是某种企业资源,是一种能够帮助企业发现、获取、组合、应用与更新企业某种高层次的资源。事实上,在管理文献中,企业资源与能力通常在许多情况下通用。

狭义而言,资源与能力有着较大的区别。前者主要从企业所拥有的各类资产的角度来看,后者则主要从解决企业经营问题的角度来解释。一般而言,资源可以看成是相对静止的资产、项目、属性、关系的存在;能力可以理解为组合和应用资源的技巧和手段,理解为在经营活动中所表现的具有行动导向的某种功能性的运作水准。例如,先进的厂房和设备是企业的资源;而企业员工有效地应用设备,管理者制定、实施、协调和监控系统的管理流程,从而增进企业的灵活性、提高应变速度,并提高其生产力的综合技能,便是企业的一种能力。

因此,企业也可以看成是一种资源与能力的组合。这里体现的是资源本位企业观下企业自身分析的内向型视角。

资源本位企业观与产业分析理论分别从企业内部禀赋和外部环境两个方面来看待企业,应该同时考察,可以互为补充。用从外部产业定位的视角和内部资源能力的视角同时来看企业的战略,把握企业经营的实质,才能更加全面系统、详细透彻。具体可参见图1-1所示佳能的例子。

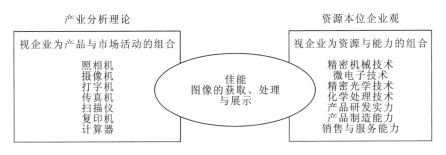

图 1-1　资源本位企业观与产业分析理论对企业的不同含义

产业分析理论将佳能看成是一系列产品与市场活动的组合。而资源本位企业观则将佳能看成是资源与能力的组合。在产品市场上,看到的是佳能产品的优质性能、可靠质量、强势地位及高额定价。在企业内部,看到的是资源优异、技术领先、组织有序、能力高强。而联结两种企业定义的核心是图像处理。佳能的实质是利用其先进的图像处理技术研制和销售多种不同的图像处理仪器。这是佳能绩效优良的成功之源。

阅读材料 1

资源本位企业观

资源本位企业观的基本论点在于企业独特的资源乃持久竞争优势之根本源泉。资源本位企业观为分析企业持久竞争优势提供了一个重要的观察视角与理论体系。要获得持久竞争优势,企业的资源必须是极具价值、特性突显、罕见稀缺、供给有限、不可模仿、不可流动、难以替代、难以买卖的,它牢固地镶嵌于企业复杂的技术和组织系统中,具有较高的企业特定性。资源本位企业观的形成和发展,为理解企业资源特性与持久竞争优势之间的关系做出了重要的贡献。

从 SWOT 分析方法(SWOT 分析方法是一种根据企业自身的既定内在条件进行分析,找出企业的优势、劣势,及核心竞争力之所在的企业战略分析方法)的总体视角来看,资源本位企业观应该是对产业分析理论的一个必要补充,甚至为某种理论整合提供了可能与契机。然而,资源本位企业观很自然地要突显企业层面而不是产业层面的分析焦点,强调内部资源的作用而非外部产业定位的作用。其主要贡献在于为企业资源的分析提供了强有力的理论基础和研究方法,尤其是在资源的独特性与企业竞争优势的持久性关系的分析方面,贡献良多,成绩斐然。

资源本位企业观将企业视为一个独特的资源组合,把企业资源看成是战略制定和实施的基础。它的主要分析单元在于企业层面,注重考察企业内部的资源禀赋与运作能力的构成、组合和特点。当波特的产业分析理论风靡于全球时,资源本位企业观的兴起与壮大为战略管理领域的研究与发展提供了必要的平衡力量,使人们再一次清醒地意识到,战略的实质和精髓在于企业外部环境与内部要素的契合。毕竟,企业独特的优质资源如果不能够构建和导致强势的外部产业定位,便不能充分地展现自己应有的价值;而强势的外部产业定位的获取及其持久占据,通常离不开企业独特资源与能力的支持。

1.2 企业资源的种类和特点

资源,是企业生存与成长的必需品,是企业的阳光、空气、水和食物,是打造企业比较优势的基本材料,是构建企业竞争与发展战略的基础和模块,是企业生产产品和服务、创造效用与价值的源泉。在企业战略管理中,识别和盘点企业资源,全面开发和有效利用企业资源,具有十分重要的意义。

企业资源多种多样,可以是某种资产或实物,也可以是某种关系或属性;可以是单一的要素,也可以是一个复合的网络。同样,企业资源的分类也多种多样,目前还没有统一的标准。例如,常见的基本资源类别包括财务、实物、人力、技术、组织、商誉、创新等。下面采取一种折中的做法介绍一些比较有代表性的资源类别。

1.2.1 企业资产的种类

1. 有形资源和无形资源

按照资源的形态,资源可以划分为有形资源和无形资源等两类,如表1-1所示。

表1-1 企业资源的分类

有形资源	财务资源	·现金储备和其他可以迅速变现的资产 ·内部产生财务资源的能力 ·外部融资与举债能力
	实物资源	·厂房设施与机器设备 ·生产地点与土地 ·原材料储备
无形资源	知识产权	·商标、品牌、执照、资质鉴定、许可合同 ·版权与技术专利 ·技术诀窍与商业秘密
	人力资源	·素质、技能与经验 ·对企业的忠诚度与承诺 ·团队合作、人际关系、应变能力
	管理资源	·管理团队素质与技能组合 ·社会关系网络与社会资本积累 ·管理者的内部威信与业界声誉
	组织资源	·企业文化与精神风貌 ·企业形象与声誉 ·组织的协调能力、学习能力与应变能力

1)有形资源

有形资源是指能够看得见的并且可以量化的资产。土地、写字楼、工厂、车间、机器设备,以及正式的(信息)报告系统、技术手段等,均属于有形资源。这里它主要体现在财务资源和实物资源上。

(1)财务资源。财务资源包括企业的现金储备和其他类似于现金的资产。财务资源还体现为企业的对外筹款和举债能力,以及自己通过盈利等途径创造资金的能力。

(2)实物资源。企业的实物资源则体现在其地理位置、基础设施、厂房、车间、机器设备等方面。例如,中国移动的基站设施与网络覆盖,保证了其信号的质量和接通率。企业对原材料的拥有与获取也是企业实物资源的一个重要组成部分。例如，茅台酒厂因为地理位置独特而具有天然的酿酒的优质水源。

对这些有形资源的考察并不仅仅是为了罗列一个资源清单，而主要是为了认识这些资源的价值和对企业竞争优势的潜在贡献。问题的关键在于如何更有效地利用这些财务资源和实物资源的多种经营用途，切实地提升这些资源的盈利能力。例如，一个企业运输车队的名义资产可能是 20 辆卡车，但由于车龄老化、保养维修和调配无方、人员懈怠等，实际上运行的可能只有 10 辆卡车，而且这 10 辆卡车中，空车返回的现象甚为普遍，这表明企业的实物资源难以得到正常和充分利用，更谈不上竞争优势。

2）无形资源

无形资源是指植根于组织历史，伴随组织的成长而积累起来的，以独特的方式存在，并且不易被竞争对手了解和模仿的资产。这类资产的外在特点是无形的——看不见摸不着，但其存在是可以意会和感知的。企业中的管理者和员工所掌握的知识与技能、相互之间的信任程度、交往方式、思想观念、创新能力、领导风格、管理制度、产品或服务的声誉等都可归于无形资源一类。其具体体现在以下几方面。

（1）知识产权。知识产权泛指企业的商标、品牌、资质鉴定与实力的认可，特殊的经营执照与许可，企业所拥有的版权、技术专利、技术诀窍和商业秘密等。广义而言，知识产权还包括支持和创造这些知识产权的技术创新与研发能力。以技术为基础的知识产权可以帮助企业影响或制定产业标准，实现自己产品的功能和提高生产过程的质量，从而实现产品的设计和创造本身的优势。以品牌为主导的知识产权，可以使企业在众多的竞争对手中脱颖而出，赢得顾客青睐，获得销售与价格方面的优势。表 1-2 和表 1-3 所示分别为 2015 年全球最具价值品牌排行榜和 2015 年中国最具价值品牌排行榜。

表 1-2　2015 年全球最具价值品牌排行榜

排名	公司名称	行业	地区	品牌价值/亿美元
1	苹果	科技	北美	246992
2	谷歌	科技	北美	173652
3	微软	科技	北美	115500
4	IBM	科技	北美	93987
5	VISA	金融	北美	91962
6	AT&T	电信	北美	89492
7	Verizon	移动运营商	北美	86009
8	可口可乐	软饮料	北美	83841

续表

排名	公司名称	行业	地区	品牌价值/亿美元
9	麦当劳	餐饮	北美	81162
10	万宝路	烟草	北美	80352
11	腾讯	互联网	亚洲	76572
12	Facebook	社交网站	北美	71121
13	阿里巴巴集团	零售	亚洲	66375
14	亚马逊	零售	北美	62292
15	中国移动	移动运营商	亚洲	59895
16	富国银行	金融	北美	59310
17	通用电气	多元化服务	北美	59272
18	UPS	物流	北美	51798
19	迪士尼	娱乐	北美	42962
20	万事达	金融	北美	40188

表 1-3 2015 年中国最具价值品牌

序号	世界排名	品牌英文名称	品牌中文名称	品牌年限	行业
1	11	Tencent	腾讯	16	互联网
2	13	ALIBABA	阿里巴巴	15	互联网
3	15	China Mobile	中国移动	28	电信
4	54	ICBC	中国工商银行	30	银行
5	56	State Grid	国家电网	12	能源
6	61	CCTV	中央电视台	56	传媒
7	74	Lenovo	联想	30	计算机办公设备
8	82	Haier	海尔	30	数码与家电
9	114	Huawei	华为	27	通信与电子

显然,知识产权的核心是知识,是增强企业经营活动有效性和提升效率的知识与能力。这种知识与能力,可以帮助企业了解客户、研发产品、改进流程、提升品牌力。之所以称为无形资产,一个很重要的原因是它们的隐形知识,它隐匿于企业的运作流程中,共享于企业不同部间间的经营活动中,难以量化、外在化、指标化。因此,这些在经营活动中有机流动的、既鲜活生动又难以捕捉和察觉的隐形知识与能力,不仅难以被企业系统、正规地加以管理,也很难被对手模仿和复制,因而为企业带来持久竞争优势。在如今的知识经济时代,资源的竞争已经不再是资本、土地和一般劳动力的

竞争,而是知识资本的竞争和创造知识与应用知识能力方面的竞争。

(2)管理资源和人力资源。毫无疑问,企业的知识靠人来传承、靠人来应用。因此,管理资源和人力资源是企业许多无形资产的载体,包括各种知识体系、技能、经验、工作热情、对企业的忠诚度与承诺等因素。管理者和员工的素质良好、技能扎实、勤勉敬业、忠诚努力是企业人力资源管理的主要目标。根据企业人力资源的水准与对企业的贡献程度,某位企业家形象地将企业的人员分为四大类,即人财、人才、人在、人灾。可见并非所有的人力都是资源。有些人力可能是负资源,有些人力可能由于不被重用,不能充分发挥其作用。

另外,一个相对稳定的管理层和员工队伍是维持企业持久竞争的一个重要前提,因为如果优质资源可以随意在企业间移动,那么任何一个组织都不可能长期地保持其竞争优势。例如,随着交通与通信的发展,世界交响乐团之间演奏员的跳槽与换位,尤其是著名指挥家同时在不同洲际的多家乐团任职,频繁地到更多的乐团客座指挥,都在很大程度上走向趋同性,特色与优势逐渐消失。管理者必须有足够的权力和威信去影响员工与组织。同时,管理者在社会网络中的地位及在外界的声誉也很大程度上取决于他们的社会资本积累、对各种信息的掌控及对其他资源的获取。

(3)组织资源。组织资源是企业总体水平上的资源与能力指标,是个体资源的应用与整合,主要体现在企业文化与精神风貌、企业形象与声誉、组织的协调能力、学习能力与应变能力。其实,显著竞争力或核心竞争力的含义,不仅指一个企业在技术方面高人一筹,有独到之处,而且指企业强大的组织能力、价值趋向、文化内涵和管理哲学与逻辑,使得企业的知识流、技术流和组织流浑然一体,促成并支撑企业在顾客、社会与公众面前具有良好形象。这种形象与公众好感不仅可以增进企业产品与服务品牌的亲和力,而且可以使企业更加从容和顺利地获取企业经营活动所必需的其他资源,如优质的人力资源。表1-4和表1-5列举了一些这样的企业。

表1-4 2015年全球最受尊敬的公司排名

排名	公司名称	行业
1	苹果	通信
2	谷歌	互联网
3	伯克希尔哈撒韦	保险
4	亚马逊	互联网
5	星巴克	餐饮
6	迪士尼	娱乐
7	西南航空	交通运输
8	美国运通	交通运输

第1章 企业资源与企业竞争力

续表

排名	公司名称	行业
9	通用电气	制造业
10	可口可乐	食品与饮料
11	强生	日化
12	联邦快递	交通运输
13	耐克	服装服饰
14	诺德斯特龙	零售
15	宝马	汽车与零件
16	好市多	零售
17	宝洁	日化
18	全食超市	零售
19	新加坡航空	交通运输
20	微软	软件

表1-5　2014—2015年度中国最受尊敬的企业

创新型企业	社会推动型企业	稳健成长型企业
诺华集团(中国)	北京民生典当有限责任公司	百度集团
英特尔(中国)有限公司	红星美凯龙家居集团股份有限公司	宝马(中国)汽车贸易有限公司
泛海控股股份有限公司	长安福特汽车有限公司	广东东鹏控股股份有限公司
国金证券股份有限公司	北京现代汽车有限公司	广东欧珀移动通信有限公司
5100西藏冰川矿泉水有限公司	交通银行股份有限公司	广汽本田汽车有限公司
日立(中国)有限公司	内蒙古亿利能源股份有限公司	国际商业机器(中国)有限公司
上海陆家嘴国际金融资产交易市场股份有限公司	泰然金融集团	海航集团有限公司
东方丹霞茶业有限公司	微梦创科网络科技(中国)有限公司	华为技术有限公司
中融国际信托有限公司	中国民生投资股份有限公司	京东集团

其实,组织的协调能力、学习能力与应变能力,正是其所谓动态能力的核心基础

和实质内容。动态能力是企业作为一个整体不断调整、组合和更新资源,从而应对市场变化的能力。显然,上述管理资源及员工个人的学习与应变能力,与这里讨论的组织资源一样,对企业总体的动态能力而言,都是必不可少的重要构成元素。

2. 外部资源与内部资源

按企业对资源的拥有情况,资源可以分为内部资源和外部资源。

1) 内部资源

内部资源是指企业控制并拥有所有权和使用权的经营资源。企业的内部资源具有有限性和特定性等特征。企业拥有的内部资源的数量和质量决定了企业的竞争优势。例如,拥有大量科技人才和科研设备的企业的竞争优势在于新产品的开发;而拥有先进销售网络的企业的竞争优势在于市场营销。因此,企业应根据自己所拥有的或能够拥有的经营资源去选择其经营领域。

2) 外部资源

外部资源包括其他企业的资源和公共资源等,它具有可利用性和相对无限性等特征。可利用性是指企业只要支付一定的使用成本或开发成本,就可让外部资源为自己服务;相对无限性是指与企业的资源需求相比,外部资源无论在数量上还是在种类上都是无限的。当企业使用外部资源的时候,既可以以较高的代价获取外部资源的所有权和使用权而将其转变为内部资源,也可以付出较低成本只取得使用权。对一个企业来说,到底采取何种形式,应根据具体情况而定。

内部资源的有限性和特定性,决定了内部资源具有较强的刚性,当环境条件发生变化时,很难快速地改变内部资源的性质和种类,改变时,需要付出较高的成本;与内部资源相比,外部资源具有较强的柔性,当环境条件发生变化时,企业只需付出较低的成本,就可迅速地改变所使用的外部资源的性质和种类,这会使企业具有较高的柔性和环境应变能力。

1.2.2 资源的特性

一个企业之所以能够长久经营,是由于它拥有某种持久的竞争优势。而竞争优势之所以能够持久,就是因为该企业的经营战略无法被竞争对手轻易复制和模仿。而经营战略无法被成功模仿的关键通常在于所需要的企业资源无法被模仿和复制,或者极其高昂的复制成本使得竞争对手不得不望而却步。因此,独特的企业资源是战略制定和实施基础的源泉及长期经营的保证。

下面详细探讨为什么某些企业的独特资源可以持久,或者说,为什么资源在企业间的异质化分布可以持久存在。关键在于独特资源的两大特性,即不可模仿性和不可替代性。

1. 资源的不可模仿性

资源的不可模仿性,常用"资源位置壁垒"和"隔离保护机制"等术语来形容。具体而言,这些资源壁垒(或者更准确地说为保护机制)主要包括不可交易性、因果模糊性、社会复杂性、其他资源获取和使用过程的特点(如时间压缩不经济性、资产聚集效应、资源关联性和资源损失等),以及其他比较直观的因素(如路径依赖等),如表1-6所示。当然,上述所有因素并非完全在同一个分析层次之上,可能相互重叠和补充,也可能共同作用。

表1-6 资源的不可模仿性与不可替代性影响因素

不可模仿性	不可交易性	因果模糊性	社会复杂性
	时间压缩不经济性	资产聚集效应	资源关联性
	资源损失	路径依赖	其他因素
不可替代性	自然天成	社会习俗	转换费用
	纵向兼容	先入为主	买断挑战
	维权诉讼	霸道名声	政府管制

2. 资源的不可替代性

在很多情况下,竞争其实存在着殊途同归的可能。也就是说,在同一个游戏中,不同的资源组合可以形成不同的竞争优势。因此,企业可以使用不同的强项去玩同一个游戏。如果某些强势企业的资源不能被模仿,那么新兴企业可能会寻找其他资源组合来"替代"现有强势企业的资源,从而避开、绕过或者跨越现有强势企业所拥有的"资源位置壁垒",或者独辟蹊径开发全新的市场,使原有强势企业变得边缘化,甚至完全被淘汰。游戏创新和蓝海战略中介绍的就是这个道理。

然而,拥有独特资源的强势企业,为了保持其持久竞争优势,为了保持其在市场上的排他性和重要性,会千方百计使其独特资源不仅难以模仿,而且难以替代或不可替代。这样,该企业便成为市场中唯一的游戏者,在该游戏中,它由于具有独特的资源而稳居领先地位。其资源的不可替代性往往来自这些因素或它们的组合,可以简称为替代壁垒,如自然天成、社会习俗、转换费用、纵向兼容、先入为主、买断挑战、维权诉讼、霸道名声及政府管制等。

 阅读材料2

资源的不可模仿性的具体表现

1) 不可交易性

不可交易性是指某些资源由于其自身的特性或市场不完善性等不能通过市场公开买卖而实现其在企业间的流动。这就使得某些企业希望拥有某些资源的企图变得不可能。正如产品市场上有垄断和不完全竞争一样,在企业所需的各类资源市场,即"企业制定某种独特竞争战略时所需要的战略资源市场"上,也会有不完全竞争的现象。这种不完全竞争意味着某些企业，尤其是弱势企业根本没有机会参与"战略资源市场"的竞争，因此，无法复制对手的独特资源（想买也买不到），也就无法模仿其成功战略。另外，某些资源本身不具备可交易性，必须在企业内部进行积累，比如某些无形资产，不可能被"抠"出来单独在市场上买卖。即使对手买下整个企业，也可能得不到该企业的无形资源和独特能力。例如，A企业兼并B企业主要是为了获得其研发队伍，但B企业的主要研发人员可能因为不喜欢为A企业服务而在兼并前或成交前就跳槽，留给A企业一个徒有虚名的空壳。

2）因果模糊性

因果模糊性是指不熟悉这种竞争优势的资源，或者不能清楚了解获取这种资源的机制。也就是说，在某些情况下，拥有某种独特资源的企业自身也不明白这种独特资源是怎么来的，或者很难说清楚到底是什么独特资源在起作用（支撑着企业的持久竞争优势），企图模仿的竞争对手就更摸不着头脑，感到无从下手。这便是因果模糊性在起作用。例如，某企业的竞争优势可能主要来自于政府关系，但该企业可能会错误地以为是自身的制造实力或品牌声誉，企业现任高层可能也并不清楚该企业政府关系优势的来历。另一种可能性就是，该企业故意掩盖其政府关系优势的实质（以及其渊源），扭曲事实，转移视线，把对手的注意力引到不相干的领域，从而阻止对手模仿和复制。

3）社会复杂性

社会复杂性是指企业的独特资源，尤其是指其独特能力，通常不是某种可以清楚界定的设备、元件、技术或其他个体资源，而是深深镶嵌于一个企业的组织体系与文化传统之中的某种流程、意识和运作能力。这种镶嵌性，使得该独特资源的流动性大大降低甚至为零，只能存在于本企业，沉淀于本企业，作用于本企业，于是具备所谓的"企业特定性"。例如，企业文化便是这样一种具有较强的社会复杂性的企业资源。它不可能被对手买去、偷去，或者轻易地学去。模仿一个具体的资源项目可能比较容易，比如付现金买断一个好的商铺地段，而模仿具有高度社会复杂性的、企业特定性的、多层面多维度的资源便不那么容易。

4）时间压缩不经济性

时间压缩不经济性是指获取某些资源需要经过长时期的积累、系统的培育。短期内，即使花费若干倍的力气去打造、用钱财去购买，也不可能迅速达到预期的效果。一个最浅显的道理是，用高压锅煮肉，再快再好，也不如砂锅细火慢炖的味道好。急功近利，事倍功半。比如奢侈品品牌，往往需要几个世纪的经营，"暴发户"是不可能轻易与之匹敌的。这里，资源本位企业观的文献里引用了这样一个故事：一位年轻的美国人去访问英国的某个城堡，与当地伯爵进行了如下对话："您的草地为什么这么绿？""首先，土质要好。""原来如此。""另外，种子和肥料要好。""明白。""还有，每天浇水，每周修剪。""咦，这很好办。""就这么简单！""真这么简单吗？""当然。不过你要这样保持五百年!"

因此,企业资源的优异同样需要精心打理和长期不懈的努力。

5) 资产聚集效应

资产聚集效应,或叫资源的关键规模效应,是指某些企业的独特资源有足够的规模和储备,形成了良好的资源应用环境,并且可以更加容易地更新其储备和扩大其规模。例如,森林中较高的树木,由于出类拔萃,可能更多地接近阳光而越长越高。同样,人才济济的企业,如微软和通用电气,比对手更容易吸引新的人才。这就使得意欲效仿的企业处于劣势。即使它们能够在某种程度上获得上述资源,也通常势单力薄、不成气候,达不到关键的集聚度或临界点,只能望洋兴叹。

6) 资源关联性

资源关联性是指独特资源与其他资源的关联性或互补性。企业的资源往往是一个相互关联的体系,互相影响、共同作用。它们既互相激发,也互相制约。某种资源如欲完全发挥效用,通常需要以其他资源为基础、配合或补充,共同发挥作用,才能奠定优势。例如,技术创新实力需要制造实力和营销实力做后盾,这样开发出的新产品才能在市场上站住脚跟。新产品的成功可以带来丰厚的利润,再投资到研发部门,可进一步增强研发实力。如果模仿者或挑战者只有研发实力,而没有互补的制造实力和营销实力,那么它也不可能成功地模仿三种能力俱全的优势企业的战略,它在研发方面的独特能力也不可能持久,或者真正给企业带来市场上的优势。例如,EMI公司虽然最早发明了CT医用扫描仪,但终究不敌通用电气和东芝的制造实力和销售实力,从而惨遭收购。

7) 资源损失

资源损失是指资源的折旧、损耗、侵蚀和失效,尤其是对于有些独特资源,如研发能力、品牌的知名度和信誉度,需要连续不断地花重金和大力气才能维持。这不是一朝一夕的事,而是旷日持久的工程。也就是说,需要连续不断地、制度化地"烧钱"。对已经拥有独特资源的既得利益者来说,这种现象往往比后起直追的模仿者更能把握。因为既得利益者已经有了一定的资源储备或资源存备,可以经受得起消耗;而模仿者初来乍到、一无所有,由于企图快速构建资源储备而必须进行大量的斥资,很容易被这种高投入的游戏拖垮。

8) 路径依赖

路径依赖,其实就是运气。由于历史原因、企业的独特经历和特定发展轨迹,企业恰好拥有某种独特的资源。后来的企业,或者没有与该企业同时行走于同一发展轨道上的企业,便不可能获取这种资源,或者即使可以获取,其成本之高,也可能已经没有任何经济意义。例如,可口可乐在第二次世界大战时被盟军总指挥艾森豪威尔将军指定为美军在世界范围内必供的饮料,这等于是美国国防部出资给可口可乐建立销售渠道。这种机缘和运气不是随便哪个企业都能享有的。再如,中国移动由于其前身的垄断地位,所以包揽了众多的高端客户,拥有优质号码资源,以及经验相对丰富的管理团队和运营队伍。

9) 其他因素

当然,还有很多其他因素使模仿根本不可能发生,如无知、傲慢和懒惰等。某些企业,落后无知而又夜郎自大,根本不知道最佳实践方法在哪里,不知道最佳资源组合是什么样的,不知道拥有独特资源的对手是哪一家,从而认为自己已经很不错,不需要进一步学习和赶超,不知道学习的对象,因此不会想到去模仿。另外一些企业,虽然知道自己的不足,也知道优秀对手的资源长处,但碍于面子、虚荣心、传统和其他心理障碍,不愿意主动、虚心或认真地学习和模仿。这些企业我行我素,避免正视对手和承认对手的成功,或者不把对手放在眼里,因而也不会刻意去模仿。更有一些企业,行为懒惰、有心无力,或者三天打鱼、两天晒网,不能脚踏实地、持之以恒地去学习、模仿、创新和替代。这样,优势企业的独特资源当然可以持久地发挥其竞争优势的作用了。

综上所述,诸多因素单独或共同导致了某些独特资源的不可被买卖、不可被模仿或不可被复制。这使得拥有这些资源的企业可以享有竞争优势,甚至享有持久竞争优势。

阅读材料3

资源的不可替代性的具体表现

1) 自然天成

自然天成,意味着某些资源是自然形成的,非常稀少,或叫供给有限。这些资源对某个行业或市场属于关键要素,不可或缺。这时的游戏主要由这种独特稀缺的资源决定。比如土地之于房地产,在可开发的土地供给有限的情况下,自己拥有土地或曾经廉价拿下的土地,便是不可替代的资源。而获取土地资源的能力等都是派生的、第二位的。土地资源本身是不可替代的,至少在人们大规模登月技术实现之前,必然如此。其他竞争性游戏中的资源也可能是不可替代的。超级球星的得分能力、首席歌唱家的亮嗓子、某种优质葡萄酒产地的独特气候,这些都是自然天成、难以复制的。

2) 社会习俗

社会习俗可使某些并非极其稀缺的资源显得自然排他、不可替代。例如,由于文化传统和历史的原因,法国波尔多地区的葡萄酒被披上了一层神秘的面纱,给世人以超级品牌的好感。品酒师可以认为北加州和南澳大利亚的葡萄酒可能一样出众或者更好,但消费者仍然感觉不够尊贵。尽管可能很多人认为雷克萨斯的质量远远高过奔驰,但他们真正买车的时候还是宁愿多花点钱买奔驰,这种由于社会习俗而积累的品牌资源,在一定时期内很难被替代,尤其是奢侈品品牌。再如,人们对钻石的好感,并不是由其稀缺价值来维系的。De Beers通过多年的广告攻势,以及英国皇族的推波助澜,造就了钻石的形象:女人最好的朋友、爱情永远的象征,等等。De Beers 最有价值的、不可替代的资源,恰恰在于人们对钻石不可抑制的好感,而并不仅仅是它对裸钻资源的占有。

3) 转换费用

转换费用是指顾客从一种价值提供系统和模式向另一种替代性的系统和模式转换时所发生的费用。转换费用如果过高,就会影响顾客对替代系统和模式的选择。不同的价值提供系统及其具体的产品和服务,通常是由不同的资源组合及技术特色来支持的。当现有强势企业因为采用某种独特的资源组合而推出控制产业标准的产品和服务时,对手因无法有效地模仿,但又想进入该竞争市场,唯一的办法就是采用某种不同的资源和技术组合,通过提供替代性的价值提供系统和模式,从侧面进攻强势企业。顾客由于长期习惯性地应用现有强势企业的系统和模式,又存在心理上、信息上和操作上的多种因素,所以他们不会轻易地向替代系统转换。这些费用不仅包括新系统本身的费用,还包括教育顾客的费用、对新系统进行学习和培训的费用,以及配套和互补产品的费用。因此,高昂的转换费用使得原有的独特资源及它们所支持的主导价值提供系统很难被替代,从而延迟其竞争优势。

4) 纵向兼容

纵向兼容是指替代技术与现有技术的兼容性。从时间序列的角度来看,如果替代技术缺乏纵向兼容性,那么它成功的可能性非常小。当这种替代技术所支持的产品和系统的连续性至关重要时,成功的可能性就更小。例如,有些数据是企业当初自建信息系统收集整理和储存检索的,需要不断更新和添加组件及打补丁,且有些数据只能使用当时特定的技术手段和范式去处理,如果新的替代技术不能够读取和处理这些数据,则很难取代原有技术。这时问题已经不只是把原有数据转换成现有技术所需要的转换费用,而是这种转换根本不可能。这类似于某些病人对器官移植的排异性,直至生命尽头也不能接受替代。

5) 先入为主

先入为主不仅是指已经拥有独特资源的企业的先天优势,而且包括这些企业有意识地圈地、渗透,从而拓展其资源的广泛适用性,抢先占有各种可能的替代性资源,或者抢先占有可以想到的各种替代性资源的培育和获取过程,也就是说,拥有主导地位及独特优质资源的企业也会主动涉足和掌控替代性的资源。例如,华尔街很多有名的投资银行在雇用分析人员时,除了雇用金融专业最优秀的毕业生外,还雇用其他专业最优秀的有良好分析能力的人才。一家传统能源公司可能积极参与各类新兴能源的研制,积累经验和知识,但其并不一定是要主动替代自己在传统能源业务中的优势,而是为了更好地防止对手首先替代。

6) 买断挑战

买断挑战是指拥有主导地位及独特优质资源的企业,其具有敏锐的嗅觉和对未来产业趋势的良好判断能力,再通过强大的资金实力,在替代性资源声名鹊起之前,就主动出击,或威胁,或利诱,强行或善意地买断这些替代性资源,从而排除潜在的替代威胁的手段。例如,一家传统汽车发动机制造企业可以买断某些新兴对手的新型燃料发动机的设计技术,阻挠该技术的继续更新,从而延迟其传统发动机行业的发展。因此,很多小型新兴企业的梦想和使命就是,通过研制现有主导地位中需要独特资源的替代技术,争取被现有强势企业高价收购而获利退出。

7) 维权诉讼

维权诉讼是指拥有独特优质资源的企业通过司法诉讼等手段打击替代品的势力,遏制其发展空间,威胁其生存基础,挑战其存在的合法性的策略。这种诉讼和维权措施可以是真凭实据的据理力争,也可以是无中生有的恶意炒作。其目的在于保护自己的不可替代的地位,强调自己的合法性,注重自己的品质。比如一个企业可以通过诉讼控告对手企业用不正当手段利诱原告企业的重要员工跳槽,控告对手企业恶意侵犯原告企业的技术专利权、商标权或冠名权,举报并控告对手企业的技术漏洞和对消费者造成的潜在危害和威胁等。

8) 霸道名声

霸道名声是指拥有优质资源的强势企业,不惜一切代价,不计成本,全面出击,维护和增强自身的独特性、不可挑战性和不可替代性,并同时扼杀、限制能提供替代性资源的企业,从而赢得和维持其"难缠"、"生猛"、"彪悍"和"霸道"的名声。这种名声使得任何对手都必须三思而后行,并很可能望而却步。例如,微软的强硬和霸道名声对很多潜在的挑战者都构成一种本能的强大威胁。当然,这种名声虽然在市场上阻碍了替代性技术的出现和发展,但引起了政府的注意,无意间恰恰给了替代者机会。

9) 政府管制

政府管制,也可以降低和消除其他企业的替代性。例如,为了保持某些行业(如军工行业)的稳定性和连续性,政府可能会对某些现有强势企业的技术情有独钟,因而会通过法令、配额和指定标准等方法对该企业独家扶持。这种政府行为使得该企业的某种技术或者其他独特资源在一定时期内成为唯一的标准,不受挑战。在民用消费品中,就品牌资源来说,茅台和五粮液的价值相当。但是,如果政府政策只限制公款消费茅台,那么公款消费的主要目标就会集中在五粮液上,这样的政府行为实际上在无形中哄抬了五粮液的价格,从而助长了五粮液的品牌资源,使之在该政策有效期间难以被茅台取代。

1.3 企业资源配置与企业核心竞争力

资源的合理配置和有效融合形成能力,能力的协调与配合就有可能上升到核心竞争力的高度。

1.3.1 企业核心竞争力

1. 什么是核心竞争力

核心竞争力(core competency),是企业的战略资源。具体而言,核心竞争力是指能够为企业带来比较竞争优势,以及能使资源进行配置与整合的资源。随着企业资源的变化以及配置与整合效率的提高,企业的核心竞争力也会随之发生变化。凭借着核心竞争力产生的动力,一个企业就有可能在激烈的市场竞争中脱颖而出,使产品和服务的价值在一定时期内得到提升。

企业的资源有强有弱,并不是所有的资源要素都能够对核心竞争力的形成有所贡献。对核心竞争力贡献最大的要素,是具有比较优势或特殊性的资源。既没有比较优势又没有特殊性的资源,不但对核心竞争力没有贡献,反而有可能会阻止竞争力的提升。如果一个企业因为地理位置和生活环境等原因,无法招募到优秀员工,同时在岗人员的流失率也很高,那么,人力资源在这个企业就处于弱势状态,这种情况下,企业的核心竞争力就不可能依赖人力资源,而要从其他因素中获得能量。

在分析企业核心竞争力的过程中,有三个问题需要注意。

第一,核心竞争力是可以通过学习来提升的能力。核心竞争力是建立在知识基础之上的无形资产。知识是可以学习的,因此,通过组织学习,竞争力能够得到强化和提高。例如,有一家钢铁企业的 CEO 认为,企业的核心竞争力之一是快速掌握钢铁生产过程中的新技术。为此,这家企业付出了极大努力来建立学习型组织,以在全企业范围内实现共享式学习。企业中的学习从发现问题、分析原因开始,到找出解决问题的办法,进而获得创新的动力。

第二,核心竞争力具有相对性。实践证明,核心竞争力并不能够为企业带来永久性的竞争优势。在当前情况下,有竞争力的资源能够为企业赢得竞争优势。但是,随着条件的变化,能够为企业带来竞争优势的资源有可能失去活力,成为制约发展因素。有家企业的一名高层管理者指出,成功所带来的并不总是成功,成功之后有可能出现失败。你越认为一件事情能良好地运作,你就越不会去想这件事情失败的可能性。如果你有了长时间成功的经历,那么你就很难意识到自己也会有失败的一天。

第三,核心竞争力与环境因素之间有较高程度的关联性。环境因素的变动,有可能使现有的核心竞争力变成阻碍创新的因素。竞争对手新服务方式、新技术的出现,经济、政治和社会事件等的变化,都会对企业现有的竞争优势形成巨大压力。此时,如果企业决策者继续陶醉在过去的成功和眼前的优势中而不采取积极的应对措施,那么,核心竞争力就有可能变成核心僵化因素,使企业的优势荡然无存。

2. 核心竞争力的判断标准

什么样的资源是核心竞争力?

有研究者在总结他人成果的基础上,提出了四项判断标准。这四项标准是:有价值、稀有性、难模仿、无法替代。只有符合这四项标准的资源，才能够形成核心竞争力，使企业获得持久性的竞争优势。表 1-7 所示的为核心竞争力的四项判断标准及其说明。

表 1-7　判断核心竞争力的四项标准及其说明

有价值的资源	·有助于组织把握机会、化解威胁
稀有资源	·很少为其他组织所拥有
难模仿的资源	·历史的：独特而有价值的组织文化和品牌 ·模糊性：竞争力的原因和应用不清楚 ·复杂社会性：管理者、供应商以及客户之间的人际关系、信任和友谊
无法替代的资源	·无战略等价资源可替代

以上述四项标准为依据，判断企业中有哪些资源符合要求，然后加以重点投资和不断强化，从而形成具有可持续性的竞争优势。

这四项标准对核心竞争力的判断和建设均具有重要意义。下面予以说明。

1) 有价值的资源

能够有助于企业在复杂、多变的外部环境中，把握机会、化解危机、增加价值的资源，称为有价值的资源。有价值的资源，对企业制定和实施战略并进而为特定的客户创造价值，具有积极的促进作用。索尼公司曾利用有价值的能力来设计、生产并销售微电子技术产品，如便携式 CD 播放机和 8 mm 的摄像机等，占领了比较广泛的市场空间。索尼公司还试图让客户通过电视、个人计算机或手机进入它的"数字世界"。沃尔玛公司最初正是通过高效配送花色品种及其广泛的低价名牌产品而开始了它的业务发展历程的。分析家指出，沃尔玛公司改变了消费者对价值的思考方式，使消费者认识到他们不用按零售价付费也能够买到满意的商品。

2) 稀有资源

"稀有"意味着"罕见"，稀有资源就是只有极少数现在的或潜在的竞争对手才可能拥有的资源。当依据这一标准进行判断时，企业中的管理者和专门分析人员要试图搞清楚一个问题，即有多少竞争对手拥有这种资源。如果一种资源你有、我有、他也有，大家一样强，那么比较优势自然无从谈起。有价值而普遍存在的资源，最可能导致的结果是等力度竞争。只有当一种资源我有、你没有、他也没有的时候，我才可能比你和他都强。一个企业只有创造、开发出其他竞争对手没有的资源，才可能获得强于其他竞争对手的优势。一所大学集中力量发展几门重点学科，取得在国内的领先地位，学科比较优势就会形成。戴尔公司采取直销商业模式，销售业务具有比竞争对手更高的优势，进而使业务增长率取得了同行业的领先水平。大学的重点学科和戴尔公司的直销商业模式，都可以看成是企业的稀有资源。

3）难模仿的资源

在短时间内无法参考他人经验建立起来的资源,可认为是难模仿的资源。如麦肯锡(McKinsey)公司的企业文化植根于员工的思维之中,是一种员工之间相互联系、鼓励和思考的工作方式,对凝聚员工力量有重要作用,因而能够成为竞争优势的一个主要因素。企业文化是麦肯锡公司竞争优势的主要来源,这已经成为包括研究专家、竞争对手和客户在内的许多人士的共同观点。有人这样描述麦肯锡公司的企业文化:它是独特的、神奇的,使公司区别于其他商业组织,使客户都感到神奇。麦肯锡公司的企业文化,可以上溯到公司创始人马文·鲍尔(Marvin Bower)于20世纪30年代早期提出的理念——麦肯锡致力于为最高管理者获得有效管理提供方案。鲍尔为麦肯锡咨询顾问制定了一套工作原则:①把客户的利益置于企业的收入之上;②对客户的业务情况严格保密;③要诚实,不要害怕挑战客户的观点;④只做能为客户带来最高利益并且是麦肯锡擅长的事。麦肯锡公司的企业文化要求员工以严格而积极的态度对待工作,并不断挑战自己,努力为客户创造更高的价值。

4）无法替代的资源

无法替代的资源,是指无法找到战略等价的替代资源。一种资源越难以被替代,战略价值就越高,越难以被竞争对手模仿去获取价值。一个企业的专有技术、专用性人力资本(员工掌握的知识和技能),以及融洽和谐的人际关系和交流制度等,就可以被看成是企业的不可替代能力。

总之,符合以上四项标准的资源,是具有战略意义的资源,是核心竞争力的来源、竞争优势的基础。一个企业,只有它所拥有的资源无法被竞争对手抄袭、仿造,才有可能获得持久性的竞争优势。企业可以在一段时间内,依赖有价值的、稀有的资源形成竞争优势。在这种情况下,竞争优势保持时间的长短,主要取决于竞争对手模仿产品和工艺的速度。只有同时将符合四项标准的资源整合起来,企业才能够获得足够强大的核心竞争力,在激烈的市场竞争中持久地保持优势。

1.3.2 资源配置与竞争优势

有专家认为,一个企业是否能够比较持久地保持竞争优势,主要由企业的资源状况决定。因此,企业的战略管理活动应该围绕资源展开。R. M. 格兰特(R. M. Grant)在《加利福尼亚管理评论》一文中,提出了一种以资源为基础的企业战略分析方法。该方法由以下五步组成。

第一步,识别企业的资源,并把资源划分为优势和劣势两类。

第二步,把企业优势组合成特殊能力,即核心能力——企业取得成功最可依赖的力量。

第三步,从竞争优势的可持续性和对企业盈利能力的贡献两方面来评价这些资源的获利潜力。

第四步,选择有利于增加外部机会的企业资源开发战略为最优战略。

第五步,分析资源差距,提高投资效率,增加优势资源。

具体而言,怎样对资源进行优化配置,提高企业的竞争优势呢？下面主要对内外两种不同类型的资源进行探讨。

1. 影响资源配置的因素

企业资源的配置情况,很大程度上决定了企业的竞争力。那么,企业在具体的生产经营中,哪些资源应作为内部资源,哪些资源应使用外部资源呢？

决定企业资源配置形式的因素主要有:资源重要性、资源获取的难易程度、成本、便利性、风险和快捷性等。

(1) 资源重要性。在某项生产活动中,所需资源的重要程度有很大差别,对生产活动成败具有举足轻重地位的资源是控制该项生产活动的关键性资源。关键性资源应作为企业的内部资源;而其他非关键性资源,可充分利用外部资源。比如从事新产品开发企业的高级技术人员、专利技术人员,营销企业的销售网络均为关键性资源,应作为内部资源。

(2) 资源获取的难易程度。获取资源的难易程度是不同的,对容易获得的、标准化程度高的资源应使用外部资源,对较难获得的资源如高级技术人员、关键技术,则应作为内部资源进行储备。

(3) 成本。成本是企业经营中最为敏感的要素之一,是影响企业经营业绩和竞争力的重要因素。当某项资源作为内部资源时,涉及的成本主要有:管理成本、购买成本、储备成本;当使用外部资源时涉及的成本主要包括:搜寻成本、交易成本、使用成本等。在对资源进行配置时,应考虑成本最低原则对资源内外部类型的判断,当然,成本最低原则并非是唯一标准,判断时还应考虑其他相关因素。

(4) 便利性。便利性是指使用资源的方便性。当作为内部资源时,主要考虑资源的维护和管理等;当作为外部资源使用时,主要考虑资源的可协调性和可控制性。

(5) 风险。由于市场的高度不确定性,所以产生的风险急剧增大。当对内部资源进行储备时,风险主要是指当环境条件变化时,资源的获利能力和可转换能力;当使用外部资源时,风险主要是指资源的质量保证和供应的及时性。

(6) 快捷性。快捷性主要是指当环境条件变化时,应作出快速反应以适应外界变化而转换的能力。内部资源具有一定的有限性和特定性,这就决定了其具有较强的刚性,当外界环境发生变化时,很难快速地进行变化,或者变化时需要付出较高的成本;而外部资源具有较强的柔性,当外界环境发生变化时,企业只需付出较低的成本,即可迅速改变外部资源的性质和种类,使企业具有较高的柔性和环境应变能力。

2. 获取资源的方式

对资源的获取,内外部资源有着截然不同的获取渠道。

1) 内部资源的获取

内部资源的扩充是一项困难的任务。企业庞大、复杂的生产经营系统中,各种资源要素之间存在着既相互支持又相互制约的关系,某些资源的缺乏可能会严重影响另一些资源的效用,破坏系统内在的平衡。资源扩充只能在维持内部资源结构基本平衡的前提下,才能达到预期目标。也就是说,内部资源扩充是一项整体性极强的工作,虽然每个企业的人员培训、技术开发、制度建设等工作是由不同的职能部门负责的,但从扩充资源的角度看,这些工作需要以统一的战略方针为指导,各项工作内容保持高度的一致性。

企业储备内部资源的方式主要有两种,即自主开发和购买。如果某个企业欲扩大生产规模,则可以通过建厂房、安装设备的方式实现,也可以通过收购其他企业的方式实现。

2) 外部资源的获取

市场经济的高度专业化分工导致了任何企业的生产经营活动都离不开外部资源,企业需要向银行融资,向供应商购买原材料,委托协作企业代为加工零部件,委托广告商代为策划广告宣传活动,才能完成那些力所不及的任务。企业与外部资源的关系表现为:一方面,它的产品结构或经营范围的变化将改变着外部资源的需求;另一方面,外部资源的变化又将影响到企业的竞争优势。以技术开发活动为例,大学、科研机构,以及其他企业每年取得的科研成果构成了企业丰富的外部资源,如果对这些成果视而不见,就相当于把潜在的竞争优势给予了竞争对手。而扩充外部资源的实质,正是要发掘竞争优势的外部来源。

(1) 虚拟生产。虚拟生产的最初形式主要指外协加工。它可使企业在进行产品品种调整时,成本很低,并且可以快速地对市场变化作出响应,新产品推向市场的速度也大大加快。而且,由于专业生产厂商具有较强的生产能力和质量控制能力,容易形成大批量生产,所以产品质量也能得到保证。企业可以专注于设计、行销和规划,创造企业强大的竞争优势。耐克、锐步公司是世界著名的运动鞋生产厂商,然而,它们没有自己的工厂,它们只集中公司资源专攻附加值最高的设计和销售,生产则以虚拟生产的形式委托给人工成本较低的发展中国家代为加工。

(2) 共生。当企业的某项业务规模较小时,自己单独经营将要付出较高的成本,同时,为了便于控制,又不想外包出去。这种情况下,可由几家同行公司共同组成一个作业中心,共同分担成本。这样既便于控制,又能达到一定的生产规模,可以大幅降低成本。

(3) 策略联盟。策略联盟是指两个或两个以上的组织,为实现某一战略目标而建立的一种战略伙伴关系。它要求组织对外部资源和自己最关键的内部资源优势进行整合,以创造自己独特的竞争优势。当几家公司拥有不同的关键性资源,而彼此的目标市场属于不同的细分市场时,为了彼此的利益,就可进行策略联盟,彼此交换需要的资源以创造各种竞争优势,从而达到双赢的目的。

企业只有把资源供应方的优势转化为自身的优势,而不只是弥补内部资源的不足,扩充外部资源才具有战略意义。

总之,在市场瞬息万变的情况下,企业的生产经营应专注于附加值高的增值过程,并将所需的关键性资源内部化,而将非关键性资源和附加值低的资源外部化,建立具有高度柔性、快速反应能力和较强竞争力的现代化企业。

3. 如何进行资源配置

1) 企业竞争力的核心是企业资源配置力

众所周知,企业本质上是一定资源的集合体,正是它将一定的资源在时空上按相对一定的规则动态地组合在一起,才构成了企业及其运作的基础和前提,离开了一定的资源及其有序而动态的组合,企业就不可能存在和运作。显然,由一定的资源组合而形成的企业的生存与发展能力即企业竞争力取决于密切联系的两个方面:一是企业所拥有资源的数量和质量;二是企业对资源的定向整合使用能力。

(1) 企业资源潜力。一定数量和质量的资源总是具有一定的生产力,不过,在自然状态下,这种生产力处于潜伏或休眠状态。可把一定数量和质量的资源所含有的、处于潜在状态的生产力称为资源潜力。显然,企业资源潜力的大小既取决于企业资源的数量,又取决于企业资源的质量。用公式表示为:

$$企业资源潜力 = 企业资源数量 \times 企业资源质量$$

(2) 企业资源配置力。资源潜力是企业赖以生存与发展的物质基础,也是企业竞争力的基础。但企业的资源潜力若不被激活和放大,则不能转化为现实的生产力和企业竞争力,也就不能成为维系企业生存、推动企业发展的有效力量。而要有效地激活和放大企业资源潜力,就要求企业按一定的目标及规则对资源进行定向整合,使企业资源按一定的秩序进行动态地有机结合。企业资源潜力被激活和放大的程度取决于企业对资源定向整合的能力,称这种能力为企业资源配置力。

显然,企业生存和发展的能力即企业竞争力既取决于企业资源潜力,又取决于企业对资源的定向整合能力,即企业资源配置力,是两者相互作用的结果。三者之间的关系可以用下式来表述:

$$企业竞争力 = 企业资源潜力 \times 企业资源配置力$$

该式表明:一方面,在企业竞争力及其形成过程中,企业资源潜力和企业资源配置力两者缺一不可,企业若缺乏一定数量和质量的资源,则企业资源配置力就显得无用武之地;反之,企业资源再雄厚、再优越,资源潜力再大,若缺乏足够的资源配置力,也只能处于休眠状态,无法形成现实的竞争力。特别是对人力资源而言,若不能有效激发其积极性、自觉性与创造性,不能协调好各种人际关系,其结果就不仅仅是资源潜力难以发挥的问题了,它还会因为企业成员之间的有害冲突与矛盾而引起内耗,轻则增加企业的内耗成本,重则危及企业的生存。另一方面,企业资源潜力与企业资配置力在企业竞争力及其形成过程中相互作用、缺一不可,但并不意味着这两方面在企业竞争力及其形成过程中的地位与作用是等同的。实际情况是,与企业资源潜力相比,企业资源配置力在企业竞争力及其形成过程中的地位与作用更为重要与关键。特别是在科学技术(尤其是信息技术)飞速发展、物质生产力日益发达、市场机制和体系渐趋成熟和完善,以及社会文明与教育水平不断进步与提高的今天,企业要获得和拥有数量较高的相关资源并非难事,难的是如何有效激活和放大这些资源的潜力。换言之,当今企业缺乏的不是资源本身,而是资源配置力。中国企业尤其如此。按照短边约束原理,最缺乏的就是最关键的,如何提高资源配置力已越来越成为当今企业能否构建和提升其竞争力的核心和关键。

2) 企业资源配置力的构成分析

企业资源配置力的构成与企业资源的配置层次是密切相关的。

一般而言,企业资源的配置表现为密切联系的两个方面:一是资源定位,即确定企业资源的分配方向(领域);二是资源整合,即按一定规则使相关资源有机组合起来形成一定的生产力。

(1) 资源定位。资源定位是企业资源配置的前提和起点,用于解决企业资源配置过程中"做正确的事"的问题,也是企业资源配置有效的第一环。

关于这一层次的资源配置,一般的观点是,在市场经济条件下,主要受"看不见的手"——市场机制决定,即企业将资源究竟投向哪个领域,作何用途,应主要以市场需求为导向,以市场行情和价格机制为杠杆。但这种观点只单纯注意到了资源投向的目标市场收益率原则,即只考虑目标市场领域本身的收益率状况,而没有考虑资源的禀赋适应性问题。诚然,目标市场的收益率状况是企业确定资源配置方向时必须先考虑的问题,但对企业而言,目标市场的收益率毕竟只是一种潜在的或可能的收益率,能否转化为企业现实的收益率,至少还应考虑企业资源本身的禀赋能否适应该领域的特殊要求及竞争特性。企业资源的禀赋正如人的能力一样是有倾向性的,它唯有在符合其禀赋倾向性的领域才能最大化发挥其作用。如果忽视了这一问题,即使将潜力极大的企业资源投入到收益率极高的领域,也未必会给企业带来最大化的收益,有时可能还会使企业陷入市场收益陷阱。因为企业资源若适应不了特定领域的特定要求与竞争特性,就会窒息其活力,更谈不上其潜力的发挥。同时,忽视企业资源的禀赋适应性,而单纯从目标市场本身的收益率角度来考虑资源定位问题,则必然会使企业在资源定位问题上完全陷入市场机制这只"看不见的手"的支配中,失去资源定位的主观能动性。

因此,在确定资源分配方向时,既要考虑目标市场的收益率,又要考虑企业资源的禀赋适应性;既要遵从市场机制的调节,又要充分发挥企业的主观能动性。在目标市场收益率与企业资源禀赋适应性之间找到一个最佳结合点,在遵从市场机制调节与发挥企业主观能动性之间寻求一个动态平衡点,这既是企业资源潜力得以有效发挥的首要前提，也是企业资源配置力的核心内容之一，称为资源定位力即企业的资源定位能力。

（2）资源整合。确定了企业资源的分配方向，还只是解决了问题的一半，问题的另一半就是要按照既定分配方向的目标要求，按一定的规则将相关资源有机整合起来以激活和放大企业资源潜力。如果资源定位是解决资源配置过程中"做正确的事"的问题，则资源整合就是要解决"把正确的事做好"的问题。

资源整合的核心是要确定企业资源之间的各种动态配合关系。这些配合关系包括物质资源之间的配合关系（如厂房、生产线以及机器设备之间、固定投入与原材料之间的配比安排等）、人力资源与物质资源之间的配合关系（一定量的活劳动所能推动的物质生产资料的量）。由于这两方面的配合关系既要受相关技术原则的支配（取决于相关的技术状况），又要受相关经济原则的支配（要符合一定的经济合理性要求），故称为技术-经济性配合关系。确定这两方面配合关系的过程称为企业资源的技术-经济整合过程。在企业资源分配方向既定的条件下，这一过程的有效性程度直接决定了企业资源潜力的发挥程度，也是企业资源配置力在企业内部的直接体现。而该过程的有效性程度取决于企业对资源的技术-经济整合力。

除了上述两方面的技术-经济性配合关系外，还有一种更为重要的配合关系，即企业人力资源之间的配合关系，包括企业成员之间以任务为中心的横向分工协作关系和以权力为中心的纵向行政隶属关系。由于这两方面的配合关系更多地受企业制度原则的影响和支配，故称为制度性配合关系。随着社会的发展、人性层次的不断提高，支配企业中人力资源之间配合关系的制度原则越来越被柔性的企业文化所取代，因而这种制度性配合关系就逐步演变为制度-文化性配合关系。与此同时，在信息技术不断进步和人性层次不断提高所导致的组织扁平化（乃至平面化）、网络化的趋势下，企业内人力资源之间的配合关系也越来越趋向于以任务为中心的、横向的、富于弹性和灵活性的分工协作关系（而且越来越多地表现为动态任务团队之间的分工协作关系），而以权力为中心的纵向行政隶属关系则逐渐弱化、消亡。与企业资源的技术-经济整合过程相应，可以将确定企业人力资源之间的配合关系的过程称为企业资源的制度-文化整合过程。该过程的有效性程度取决于企业对人力资源的制度-文化整合力。

在上述企业资源之间的各种配合关系中，企业人力资源之间的配合关系直接影响着企业内人力资源与物质资源之间以及物质资源之间的配合关系，并决定着这两方面配合关系与一定技术条件和经济要求的吻合程度。在其他条件既定的前提下，企业人力资源之间的配合关系越合理与融洽，企业员工的积极性、自觉性与创造性越会得到充分发挥，则企业人力资源与物质资源之间以及物质资源之间的配合关系就越接近一定技术和经济条件下所要求的配比，企业资源潜力也就越能得到充分有效的发挥。这说明企业资源的制度-文化整合过程的效率决定了企业资源的技术-经济整合过程的效率,即企业的制度-文化整合力决定着其技术-经济整合力,是企业资源潜力的深层激发器,也是企业资源配置力的核心。

与企业资源配置层次相对应,企业资源配置力也包含相互联系、相互作用的两个方面,即企业资源定位力和企业资源整合力。三者之间的关系可用下式表述:

$$企业资源配置力 = 企业资源定位力 \times 企业资源整合力$$

该式表明,企业资源配置力是企业资源定位力和企业资源整合力的合力。一方面,企业资源定位力决定了企业资源配置力的正负性质,当企业资源配置力出现方向性错误时,企业资源整合力再强也无济于事,甚至会出现企业资源整合力越强而企业的损失越大的结果(此时企业资源配置力为负)。另一方面,企业资源定位正确,但资源整合效果欠佳,则企业资源配置效果也会大受影响。因为在资源分配方向既定的条件下,资源生产力的发挥程度取决于企业资源的整合效果。

前面的剖析揭示了企业竞争力的内涵和构成。从中可以提炼出如下几个观点。

其一,企业竞争力是企业资源潜力和企业资源配置力的综合体现,但企业资源配置力是企业竞争力的核心和关键。

其二,企业资源配置力是企业资源定位力和企业资源整合力的合力。其中,前者决定了企业资源配置力的正负性质,而后者则更多地决定了企业资源配置力的强度。

其三,在构成企业资源整合力的两方面中,企业对资源的制度-文化整合力在相当程度上决定了企业对资源的技术-经济整合力的强度,也从很大程度上影响了企业资源的定位,因而构成了企业资源配置力的核心内容和企业竞争力的核心源泉。这说明,企业通过组织文化的培育和相关制度的创新,有效整合企业人力资源、激发企业成员的积极性、主动性、自觉性和创造性,对企业竞争力的构建和提升具有积极的意义。

本章小结

本章围绕企业资源与企业竞争力的关系,对其基础知识及背景进行了深入的剖析。首先介绍了企业的构成要素,以及这些要素对企业所起的作用。其次介绍了企业资源的类别,以及何种资源是企业至关重要的独特资源。最后,通过对企业资源进行配置,说明企业资源与企业核心竞争力之间的关系,只有确定了资源的投放方向,以及对资源进行了良好的整合,企业才能长久地盈利。

关键概念

企业资源　企业构成　资源配置　资源整合　企业竞争力

简答题

1. 用你自己的观点阐述企业是如何构成的。
2. 企业资源有哪几种类型,具体包括哪些资源?

3. 什么是企业的核心竞争力？核心竞争力的判断标准是什么？
4. 企业应该如何获取内、外部资源？
5. 影响企业资源配置的因素有哪些？请具体说明。
6. 如何进行资源配置，资源的有效配置与企业竞争力之间存在什么样的关系？

综合案例 1-1

TY医药公司是一家集研发、生产和销售为一体的新兴、科技型民营制药企业。公司从1997年创业至今，成长速度非常快。从创建初期人员不到10位、资产不足百万元，发展到今天员工500多人、资产过亿元，并创建出了自己的优势和品牌。但近年来公司发展缓慢，每年业绩相对持平，究其原因主要是公司的管理层缺乏专业的人力资源管理能力，导致公司人才配置出现问题，不能充分有效地利用现有的人力资源，以致公司在人力资源管理方面漏洞百出，虽经多次整顿和协调，但终未取得预期效果。为了改变这种状况，公司董事会决定聘请有名的人力资源咨询公司对公司现有人力资源现状进行调研，并提出解决方案。

通过现有公司人力资源现状分析，了解到TY医药公司在人力资源管理方面存在许多问题：员工老龄化、员工与职位的不匹配、人力资源结构不合理等，伴随着公司规模的不断扩大和药品质量要求的不断提升，人力资源的供给问题日趋明显，尤其是公司已经开始出现短暂的人才短缺和劳动力不足等危机，很多优质项目因没有合适的管理、技术，以及生产人员而不能顺利进行，甚至导致废除项目的境况。TY医药公司在人力资源需求和供给的不平衡已经制约了企业的发展，使其突破不了瓶颈。TY医药公司陈旧的人员配置方案导致很多部门人员冗余，而一些核心岗位又总是招不到合适的人；落后的招聘培训体系让新人初到公司就进入混沌期；不完善的个人职业生涯规划管理让公司很难留住优秀的人才。TY医药公司的大致情况如下。

（1）拥有员工500人，从年龄角度进行划分：20～40岁的员工占主导地位，约有300人，占员工总人数的60%；40～60岁的约有160人，占员工总人数的32%；其他年龄段的总人数约40人，约占员工总人数的8%。目前，TY医药公司的人员结构较为合理，但是在不久的将来会面临员工老龄化的危机，所以需要提高警惕，加强人力资源管理与规划。

（2）本科学历以上的人员主要分布在管理层和研发部门，总量不足100人，占员工总人数的20%；高中、中专和大专学历的人员则是TY医药公司的主力，约有380人，占员工总人数的76%；其他服务性工作人员仅占4%。

（3）核心员工的年龄普遍偏高，TY医药公司不久就会进入老龄化，会对公司造成很大隐患。高新尖人才十分缺乏，销售业绩过亿元的公司具有本科及以上学历的员工不到20%，对公司未来的发展是一种极大的制约，而且，如今民药行业已经逐步与国际接轨，药品出口业务乃是必争之地，医药公司产品的科技含量高；与其他公司拉开差距，必然会被逐步挤出市场，甚至退出历史舞台。

（4）TY医药公司目前的信息化水平有了很大提升，这样就减少了办公室、仓储运输部和质量管理部的很多事务性工作，导致有很多职位的工作并不饱和，造成人力成本的浪费。因此，需要根据公司新的情况对各部门的人员配置进行重新规划，保证人尽其能。

（5）核心岗位员工留不住。作为一个医药研发生产型企业来说，这些部门的核心员工跳槽如此频繁，企业必须进行反思，他们的离开不仅仅是员工辞职问题，而且可能带走公司的核心技术和管理方法，助长竞争对手的实力，同时可能对现有员工的稳定性造成影响。调查发现，核心岗位人员不到位的主要原因有以下三个方面：第一，干多干少一个样，没有有效的绩效考核政策；第二，薪酬福利政策跟不上，没有有效的激励机制；第三，没有后备人才储备，缺乏合理的人力资源规划方案。

通过以上问题，人力资源咨询公司向TY医药公司董事会提出了以下人力资源配置规划方案。

（1）配合机构的重新规划，对管理类员工进行个人素质、能力、知识结构分析，按照新机构岗位要求配置人力。

（2）对于核心员工，应该给予更大的发展空间，使其更好地发挥自己的作用；对于一般员工，主要应注重能力的提升和后备人才的储备，因为这个群体最为庞大，流动性也很大，所以公司一定要善于在其中发掘核心人才，让这一部分人才能够长期留任于公司，同时作为后备管理人员进行重点培养，以备不时之需。

（3）对冗余人员进行调岗。将高学历的冗余人员调整到同级别但不同工种的岗位，本着对员工和社会负责的原则，希望调岗员工能在新的岗位有所作为，发挥自己的才能，实现自己的价值；将学历低的冗余人员安排在一些非主流业务或体力工作的岗位，如搬运、保洁等勤杂类工作，如果在这种岗位仍然不能胜任，那么公司必须采取劝退或解除劳动合同等惩罚性措施。

（4）建立一套科学合理的人力资源配置管理体系，使其对企业未来发展所需要的人力资源数量、质量，以及相应的用工日程进行科学的预测和安排。

（5）制定细致合理的岗位职责。规定岗位所需要的基本技能和相关的专业知识，最终形成岗位职责说明文件，让用人单位和应聘者在看到岗位职责时就能充分了解该岗位所需要进行的工作和相关的制度，真正做到员工与岗位相匹配，人尽其才，事得其人，让适合的人做专业的事。

（6）建立有效的激励机制。激励机制需要注意以下几点：第一，制定公平的薪酬制度。第二，对于核心员工，企业应该建立相应的特别薪酬政策，或者在制定薪酬政策时，对核心员工予以照顾。第三，对于同一职位增加部分浮动薪酬。

（7）优化职业生涯管理。目的就是要优化人才配置，提高企业人力资源管理的效能，将员工的个人发展愿景和企业的长期发展战略目标完全结合起来，在员工努力实现自身价值的同时,帮助企业完成战略发展目标,实现长期稳定持续的高速发展。

阅读以上案例,思考以下问题。

(1) TY 医药公司针对其存在的问题还要做哪些工作,才能使其人力资源配置进一步科学、合理?

(2) TY 医药公司的人力资源配置方案对你有什么启示?你觉得成功的人力资源配置会给组织带来哪些好处?

综合案例 1-2

A 公司是一家中等规模的私营企业,创立初期主要是给其他企业做 OEM(贴牌生产),生产一些通用性强的电子零部件,其产品由一家交电公司实行包销。A 公司分设技术、制造、采购等部门,其中制造部门是最主要的。而且,上述三个部门之间的协调主要通过计划和统计(新产品研制计划、生产作业计划)手段实现,彼此之间的依赖程度很弱。但随着企业发展面临的压力越来越大,开始出现了一些新的矛盾:产品单位平均成本显著增加,市场份额逐年下降,产品利润开始下降,业务骨干和高层管理人员大举跳槽,企业中层与高层管理人员对未来的发展也出现困惑,人心浮动。A 公司面临的问题主要有以下几点。

(1) 过于依赖过去的包销模式,对于激烈的市场竞争准备不足。

(2) 产品品种比较少,新产品研发跟不上竞争的节奏,研发力量薄弱。

(3) 主要部门之间信息沟通不畅,管理拖沓,效率低下。

(4) 核心团队凝聚力减弱。

(5) 企业没有建立有效的激励机制。

(6) 行业内价格竞争激烈,产品利润遭遇"天花板"。

从以上问题可以发现,A 公司比较契合"转型期企业"类型,从资源配置转化的角度,我们对 A 公司的主要矛盾进行剖析,提出以下改革方案。

(1) 转化组织资源配置。A 公司现有的类似于矩阵式的组织架构已不适合企业自身现状。企业现有的产品共分为电路测量、医疗器械、办公用品三大类。企业研发部门人员偏少,造成新产品开发往往集中在某一类产品上;而制造部门,人员专业化分工程度很高,在试制和生产上经常出现一些车间加班加点,另一些车间却停工的现象。虽然有三名项目经理进行协调,但是项目经理责任大于权力,而研发人员和车间隶属于各自的职能部门,项目经理经常无法了解是否有充足资源来满足项目的开发和产品的生产。鉴于 A 公司产品生产与研发的专业化分工程度高,且制造设备足以满足三大类产品的生产,因此建议根据产品类别设立事业部。

(2) 转化人力资源配置。A 公司现有的研发人员与销售人员明显偏少,而技术部门与采购部门人员偏多。以前采取包销模式,导致企业重生产、轻销售、重工艺、轻研发,但是这样的人力资源配置与目前面临的改变经营策略严重不符。建议加强研发部门与销售部门的力量,挑选技术部门以及采购部门中的合适人员进行转岗。

(3) 转化生产资源配置。A公司目前的产品结构竞争力不强。办公用品类产品利润低,专用的生产设备和占用的采购资金却偏多;而产品利润相对较高的医疗器械却常常不能按时完成订单。办公用品类产品在当地市场份额一直比较稳定,医疗器械类产品的市场份额较低。建议加大医疗器械类产品的投入,以扩大市场份额为中远期目标;控制办公用品类产品的投入,以降低成本来增加利润为近中期目标。

(4) 转化产权资源配置。A公司股权高度集中,在管理决策、反应灵敏度方面有其优势,但是目前企业核心团队凝聚力较弱,缺乏有效激励机制,不利于企业进一步发展,况且企业要想做大,仅靠原始积累的资本是远远不够的,需要引入新鲜的资本血液,才能够为完善企业治理结构、健康良好的发展打下坚实的基础。建议A公司采取增发内部股的方式,增加核心团队成员的股份,并从社会上引入优质资本。在此基础上规范企业管理,降低财务风险,并为实现集团资本化运作做好准备。

阅读以上案例,思考以下问题。

该案例说明了什么问题?该公司为实现四个资源配置,应如何分阶段、分步骤来实施计划?

上机实践

1. 营销管理模块训练

(1) 将三级客户添加为组织的零散客户。

(2) 添加客户的名称为喜洋洋公司,联系人为喜洋洋,地址为南大科院,E-mail为xyy@126.com,信誉度为1000元,省份为江西,开户行为中国银行,账号为12345678,电话为079188888888,邮编为330029,送货地址为南大科院实验楼,税号为12345。

(3) 生成本年度销售计划,每月销售量均为1200箱,并按年度计划生成业务员计划。

(4) 根据系统要求,处理询价单号为10000000、10000001、10000004、10000005等4张询价单,给出合理报价,并制作销售订单、发货单及销售发票。

(5) 分别对订单完成情况、年销售额、月销售额、客户销售额和计划执行情况进行统计查询。

操作说明如下:销售部门在企业供需链中处于市场与企业的供应接口位置,其主要职能是为客户与最终用户提供产品及服务,从而实现企业的资金转化,并获得利润。销售是企业生产经营成果的实现过程,是企业经营活动的中心。营销管理模块的界面如图1-2所示。

2. 业务流程

营销管理工作的业务流程如下。

图 1-2 营销管理模块界面

(1) 销售部门制订销售计划。

(2) 销售人员接收客户的询价信息,并根据询价单进行报价(制定报价单)。

(3) 根据报价单的反应情况进行跟催,或者与客户签订销售合同并根据合同制定销售订单。销售人员也可以按照销售计划直接与客户签订销售合同,并录入销售订单信息。

(4) 销售部门参照销售订单填制销售发货单。

(5) 销售部门审核销售发货单并同时开具销售发票。

(6) 仓库部门参照销售发货单填制销售出库单(存货管理)。

(7) 将销售发票传递到应收应付管理模块进行应收处理。

销售部门的流程图如图 1-3 所示。

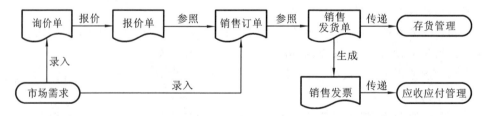

图 1-3 销售部门的业务流程图

3. 上机指导

客户类别:使用浙科企业管理信息化模拟教学软件对企业客户类别进行维护(见图 1-4)。

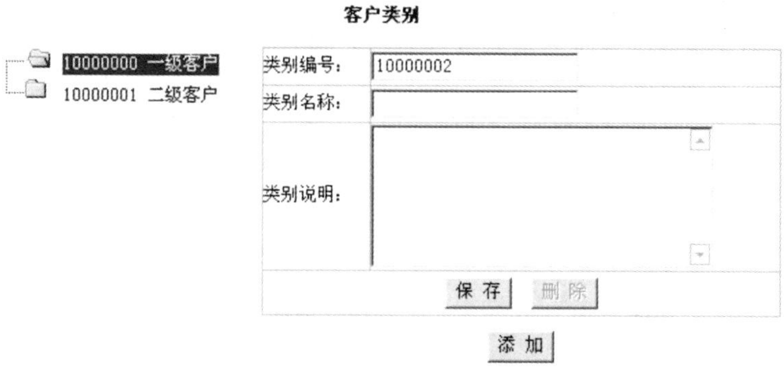

图 1-4 客户类别维护

客户信息:使用浙科企业管理信息化模拟教学软件对企业客户的信息进行维护(见图 1-5)。

客户信息

编号	客户名称	简称	类别	联系人	信誉额度	省份	删除
10000000	浙江天源电子	天源	一级客户	李丙	1000	浙江	删除
10000001	上海兆飞电子有限公司	兆飞	一级客户	刘莉莉	1000	北京	删除
10000002	浙江智达科技开发有限公司	智达	一级客户	黄梨花	200	浙江	删除
10000003	吉林远大集团	远大	一级客户	陈俞峰	1000	吉林	删除
							1

添 加

客户档案

编号:	10000000	名称:	浙江天源电子
简称:	天源		
客户组:	一级客户	业务员:	刘丰
信誉级别:	一级	信誉额度:	1000元
付款期限:	23天	省份:	浙江
联系人:	李丙	电话:	0571-86552145
地址:	浙江杭州黄山路345#		
Email:	libing@sina.com	邮编:	310025
开户行:	中国银行浙江分行		
帐号:	4589256145872255125		
送货地址:	浙江杭州黄山路345#		
税号:	331528895623541		

修 改　返 回

图 1-5 客户信息维护

销售计划：销售计划是指导企业销售部门和销售人员进行货物销售的文件，是企业营销管理工作的首要环节。营销管理系统为用户提供了年度销售计划和员工计划两种编制方式(见图1-6)。

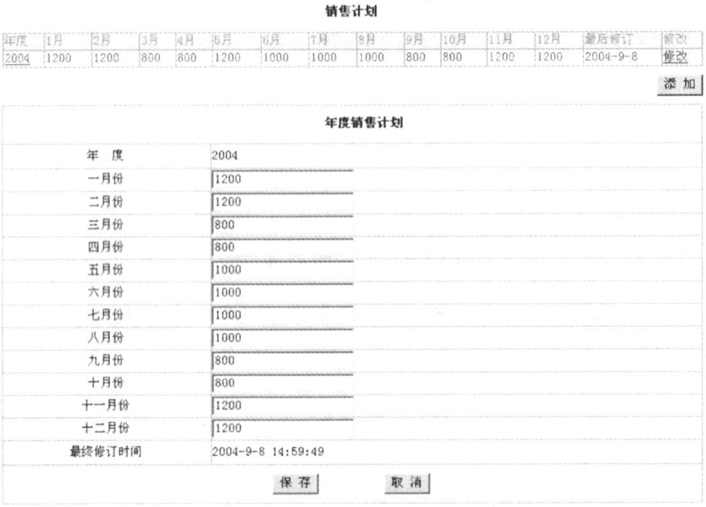

图 1-6　销售计划

员工计划：以销售部门业务员为单位，制定该年度计划下每个业务员的销售目标。进入销售计划→员工计划，选择计划列表的年度就可以进入该年度员工计划的维护页。选择相应员工列表可以查看、维护该员工的详细计划(见图1-7)。

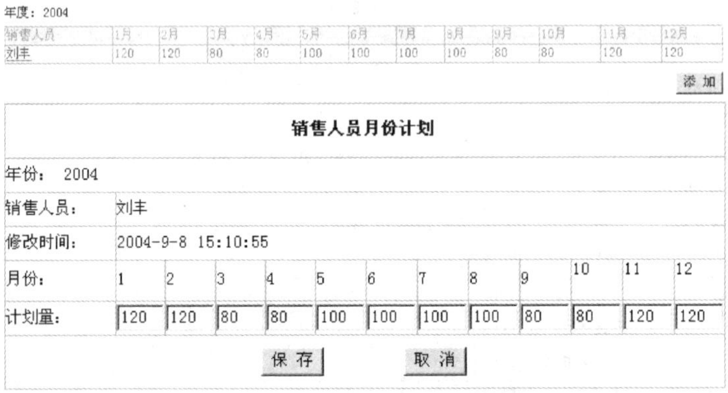

图 1-7　查看、维护员工的详细计划

询价信息：询价单保存所有的客户询价信息(见图1-8)，这些询价记录作为销售业务中的重要"线索"，既是市场需求的反映，又是销售业务的起点，也是企业潜在的商业机会。

询价信息

询价单号	询价客户	产品	数量	询价日期	处理状态	查看
10000000	浙江天源电子	主机箱	10	2004-06-03	录入	选择
10000001	上海兆飞电子有限公司	主机箱	40	2004-06-18	录入	选择
10000002	浙江天源电子	主机箱	50	2004-07-01	录入	选择
10000003	上海兆飞电子有限公司	主机箱	20	2004-08-09	录入	选择
10000004	浙江智达科技开发有限公司	主机箱	20	2004-09-02	录入	选择
10000005	吉林远大集团	主机箱	20	2004-09-06	已处理	选择

添加

图 1-8　询价信息

用户可以录入新的询价单信息，录入的时候，右击选择"询价客户"和"产品名称"，并填写询价的数量等信息（见图 1-9）。

图 1-9　"客户询价单"页面

也可以选择"录入"状态的询价单进行"报价"（见图 1-10）。

用户点击"报价"按钮后，系统会自动转入"报价单"页面并录入询价单的相关信息。报价单信息录入成功后，询价单的状态会自动更改为"已处理"，该状态的询价单不能再进行报价处理。

报价单：销售报价单用于售前向客户提供产品的价格信息，可以根据询价信息录入，也可以直接添加，经审核确认后生成订单（见图 1-11）。

录入报价单信息时，需要填写完整客户、产品信息，以及报价的有效日期、跟催日期、数量、报价等。提示：填写"客户名称""产品名称"时，在录入框内右击，系统会弹出对话框供选择（见图 1-12）。

新录入的"销售报价单"确认无误后，还需要经过审核才可以发送给客户（见图 1-13）。

点击"审核"按钮并确认发送，系统后台会作为客户的角色来处理收到的报价单

图 1-10 选择"录入"状态的询价单进行"报价"

图 1-11 "报价单"页面

(见图 1-14)。

再返回报价页面,用户可以看到刚刚发送的报价单状态已经更改。如果为"确认"状态的报价单,表明客户同意你的报价,这时可以选择该报价单,然后点击"制订单"按钮,根据报价单制定新的销售订单,订单保存成功后,报价单的状态自动更改为"完成";而如果是"执行"状态的报价单,则表明客户还没有反应,可以根据填写的"跟催日期"对报价单进行"跟催",录入跟催记录信息并保存,直到客户确认或者拒绝报价单为止(见图 1-15)。

销售订单:销售订单是反映由购销双方确认的客户要货需求的单据,它可以是企业销售合同中关于货物的明细内容,也可以是一种订货的口头协议。企业根据销售订单组织货源,并对订单的执行进行管理、控制和追踪。实际中,一般在购销双方签订销售合同后填制并审核订单,对于追求将销售业务进行规范化、计划化管理的工商企业而言,销售业务的进行,需经历一个由客户询价、销售业务部门报价、双方签订购

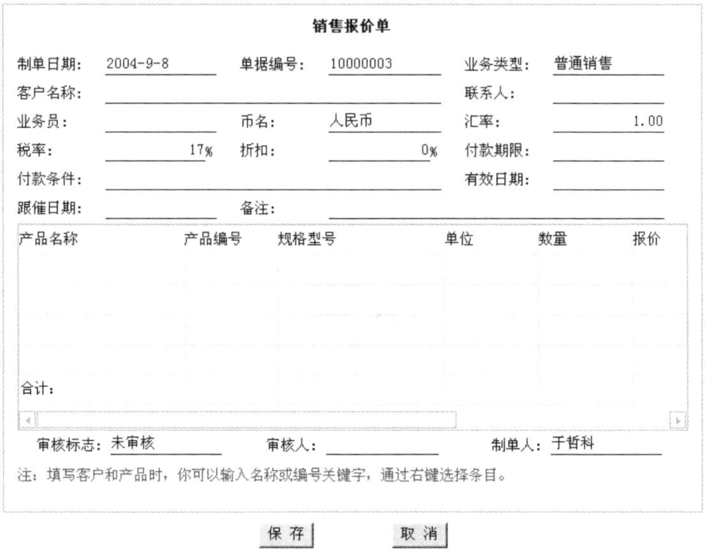

销售报价单

制单日期:	2004-9-8	单据编号:	10000003	业务类型:	普通销售
客户名称:				联系人:	
业务员:		币名:	人民币	汇率:	1.00
税率:	17%	折扣:	0%	付款期限:	
付款条件:				有效日期:	
跟催日期:		备注:			

产品名称	产品编号	规格型号	单位	数量	报价
合计:					

审核标志：未审核　审核人：　制单人：于哲科

注：填写客户和产品时，你可以输入名称或编号关键字，通过右键选择条目。

保 存　取 消

图 1-12　填写销售报价单信息

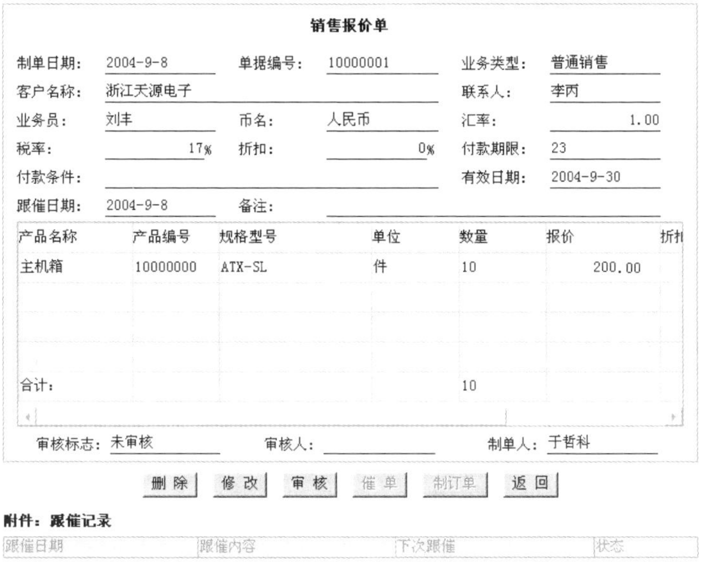

销售报价单

制单日期:	2004-9-8	单据编号:	10000001	业务类型:	普通销售
客户名称:	浙江天源电子			联系人:	李丙
业务员:	刘丰	币名:	人民币	汇率:	1.00
税率:	17%	折扣:	0%	付款期限:	23
付款条件:				有效日期:	2004-9-30
跟催日期:	2004-9-8	备注:			

产品名称	产品编号	规格型号	单位	数量	报价	折扣
主机箱	10000000	ATX-SL	件	10	200.00	
合计:				10		

审核标志：未审核　审核人：　制单人：于哲科

删 除　修 改　审 核　催 单　制订单　返 回

附件：跟催记录

跟催日期	跟催内容	下次跟催	状态

图 1-13　准备提交审核的“销售报价单”

销合同(或达成口头购销协议)的过程(见图 1-16)。

销售订单信息的录入，可以参照客户确认或者历史完成的报价单格式进行，也可以从新手动录入。必须填写的项目为客户信息、交货日期、产品信息、订购数量及订单报价(见图 1-17)。提示：填写“客户名称”“产品名称”时，在录入框内右击，系统会

图 1-14　确认审核通过报价单的对话框

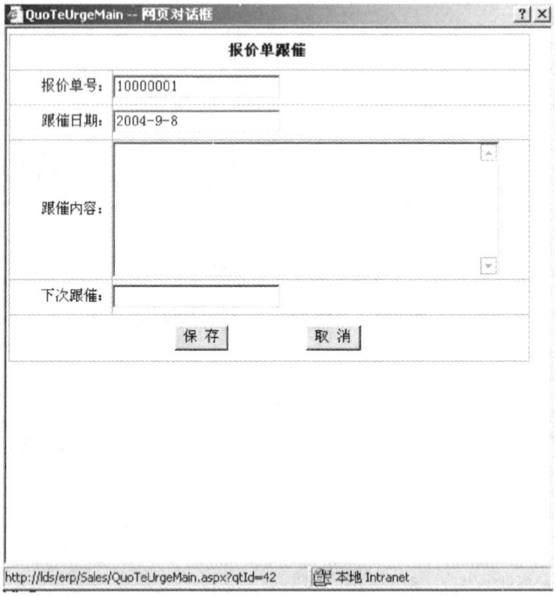

图 1-15　报价单跟催

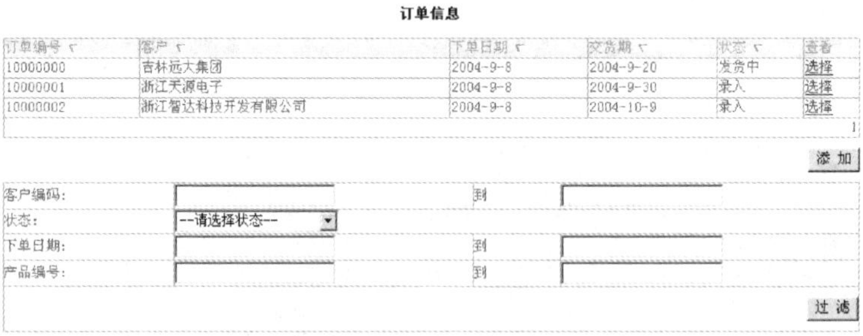

图 1-16　订单信息

弹出对话框供选择。

　　新录入的订单必须审核后才能执行,如果用户否决了该订单,则订单必须修改后才能再次提交审核。

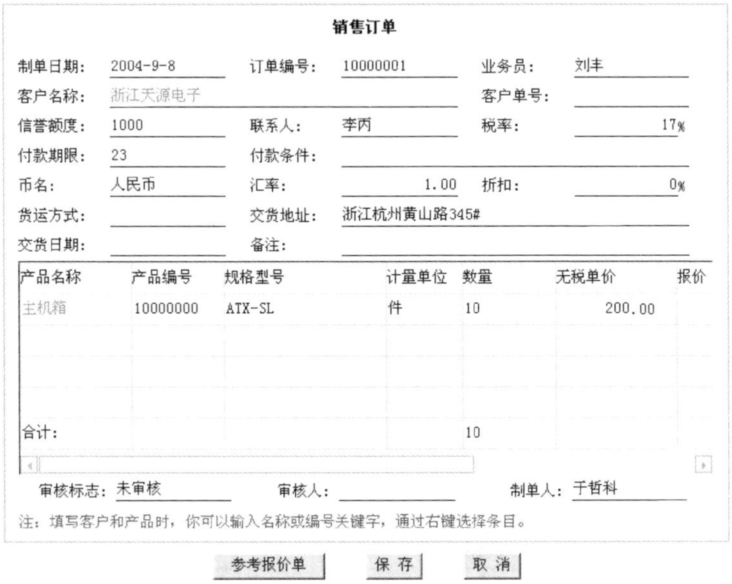

图 1-17　销售订单

发货单:发货单是销售方认同作为给客户发货的凭据,是普通销售发货业务的执行载体。销售时需要根据销售订单制发货单(见图 1-18)。

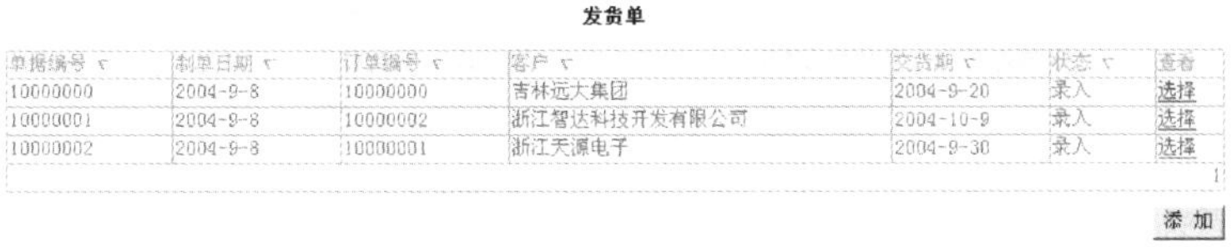
发货单

单据编号	制单日期	订单编号	客户	交货期	状态	查看
10000000	2004-9-8	10000000	吉林远大集团	2004-9-20	录入	选择
10000001	2004-9-8	10000002	浙江智达科技开发有限公司	2004-10-9	录入	选择
10000002	2004-9-8	10000001	浙江天源电子	2004-9-30	录入	选择

1

添 加

图 1-18　根据销售订单制发货单

当销售订单发货日期到期(交货日期)时,要按订单向客户发货,并录入发货单信息。录入发货单信息必须参照执行中的订单(或者计划状态)通过对话框选择好相关订单,该订单的信息会自动录入发货单中(见图 1-19)。

发货单审核通过后会自动生成销售发票,并且仓库部门只有根据销售发票才可以开设销售出库单(见图 1-20)。

销售发票:销售发票是指在销售业务过程中,企业给客户开具的发票及其所附清单。仓库员在审核发货单的同时,系统会自动开具销售发票(见图 1-21)。销售发票会传递到应收应付模块并记录到应收应付账。

4. 统计查询

订单完成情况:查询执行和计划状态的订单生产计划的执行情况(见图 1-22)。

年(月、客户)销售额统计:按年、月、客户分组统计销售额(见图 1-23)。

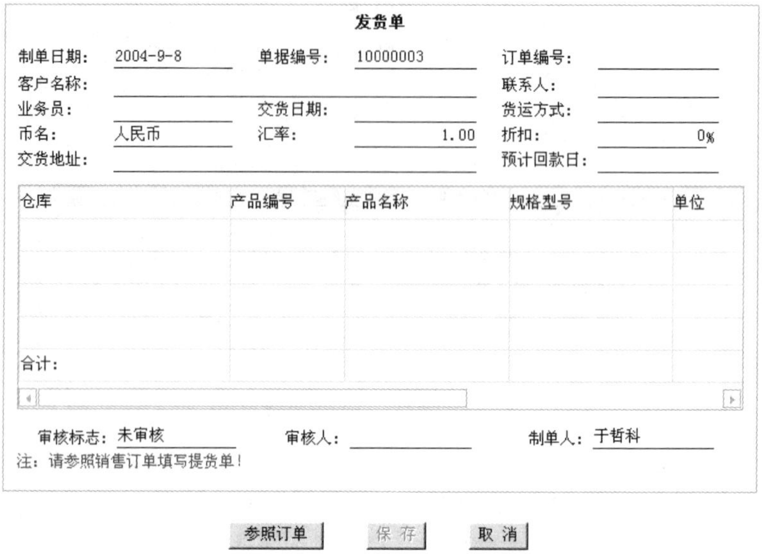

图 1-19　订单信息自动录入发货单中

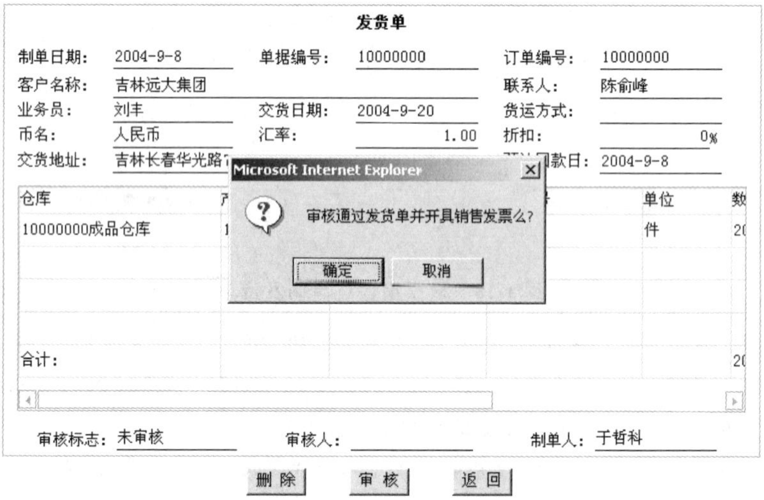

图 1-20　审核通过发货单对话框

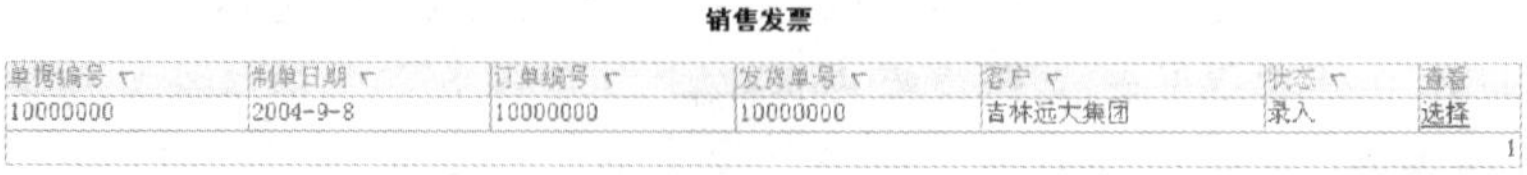

图 1-21　系统自动开具销售发票

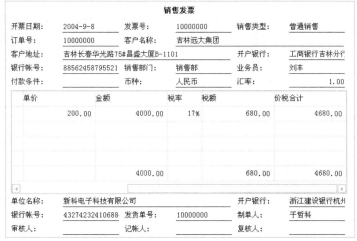

销售发票

开票日期:	2004-9-8	发票号:	10000000	销售类型:	普通销售
订单号:	10000000	客户名称:	吉林远大集团		
客户地址:	吉林长春华光路75#昌盛大厦B-1101			开户银行:	工商银行吉林分行
银行帐号:	88562458795521	销售部门:	销售部	业务员:	刘丰
付款条件:		币种:	人民币	汇率:	1.00

单价	金额	税率	税额	价税合计
200.00	4000.00	17%	680.00	4680.00
	4000.00		680.00	4680.00

单位名称:	新科电子科技有限公司			开户银行:	浙江建设银行杭州
银行帐号:	43274232410688	发货单号:	10000000	制单人:	于哲科
审核人:		记帐人:		复核人:	

返回

续图 1-21

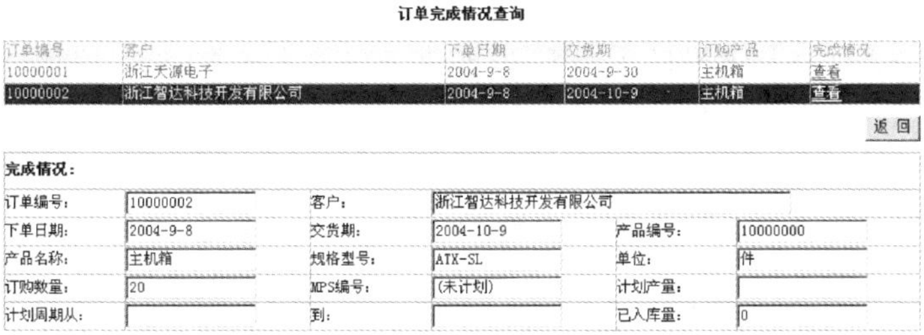

订单完成情况查询

订单编号	客户	下单日期	交货期	订购产品	完成情况
10000001	浙江天源电子	2004-9-8	2004-9-30	主机箱	查看
10000002	浙江智达科技开发有限公司	2004-9-8	2004-10-9	主机箱	查看

返回

完成情况:

订单编号:	10000002	客户:	浙江智达科技开发有限公司		
下单日期:	2004-9-8	交货期:	2004-10-9	产品编号:	10000000
产品名称:	主机箱	规格型号:	ATX-SL	单位:	件
订购数量:	20	MPS编号:	(未计划)	计划产量:	
计划周期从:		到:		已入库量:	0

图 1-22　订单完成情况查询

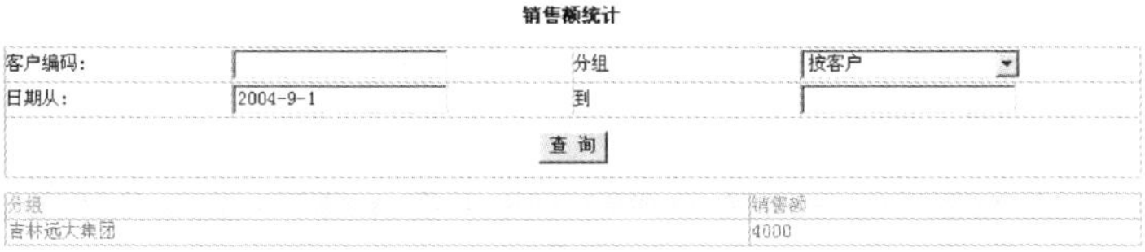

销售额统计

客户编码:		分组	按客户
日期从:	2004-9-1	到	

查询

分组	销售额
吉林远大集团	4000

图 1-23　销售额统计

计划执行统计:统计销售计划的完成情况(见图 1-24)。

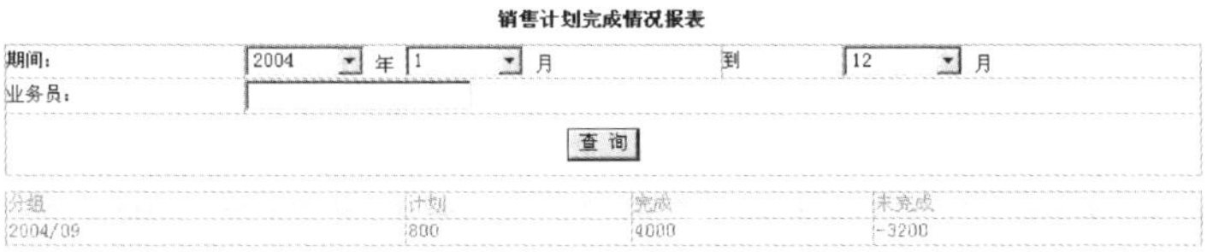

销售计划完成情况报表

期间: 2004 年 1 月 到 12 月

业务员:

查询

分组	计划	完成	未完成
2004/09	800	4000	-3200

图 1-24　销售计划完成情况报表

第 2 章　信息系统与管理信息系统

学习目标

1. 了解企业经营环境的变化；
2. 理解信息是一种重要的资源；
3. 熟悉信息系统的基本概念；
4. 了解管理信息系统的基本概念和最新发展动态。

引入案例

杭州城市管理信息化建设，打造智慧型城市

城市化和工业化是中国经济未来20年发展的两大主线，中国的城市人口将会超越农村人口，未来40~50年内中国城市人口总量将净增6亿。这一前所未有的城市化进程将对城市规划、管理、社会稳定与安全等各方面提出严峻挑战。依靠传统的城市管理方法已经不能满足现代化城市管理的需求，城市管理之间的信息孤岛等遗留问题也加大了跨部门之间信息共享、业务协同的难度。精细数字化城市管理的提出，是一场真正意义上的管理变革，将推动城市管理真正走向数字化、信息化。

基于此，杭州市引入了信息化管理系统。数字化城市管理系统是基于移动通信网络、行业终端（含数字城管终端应用软件）和政府内部办公系统，通过地理空间框架数据、单元网格数据、管理部件数据、地理编码数据等多种数据资源的信息共享、协同工作，实现对城市市政工程设施、市政公用设施、市容环境与环境秩序的监督、管理和预警的系统。数字化城市管理是从更新城市管理理念入手，以应用和需求为导向，集计算机、互联网、地理信息系统和无线通信等多种现代信息技术于一体的一种全新的城市管理模式。

在网格化城市管理系统基础上，杭州市创造性地提出了城市安全运转在线监测系统。其主要目标是从城市管理部门的需求出发，重点保障地铁、公交、市政桥梁、隧道、高架等各类大型市政设施的安全运转，保障燃气安全、供水安全、排水安全等，建立防汛抗台等应对自然灾害的安全机制。城市安全运转在线监测系统包括了市政桥梁隧道在线监控系统、防汛决策指挥系统、路灯监控系统、排污及河道水质监测系统、燃气监管监测系统、公交车辆GPS监控系统、城管车辆GPS监控系统等。

平台结合SOA的设计理念，采用"应用软件＋中间件＋数据库"的开发模式，使

用 Web Service 实现信息交换与共享,以符合 XML 的数据传输格式规范进行数据传输,可在任选的 Windows 2007 Server 以上环境下运行。数字化城市管理系统采用当今主流和成熟技术(SOA、ESB 及 MQ/Web Server 等)进行系统架构设计。该系统遵循国际标准,具有灵活性和延展性,支持各种相应的软硬件接口,能和各种系统互联互通。数字化城市管理系统能在数据、业务等多个层面上进行扩展,同时,该系统可充分适应应用需求的经常变化。数字化城市管理系统具备信息传输保密性、数据完整性、身份识别和认证、防抵赖性、隐私保护等特点,可确保数据安全和用户安全。数字化城市管理系统选用 Java 等跨平台开放技术,其交换系统与操作系统、硬件平台无关,可方便移植。

杭州城市管理信息系统的实施,推进了城市管理实现由粗放向精细、被动向主动、静态向动态、单一向综合、一元向多元、传统向现代的"六大转变",树立"人本、高效、务实、科学、服务型政府"的新形象,提升城市"四化"长效管理和综合管理能力,体现"数字城管在你身边、为你服务"的理念。

案例启示

杭州城市信息化管理系统的建设,是城市发展的新动力。城市信息化是区域信息化的核心和龙头,城市信息化的建设成为解决城市发展中所面临诸多难题的有效手段。

管理信息系统是为了适应现代化管理需要,在管理科学、系统科学、信息科学和计算机科学等学科的基础上形成的一门学科,它继承了其他众多学科的理论、方法与应用技术,它与信息科学、系统科学、控制理论、运筹学、会计学、统计学、经济学、管理学和计算机科学有着十分密切的联系。同时,管理信息系统作为一种应用工具,又广泛地应用于工业、农业、交通、运输、文化、教育、卫生、体育,以及各种社会经济活动的信息管理中,并起着日益重要的作用,显示出强大的生命力。

管理信息系统是企业现代化的重要标志,是企业发展的一条必由之路。管理信息系统是为管理服务的,它的开发和建立可使企业摆脱落后的管理方式,是实现管理现代化的有效途径。管理信息系统将大量复杂的信息处理交给计算机,使人和计算机充分发挥各自的特长,组织一个和谐、有效的系统。面对越来越多的信息资源和越来越复杂的企业内外部环境,企业有必要建立高效、实用的管理信息系统,为企业管理决策和控制提供保障,这是实现管理现代化的必然趋势。管理信息系统涉及管理、信息和系统,因而关于它们的知识是非常重要的。

2.1 企业经营环境的变化

随着信息技术的快速发展,网络数字化信息时代已经来临。与传统的经济模式相比，新的经济模式在许多方面都发生了巨大的变化，几乎所有的商业规则都在改写。企业经营模式由具体到虚拟，从竞争走向合作，从控制走向学习，从独立走向整合，从集中走向分散，出现了许多新的概念和模式，如信息经济（information economy）、全球化（globalization）、虚拟组织（virtual organization）、外包（outsourcing）、电子商务（electronic commerce）、企业再造（business reengineering）、价值链（value chain）、客户关系管理（customer relationship management）、供应链管理（supply chain management）等。企业在如此复杂多变的环境下，必须尽快适应环境并及时做出调整才能立于不败之地。信息技术，尤其是信息系统将是企业进行改造和适应环境的最有力武器。

企业经营环境大致上经历了以下几种变化。

2.1.1 经济全球化

"地球村"就是对全球化最形象的概括和写照。经济全球化使世界经济的地缘扩展空间接近完成，贸易和投资已扩大到全球范围，能在更广阔的空间配置资源；经济运行的"地域空间"正在由"流动空间"所取代，经济活动的地域正在由全球网络所覆盖。各种利益主体，包括公司、国家、区域板块的经济交往和竞争从来没有像今天这样在时空压缩的世界经济中交叉渗透、短兵相接。由于各国经济关联度的提高和互动性的加强，世界经济的发展日益呈现出立体性、整体性和全球性。这一过程，不仅使国家的经济边界弱化，也意味着国家经济主权在不同程度上受到削弱、让渡和延伸。由于市场和生产已成为全球性的，民族国家的经济行为日益成为因变量，所以国内政策的制定者和决策者，包括大公司、公共权力机构必须考虑其经济决策和经济活动的国际制约因素。一个由民族国家组成的世界经济正在让位给由全球参与者共同构建的世界经济。

2.1.2 商业网络化

随着网络的发展，商业网络化已是一种发展趋势。传统的商业模式是：首先，生产厂商批发给批发商或代理商；然后，由批发商或代理商批发给零售商；最后，由零售商再销售给最终消费者。这种模式让商品增加了很多附加值，如一支笔，生产厂家的成本是0.8元/支，生产厂商以1元/支的单价批发给批发商或代理商，批发商或代理商以2元/支的价格再批发给零售商，最后零售商将会以3元/支的价格销售给最终消费者。这样，商品的附加值为2.2元/支。然而现在，电子商务已形成了新型商业模式，作为生产厂商，可以直接将商品销售给最终消费者。这就是电子商务。

毫无疑问，电子商务是当今最热门的话题。纵观全球商业模式，已逐渐从传统的实体经营转变为网络经营。在中国，网店已经成为最新型的购物模式。如淘宝、阿里巴巴、亚马逊、慧聪、京东等已经开始主宰人们的生活，坐在家中办公的模式已经离我们越来越近。

2.1.3 组织环境的变革

1. 组织结构扁平化

扁平化组织是一种通过减少管理层次、压缩职能机构、裁减人员而建立起来的一种紧凑并富有弹性的新型团体组织,具有敏捷、灵活、快速、高效的优点。扁平化的组织结构是一种静态构架下的动态组织结构。其最大的特点就是等级型组织和机动的计划小组并存,具有不同知识的人分散在结构复杂的企业组织形式中,通过未来凝缩时间与空间,加速知识的全方位运转,以提高组织的绩效。扁平化组织结构的竞争优势在于不但降低了企业管理的协调成本,还大大提升了企业对市场的反应速度和满足用户要求的能力。

传统组织表现为层级结构。一个企业,由高层、中层、基层管理者组成一个金字塔状的结构。董事长和总裁位于金字塔顶,他们的指令通过一级级的管理层传达到执行者,基层的信息通过一层层的筛选到达最高决策者。

层级结构在相对稳定的市场环境中是效率较高的一种组织形式,但目前遇到了强大挑战:一是企业组织规模越来越庞大,产生了一大批称为"恐龙"的超级跨国公司,企业管理层人数过多而难以有效运作;二是外部环境的快速变化要求企业具备快速应变和极强的适应性,而管理层次众多的层级结构所缺少的恰恰是这种变化的快速感应能力和适应性。

组织扁平化在传统金字塔组织结构的基础上,应用现代信息处理手段来达到扁平化的基本目的,即在传统层级结构的基础上,通过计算机实现信息共享,不必通过管理层次逐级传递,从而增强组织对环境变化的感应能力和快速反应能力;通过计算机和"集群式"的方式传递指令,达到快速、准确发布指令的目的,避免失真现象。

2. 组织业务分散化

许多企业已开始把精力集中到关键工作上,其余工作通过网络进行分解。小型的组织架构已成为当今世界一切组织的普遍追求。可以预见,随着传统观念的逐渐破除,企业的组织结构将会逐步走向小型化。资产运营、委托生产、业务外包等已经为企业组织业务分散提供了实现的条件。现在很多企业开始将不重要的业务外包给专业化的公司运作,如交通、IT、餐饮等,只保留核心的具有决定性的业务,将组织业务分散有利于培养自己的核心竞争力。

3. 组织结构柔性化

与扁平化组织几乎同时出现的还有各种柔性化组织结构,包括"变形虫"组织结构等。柔性化组织强调组织的柔性,即灵活性,包括组成的柔性、管理的柔性、工作时间的柔性等。"变形虫"组织则强调组织成分的随机组合,打破单位内部的组织壁垒,吸收组织内外最适合做某种工作的人组成一个临时性组织,在完成某项任务后自行解散,当有新项目时再重新组织。可以预见,组织柔性化和组织分散化对信息平台的要求越来越高。

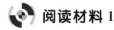 **阅读材料 1**

基于经营环境视角的 SL 集团企业战略选择

山东北方渔市股份有限公司是经山东省人民政府鲁政股字〔2001〕18 号文件批准,由 SL 集团控股设立的股份制公司,是省政府重点推荐的拟上市的公司,是"海上山东"战略实施的龙头单位。该公司于 2004 年初接管了中国北方最大的渔港——石岛渔港,承担在石岛渔港建设集物流、商流、资金流、信息流于一体的大型国际化渔业物流中心项目——EFICC 项目。

SL 集团的 EFICC 项目是在中国也是在亚洲首次将电子拍卖的技术应用于渔业流通领域。该技术已经在欧洲经过实践的检验,被证明是行之有效的。但是,EFICC 项目在耗费了 SL 集团大量的人力、物力、财力建成并投入使用之后发现,实际的经营效果远不如预期的理想,甚至有些难以接受。为了改变现状,SL 集团对企业经营环境进行了分析,提出了有关 EFICC 项目的企业战略决策。

1. 企业经营环境分析

1) 交易中心为供应商提供服务

交易中心为供应商提供的主要服务如下。

船务服务:在渔船停泊、靠港、加油、加冰、加水、渔需物资配给、生活用品配给等方面获得最优惠的服务。

商务服务:交易中心提供卸货、理货、拍卖交易、储存、加工、结算、收款等商务服务。

生活服务:为船东、船代、船长、船员提供洗浴、餐饮、休闲、娱乐、电影电视、通信、信息咨询、办公场所等全套服务。

2) 企业发展方向

构建联结全国各地采用电子拍卖方式的水产品批发市场中心交易系统;构建实行标准统一的信息资讯、竞价交易、支付结算、配送服务的综合性电子商务网络;构建能够实行异地远程的、即时透明的、公开、公平、公正的渔业商务平台。开拓一条建设大市场、搞活大流通、全面增强区域竞争力和辐射力的水产物流大路,向着"买世界、卖世界"的宏伟蓝图扎实挺进,推动水产物流业的革命性变革。把全国大型的渔市甚至包括荷兰、芬兰等国际渔市都联合成一张大的采购网,实现"渔业生产和经营者实现全国甚至全球性"的即时销售和采购功能,建设现代化电子拍卖市场。

3) 企业经营的规模和水平

SL 集团借鉴欧洲渔市的先进模式,先后投资 2.4 亿元,建设了集水产活品、冰鲜、冷冻、干品、水产饲料、渔需物资等为一体的服务体系——SL集团北方渔市交易中心,设有理货区、存货区、拍卖区、包装配送区、加工区、会展区、配套服务区等,拍卖区有温度保持在5℃左右的渔货储存区,同时还为流拍渔货准备了600吨的低温仓库。交易中心设交易席位300个,其中石岛拍卖交易中心拍卖大厅内现场席位100个、异地远程交易席位200个。在世界任何地方都可以通过互联网参与北方渔市的电子拍卖。在拍卖技术上,SL集团的EFICC项目处于亚洲领先地位。但是,由于目前SL集团的资金压力,无法进一步展开业务,因此实际的业务范围影响较小,竞争能力较弱。

4) 企业的目的

目前我国的水产批发市场普遍存在服务功能不足、交易与需求信息不对称、物流配送中心建设滞后等问题,导致产地、中转、销地市场之间难以形成有效的供应链。北方渔市以创新破解上述发展瓶颈,构建起现代水产物流体系——实现产供地、中转、销售一体化的市场互动对接。

2. 企业战略决策

随着科学技术的发展和人民生活水平的提高,人们在食物选择方面越来越青睐水产品。改革开放以来,水产品已成为我国广大城乡居民越来越喜爱和偏好的食品,人们不仅求其多,更求其鲜活。因为从一定的意义上来讲,新鲜就意味着质量和安全,这就对水产品流通提出了高标准、严要求。而恰恰在这方面,我国与发达国家相比,还有很大的差距。在目前我国已建成的成千上万个水产品市场中,能够进行标准化处理、电子化拍卖、低温冷藏储运、异地远程交易、即时物流配送、即时现金结算的现代化水产品交易市场,可以说是绝无仅有的。这也是SL集团建设EFICC项目的一个缘由。

EFICC项目包含现代化水平的硬件系统和软件系统,最大限度地节约了交易时间,降低了交易成本,保证了水产品交易的公开、公正和公平。既使渔民提升了销售价格,又使消费者从交易中得到了较大实惠,是一次惠及交易各方的流通创新和市场创新。北方渔市在中国水产品市场上的先导行为,对中国水产品流通现代化进程是一次强有力的促进和推动。

建设水产批发市场物流配送中心,既是提升市场综合服务功能的具体体现,又是整合现行水产品物流市场资源的重要举措,同时要与发展第三方水产物流业相结合,解决水产品运输(配送)物流过程中保鲜性和时效性的问题。

1) 制定企业战略的原则

(1) 适用性。必须使企业能够适应外部环境与内部条件,即能够利用外部环境的机会及内部条件的优势,回避外部环境的威胁及内部条件的劣势,同时能够提升或保持企业的地位。

(2) 可行性。企业必须有能力实施已制定或选择的战略或方案,换言之,可行的战略或方案应该是企业依靠现有的资源与能力,能够实施制定或选择的战略或方案并使之达到企业的战略目标。战略或目标的可行与否应该考虑以下问题:是否有足够的资源或财力支持战略或方案的实施;是否有增强企业竞争优势的技术和手段;是否有能力达到要求的经营水平;是否能够取得所需要的相对竞争地位;是否能够处理例外的突发事件。

(3) 可接受性。可接受性与人们的期望观念有很大的关系,带有更大的主观性。由于在企业内部有不同利益集团的存在,制定或选择可接受战略或方案是比较困难的。一般情况下,制定与选择的战略或方案是不同利益集团相互妥协的产物。

2) 方案的制订

一是寻求政府支持。EFICC 项目是国家 2006 年重点扶持的电子商务项目,是山东省中心批发市场,是国家发改委批复的全国水产行业唯一的电子交易中心市场,是中国也是亚洲首次将电子拍卖技术运用于渔业流通领域的项目。该项目已于 2008 年 7 月通过国家验收。EFICC 项目对建立我国公开、公平、公正的水产品批发市场体系、实现我国水产品流通新的跨越将发挥十分重大的作用。同时,它有利于国家掌控渔业供求量及价格等信息,进行有效的宏观调控。因此,可以从这些方面着手寻求政府的政策性扶持。

二是与其他企业合作。比如当地的石岛水产集团和赤山集团等,这两家公司都有自己的渔业港口,也有自己的船队,尽管港口的规模不能与石岛渔港的相比,但是在本地的渔业发展中也占有重要的地位,且公司的实力雄厚。SL 集团可以以股权融资,在解决资金问题的同时可以保证交易中心的渔货供应,部分程度上也可以摆脱因受制于渔船代理商而无法打开局面的尴尬。对于石岛水产集团和赤山集团这两家公司而言,在增加经济增长点的同时,也可以为本公司的渔货找到一个更好的交易平台。若三家联手,则完全有可能在短时间内激活 EFICC 项目,并以石岛为中心向周边辐射。

三是上市融资。在前几年,SL 集团已经完成了上市的前期准备工作。在适当的时间上市筹集资金,可以满足自身发展的需要。

四是利用荣成国际渔民节。荣成国际渔民节源于当地渔民传统的谷雨节。渔民节以渔民为主体,以渔村文化为主要内容,开展各种海上运动项目、大型民俗观光旅游活动、经济技术贸易洽谈会和海洋渔业博览会等一系列活动,使渔民节成为中国海上文化盛会。SL 集团可以以适当的方式参与本次的荣成国际渔民节,在其中寻找契机。

五是积极与澳大利亚和欧洲的几家企业进行沟通谈判,争取合作,借此引进国外先进的管理经验来完善集团自身的不足。同时,如果合作成功,也可以扩大企业在渔业流通领域内的影响,有利于企业日后的发展。

3. 小结

根据 SL 集团基于企业环境分析下的战略决策,企业战略实施成功与否,要深入分析环境、信息等因素的影响。

(1) 环境对企业的影响。任何一个企业都不是孤立存在的,它总要与周围的环境发生这样或那样的联系,也就是说,企业的生存发展是以外部环境为条件的,企业的外部条件就是社会因素。无论是社会政治的发展、经济的变革、市场的变化,还是国际形势的变化,都会对企业直接或间接地发挥作用,产生重要影响,因此,对于一个企业来说,重要的是认识所在环境的特点,并时常关注环境的变化,适应它而不是试图去改变它。

(2) 信息对决策的作用。一个企业或集团想要为企业培养新的经济增长点,如果是已有的项目,必然要对新增加的项目进行多角度、全方位的考察。还要进行反复论证,从各个角度来论证该项目的可行性。在进行项目移植时,要考虑所要移植项目所处环境的前后变化,并就这些变化进行详细对比分析,得出结论。这些都离不开信息的支持。

(3) 决策的基础在于企业的实力。企业或集团,它所做出的决策应当与企业的实力相符,可以小于企业的承受能力,但是绝对不可以超过企业的承受范围。决策的制定要考虑到企业自身的条件限制,特别是经济因素。

 阅读材料 2

西安石化公司基于信息技术条件下的组织柔性化变革

西安石化公司是一家老牌国有企业,始建于 1967 年。20 世纪 90 年代以前,企业以生产油田助剂、纺织助剂等表面活性剂为主,是一家较为典型的精细化工生产企业。1992 年,随着炼油装置的建成投用,企业逐步转化为中型石油化工企业。2000 年以来,随着沥青装置、清洁燃料装置等技改项目的相继建成投产,企业已发展为以石油炼制为主业的大型石化企业,完全退出了精细化工行业。

目前,西安石化公司组织结构系直线职能制结构,设置有 12 个职能处室、13 个生产车间和 7 个车间级附属单位,管理层级为公司高管、处室、车间、班组共四级管理模式。该公司的决策权高度集中在高管层面,处室承担专业管理职能,生产车间承担具体作业任务。每个生产车间设置一套健全的党、政、工、团领导机构,管理人员队伍较为庞大。西安石化公司的组织结构为传统的组织结构,该组织结构已不适应信息技术的发展,过分臃肿的金字塔形组织结构,使信息不能在各部门、各层级之间有效传递,不利于企业对市场的快速反应。

信息技术的发展和应用,以及企业环境的变化,促使众多企业纷纷进行组织结构的变革。传统组织结构存在的不足,使其已经与信息社会不协调,无法发挥出信息技术给组织带来的应有优势,因此,西安石化公司必须突破传统的层级组织模式,以此来适应信息技术的发展。

1. 柔性组织——组织结构的变革

影响组织设计的权变因素有战略、环境、技术、规模、文化等,当企业不适应这些变化,或者反应迟钝时,企业就会被淘汰。随着经济的不断发展,信息技术越来越广泛地应用于企业中,如云计算、MIS、微电子技术等,改变了企业的运作方式。企业必须建立灵活性和适应性强的新型组织模式来适应技术变革,这就要求新的组织形式更趋向于分权化的、信息共享的、灵活的、弹性的一种组织模式,而柔性组织就是最佳选择之一。西安石化公司在组织结构的变革中,考虑到信息环境的影响及企业的性质,采取了柔性组织的构建。

2. 构建柔性组织的方法

(1) 企业理念柔性化。西安石化公司应从上到下树立柔性战略,认识到技术、战略、环境、文化等对组织的影响,做好随时调整的准备。首先,要使组织结构在形式上柔性化,能分能合,以小的单元为基础进行整合。其次,从决策层到员工要有共同的愿景,防止信息不对称的发生,便于管理及营造良好的文化氛围。

(2) 领先团队的力量,增强组织凝聚力。构建柔性组织要求企业打破部门之间的界限,组建新的跨职能任务团队,将员工和组织协调起来,提高员工的热情和积极性,在实际操作中可以采用目标管理法进行激励。

(3) 组织权力下放,由集权向分权转变。组织权力中心下移,可以尽量缩减决策在时间和空间上的延展过程。

(4) 人力资源是构建柔性组织结构的第一资源。组织要创新,依靠的就是员工的知识和技能,柔性快速应对市场变化,要靠员工的分析判断能力,柔性组织要充分实现分权,对人力资源的要求是非常高的,要求每个人都是各自领域的专家。所以高素质人才是建立柔性组织的基本条件。

◎ 案例启示

西安石化公司经过组织结构的变革,提升了企业的协作效率,对市场有着敏锐的感应,能够很好地把握市场动态。企业采取柔性组织结构,这种结构的企业是围绕工作流程或过程来建立结构的,企业可以联合开发一种产品或提供某些服务进行优势互补,打破传统部门的边界,共同开拓市场或巩固已有的市场份额。

组织结构柔性化是企业组织结构未来发展的趋势,更是企业在激烈市场竞争中求得生存和发展的必然选择。西安石化公司柔性组织结构改革没有一劳永逸的固定模式和结构,也并非一朝一夕能够完成的。该公司所有员工应站在公司的角度考虑问题,保证改革有组织、有计划、有步骤地稳步进行。同时,为提高信息沟通的速度和时效性,要充分利用互联网、移动终端等电子信息技术来实现公司内部信息流由垂直状向网状的转变。另外,要实现组织的柔性,不能单纯依靠柔性的组织结构,还应与柔性管理、柔性企业文化、柔性生产流程、柔性人力资源等融合,形成一个柔性体系,共同完成对知识、信息、资源的整合、创造和管理,从而更好地面向客户,响应市场,在竞争中立于不败之地。

2.2 信息是一种重要的资源

从信息的观点来看,人类的活动离不开信息,自然界也充满各种信息。信息的重要性在于,它是一切社会活动的基本条件。随着人类社会进入信息时代,我们已认识到了信息的重要性,信息已经逐渐成为人类赖以生存与发展的战略资源之一,在社会生产和人类生活中发挥着重要作用。从而,在人类生活、生产中,除了物质资源之外,还包含人们称为信息资源或第三资源的信息。

2.2.1 数据与信息

为了理解信息的性质以及它的精确含义,我们必须先弄明白另一个术语——数据。数据是指那些未经加工的事实或是着重对一种特定现象的描述。例如,当前的温度、一个零件的成本,以及一个人的年龄,这些都是数据。而信息,则简单地定义为那些在特定背景下具有特定含义的数据。例如,你决定要穿什么衣服,那么当前的温度就是信息,因为它正好与你即将做出的决定(穿什么)相关;而一个零件的成本就不是信息。

信息也可以是那些通过某种方式加工或以更有意义的形式提供的数据。例如,在企业中,零件的成本对一个销售人员来说可能是信息,而对一个负责确定月末净利润的会计而言,它可能只代表数据。

数据和信息这两个词在实际应用中经常容易混淆。信息是经过加工后的数据,它会对接收者的行为和决策产生影响,对决策者它能增加知识,具有现实的或潜在的价值。信息是经过加工以后的数据,这一概念可用图 2-1 说明。数据并不只是数字,所有用来描述客观事实的语言、文字、图形和模型都是数据。

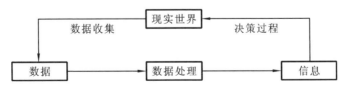

图 2-1 数据与信息的转换过程

显然,数据和信息的概念是相对的,对第一次加工所产生的信息,可能成为第二次加工的数据;同样,第二次加工得到的信息可能成为第三次加工的数据。这也与物质生产中的原料和产品的关系相似,初级加工得到的产品,可能成为进一步加工的原料。

综上所述,用语言、文字或图形等表达的资料经过解释就是信息。也就是说,信息是我们对数据的解释,或者说是数据的内在含义。根据这个定义,那些能表达某种含义的信号、密码、情报和消息都可概括为信息。

2.2.2 信息的维度

信息是一种资源,能够给人和组织带来现实的或者潜在的利益,因此,信息必然具有一定的价值。信息的价值主要是指信息的实用性,也就是信息的使用价值。在商务活动中,信息价值最本质的体现,是信息的所有人因掌握更多的信息而占有或者保持竞争优势。在正确的时间、以正确的方式提供正确的信息,这个信息才有价值,因此可以从时间、内容、形式三个维度来评估信息的价值,如图2-2所示。

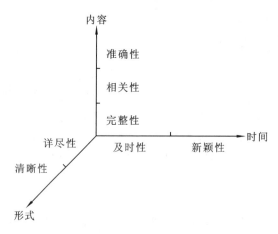

图 2-2 信息的价值度量

1. 信息的时间维度

信息的时间维度主要包括及时性和新颖性两个方面。

(1) 及时性。及时性是指在人们需要时拥有的信息。及时获得信息对于人们的正确决策有着非常重要的作用。信息都具有一定的时效性,过了时效就不再具有价值或者价值大幅度下降。例如,及时获知某地区市场对某种产品的需求量对生产该种产品的企业来说具有非常重要的意义。

(2) 新颖性。新颖性是指获得的最近和最新的信息。一般来说,获得新颖的信息比仅获得及时的信息更有价值。如果说及时信息能够帮助企业把握住机会,那么新颖信息则可以为企业创造机会。

信息的时效性是指从信息源发送信息后经过接收、加工、传递、利用的时间间隔及其效率。时间间隔越短,使用信息越及时,使用程度越高,时效性越强。一般来说,越新颖、越及时的信息,其价值越高。因此,应该尽量缩短信息的采集、存储、加工、传输、使用等环节的时间间隔,提高信息的价值。从某种使用目的来看,信息的价值会随着时间的推移而降低,但是相对其他目的来说,它又可能显示出新的价值。例如,超市的销售信息,在每年的账务结算后,作为核算凭据的价值已经失去,但是,如果将多年的销售数据收集起来,就有可能通过数据挖掘等方法总结出消费者的行为规律,从而指导超市的销售行为。

2. 信息的内容维度

信息的内容维度是指信息"讲的是什么",通常包括信息的准确性、相关性、完整性三个方面。

(1) 准确性。准确性也称为信息的事实性,这是信息第一位、最基本、最核心的性质,不符合事实的信息不具有价值,甚至可能给信息接收者带来负面的价值。

(2) 完整性。完整性是指是否包括所有与信息使用者要做的事情相关的信息。例如,在一个风险投资的计划书中,如果没有主要原材料的成本分析,则信息完整性就会大打折扣。信息的完整性是与接收信息者的目的密切相关的。信息的不完整性主要来自两个方面:①作为原料的数据本身可能不完整,从而造成信息的不完整;②从数据到信息的加工过程归根结底是由人根据已有的相关知识来完成的,人类对世界认知的不完整性也必然造成信息的不完整。

(3) 相关性。相关性是指信息与信息使用者要做的事情的相关程度。显然,相关性越高的信息,价值越高。例如,同样一条原材料价格变化的信息,它对需要决定产品价格的企业经理的决策相关性比较高,而对运输该种原材料的运输商则相关性较低。

信息的相关性和完整性是相辅相成的,也就是说,人们既应该接收与工作相关的信息(相关性),也应该接收全部需要的信息(完整性)。在很长一段时间里,人们都在为解决信息的完整性而努力。但是,近年来信息技术的快速发展带来了信息量的激增,甚至是"信息量爆炸"。在这种情况下,如何甄选出相关性高的信息就成为人们关注的重点。

3. 信息的形式维度

信息的最后一个维度是形式维度,涉及信息是"什么样的"这一问题,主要包括详尽性和清晰性两个方面。

(1) 详尽性。详尽性是指信息概括的程度。目标不同,对信息概括程度的要求也不同。例如,对于生产主管来说,他需要知道每名工人每天每件产品的生产量。但是对于财务主管来说,只要知道每天的产量汇总情况就可以了。

(2) 清晰性。清晰性是指信息是否以适当的载体提供。信息的载体可分为两个层次:语言、文字、图像、符号、电子信号和自然、社会活动所产生的其他印迹等是信息的第一载体;而存储第一载体的物质,包括纸张、胶片、磁带、计算机存储器和刻有铭文的器皿等记录着自然社会活动所产生的印迹的物质等则是信息的第二载体。信息的载体是可以变化的,信息可以由不同的载体和不同的方式承载与记录。

随着人们接收信息量的不断增加,以何种载体提供信息成为非常重要的问题。适当的载体可使信息接收者易于接受和理解。例如,演讲者经常使用幻灯片的形式阐述问题,这就是为了使听众能够最有效地接受演讲者的观点。

以上三个维度如果运用得当,也就是说,在正确的时间、以正确的方式提供正确的信息,那么信息使用者将大大提高成功的机会。

2.2.3 信息的生命周期

信息和其他事物一样具有产生和消亡的过程,这就是生命周期(life cycle)的含义。所谓信息的生命周期就是指信息从产生到应用直至失去使用价值为止的时间。从图2-3可以看出,不同组织层次信息的生命周期有较大的不同。战略级信息的生命周期最长,而作业级信息的生命周期最短。因为战略级信息对组织决策有较长时间的意义,而作业级信息中有许多属于临时性或过渡性信息,会随着事件的过去而失去意义。当然,现在基于数据仓库和数据挖掘的研究也日益重视历史数据的研究和利用,但是相对战略级信息而言,它的生命周期还是短暂的。

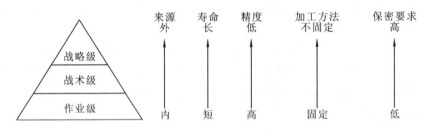

图2-3 信息的三级结构和属性比较

信息的生命周期包括要求、获得、服务和退出。

(1) 要求是信息的孕育和构思阶段。人们根据所发生的问题,根据要达到的目标,根据设想可能采取的方法,构思所需要的信息类型和结构。

(2) 获得是得到信息的阶段。它包括信息的收集、传输及转换成适用的形式,达到使用的要求。

(3) 服务是信息的利用和发挥作用的阶段。这时需保持最新的状态,准备随时供用户使用,以支持各种管理活动和决策。

(4) 退出是信息老化的阶段,这时它失去了价值,没有再保存的必要,需将它更新或销毁。

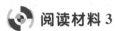 **阅读材料3**

大数据背景下信息生命周期理论的再思考

每一次科学技术的进步,都会提高人类对客观世界的认知,启发人们重新审视客观事物的基本属性和运动规律。信息技术的不断进步与创新对信息的本质属性和运动规律的影响也不例外。随着云计算的产生并广泛应用,人类迎来了大数据时代,这是一次在生活、工作和思维上的重大变革。云计算技术和大数据的相关理论和实践,对信息资源管理各个方面都产生了重要的影响和积极推动作用,这同样对信息生命周期理论中的某些环节提出了新的问题,必然也会促进信息生命周期理论及其相关概念的提出、完善与发展。

1. 大数据与信息生命周期理论的联系

目前尚未有大数据公认的定义。从字面意思看,其表示海量数据的集合。实际上,大数据并不只是数据数量上的庞大,在数据类型、模式和数据关系、处理对象与处理工具等方面都不同于传统数据库。麦肯锡将大数据定义为:无法在一定时间内用传统数据库软件工具对其内容进行抓取、管理和处理的数据集合。大数据特点最具代表性的是3V定义,即大数据应具备三个特点:规模性、多样性和高速性。信息生命周期理论与大数据的关系体现如下。

(1) 大数据技术是一系列收集、存储、管理、处理、分析、共享和可视化技术的集合。而纵观信息生命周期理论的发展及其定义,信息生命周期总会经历信息采样、信息处理、信息存储、信息传播、信息利用和信息处置等阶段。大数据的各项技术是信息生命周期阶段推进和周期更替的动力,大数据时代下离开大数据技术,信息生命周期将无法运行,可以说,大数据时代下,大数据技术是信息生命周期的动力和技术支撑。

(2) 信息生命周期是从信息采样开始的,信息采样最关键的是选取合适的信息源,从中获取满足个人需求或企业决策的信息。而在庞大的数据中,对每个信息采样者来说,大部分信息是没有价值的,有用的信息只是其中的很小一部分,采样到我们需要的信息越来越难,而且,庞大的数据量仅仅是大数据的重要特征之一,大数据的集成价值、处理效率和持续存取才是关键。大数据技术则会实现对动态、异构、庞大数据的存储和管理,并从中提取出简约的数据集,从而节约信息采样时间,提高信息采样的效率和所得信息的质量,为信息采样人员提供有别于传统信息源的大数据时代信息源。

(3) 理论指导实践,实践又会反作用于理论。信息生命周期理论揭示了信息价值或利用率在时间上变化的客观规律。而大数据进行信息处理时采用了数据实时处理技术,它可尽早尽快地处理最新的数据,并对其进行数据分析,最终输出处理结果。比如,流处理,是大数据信息处理技术之一,其理论支撑便是随着时间的增加而数据的价值会不断下降,这些数据所蕴含的知识价值往往也在衰减。随着大数据时代的到来,离线数据分析向在线实时数据处理分析转变。由此可见,大数据是信息生命周期理论实践的产物,信息生命周期理论是指导大数据产生及其发展的理论。

2. 大数据技术下的信息生命周期

数据的真实价值就像漂浮在海洋中的冰山，第一眼只能看到冰山一角，而绝大部分则隐藏在表面之下。正如经济学家所谓的非竞争性一样，信息不同于其他物质性产品，一个人的使用不会影响到其他人的使用，信息价值也不会随着使用而有所耗损。信息的价值也并不限定于特定主体或用途，它可以为了同一目的被使用多次，也可以用于不同的方面。

云计算是大数据技术和理念实现的平台，云计算的数据存储系统与传统信息系统相比，基于云计算的信息系统采用统一数据存储和管理模式，对上层业务应用提供透明的数据支持，统一的数据存储可以满足不同业务应用中不同格式、不同访问模式的海量数据的存储需要。大数据技术和理念的重要一点便是重组信息和再利用信息，是将两个或多个数据源以一种新颖的方式结合起来，或将已经处于信息休眠的信息与处于信息生命高峰期的信息结合起来，或将海量的休眠信息进行组合分析，会产生出乎意料的效果和分析结果。在大数据技术的推动下，实现了大量信息有序系统的存储，数据集整合能力有了进一步的提升，信息再利用也得到了长足的发展，信息休眠度与信息复苏度也共同提升了，同时信息休眠的时间也大大缩短了，出现了信息复苏度高于信息休眠度的现象。

如图 2-4 所示，T_1、T_2、T_3 表示时间；Q_1、Q_2、Q_3 表示空间；O_1、O_2、O_3 表示信息休眠点；E 表示信息复苏激活要素，其包括关联信息、主体信息需求和新信息技术等要素。在一个时空经历信息生命周期之后，信息被存储至信息资源云端，使其处于信息休眠状态；当足够激活该休眠信息的要素，比如关联信息、主体信息需求和新信息技术等出现时，休眠信息就会在另一个时空经历新的信息生命周期，直至再次被存入信息资源云端，再次进入信息休眠状态，等待下一次的复苏，如此循环往复，信息生命都得到了延续。

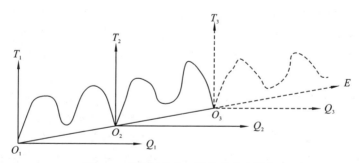

图 2-4　大数据技术下的信息生命周期

信息的基本价值在首次被挖掘利用后，仍存在很多潜在价值，但信息技术和信息意识等原因，使它被人为地画上信息生命句号，面对与日俱增的海量信息而感觉无信息可用，或者找不到自己所需要的信息。信息利用—信息休眠—休眠复苏—信息再利用—信息休眠—信息复苏……在传统信息技术条件下,这个循环不存在或只会循环几次;而在大数据时代,我们拥有了释放信息隐藏价值的理念和工具,就可将处于信息休眠的大量老化信息再开发再利用,这个循环不是几次或者几十次,而是无限次。通过不断数据重组、再利用、数据扩展、数据开放、数据更新、数据废气(用来描述人们在网上留下的数据轨迹的艺术词汇,是用户在线交互的副产品,包括用户浏览的页面、停留的时间、鼠标光标停留位置输入的信息等)的循环利用,实现数据创新,使得信息生命得到延续。

2.3 信 息 系 统

2.3.1 系统的定义及属性

系统是由处于一定环境中相互联系和相互作用的若干组成部分结合而成的,系统具有集合性、目的性、相关性、环境适应性等特性。信息系统以人为主导,它不仅是一种技术系统,而且是一种管理系统和社会系统。

系统的特征主要包括以下几方面。

(1) 系统是由若干要素(elements)有机地组成的。在该定义中着重强调"有机",即系统各要素之间不是杂乱和混沌的,而是有机地组合在一起的,相互作用、相互影响。

(2) 系统具有一定的结构(structure)。系统需要完成特定的功能,需要有一定结构的要素进行协调,如教育系统,有管理部门、教育机构和教育资源等,这些要素之间相互作用、相互影响,缺一不可。

(3) 系统具有一定的功能(function),特别是人造系统具有一定的目的性,如教育系统的功能是培养人才,生产系统的功能是生产产品,卫生系统的功能是提供健康保障等。

(4) 系统具有环境适应性(adaptability)。系统是有规模和大小区分的。系统的概念是相对的,如一个系统在另外的环境中可能是一个子系统或一个组成部分,因此它必将受到其他系统或组成部分的约束和影响。一个系统必须有良好的环境适应性才能稳定地存在与发展。

1. 系统的组成

系统一般由五个基本部分组成,分别是输入、输出、处理、反馈和控制(见图2-5)。

(1) 输入:是指我们交给系统处理的东西。

(2) 输出:是指由系统处理之后得到的结果。

(3) 处理:是指对输入按照一定的方式进行操作后产生输出的过程。

(4) 反馈:是对系统的一种控制方法,它把输出与预定的标准进行比较,查看这

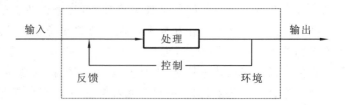

图 2-5 系统的组成结构图

个输出是否符合标准。若有任何差异,则采取纠正措施进行控制。

(5) 控制:是指由外界决定系统如何运行的过程,它是外界与系统进行交互的一个很重要的环节。

2. 系统的特性

系统最普遍、最本质的特性是集合性、目的性、相关性和环境适应性。

(1) 集合性。单个要素或者空集合不能构成系统。系统就意味着一个以上的要素及其相互联系的一个集合、一个整体。系统之所以成为系统,首先是因为系统具备整体性。这表现在,系统的目标性质、运动规律和系统功能等只有在整体上才能体现出来。系统部分的目标和功能必须服从于整体发展的需要,但系统整体的性能、功效并不等于各部分的简单叠加,也不遵从守恒定律。系统之所以能维持它的整体性,正是由于组成系统的要素之间保持着有机的联系,形成了一定结构。

(2) 目的性。目的性是系统追求的一种状态。应该指出,对某些简单的无机系统来说,其本身并无目的可言,但是对各种生物及社会经济系统来说,目的性是不可缺少的,尤其管理信息系统更是这样。系统必须有目标,但是目标不一定是单一的。系统的多个目标之间也可能是互相冲突的,这种情况下通常需要设计者在两个冲突目标的实现中寻求一种平衡,使总目标最优。

(3) 相关性。系统中的各要素不是孤立地存在着的,每个要素在系统中起着特定的作用。要素之间相互关联,构成一个不可分割的整体。当考察一个系统时,不能只孤立地考察组成系统的各个要素,还应该考察它们之间相互作用、相互依存的关系。

(4) 环境适应性。系统是"相互作用着的若干要素的复合体",这其中隐含着系统边界的概念。系统中所有的要素及其相互关系在系统边界之内,系统边界外的所有物质、能量、信息构成系统的环境。显然,系统的环境应该包括除系统外的宇宙,但是一般只考虑那些对系统行为产生一定直接影响的事物,系统需要的输入来自其环境,产生的各种输出又返回其环境。对一个企业系统来说,主要有八种环境要素,即供应商、客户、工会、金融界、股东、竞争者、政府、区域社会。

系统的环境是复杂多变的。外部环境的变化必然会引起系统内部各要素之间的变化,一个系统必须适应环境的变化才不会消失。不能适应环境变化的系统是没有生命力的,而能够经常与外部环境保持最优适应状态的系统,才是理想的系统。

2.3.2 信息系统的定义及功能

1. 信息系统的定义

信息系统是一个人造系统,由人、硬件、软件和数据资源组成,能及时、正确地收集、加工、存储、传递和提供信息,实现组织中各项活动的管理、调节和控制。

2. 信息系统的功能

信息系统通常具有以下功能。

(1) 数据收集和输入。将分散在各地的数据收集并记录下来,整理成信息系统要求的格式或形式。

(2) 数据传输。数据传输主要有两种形式:一种是计算机网络形式;另一种是盘片传输形式。

(3) 数据存储。管理中的大量数据被保存在磁盘、磁带等存储设备上。

(4) 数据加工处理。对数据进行核对、变换、分类、合并、更新、检索、抽取、分配、生成和计算等处理。

(5) 数据输出。根据不同需要,将加工处理后的数据以不同的方式进行输出。

2.3.3 信息系统的分类

随着信息技术的快速发展,其应用架构也发生了巨大的变化,其分类方式也有多种。信息系统的概念是随着计算机技术的发展而逐步形成的。自 1946 年第一台计算机诞生以来,人们就开始了管理领域内的计算机应用。20 世纪 50 年代,计算机在数据处理技术上的突破,给计算机的应用拓展了空间,于是陆续出现了数据统计系统、数据更新系统、数据查询系统、数据分析系统、状态报告系统等。同期,还出现了电子数据处理系统(electronic data processing system,EDPS),它的出现有力地推动了信息系统的发展。于是,企业纷纷投资计算机设备,以追求它的高处理速度、大存储能力和广阔的应用领域,计算机系统的投入也给企业带来了巨大的经济效益。所以,信息技术也得到重视,人们对计算机的发展充满信心和期望。20 世纪 60 年代后期到 20 世纪 70 年代产生了管理信息系统(management information system,MIS)和决策支持系统(decision support system,DSS)。20 世纪 80 年代,出现了为企业高层决策服务的经理支持系统(executive support system,ESS);在人工智能领域,出现了专家系统(expert system,ES);在加工制造企业中,计算机集成制造系统(computer integrated manufacturing system,CIMS)的应用使企业生产经营环节实现了自动化。进入 20 世纪 90 年代后,出现了群体决策支持系统(group decision support system,GDSS)和智能决策支持系统(intelligent decision support system,IDSS)等系统架构。因此,根据不同的标准,信息系统有不同的类型。

按照信息系统的功能和特点,最常用的信息系统可分为四大类。

(1) 用于工程控制的信息控制系统。信息控制系统是现代自动控制系统的核心。其特点是用途专一、响应速度快,因要嵌入机器内部而要求体积小、重量轻。

(2) 专门用于提供信息资源服务的信息资源服务系统。例如,图书馆等信息情报机构或数据库服务商的信息检索系统、Internet 上的内容服务提供商的信息搜索系统等。其特点是信息存储量大,对查找速度、查全率与查准率要求高,并要能提供多种查询途径、查找方法。

(3) 为组织间交互业务传输处理服务的信息系统,如电子数据交换系统、电子商务系统等。

(4) 为组织(企业)管理决策服务的(广义)管理信息系统。这是当前用得最广泛、类型最多的信息系统,乃至人们常常认为信息系统就是广义的管理信息系统。

2.4　管理信息系统

2.4.1　管理信息系统概述

1. 管理信息系统的定义

管理信息系统(management information system,MIS)是从管理、信息、系统三个概念的基础上发展起来的。它首先是一个系统,其次是一个信息系统,再次是一个用于管理的信息系统。一方面,这说明了一切用于管理方面的信息系统均可认为是管理信息系统。另一方面,说明这种信息系统不同于卫星通信系统,而强调其用在管理上。

管理信息系统和其他学科一样,都在不断发展和完善中。关于管理信息系统的概念也在不断完善中,大多数学者从不同的视角对其进行了诠释,有从技术视角的,有从管理视角的,但是,管理信息系统作为一门学科有其本质的内容和含义。管理信息系统的概念最早于 1970 年由 Walter T. Kennevan 给出:"以书面或口头的形式,在合适的时间向总经理、职员以及外界人员提供过去的、现在的,以及预测未来的有关企业内部及其环境的信息,以帮助他们进行决策"。该定义是从管理角度给出的。之后产生了许多其他定义,其中最具代表性的定义有以下几种。

(1) 管理信息系统是一个具有高度复杂性、多元化和综合性,全面使用了现代计算机技术、网络通信技术、数据库技术等各种最优化技术,以及运用了管理科学、运筹学、统计学、模拟理论等为经营管理和决策服务的人机系统。

(2) 管理信息系统是为决策科学提供应用技术和基本工具,为管理决策服务的信息系统。

(3) 不仅可把管理信息系统看成是一个能对管理者提供帮助的基于计算机的人

机系统,而且可把它看成是一个社会技术系统,将其放在组织与社会这个大背景中去考察,并把考察的重点从科学理论转向社会实践,从技术方法转向使用这些技术的组织和人,从系统本身转向系统与组织、环境。

(4) 管理信息系统是一个由人、计算机硬件、计算机软件和数据资源组成的,能及时收集、加工、存储、传递和提供信息,实现组织中各项活动的管理、调节和控制的人机系统。

从以上定义可以看出,管理信息系统的本质:①不仅是技术系统,也是社会系统;②能够为决策服务;③具有多学科交叉的性质;④是基于计算机的信息系统(computer-based information system,CBIS)。

2. 管理信息系统的功能

根据以上给出的管理信息系统的定义,可以总结出管理信息系统主要具有以下基本功能。

(1) 数据处理功能:数据的收集、输入、传输、存储、加工、处理和输出。

(2) 预测功能:运用数学、统计学或模拟理论等方法,根据过去的数据预测未来的情况。

(3) 计划功能:合理安排职能部门计划,并按照不同的管理层提供相应的计划报告。

(4) 控制功能:对计划的执行情况进行监测、检查,比较执行与计划的差异,并分析其原因,辅助管理人员及时用各种方法加以控制。

(5) 辅助决策功能:运用数学模型,广泛采用运筹学的方法和技术,及时推导出有关问题的最优解,辅助各级管理人员进行决策,从而能够合理地利用企业的各项资源,提高企业的经济效益。

3. 管理信息系统的特点

(1) 主题性。主题性可以理解为管理信息系统是面向具体管理决策的,即管理信息系统是为解决某一领域的问题而存在的,是面向具体管理决策的人机系统,如进行设备管理的设备管理系统、用于物质化网络办公的办公自动化系统和用于财务管理的财务会计系统等。

(2) 系统性。管理信息系统的开发具有系统性,包含多层次的含义:①管理信息系统开发涉及人、财、物等多方面的资源,需要进行各方面的协调;②管理信息系统开发要综合考虑各方面的因素,如系统的应用环境、投资的大小、预期的期望值、员工的素质等;③管理信息系统的开发需要软、硬件的协作来完成特定的系统功能,相互配合、相互补充;④管理信息系统是人机交互的系统,需要管理和技术的双重支持。因此,系统开发应该有系统的思维方式,综合考虑各方面的因素。

(3) 人机系统。虽然信息系统在计算机发明之前已经存在,但是现在的信息系统一般指基于计算机的信息系统。计算机在信息系统中扮演着重要的角色,因为计算机的存储与运算能力是人所不及的,计算机是信息系统赖以存在和运行的物质基础。但是,人才是信息系统决定性的因素,因为系统需求的提出、系统分析、系统设计、系统实施、系统维护和评价、系统的使用均是由人进行的,所以说,管理信息系统是基于计算机、以人为主的人机结合系统。

(4) 现代管理方法与手段相结合的系统。对信息系统,不同的人有不同的认识,但是,普遍的观点认为信息系统的开发应该从管理角度进行分析,引进先进的管理思想,改善传统的不合理的业务流程,如引进敏捷信息系统和客户管理信息系统等。因此,现代信息系统是与现代管理方法与手段紧密结合的系统。

(5) 多学科交叉的边缘学科。管理信息系统是综合了计算机科学、应用数学、决策理论、运筹学、管理学等多学科的一门学科,其边缘学科的特点非常明显。因此,正确认识和理解管理信息系统需要有相应学科的基础知识。

2.4.2 管理信息系统的结构

管理信息系统的结构是指管理信息系统各组成部分所构成的框架,主要有概念结构、层次结构、职能结构、软件结构、物理架构等。

1. 管理信息系统的概念结构

从总体概念看,管理信息系统可以分为信息源、信息处理器、信息用户和信息管理者四个部分,如图 2-6 所示。其中,信息源是信息的产生地,信息处理器完成信息的接收、传输、加工、存储、处理和输出等任务,信息用户是信息的具体使用者,信息管理者则进行信息的总体管理和协调。该模型对信息处理的一般性组成进行了描述,体现了从信息源到信息用户的单向流动和信息管理者总体控制的特点。

图 2-6 管理信息系统的概念结构

2. 管理信息系统的层次结构

根据管理层次,管理信息系统可以分为战略层的战略支持系统、管理层的决策支持系统和管理信息系统、知识层的办公自动化系统和知识工作系统以及作业层(执行层)的事务处理系统(见表 2-1)。

表 2-1 基于管理层次划分的六个主要信息系统

管理层次	系统类型	典型功能
战略层	战略支持系统	长期销售趋势预测、长期预算计划、人力资源计划
管理层	决策支持系统	成本分析、定价分析、投资分析

续表

管理层次	系统类型	典型功能
知识层	管理信息系统	销售管理、库存控制
	办公自动化系统	文字处理、电子邮件、电子日历
	知识工作系统	计算机辅助设计、虚拟现实
作业层	事务处理系统	物流管理、现金管理、设备管理、订单登记和管理、工资发放

(1) 作业层的事务处理系统。事务处理系统(transaction processing system, TPS)又称电子数据处理系统(electronic data processing system, EDPS)，它是面向企业最底层的管理系统，对企业日常运作所产生的事务信息进行处理。事务处理系统的最初形式设计范围小，如订票系统、会计成本核算系统，其特点是处理问题的高度结构化，但功能单一，如库存物资统计系统、员工工资发放系统等。它所提供的信息是企业的实时信息，是对企业状况的直接反映。事务处理系统的运行直接简化了人们的日常工作，提高了作业层管理者的工作效率。特定情况下，甚至可以完全取代作业层的手工操作，如当今流行的商业实时零售终端(point of sale, POS)系统和电子数据交换(electronic data interchange, EDI)系统等。事务处理系统通常是信息自下而上依次到达知识层、管理层和战略层的信息生成器(收集器)，它是信息系统开发的基础。

(2) 知识层的知识工作系统(knowledge working system, KWS)和办公自动化系统(office automation system, OAS)。知识层主要有两类人员：一类是专业人员，如工程师、建筑师、会计师、经济师等，他们为企业开发新产品或为企业提供专门服务或咨询；另一类是行政管理人员，如文秘、办事员等，他们的职责是协调企业与外界环境、部门与部门之间或部门内部的信息传递，并保证企业信息流的顺畅。

知识工作系统是辅助专业人员为企业开发新产品而使用的专业化信息系统，如CAD工作站、投资分析系统等。知识工作系统是一种利用专业领域内的知识对企业内部或外部的信息进行处理的信息系统。

办公自动化系统是辅助企业行政管理人员协调信息流的信息系统，通过先进技术的应用，将人们的部分办公业务物化于人以外的各种设备。这种由设备和办公人员共同完成办公业务的人机信息系统，能够快速、有效地加工、传递和管理办公信息，如文字处理系统、视频会议系统、电子邮件系统等。

办公自动化系统是发达国家为解决办公业务量急剧增加，在企业工作效率产生巨大影响的情况下而发展起来的一种综合性技术。它的基本任务是利用先进的科学技术，使人们借助各种设备处理一部分办公业务，达到提高工作效率和质量、方便管理和决策的目的。办公自动化系统的知识领域覆盖了行为科学、管理科学、社会学、系统工程学等学科，并且体现了多学科的相互交叉、相互渗透性，所以办公自动化系统的应用是企业管理现代化的标志之一。办公自动化系统具有面向非结构化的管理问题,工作对象主要是事务处理类型的办公业务,强调即席的工作方式等特点。

(3) 管理层的管理信息系统(MIS)。管理信息系统是在事务处理系统基础之上产生的,管理信息系统的任务是针对企业各种事务的全面、集成的管理。在一个管理信息系统中,集中、统一规划数据库是必不可少的,信息在数据库中集中存放,保证了共享信息的一致性。管理信息系统常常利用数学模型分析数据、辅助决策,如资源消耗的投资决策模型、生产调度的调度模型等。

(4) 战略层的决策支持系统(DSS)和经理支持系统(ESS)。

决策支持系统比管理信息系统更高一层,它支持中、高层管理者针对具体问题形成的决策,运用数据库、模型库、知识库等更新的技术解决半结构化和非结构化的问题,如运输路程最短问题、最优经济订货批量决策、合理优化的生产调度等。决策支持系统注重的是经济效益而不是效率,它的运行不仅要利用从管理信息系统中抽取的决策所需的综合数据,还要利用大量与决策有关的外部信息。决策支持系统的界面友好、易于操作,具有较强的灵活性和适应性。

经理支持系统是专门为企业最高管理层决策者设计的,具有相当的计算能力和通信能力。经理支持系统可帮助高层领导解决一些不断变化的宏观、战略方面的非结构化问题,如是否引进一条新的生产线,是否在某地区开拓市场,是否加大广告宣传的投入,是否与某企业合作或联营等。经理支持系统还可以为企业决策者提供企业内部的信息和竞争对手的信息,这些信息是经过低层次信息系统加工而来的。经理支持系统不需要有太多分析模型,它只提供决策参照,企业决策者则要根据这些信息,通过自己的思维和判断,做出最终的决策。

六个信息系统的关系如图 2-7 所示。

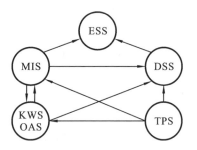

图 2-7 基于管理层次划分的各信息系统关系图

3. 管理信息系统的职能结构

通常,可以按照一定的职能将企业的管理组织机构划分成若干个部门,按这些部门的不同职能建立的管理信息系统的结构就是管理信息系统的职能结构。

管理信息系统的职能结构通常可以用职能系统/管理层次矩阵来表示,如图 2-8

第 2 章 信息系统与管理信息系统

所示。图 2-8 中每一列代表一个子系统,对应着一种管理功能。其实这种功能没有划分标准,因组织不同而异。显然,图 2-8 所示的企业管理信息系统按照职能的不同分成七个子系统,而每一行代表着战略计划、管理控制、运行控制和业务处理等不同的管理层次。因此,图 2-8 中行与列相交的地方就代表适用于不同管理层次的职能子系统。各职能子系统的主要职能分别如下。

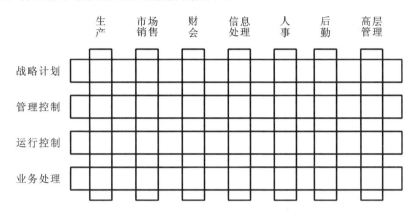

图 2-8 职能系统/管理层次矩阵

(1) 生产子系统。生产子系统的职能主要包括产品设计、工艺改进、生产计划安排、生产设备的调度和运行、生产人员的雇用和训练以及质量控制和检查等。战略计划主要是对改进工艺过程的各种方案进行评价,选定最优的加工方法和自动化生产方法。管理控制要求对生产过程的总进度、单位成本、单位工时消耗以及各类物资的消耗情况进行分析比较。运行控制要求实际生产进度与计划生产进度进行比较,及时发现生产中的瓶颈环节,并予以解决。业务处理是对生产订货(订购生产成品时所需要的部件)单、装配订货单、成品票、废品票和工时票等原始数据的处理。

(2) 市场销售子系统。市场销售子系统的职能包括企业进行销售和推销的全部管理活动。其战略计划的任务是根据人口、购买力和技术发展等因素,使用顾客分析、竞争者分析、顾客评价、收入预测、人口预测和技术预测等方法获取信息,从而对开发新市场和新市场销售的战略进行分析和研究。管理控制的任务是根据顾客、竞争者、竞争产品和销售能力要求等信息,对总的销售成果、销售市场和竞争对手等方面的情况进行分析和评价,以确保销售计划的完成。运行控制的内容包括雇用和训练销售人员、日常销售和推销活动的调度和安排,并要按区域、产品、顾客对销售数量情况进行定期分析。业务处理主要是指对销售订单的处理。

(3) 财会子系统。从原理上来说,财务和会计有着本质的区别,两者的目标不同。财务的目标是保证企业在资金使用方面的财务要求,并尽可能地减少其花费;会计的目标则是把财务方面的业务进行分类、总结,然后填入标准的财务报告,并制定预算、对成本数据进行核算分析与分类等。在战略计划方面,人们关心的是财务保证的长远计划、资金筹措计划、减少税收影响的长期计划以及成本会计和预算系统的计划,并要制定财会政策。管理控制的内容主要是对预算和成本数据的计划执行情况进行分析和比较,处理会计数据的成本和差错率等。运行控制和业务处理主要是分类、汇总每天的单据,提出差错和异常情况的报告,以及延迟处理的报告和未处理业务的报告等。

(4) 信息处理子系统。信息处理子系统主要负责与其他子系统的沟通联系,保证企业对各种信息的需求。其战略计划关心的是组织功能的集散度、信息系统的总体规划、硬件软件系统的总体结构等内容。管理控制的任务主要是对计划和实际执行情况进行分析比较,如设备成本、开发人员水平、新项目的进度和计划的对比等。运行控制的内容包括日常工作任务的调度,分析差错率、设备利用率和设备故障,以及控制新项目的开发进度和调试时间。业务处理是处理请求、收集整理数据、对数据和程序的修改变动提出申请、对硬件和软件的故障提出报告以及规划建议等。当前的办公自动化系统主要支持字符处理、电子信件、电子文件和数据与声音通信等知识与文书工作,可以把它视为与信息处理相分立的一个子系统,也可以将它们合二为一。

(5) 人事子系统。人事子系统主要包括对人员的雇用、培训、考核记录、工资和解雇等方面的管理。其战略计划主要是对招聘、工资、培训、福利以及留用人员的战略和方案的评价分析。管理控制的任务关心的是人员的录用和解雇、招募费用、技术库存成本、培训费用以及工资率的变动等情况。运行控制主要涉及对录用人员数量、应支付的工资和培训费用等情况的分析处理。典型的业务处理有雇用标准说明、工作岗位责任说明、培训考核记录、人员情况档案处理、工资变化情况处理以及工作时间和离职说明等。

(6) 后勤子系统。后勤子系统主要负责对采购、收货、发货和库存控制等方面进行管理。其战略计划的任务主要涉及制定采购战略、制定对卖主的新政策以及评价物资分配方案等内容。管理控制的工作主要是将库存水平、采购成本、供应计划执行和库存营业额等各种后勤工作的实际情况与计划进行比较。运行控制包括对多余和短缺物资的项目、数量和原因等情况进行分析。业务处理的工作包括采购订货、收货报告、各种进出库单据、脱库和超库项目、库营业额以及购货申请单等数据的分析。

(7) 高层管理子系统。高层管理子系统主要是为每个组织的最高领导层(如公司总经理和各职能区域的副总经理等)提供服务。其战略计划主要关心的是公司的发展方向和长远规划,并为其他职能部门的战略计划制定总的目标。因此,高层战略计划的决策必须依靠来源广泛的、综合性高的内部和外部信息的支持。管理控制的任务主要是将各功能子系统的执行情况和计划进行比较,并做出分析和评价。运行控制主要包括提供会议时间表、控制会议进展以及管理各类文件等内容。典型的业务处理是为决策提供信息咨询、编写文件以及向公司其他部门的子系统发送指令等。

2.4.3 管理信息系统的发展及最新领域简介

1. 管理信息系统的发展阶段

从第一台计算机于1946年问世以来，信息系统经历了由单机到网络，由低级到高级，由电子数据处理到管理信息系统再到决策支持系统，由数据处理到智能处理的过程。

(1) 电子数据处理系统(EDPS)。电子数据处理系统的特点是数据处理的计算机化，目的是提高数据处理的效率。从发展阶段来看，它可分为单项数据处理和综合数据处理两个阶段。

①单项数据处理阶段(20世纪50年代中期到60年代中期)。这一阶段是电子数据处理的初级阶段，主要是用计算机部分地代替手工劳动，进行一些简单的单项数据处理工作，如工资计算、统计产量等。

②综合数据处理阶段(20世纪60年代中期到70年代初期)。这一时期的计算机技术有了很大进步，出现了大容量直接存取的外存储器。此外，一台计算机能够带动若干终端，可以对多个过程的有关业务数据进行综合处理。这时各类信息报告系统应运而生。信息报告系统是管理信息系统的雏形，其特点是按事先规定的要求提供各类状态报告。

(2) 管理信息系统(MIS)。20世纪70年代初，随着数据库技术、网络技术和科学管理方法的发展，计算机在管理上的应用日益广泛，管理信息系统逐渐成熟。

管理信息系统的最大特点是高度集中，能将组织中的数据和信息集中起来进行快速处理，统一使用。中心数据库和计算机网络系统是管理信息系统的重要单元。管理信息系统的处理方式是在数据库和网络上进行分布式处理。随着计算机网络和通信技术的发展，不仅能把组织内部的各级管理联结起来，而且能够克服地理界限，互联分散在不同地区的计算机，形成跨地区的各种业务信息系统和管理信息系统。

管理信息系统的另一个特点是利用定量化的科学管理方法，通过预测、计划优化、管理、调节和控制等手段来支持决策。

管理信息系统有一个不断发展和不断完善的过程。进入20世纪80年代以后，随着各种技术特别是信息技术的迅速发展，管理信息系统才得以进一步发展，管理信息系统的概念逐步得到充实和完善。

(3) 管理信息系统发展的最新阶段。进入20世纪80年代，随着新管理理念的不断提出，信息技术日新月异的变化，管理信息系统的发展进入了一个新的阶段，涌现出了各种不同类型的管理信息系统，主要包括以下几种：决策支持系统、群体决策支持系统、智能决策支持系统、经理支持系统、制造资源计划、计算机集成制造系统、企业资源计划(ERP)、供应链管理(SCM)、客户关系管理(CRM)、战略信息系统、电子数据交换(EDI)和电子商务。表2-2所示的为管理信息系统发展的四个阶段。

表 2-2　管理信息系统发展的四个阶段

阶段	年代(20世纪)	主要目标	典型功能	核心技术	代表性系统
事务处理	50—70年代	提高文书、统计、报表等事务处理工作的效率	统计、计算、制表、文字处理	高级语言、文件管理	电子数据处理(EDP)系统
系统管理	60—80年代	提高管理信息处理的综合性、系统性、及时性与准确性	计划、综合统计、管理报告生成	数据库技术、数据通信与计算机网络	早期的管理信息系统
决策支持	80—90年代	支持管理者的决策活动以提高管理决策的有效性	分析、优化、评价、预测	人机对话、模型管理、人工智能的应用	决策支持系统(DSS)、现代管理信息系统
综合服务	90年代以来	实现信息的集成管理,提高管理者的素质与管理决策水平	为管理者的智能活动(决策分析、研究、学习)提供支持	Internet/Intranet技术多媒体技术、人工智能应用	基于Web的信息系统、ERP系统、电子商务、供应链管理

2. 管理信息系统的最新应用

(1) 企业资源计划。ERP 是 enterprise resource planning(企业资源计划)的简称,是 20 世纪 90 年代美国一家 IT 公司根据当时的计算机信息、信息技术发展及企业对供应链管理的需求,预测今后信息时代企业管理信息系统的发展趋势和即将发生的变革,而提出的概念。ERP 是针对物资资源管理(物流)、人力资源管理(人流)、财务资源管理(财流)、信息资源管理(信息流)集成一体化的企业管理软件。

(2) 供应链管理。供应链是由供应商、制造商、仓库、配送中心和渠道商等构成的物流网络。同一企业可能构成这个网络的不同组成节点,但大多数情况下是由不同的企业构成这个网络中的不同节点。例如,在某个供应链中,同一企业可能既在制造商、仓库节点,又在配送中心节点等占有位置。在分工越细、专业要求越高的供应链中,不同节点基本上由不同的企业组成。在供应链各成员单位间流动的原材料、在制品库存和产成品等就构成了供应链上的物流。

供应链管理的目标是在满足客户需要的前提下,对整个供应链(从供货商、制造商、分销商到消费者)的各个环节进行综合管理,例如,从采购、物料管理、生产、配送、营销到消费者的整个供应链的物流、信息流和资金流,把物流与库存成本降到最低。

供应链管理就是指对整个供应链系统进行计划、协调、操作、控制和优化的各种活动和过程,其目标是要将顾客所需的正确的产品(right product)能够在正确的时间(right time),按照正确的数量(right quantity)、正确的质量(right quality)和正确的状态(right status)送到正确的地点(right place),并使总成本达到最佳。

(3) 客户关系管理。客户关系管理(customer relationship management,CRM)是一个不断加强与顾客交流,不断了解顾客需求,并不断对产品及服务进行改进以满足顾客需求的连续的过程。其内含是企业利用信息技术和互联网技术实现对客户的整合营销,是以客户为核心的企业营销的技术实现和管理实现。客户关系管理注重的是与客户的交流,企业的经营是以客户为中心,而不是传统的以产品或以市场为中心。为方便与客户的沟通,客户关系管理可以为客户提供多种交流的渠道。

(4) 电子商务。电子商务通常是指在全球的商业贸易活动中,在 Internet 开放的网络环境下,基于浏览器/服务器应用方式,买卖双方不谋面地进行各种商贸活动,实现消费者的网上购物、商户之间的网上交易和在线电子支付以及各种商务活动、交易活动、金融活动和相关的综合服务活动的一种新型的商业运营模式。

阅读材料 4

戴尔股份有限公司——电子商务先锋

戴尔公司是世界上最大的个人计算机制造商。成立于 1984 年的戴尔股份有限公司,其定位非常明确,按照客户需求生产计算机相关产品,并向客户直接发货。而在电子商务环境下,这一模式得到了最完美的诠释。电子商务的应用使得戴尔股份有限公司能够更加明确、有效地了解客户需求,并做出更快速的反应。戴尔股份有限公司董事长兼首席执行官 Michael Dell 指出,直接与用户打交道,提供更好的产品和服务、更高的效率、更低的成本对企业来说至关重要,而互联网是实现上述目标的最理想方式。利用这种新方式,戴尔股份有限公司可以很好地消除不必要的中间环节和传统经济体制中的内耗问题,并能够帮助戴尔股份有限公司更好地与用户、供应商和合作伙伴保持紧密联系。

戴尔股份有限公司大部分前端服务器存放的都是 HTML 格式的静态页面,其中包括专为销售设计的 Premiery 页面。Premiery 页面内含订购信息、订购历史及公司客户认可的系统配置,甚至账户信息。其页面不仅帮助戴尔股份有限公司减少了电话中心的负担,更帮助将产品销售范围扩大到全世界。

戴尔股份有限公司的客户可以自由搭配、设计计算机产品,只要建立一个 Premiery 页账户,就可以看到基于特定产品合同的目录和价格。订单结果会通过集成在商业服务器的订单处理通道从商业服务器发送到戴尔股份有限公司的订单数据库,提交订单后,客户可以回到站点并查询直接由戴尔股份有限公司生产部门更新的订单状态。这些状态信息是从戴尔股份有限公司的订单维护系统和合作伙伴那里提取出来,再通过 Internet 信息服务器反馈给客户的。

戴尔股份有限公司还开发了一整套网上营销工具,以方便客户在网上购买戴尔股份有限公司的产品,这些工具包括网上商店、定制与购买、昼夜服务等。在网上,消费者可以随时登录到 DELL.com 网页浏览戴尔股份有限公司的产品与服务,在合理的价格和配置之间随意搭配,在几秒钟内完成自己所要定制的产品,并在几天后收到最终的定制产品。

除此之外,戴尔股份有限公司开发了网上直销的电子商务化物流系统。戴尔股份有限公司是商用桌面 PC 市场的第二大供应商,其销售额每年以 40% 的增长率递增,是该行业平均增长率的两倍。年营业收入达 100 亿美元的业绩,戴尔股份有限公司每天通过网络售出的计算机系统价值逾 1200 万美元,面对骄人的业绩,总裁 Michael Dell 简言地说,这归因于物流电子商务化的巧妙运用。

在戴尔股份有限公司的直销网站(http://www.dell.com)上,提供了跟踪和查询消费者订货状况的接口,供消费者查询已订购的商品从发出订单到送到消费者手中全过程的情况。戴尔股份有限公司对待任何消费者(个人、公司或单位)都采用定制的方式销售,其物流服务也配合这一销售政策而实施。戴尔股份有限公司的日销量超 200 万美元,但其销售全是通过国际互联网和企业内部网进行的。在日常的经营中,戴尔股份有限公司仅保持两个星期的库存(行业的标准是刚超过 60 天),存货一年周转 30 次以上。基于这些数字,戴尔股份有限公司的毛利率和资本回报率分别是 21% 和 106%。

电子商务的发展已融入大众的消费行为中。2014 年,"鼓励电子商务创新发展"更是被写入政府工作报告中。在 2015 年 3 月 5 日举行的两会中,李克强总理在政府工作报告中提到,制订"互联网+"行动计划,推动移动互联网、云计算、大数据、物联网等与现代制造业结合,促进电子商务、工业互联网和互联网金融的健康发展,引导互联网企业拓展国际市场。

本章小结

本章围绕信息系统和管理信息系统,对其基础知识及背景进行了深入浅出的介绍。首先,从原先的半开放阶段逐渐转化为全开放阶段,经受着经济全球化、商业网络化和组织环境的变革。这种背景下,信息的需求和管理显得尤为重要。其次,着重介绍了信息系统和管理信息系统的相关基础知识、管理信息系统的发展动态以及一些重要的应用。

关键概念

经营环境　　信息　　系统　　信息系统　　管理信息系统

简答题

1. 现代企业面临的竞争环境有何特点与趋势？
2. 如何理解环境和信息系统之间的关系？
3. 什么是数据和信息？两者有何区别与联系？
4. 什么是管理信息系统？请结合身边的信息系统的案例谈谈你是如何理解的。
5. 什么是系统？系统有哪些基本要素？
6. 简述管理信息系统的基本结构。
7. 简述信息系统的分类。
8. 管理信息系统的最新发展趋势有哪些？就管理信息系统的应用谈谈自己的看法。

 综合案例 2-1

某大学的大学生录取信息系统主要由招生处与财务处负责开发，用于分析录取情况和财务援助决策情况，制定贷款标准，并根据申请者的特点生成各种报表，包括申请人及其父母的详细资料。这个系统的目标是申请人快速、准确地处理财务援助方面的事情，以便能够按时入学。到目前为止，这些工作都是手工进行的。高级主管 X 女士处理着大量的学生事务。她熟悉各项业务并能够准确地回答申请者提出的问题。她认为良好的判断力与招生时的严格录取标准同样重要。而新的计算机系统只是按照程序将每项事务作为"打孔卡片"来看待，当遇到一些模棱两可的问题时，计算机系统不能基于经验做出正确的招生判断与决定。另一个高级主管 Y 先生负责处理财务事务。由于计算机系统的自主决策取代了以往他控制和管理的财务援助决策，Y 先生感受到了系统的威胁，同时也感到计算机系统忽略了人的判断因素。X 女士和 Y 先生都尽量抵制计算机系统的使用，不支持招生处与财务处办公人员的培训，不打算用系统来生成各种报告和保管数据。主管信息系统的 Z 先生怀疑有用户的抵制，新系统不会成功。

阅读以上案例，思考以下问题。

（1）为什么有关高级主管要抵制新系统？

（2）对于系统分析人员来说，应采取什么方法来改变用户对新系统的态度，降低对新系统的潜在抵制？

（3）新系统在录取新生时，是否做到了公平？应在哪些方面做出改进？

 综合案例 2-2

随着我国社会经济的发展，市场需求越来越趋于多样化、个性化，并且多变而不易预测，这给东方鞋业公司的生产组织工作带来了不少困难，现在该企业面临的主要问题：生产作业计划缺乏时间要求，形成调度代替计划；物料借用频繁，人工调节和计算产量复杂;缺乏在制品管理,不能有效提供在制品任务的信息;人工编制计划,工作繁重,效率较低。

东方鞋业公司主要生产的产品是皮鞋和旅游鞋,涉及材料有普通皮革、面料,以及分鞋码的鞋底材料。因此需要一个对原材料的管理系统;作为一个生产性的厂商,在生产过程中也需要信息化的管理手段,这包括生产计划以及订单管理系统;生产出来的产品还需要存放到一个库存的管理系统中。

阅读以上案例,思考以下问题。

（1）请仔细研究东方鞋业公司生产管理的组成部分、交互性工作和其他方面的工作,找出问题的根源,寻求解决方案?

（2）如果要为东方鞋业公司设计一个管理信息系统,那么请分析该系统的职能结构有哪些?

综合案例 2-3

Federal Express 公司决定从 Montreal 的 Ad Op Technologies 公司购买一套飞行员调度系统。Federal Express 公司购买该系统后三个月就投入运行,立刻遭到飞行员的强烈反对。该系统确实能对所有线路进行有效调度,飞行员也需待在总部。但是飞行员抱怨两点,一是系统调度很不方便,飞行员很难进行调度跟踪;二是飞行员无法进行调度请求,而原来的系统能够根据飞行员的请求进行调度。

原因是系统安装进度太快,根本没有时间考虑飞行员的需求,或者让系统满足 Federal Express 公司的特定需要,在系统实施前没有征求飞行员的意见。

阅读以上案例,思考以下问题。

（1）缺少用户参与的信息系统出现了什么问题?为什么会出现这些问题?

（2）如果你负责开发实施一个新的系统,你会怎样预防这些问题?

上机实践

1. 采购管理模块训练

（1）添加供应商为喜洋洋公司,信誉级别为二级,省份为江西,联系人为喜洋洋,电话为 0791888888888,地址为南大科院实验楼,E-mail 为 xyy@126.com,开户行是中国银行,账号为 12345678,邮编为 330029,税号为 12345。

（2）生成生产部对机箱架 100 件的需求、采购部对机箱架 50 件的需求、仓库管理部对线材 200 件的需求和计划部对面板主体 150 件的需求,并将其合并为一张采购计划单。

（3）根据上面的采购计划单完成采购业务,原则上按采购原料不宜超过计划单价的方式选择合适的供应商,并生成采购发票。

（4）对 150 件机箱架需求做一次退货处理,另外采购 150 件满足需求。

(5) 分别对到货计划、逾期订单、年采购额、月采购额和供应商采购额进行统计分析。

操作说明如下:企业采购部门的工作主要是为企业提供生产与管理所需的各种物料,采购管理系统可帮助企业对采购业务过程进行组织、实施与控制,提供请购、订货、到货、入库、开票、退货等工作,管理员可根据实际情况进行采购流程的定制(见图2-9)。

图 2-9　采购管理模块

2. 业务流程

采购管理模块的业务流程如下。

(1) 请购部门填制采购申购单传递给采购部门。

(2) 采购部门根据采购需求(申购单)合并生成采购计划。

(3) 采购部门填制采购订单。

(4) 采购部门审核采购订单发送给供应商,供应商进行送货。

(5) 货物到达企业后,对收到的货物进行清点,参照采购订单填制采购入库单。

(6) 经过仓库的质检和验收,审核登记采购入库单,货物入库。

(7) 取得供应商的发票后,采购部门参照入库单填制采购发票。

(8) 采购发票传递到应付系统,进行付款结算。

流程图如图 2-10 所示。

3. 功能与操作

1) 基础数据

供应商信息:供应商系统收录了供应商资料(见图 2-11)。

物料供应信息:物料供应系统收录了从供应商那里得到的最新物料报价,该系统

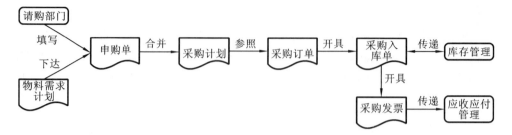

图 2-10　采购管理模块的业务流程图

供应商信息

编号	供应商名称	简称	联系人	电话号码	省份	删除
10000000	杭州蓝光电子有限公司	杭蓝	雷卫平	0571-88956231	浙江	删除
10000001	浙江托普电子元件厂	托普	于曙光	0571-87231155	浙江	删除
10000002	浙江杭州天富设备厂	天富	万东华	0571-87445692	浙江	删除

1

添 加

供应商档案

编号：	10000001
名称：	浙江托普电子元件厂
简称：	托普
业务员：	吴刚
信誉级别：	一级
省份：	浙江
联系人：	于曙光
电话：	0571-87231155
地址：	杭州市天目山路158号
Email：	tuopu@zj.com
邮编：	320014
开户行：	浙江省建设银行杭州分行
帐号：	4314895640120023564
税号：	330002564123582

修 改　　返 回

图 2-11　添加供应商资料

的平台主要有物料—供应商和供应商—物料两种形式（见图 2-12）。

2）采购计划

采购需求：需求系统收录了来自企业各部门的申购单，也包括由生产计划部门物料需求计划下达生成的申购请求（见图 2-13），申购是采购业务处理的起点。

采购部门也可以录入新的申购单，填写申购部门、需求日期、申购物料及数量以后，就可以保存到采购需求中（见图 2-14）。

审核后的申购单进入执行状态，才能被采购计划采用。为了方便批量处理申购

第 2 章 信息系统与管理信息系统

图 2-12　物料供应系统

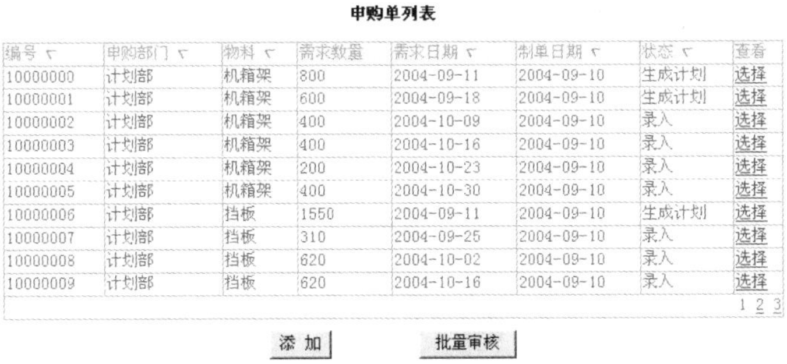

图 2-13　申购单列表

图 2-14　录入新的申购单

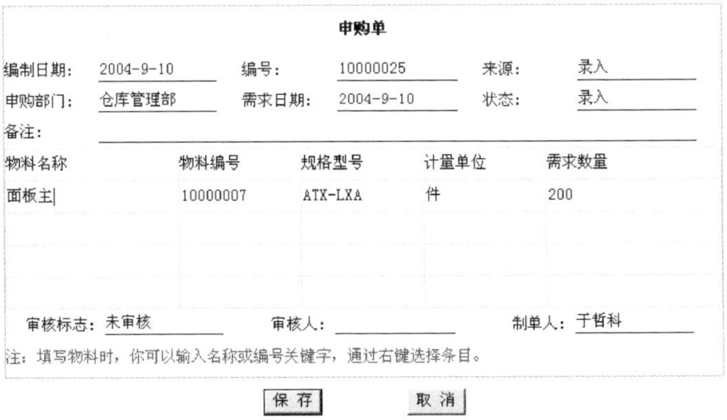

单，系统还提供了批量审核的功能。输入部门、物料和需求日期后，申购单才能进行批量审核处理(见图 2-15)。

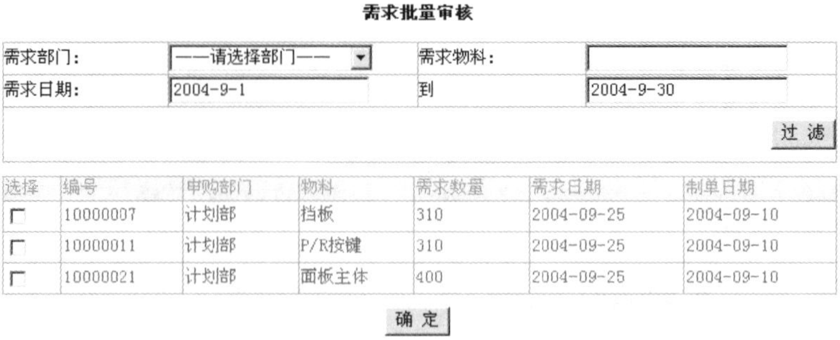
需求批量审核

需求部门:	——请选择部门——	需求物料:	
需求日期:	2004-9-1	到	2004-9-30

过 滤

选择	编号	申购部门	物料	需求数量	需求日期	制单日期
□	10000007	计划部	挡板	310	2004-09-25	2004-09-10
□	10000011	计划部	P/R按键	310	2004-09-25	2004-09-10
□	10000021	计划部	面板主体	400	2004-09-25	2004-09-10

确 定

图 2-15　需求批量审核

批量处理功能即申购单的批量审核功能。

需求合并：合并采购需求的最终目的是对议购的采购业务进行指导。系统可以将收集到的采购需求进行合并，即将某一段日期范围内已审核的各种来源的需求汇总，然后形成采购计划(见图 2-16)。

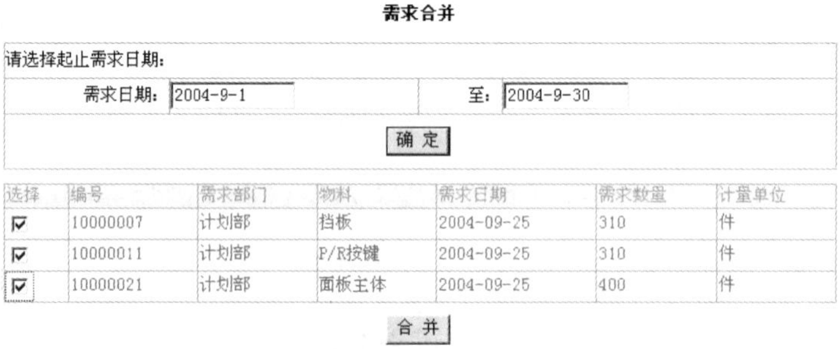
需求合并

请选择起止需求日期:

需求日期: 2004-9-1　　至: 2004-9-30

确 定

选择	编号	需求部门	物料	需求日期	需求数量	计量单位
☑	10000007	计划部	挡板	2004-09-25	310	件
☑	10000011	计划部	P/R按键	2004-09-25	310	件
☑	10000021	计划部	面板主体	2004-09-25	400	件

合 并

图 2-16　需求合并

采购计划：采购计划的主要目的是指导采购业务，主要解决一段时间采购业务安排的问题(见图 2-17)。采购计划来源有两种：一是由采购需求合并自动生成；二是手工补充。

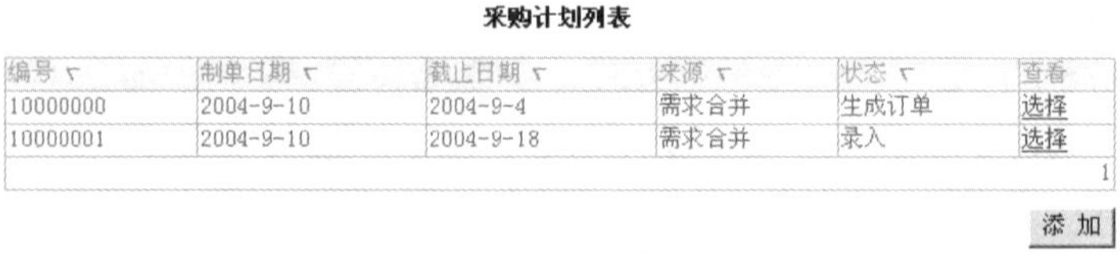
采购计划列表

编号	制单日期	截止日期	来源	状态	查看
10000000	2004-9-10	2004-9-4	需求合并	生成订单	选择
10000001	2004-9-10	2004-9-18	需求合并	录入	选择

1

添 加

图 2-17　采购计划列表

手动添加采购计划的时候,表头数据只需填写计划的"截止日期",表体的采购任务栏由管理员通过"增加行"和"删除行"来输入多个物料、多个周期的采购任务(见图2-18)。

图 2-18　采购计划单

采购计划通过审核后才可以作为制定采购订单的参考(见图 2-19)。

图 2-19　准备提交审核的采购计划单

3) 采购业务

询价单:为了方便进行采购的比价,采购员在采购之前可以向供应商发布询价单,系统在这里扮演了供应商的角色,会在收到用户发布的询价单后自动给采购员回发一张报价单。询价单里记录了采购员发送的所有询价记录(见图2-20)。

采购询价单列表

询价单号	供应商	产品	数量	制单日期	状态	查看
10000000	杭州蓝光电子有限公司	P/R按键	155	2004-09-10	发布	选择
10000001	杭州蓝光电子有限公司	线材	155	2004-09-10	发布	选择
10000002	浙江杭州天富设备厂	机箱架	200	2004-09-10	发布	选择
10000003	浙江杭州天富设备厂	挡板	310	2004-09-10	发布	选择

添加

图 2-20 采购询价单列表

添加询价单需填写好要询价的供应商及物料,采购员在"供应商"和"产品名称"录入框内右击,然后在弹出的对话框中选择相应的供应商和物料,系统会自动将相关的信息输入,输入的物料"采购数量"是采购员设置的采购批量,采购员也可以手动修改采购数量(见图2-21)。

采购询价单

制单日期:	2004-9-10	单据编号:	10000004	业务员:	吴刚
供应商:	浙江托普电子元件厂			联系人:	于曙光
状态:	录入	备注:			

产品名称	产品编号	规格型号	计量单位	采购数量
P/R按键	10000004	B-132	件	155

制单人: 于哲科

注:填写供应商和产品时,你可以输入名称或编号关键字,通过右键选择条目。

保存　　取消

图 2-21 采购询价单

填写好的采购询价单经过发布后,发送到系统后台并经过处理,由系统自动回发一张报价单(见图2-22)。

报价管理:报价管理系统收录了来自供应商的所有报价单(见图2-23)(见前面的询价单发布)。

最新收到的报价单提供了供应商的最新报价,采购员可以通过"收录"功能,将报价收录到"物料供应信息"中,以作为制作采购订单时用于制定比价(见图2-24)。已经收录的报价单不能重复收录。

采购订单:采购订单是企业与供应商的交易依据。即使双方不签订合同,企业输入并保存采购订单也很有意义,可以通过采购订单对供应商的供货情况进行跟踪。通过采购订单,企业可以预计物料到达的日期和付款的日期,从而有效地安排生产和

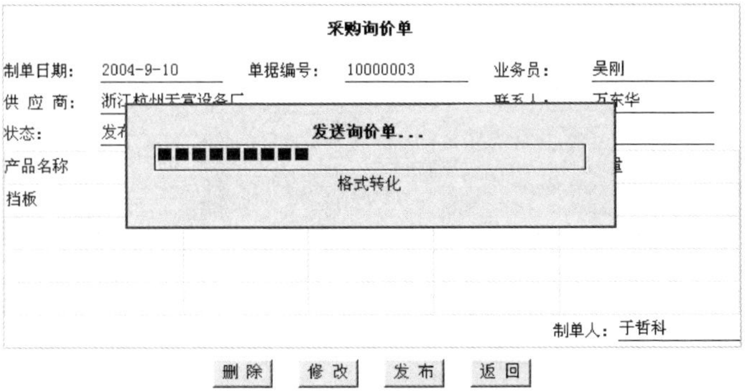

图 2-22　采购询价单确认

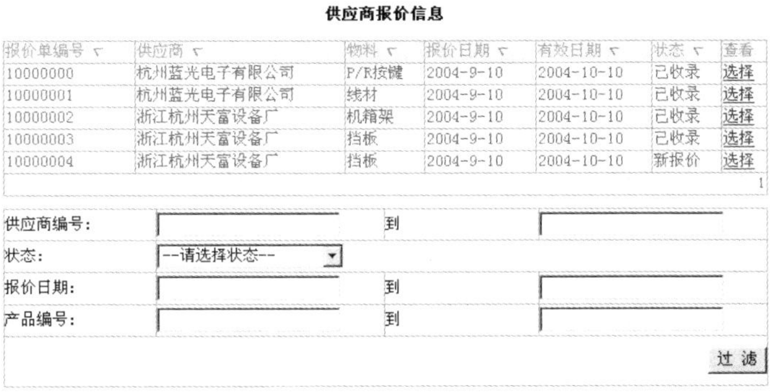

图 2-23　供应商报价信息

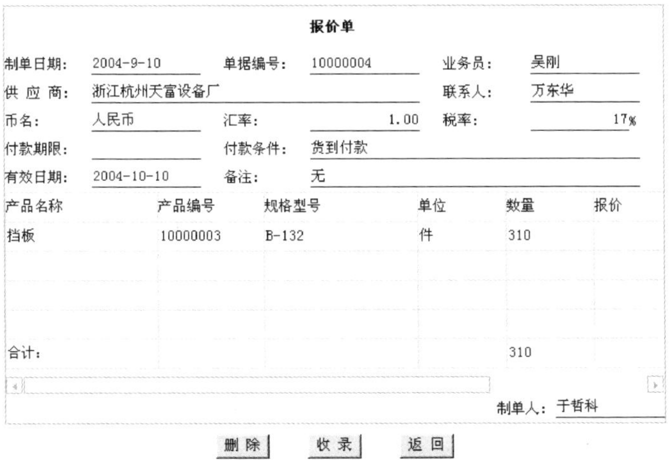

图 2-24　报价单

预测现金流量(见图 2-25)。

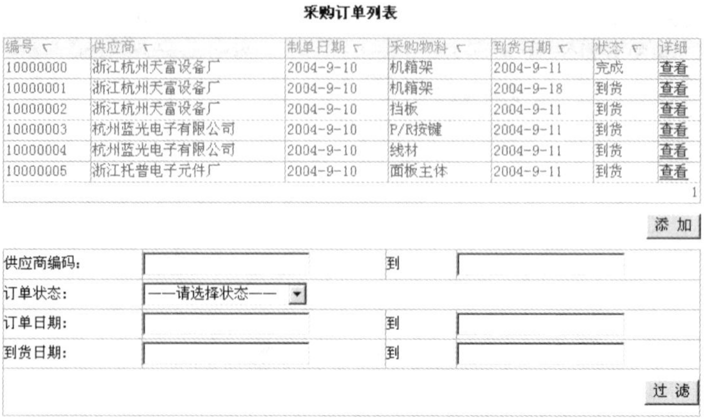

图 2-25 采购订单列表

采购订单可以根据采购计划生成,也可以手工录入(见图 2-26)。录入采购订单的时候还可以根据物料供应信息,参考比价,选择相应的供应商。

图 2-26 采购订单

采购订单通过审核后可以发送给供应商,系统在接收到采购员发送的采购订单后,会根据采购订单自动给采购部门发送货物,并将采购订单的状态更改为"到货"(见图 2-27)。

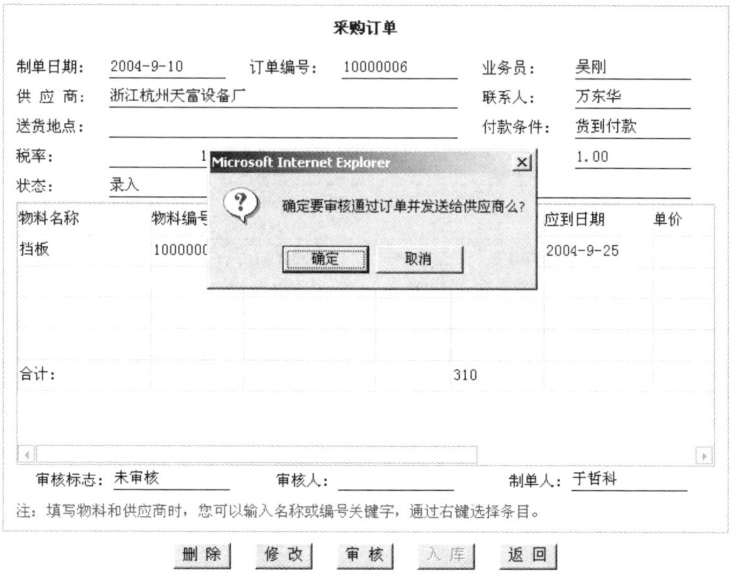

图 2-27　采购订单确认

选择“到货”选项，就可以看到“入库”按钮更改为可用，然后点击“入库”按钮自动转入采购入库单的录入页。

采购入库：物料采购入库是企业内部物流的第一步。当供应商按订单发货后，采购部门收到货后要填制相关的确认收货单据，在本系统中，收货单据就是采购入库通知单。采购入库通知单并不完全由采购部门来填制，比如物料实际到货数量等信息由仓库部门完成。所以在采购模块，只需要填写与采购业务相关的内容就可。系统要求入库通知单与采购订单对应，要根据采购订单，录入入库通知单，系统会将采购订单的相关信息自动录入入库通知单。入库通知单填制完成后，入库物料需要检验时，仓库部门先要制作入库检验单对入库物料进行质检，然后将检验结果更新到采购入库单上。仓库管理员收到货物和质检通过或无需质检的入库通知单后，称量货物的数量，并在入库通知单上填上实收数量、日期，然后审核登记库存账(见图 2-28)。

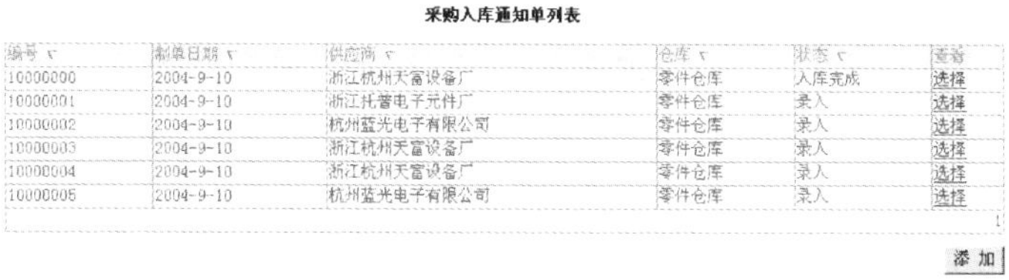
采购入库通知单列表

编号	制单日期	供应商	仓库	状态	查看
10000000	2004-9-10	浙江杭州天富设备厂	零件仓库	入库完成	选择
10000001	2004-9-10	浙江托普电子元件厂	零件仓库	录入	选择
10000002	2004-9-10	杭州蓝光电子有限公司	零件仓库	录入	选择
10000003	2004-9-10	浙江杭州天富设备厂	零件仓库	录入	选择
10000004	2004-9-10	浙江杭州天富设备厂	零件仓库	录入	选择
10000005	2004-9-10	杭州蓝光电子有限公司	零件仓库	录入	选择

1

添加

图 2-28　采购入库通知单列表

添加新的入库通知单需要参照采购订单，可以直接在到货订单的详细信息页点击"入库"按钮,也可以在入库通知单添加页参考订单。选择好参考的订单后,一般没有其他需要填写的内容,可以直接保存(见图 2-29)。

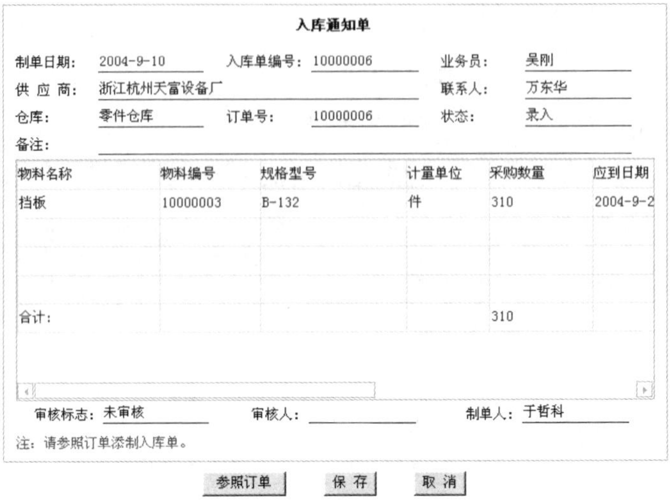

图 2-29 入库通知单

保存后的入库通知单会传递到仓库部门,等待入库检验或审核登记(见图2-30)。

图 2-30 入库通知单等待入库检验

如果到货的物料没有通过检验,此时采购部门可以查看入库通知单的状态为"检验未通过",表示该入库通知单需要退货处理,此时点击"退货"按钮,可以直接录入退货单(红字入库通知单)进行退货处理(见图 2-31)。

```
                         入库通知单
制单日期:    2004-9-10      入库单编号:  10000007      业务员:   吴刚
供 应 商:    浙江杭州天富设备厂                联系人:   万东华
仓    库:    零件仓库       订单号:      10000008     状态:    录入
抵销单号:    10000006       备注:

物料名称     物料编号      规格型号     计量单位    采购数量     应到日期      单价
面板主体     10000007      ATX-LXA     件           50         2004-9-15



合计:                                             50

审核标志: 未审核        审核人:              制单人: 于哲科

              保存           取消
```

图 2-31　入库通知单检验未通过

如果入库通知单审核通过并登记成功,状态会改为"入库完成",采购部门需要根据收到的发票录入采购发票,点击"开票"按钮,系统会自动完成开具发票的业务。发票开具成功后,采购订单和入库通知单才真正处理完毕(见图 2-32)。

```
                         采购发票
开票日期:   2004-9-10     发票号:    10000001    订单号:    10000002
采购类型:   普通采购       供应商:    浙江杭州天富设备厂
供应商地址: 杭州市钱塘路131号                开户银行:  浙江省农业银行杭
银行帐号:   45881255320011  采购部门:  采购部      业务员:    吴刚
付款条件:   货到付款       币种:      人民币      汇率:          1.00

货物名称    规格型号     单位    数量     单价       金额              税
挡板        B-132        件      1550     2.00       3100.00



合计:                                              3100.00


单位名称:   新科电子科技有限公司               开户银行:  浙江建设银行杭州
银行帐号:   43274232410688   入库单号: 10000004  制单人:   于哲科
审核人:                     记帐人:            复核人:

                     确 定
```

图 2-32　开具采购发票

采购发票:采购发票是供应商开出的销售货物的凭证,系统将根据采购发票确认采购成本,并据以登记应付账款。采购发票与采购入库通知单是同一种业务在不同方面的反映,其记录的经济内容是一致的(见图 2-33)。

采购发票

单据编号	制单日期	订单编号	入库单号	供应商	状态	查看
10000000	2004-9-10	10000001	10000003	浙江杭州天富设备厂	录入	选择
10000001	2004-9-10	10000002	10000004	浙江杭州天富设备厂	录入	选择
10000002	2004-9-10	10000000	10000000	浙江杭州天富设备厂	录入	选择

图 2-33　采购发票

退货处理:在采购退货过程中录入的红字入库通知单(退货单)是采购退货的依据,退货处理系统主要完成对退货单的审核工作(见图 2-34)。

退货单列表

编号	制单日期	供应商	仓库	状态	查看
10000007	2004-9-10	浙江杭州天富设备厂	零件仓库	录入	选择

图 2-34　退货单列表

经过审核后的退货单将核销对应的入库通知单(见图 2-35)。

入库通知单

入库单日期:2004-9-10　　入库单编号:10000007　　业务员:吴刚
供应商:浙江杭州天富设备厂　　　　　　　　　　　　联系人:万东华
仓库:零件仓库　　订单号:10000008　　状态:完成
抵销单号:10000006　　备注:

物料名称	物料编号	规格型号	计量单位	采购数量	应到日期	单价
面板主体	10000007	ATX-LXA	件	50	2004-9-15	
合计:				50		

审核标志:未审核　　审核人:_____　　制单人:于哲科

审核　　返回

图 2-35　核销入库通知单

4) 统计查询

到货计划:该系统用于查询已经到货的采购订单记录(见图 2-36)。

逾期订单查询:该系统用于查询已经超过到货日期仍没有到货的采购订单记录。

年(月、供应商)采购额统计:该系统用于按年、月及供应商分组统计采购额(见图 2-37)。

到货计划

编号	供应商	制单日期	采购物料	到货日期	状态	详细
10000007	浙江杭州天富设备厂	2004-9-10	线材	2004-9-15	到货	查看

到货计划查询

到货日期：	2004-9-1	到	2004-9-18
供应商编码：	10000001	到	10000002
物料编号：	10000006	到	

查询

图 2-36　到货计划

采购额统计

供应商编码：		分组	按供应商
日期从：	2004-9-1	到	2004-9-30

查询

分组	采购额
杭州蓝光电子有限公司	4340
浙江托普电子元件厂	64000
浙江杭州天富设备厂	71700

图 2-37　采购额统计

第 3 章 信息系统的战略作用

学习目标

1. 理解信息是一种战略资源；
2. 了解波特五力模型的构成；
3. 熟悉价值链的基本概念；
4. 了解虚拟价值链的作用。

引入案例 1

Nike 公司的信息化建设

Nike 公司是一家世界领先的运动鞋、运动服饰和运动器械设计和营销公司。Nike 公司创建于 20 世纪 70 年代初期，总部设在美国的俄勒冈州。到 20 世纪 70 年代末与 80 年代初，产品的市场需求十分巨大，Nike 公司在美国的市场占有率居首位。原先的市场领先者——阿迪达斯公司的市场份额下降，大大低于 Nike 公司的市场份额。《2015 年美国产业年度报告》把 Nike 公司评为过去几年中盈利最多的公司，位居全行业之首。

实际上，Nike 公司并不自主生产任何产品，而是依靠一个全球化的网络，以一种"虚拟经营"的方式运营并巩固着现在的霸业。全球化虚拟经营的基础在于信息系统的支撑。Nike 公司在信息化的投入上不惜血本，而其曲折的信息化之路也可以称得上是服装行业信息化的经典案例。

1. Nike 公司的供应链信息化战略——单一实例 (single-instance) 战略

Nike 公司对 Nike 运动鞋进行的是集中管理。所有的产品设计、工厂合同和交货都在俄勒冈州比弗顿市规划和协调。1975 年，为了应对当时混乱的跑鞋市场，Nike 公司对其供应链实施 Futures 计划。Futures 计划是一个 6 个月的订货周期计划，Nike 公司总部围绕 Futures 计划对订货进行统一管理。

然而，随着 Nike 公司的全球化，其供应链开始细分。到 1998 年，Nike 公司在全球拥有 27 个订单管理系统，所有这些系统都各自定制，没有较好地连接到比弗顿市中，分散的信息系统无法与其集中管理的流程很好地配合。因此，Nike 公司需要对其分散的信息系统进行集成。于是 Nike 公司开始计划实施其信息化——单一实例战略，并以该战略支持 Nike 公司今后的信息化项目。该战略的核心在于将 ERP、供应链规划和CRM软件集成到一个平台上。SAP ERP软件将成为信息系统集成的基础,而i2供应、需求与协作规划应用程序和Siebel公司的CRM软件也通过中间件集成到总系统中。Nike公司在北美、欧洲、中东和非洲的机构将共享这个平台。也就是说,Nike公司要在其SAP ERP系统内建立一个供北美、欧洲、中东和非洲每一位雇员使用的巨型集成数据库。这意味着在软件投入使用前,必须让所有人在业务惯例和公共数据定义上取得一致,这在ERP系统管理中很少见。

单一实例战略实施起来不那么容易。从1998年开始启动到2006年结束,不但周期很长,而且费用也比原先预算的多。到2006年结束的时候,总费用由预算的4亿美元增加到5亿美元。单一实例战略实施的过程中也遇到了不少困难,特别是在服装行业信息化中引起轩然大波的i2软件的失败影响更大。即使这样,Nike公司还是坚持着它的单一实例战略,部署着SAP系统,并在受挫之后及时回转过来。

2. Nike公司的需求与供应规划

Nike公司在1999年开始部署i2供应与需求规划软件。Nike公司没有将SAP ERP系统的一部分先尝试部署在i2软件上,而是从一开始就全面安装,但很快就出现了问题。i2软件的需求预测应用和其供应链规划程序(规划具体产品的生产)使用不同的业务规则,并用不同的格式保存数据,因而集成这两个应用程序很困难。i2软件必须做大量的定制工作才能与Nike公司的老软件一起使用。系统速度很慢,在Nike公司几千万个产品号的重压下,还经常崩溃。而且该系统在处理订单时常常出错,并且需求规划程序还在订单数据输入6~8周后删除记录,导致规划人员不能记起曾要求每家工厂生产什么的后果。所有这些问题导致各相关方都感到无所适从,非常混乱。

面对这些问题,Nike公司对此采用了一些临时的解决办法。例如,下载i2软件需求预测器的数据,当需要应用程序共享数据时,由程序员、质量保证人员和业务人员手工加载到供应链规划器中。Nike公司还请来咨询人员开发数据库及一些定制的桥接程序,以促进数据共享。尽管做了这些努力,但这也让Nike公司为此付出了不小的代价,不但损失了1亿美元的销售额,股价下跌了20%,而且触发了一系列的官司。

2001年春季,Nike公司停止将i2软件的需求规划程序(它仍用于Nike公司的规模不大但不断发展的制衣业)用于短期和中期运动鞋规划中,并将这些功能提交给SAP ERP系统。

回顾Nike公司i2软件实施的经历,其失败的教训可以总结为三点:①软件本身的问题,即集成性、兼容性差,还存在一些错误和不合理的地方,但这还不是项目失败的根源。②i2需求与供应规划软件原本是一个与核心业务流程紧密关联的软件,但是它却没有支持Nike公司的业务模型。而且,新旧系统之间的关系也没能很好地处理,成为了业务的绊脚石。没有进行充分的需求分析和合理的IT规划,为后来的实施埋下了隐患，使公司的信息化遭遇挫折。③培训不够。Nike公司的规划人员在该系统投入运行前没有接受过如何使用该系统的系统培训。在信息化项目的继续进行中，Nike公司充分意识到培训的重要性，后来加大了对员工及其供应链上下游的供应商和客户的培训。

3. SAP服饰和鞋类解决方案

2002年6月，Nike公司在美国范围内成功地实施了SAP服饰和鞋类解决方案（以下简称为"SAP AFS"），在北美拥有5000家用户，是SAP AFS实施规模最大的一次。另外，Nike公司还选用了mySAP.com系列解决方案来作为全球运作的核心信息技术平台。

SAP AFS是一套一体化的综合解决方案，用于解决服装和鞋类行业的独特需求，使该行业中的企业能够从原材料的采购到产成品的交付完全控制其供应链。该解决方案整合了全球采购、国内及离岸制造、外包和直接运送流程，这样确保了全球战略的实施和稳定的质量。Nike公司全球运作和技术部的副总裁Roland Wolfram说："实施SAP AFS后，缩短了制作周期，提升了供应链的绩效，面向零售顾客的销售更稳定了。"

SAP AFS是Nike供应链项目的基础系统。Nike供应链项目最终会将大量的遗留应用子系统整合到五大核心系统中。SAP AFS为Nike公司提供了一套完整的企业管理系统，包括财务、订单实现和物流功能。SAP AFS的数据结构是专门针对服装和鞋类行业的独特需求而设计的，可以使Nike公司更有效地管理库存。SAP AFS的成功实施奠定了Nike公司在行业中技术领先者的地位。通过mySAP.com为Nike公司提供了垂直的行业解决方案，并指明了通向电子商务的成功之路。

4. Nike SAP全球采购订单项目

Nike公司除实施SAP AFS项目外，同时实施的还有Nike SAP全球采购订单项目。该项目分为以下五个阶段。

第一阶段：将采购订单创建和维护流程从遗留系统移植到SAP系统中。

第二阶段：将ICS（国际集团支持）产品和相关业务流程从遗留系统移植到SAP系统中。

第三阶段：安装办公联络系统和工厂标签系统。实现新功能，支持开放采购订单的交互协作。

第四阶段：实施门户技术，实现Nike公司产品和服务提供者之间的互联和信息交换。

第五阶段：对采购订单流程进行改善，实现更灵活的采购战略。

由于目前Nike公司的遗留系统只支持每月采购一次的采购模式，Nike公司希望采用一种更动态、更灵活的模式。因此，该项目中，SAP系统将为Nike公司提供新的采购订单系统。项目的主要目标：使Nike公司的生产合作伙伴与其他外部集团

（涉及采购订单的执行和产品运输等）之间能够实现采购订单的信息交换，以便更好地协作，提升供应链整体的绩效；另外建立标准和指导原则，可为 Nike 公司各分部与工厂的信息交换与协作提供管理支持。

一系列的新技术使系统的顺利运行和目标的实现提供了可能。这些新技术如建立定制复合应用系统统领 SAP 的业务应用组件，SAP NetWeaver 技术堆栈组件支持快速的定制化应用开发等。最终这些技术都将转移到企业服务架构中去。

Nike SAP 全球采购订单项目如果能够成功实施，那么将会给 Nike 公司带来许多益处。不但新系统可以取代当前已经使用了十年之久的采购订单管理系统，而且能实现许多管理变革：Nike 公司不再需要不断地向工厂发送采购订单变更备忘录，工厂和 Nike 公司联络办公系统能够查看和更新采购订单在制品的所有阶段，用于采购订单变更协作的 E-mail 使用也会减少，电子化能够取代 Nike 公司当前采购订单系统的有纸化操作且能够提高数据准确性。Nike 公司的全球供应链将得到进一步优化，而其全球信息化、网络化的水平也将上一个台阶。

案例启示

Nike 公司在其信息化建设之路上并不是一帆风顺，自从确立了单一实例战略以来，Nike 公司的这场涉及全球各分部与工厂信息化的持久战还没有打完。但在这个过程中，我们看到 Nike 公司一直坚持着 1998 年设立的单一实例战略，即使在最困难的时刻也没有动摇。

引入案例 2

从宝供储运有限公司的成长看信息系统战略规划的作用

宝供储运有限公司是广州的一家物流公司，其前身是广州的一个铁路货物转运站。刘武在 1992 年承包该转运站时规模还很小，但由于刘武经营灵活，承包的货运任务大多能及时完成，服务质量好，仓库也比较干净，而且是当时广州唯一一家能够提供 24 小时货运仓储的服务企业。而当时的企业，仓储和运输是分开的，服务质量差，仓库又脏又乱，这种截然鲜明的对比，使刘武的货物转运站广受客户的好评。以至在 1994 年进入中国市场的宝洁公司也将储运业务给这家小小的铁路货物转运站去做。

自宝洁公司成为刘武的客户以后，这家铁路货物转运站的业务环境就发生了巨大的变化，并直接促成 1994 年广州宝供储运有限公司（以下简称"宝供"）的成立。归纳起来，业务环境的变化表现在以下三个方面。

1. 业务总量的增加

宝洁公司交给宝供的第一笔业务是将 4 个集装箱发运到上海。为了做好这笔业务,刘武运作得非常仔细。集装箱送上火车后,刘武立即乘飞机去了上海,一方面可以"督战",另一方面可以考察各个环节,拿到货物,这样才能保证以后的发运少出现问题,以满足客户的要求。结果,宝洁公司对第一批业务非常满意,由此开始陆陆续续地给宝供加大业务量,甚至一度把自己所有的铁路货运业务全部交给了宝供去做。

然而,尽管第一笔业务效果很好,但由于成本很高,所以宝供并没有赚到什么钱。毫无疑问,如果继续这样做,客户自然欢迎,但从经济效益的角度看是不允许的。实际上,从1994年到1995年,宝供近30万平方米的仓库每天的发运量非常大,运营部的人每天要花很大力气去了解这些货是否按要求在规定时间内发运出去、到达目的地的时间、破损率是否在控制范围内、有没有及时把货发出去、签收情况怎么样,等等。运营部的人拿一个硕大的笔记本,有单子就登记,没有单子就打电话去询问;对于有破损的,还要发传真进行调查。其烦琐程度,仅靠人工是很难完成的。因此,提高运行效率是宝供亟待解决的一个问题。

2. 设立分公司

分公司是1994年由于业务发展迅速才成立的,并直接与宝洁公司有关。尽管铁路运输很便宜,但铁路运输也有不少缺点,如环节多,时间不可靠等,因此,宝洁公司一再表示:传统的储运公司让客户觉得很麻烦,货到后,还要委托另外一个供应商来提货,而且一旦出现短少、破损或提货不及时等问题,就会造成互相扯皮的情形。宝供立即在成都、北京、上海、广州设立了4个分公司,这4个分公司都按同样的操作方法与标准来运作。由宝供承运的货物到达目的地后,仍由受过统一培训的宝供的人来接货、卸货,宝洁公司提供"一条龙"服务,而且从理论上看,总公司与分公司之间的信息沟通和协调也比较方便。

然而,分公司建立以后,也面临一个问题——通信问题,即总公司与4个分公司之间的联系很频繁。怎样才能保证业务的正常开展而且成本也低呢?

宝供的做法:于1996年建立一套基于DOS平台的用电话线连接的内部网络,以便在全国范围的公司之间传递一些信息。但在实际运作过程中,这种通信方式效率低、成本高。例如,总公司在与成都分公司的计算机联系时,由于电话线路繁忙而失败;操作复杂,稳定性差,长途电话成本高以及有"接口"等。因此,这又给宝供的未来发展提出了一个十分严峻的问题。

3. 兼顾客户的业务流程

自宝洁公司成为宝供的客户以后,该公司就不断对宝供提出了很多新的要求,如前面提到的要求安全、准确、及时、可靠的储运服务等。宝洁公司不仅要求宝供在业务上满足其要求,还对所有环节产生的信息非常关注,比如货物什么时候发运、是哪趟火车、预计何时到货、货物情况如何、是否已经签收等。

鉴于宝洁公司上述方面的要求,宝供努力按照宝洁公司的要求来设计业务流程和发展方向。但宝供原有的业务流程是建立在业务量较少的基础之上的,业务量骤

第 3 章 信息系统的战略作用

增以后,立即面临很多问题。对于宝洁公司所要求了解的发运时间、车次、到货时间、破损情况、签收与否等情况,如果只有一笔业务,刘武自己可以跟踪解决,如坐飞机到上海、成都、北京等地;但如果同时有好几百笔业务,那么每笔业务都这样跟踪,显然不能跟上,宝洁公司与宝供刚刚合作的一年左右时间内,宝洁公司一直都较满意,但随着业务量的加大,宝供的反应速度明显下降,如发现到货时间不准、破损率上升,以及货运信息不能及时反馈等,甚至进一步影响到公司的发展,因此,宝洁公司中止了与宝供的铁路运输总代理的合同。所有上述这些情况,又向宝供的业务流程提出了挑战。

宝供将如何解决上述问题呢?如果从信息系统的角度来分析上述问题,我们会发现,宝供当时面临的问题是信息的管理,即如何解决信息瓶颈问题。因为在原来业务量较小的情况下,业务处理过程可以由手工来完成,而现在业务量大,业务处理过程变得繁重而复杂,如果仍用手工的方式(用笔记本记录、打电话催问、发传真查询),即使花很大气力,也难以准确收集诸如发运时间、车次、预计到达时间、实际到达时间、签收时间、签收情况等有关信息。虽然宝供在成都、北京、上海、广州 4 处设立了分公司,可以保证按标准来运作业务流程,但对于信息管理而言,这样做实际上增加了中间层次,并随即面临总公司之间的通信问题。不仅如此,现代客户(如宝洁公司)与传统客户相比,要求更高,不仅要求提供安全、准确、可靠的储运服务,而且要求提供及时准确的货运信息。这样看来,宝供当时的"信息瓶颈"既表现为管理水平和信息系统现状已不能实时监控各个储运环节,又表现为不能满足客户的需要。

正当宝供处于无法实时监控各个储运环节和"竞争激烈"这种内外交困的境地,为如何解决"信息瓶颈"问题一筹莫展时,Internet 的应用已在我国发展起来,而企业信息系统及 Internet 应用专家唐友三此时对于帮助解决这一"信息瓶颈"问题起到一个非常关键的推动作用。如果我们从内部业务现状、外部业务环境、内部信息系统现状、外部信息系统环境四个方面来分析宝供面临的问题,不难建立下面这样一个业务与信息系统矩阵。

应该说,宝供当时的信息系统战略规划也并非完全一帆风顺。作为企业的第一把手,刘武已经意识到宝供的信息瓶颈可以通过 Internet 来解决,即通过网站发布货运信息,全国各地的分公司和客户都可以共享这些信息。甚至可以说没有网络,宝供就难再往下发展。然而,宝供当时的实际情况是,已有一些 PC,并组建了一个基于 DOS 平台的网络,而且当时资金有限。唐友三与刘武多次商量以后,一致认为,企业的信息系统规划要与企业目标相统一,要跟上国际潮流,就要建立一个高起点、高水平的企业信息系统,一个基于 Internet 的信息系统。考虑到宝供的信息系统现状和业务现状,在硬件上能省就省,486 先用着,386 换成 586 兼容机,买一台新服务器,再将原来的 486 服务器进行升级,其他布线的活也由企业内部的职员来做,这样硬件总共投入约 10 万元,软件部分也投入 10 万元,交由北京的英泰奈特公司来做。通过英泰奈特公司信息系统专家的查询访谈,整理出宝供的基本业务流程。

客户要在托运表上填好货物品种、目的地、数量/重量等,然后公司根据客户要求联系火车或者汽车准备第二天发运。有车皮了,如果这个单子的货少,马上分配其他客户的货一起发运。第二天要有车拉到火车站去装运,根据要求还要加一些包装(如将怕磕碰的加用木架等)。装完以后车皮的门要锁住,封条要封好,封条的号码要记下来通知接货人,到达目的地后,分公司要到火车站去接收,把货拉到宝供当地的仓库里去检验有没有损失,然后分给客户签收。客户签收后再把单子快递回货物始发的分公司,分公司上报总公司,总公司凭此找客户收钱。

当然,在实际操作中,每笔货物都是不一样的,在这个标准流程中的任何一个环节有变化,都会衍生出一种新的流程。比如食品在储运过程中有一个批号问题,考虑到保质期要"先进先出",再比如有些货物在运输中必须分开,不能同批搭配运输等。

基于上述业务流程的分析,宝供建立了以 Internet 为构架的信息系统,把货物的运输系统分解为接站、签发等环节进行操作,整个系统由接单模块、发运模块、运输过程控制模块、运输系统管理模块、查询模块等构成。系统采用集中数据存储,各个分公司对于数据的保有权是有时效限制的。数据的维护均由公司的信息中心负责。

如果要详细而具体地评述宝供信息系统战略规划的作用与影响,那将是十分困难的,不过我们通过对成本与收益的简要分析就可以得出较有说服力的结论。

在成本方面,虽然宝供信息系统在早期的规划与开发上占了不少便宜,如硬件费用很节约,软件费用的投入按渐渐增加的思路,也超过了 200 万元,总部经理们各一台笔记本电脑,其他人各一台台式机。从企业财务看,这正是良性循环的必然结果。因为宝供的信息系统应用从基本的 Internet 构架到报表生成系统的开发已经经历了两个阶段。无论从事务处理的计算机化还是从服务于管理决策的角度看,成本的投入都是值得的。这一点已从总经理对唐友三的信任上得到了证明。

在收益方面,信息系统战略规划给企业带来的好处很多。收益包括有形的收益和无形的收益两方面。有形的收益表现为成本的节约。例如,信息系统建立在 Internet/Intranet 平台上,比原先的电话、传真方式所需的费用要低。虽然首期一次性投入(服务器、PC、布线等)可能花费也不少,但运行时具有的规模效应有较大优势。另外,宝供从当初 4 个分公司发展到 31 个城市都有分公司,客户也由原来专门为宝洁公司服务发展到后来为多个客户服务。从传统的角度看,业务量的增长,应有较多的人员去应付诸多管理上的事务。而实际上,借用先进的信息系统,宝供总公司业务部仅 12 人就可以进行全盘监控。这在以前简直是无法想象的。用刘武自己的话说:"没有这个信息系统,宝供根本就做不大。现在我们在全国有那么多运营点,要对其进行管理,我看不到又摸不着,只能依靠这套系统来监控。对提出的要求和标准,有没有达到?如果没有达到,具体是什么原因,在计算机上一看,就知道出了什么事,可以立即采取补救措施。"

有形的收益不仅表现在成本的节约上,有时甚至能直接体现在业务指标的实现上。例如,以前从广州运到北京要 15 天,现在只需 10 天就可以了。在可靠性方面,原来能达到 90% 就不错了,可现在铁路运输已达到 95%,公路运输甚至可以达到 99% 以上。

信息系统战略规划的作用与影响在很多情况下还表现为一种看不见的东西。宝供新的信息系统刚开始运行的时候,曾遇到过不少阻力,主要是一些老资格的管理人员,他们不懂计算机,不懂 Internet,更不懂计算机联网后会提高管理效率,因而产生了抵触情绪。通过总经理对规划意图的讲解和参与计算机知识的培训,提高了企业所有员工的素质,这实际上无形中提高了企业的综合素质。

上述两方面的收益可以总结为以下五点。

(1) 有效组织跨地区的业务。
(2) 充分利用资源(包括货品的和信息的两方面)。
(3) 提升客户服务水平。
(4) 加快资金周转。
(5) 节约通信费用。

案例启示

国外许多有名的物流公司其本身并没有车队和仓库,但它每年的承运量都可以满足要求。而许多有着强大承运能力的国内运输公司或拥有大片空余仓位的储运公司,由于没有一套能存储的信息系统而失去与客户合作的机会,只能沦为那些有信息系统但没有储运能力的物流公司的廉价工具。因此,建立和开发以客户服务为宗旨的信息系统可以为企业提供长期的具有战略意义的竞争优势。

3.1 信 息

3.1.1 信息资源

"信息资源"于 20 世纪 60 年代末 70 年代初由国外提出来。对"信息资源"的定义很多,综合起来有以下几种。

1. 信息资源是信息的集合

一条信息或几条信息构不成信息资源。信息只有达到一定的丰度和凝聚度,才能成为信息资源。从这个意义上说,信息资源应是多种信息的总和或集合。

2. 信息资源是经过人类选择、获取的有用信息的集合

信息资源是经过人类选择的、对人类有用或能满足人类需求的那部分信息的总和或集合。有用性是一切资源的本质属性,信息资源也不能例外。

3. 信息资源是经过人类组织、有序化的信息的集合

与其他资源相比,信息资源最显著的特征就是有序性。无序的信息不仅无法利用,还会造成信息通道的"栓塞",阻碍信息的传播、交流、开发和利用。因此,组织、有序化的信息才能成为信息资源,而没有控制的、未经组织的信息将不能成为信息资源。

4. 信息资源是经过人类开发与组织的信息、信息技术、信息人员要素的有机集合

在信息资源的要素中,被人类选择的、有序化的有用信息无疑是构成信息资源的核心要素。

综上所述,在研究信息资源的定义时,不仅要考虑信息资源是经过人类选取、组织、序化的有用信息的集合,同时信息资源的要素中还应有信息技术、信息人员等。

3.1.2 信息资源的特点

1. 信息资源的生产性

一方面,信息资源本身是一种重要的生产要素;另一方面,信息是非信息生产要素的"促进剂",可以通过与这些非信息生产要素的相互作用,使其价值倍增。

2. 信息资源的稀缺性

一方面,信息资源的开发和获取需要投入成本;另一方面,在既定的技术和资源条件下,任何信息资源都有一个固定不变的总效用(即使用价值),随着被使用次数的增多,这个总效用会逐渐衰减。

3. 信息资源使用方向的可选择性

同一信息资源可以作用于不同的对象上,并可以产生多种不同的效果。

信息资源作为一种战略资源,它具有效用上的有用性和需求上的稀缺性,只有对信息资源进行合理的、有效的配置,才能够满足整个社会的信息需求。

3.1.3 信息是一种战略资源

信息是现代企业的重要战略资源,也是企业管理的基础。在网络经济时代,一个企业现代信息技术水平的高低,将成为企业竞争力强弱的重要标志。可以说在不久的将来,没有企业信息化,就没有企业现代化,也就没有企业对市场的敏捷应变能力。

科学有效的管理是现代企业赖以生存并发展的重要基础。企业管理就是对企业的人、财、物等方面进行有效的管理,使企业的各种资源达到合理有效的配置的过程。企业管理的核心是决策,而决策的过程实际上是对信息掌握的过程。因此,企业管理的本质就是对信息的掌握、控制和有效利用。企业管理信息化是指企业广泛利用现代信息技术,充分开发信息资源的过程。把先进技术、管理理念和方法引入管理流程中,实现管理自动化,是提高企业管理效率和水平的有效途径。

随着信息技术的不断发展和我国企业改革的不断深入,企业管理方式正在向创新管理和知识管理转变。要适应新时期企业管理方式的变革,企业就必须加强管理信息化建设。企业管理信息化建设是一场革命,在提高企业管理水平的基础上,促进管理现代化,转换经营机制,建立现代企业制度,有效降低成本,加快技术进步,增强市场竞争力,提高经济效益等方面都有着现实和深远的意义。

3.2 竞争威胁模型——行业环境分析

依照迈克尔·波特的观点,一个行业的激烈竞争不是事物的巧合,而是源于其内在的经济结构。如图 3-1 所示,一个行业中的竞争,远不止在原有竞争对手中进行,而是存在着五种基本的竞争力量,即行业内现有企业间的竞争、潜在的参加竞争者的威胁、替代品生产者的威胁、供应商讨价还价的能力及购买者讨价还价的能力。

这种基本竞争力量的状况及其综合强度,决定着行业竞争的激烈程度,决定着行业中获得利润的最终潜力。

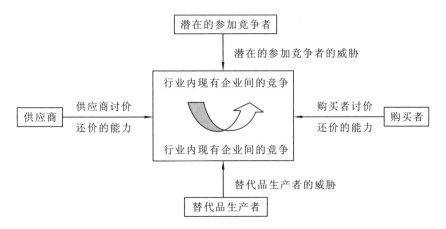

图 3-1 决定行业竞争的力量

1. 潜在的竞争者的威胁

潜在的竞争者是行业的重要竞争力量,它会给该行业(如钢铁行业)带来很大威胁。这种威胁称为进入威胁。一方面,潜在的竞争者会扩大该行业的生产能力,会提升市场占有率,除非这种产品的市场需求不断增长,否则将导致与现有企业的激烈竞争。另一方面,潜在的竞争者要获取资源(如钢铁生产中的矿石和焦炭等)进行生产,从而可能使得行业生产成本升高。

进入威胁的状况取决于进入障碍及预期的报复措施。如果进入障碍高,原有企业激烈反击,潜在的竞争者难以进入本行业,进入威胁就小。

1) 进入障碍

现有的企业总要设法给市场进入制造障碍。相反,潜在的竞争者会挑选进入障碍低的市场。进入障碍低,潜在的竞争者获得利润的空间就大。决定进入障碍大小的主要因素有以下几方面。

(1) 规模经济。规模经济是指当企业的生产规模逐渐增加时,边际效益递增的现象。从生产角度来说,规模经济意味着当企业在一定时期内生产的产品增加时,单位产品的制造成本降低。规模经济将使潜在的竞争者陷入进退两难的境地。如果行业潜在的参加竞争者以大规模生产进入,则将面临现有企业强烈反击的风险;如果以小规模生产进入,则要长期忍受产品成本偏高的劣势。这两种情况都会使潜在的竞争者望而却步。大企业的生产成本要低于小企业的生产成本,这就有了进入障碍的客观条件。

规模经济形成的进入障碍表现在以下几方面。

① 表现为企业的某项职能或某几项职能。如计算机硬件行业,其生产、研发、市场营销等职能上的规模经济,都可能是进入的主要障碍。

② 表现为某种或某几种经营业务和活动。如在电视机制造业中,彩色显像管生产规模的经济性具有决定意义。

③ 表现为多种经营。如生产小型电机的企业,可同时将小型电机用于它所生产的电扇、吹风机、制冷设备的电器系统等,这就迫使潜在的竞争者不得不从事多种经营,否则就会使成本过高而处于不利地位。

④ 表现为联合成本。如企业在生产主导产品的同时生产副产品,使主导产品成本降低,这就迫使潜在的竞争者也必须生产副产品,不然就会处于不利地位。如钢铁联合生产中,炼焦可产生可利用的煤气,高炉产生的高炉煤气及炉渣都可以利用。

⑤ 表现为纵向联合经营。如从矿山开采、烧结直至轧制成各种钢材的纵向一体化钢铁生产,这就迫使潜在的竞争者必须联合进入(这有时难以做到),若不联合进入,势必在价格上难以承受。

(2) 产品差异优势。产品差异优势是指原有企业的产品所具有的商标信誉和用户的忠诚度等。造成这种现象是由于企业过去的广告、用户服务、产品差异或者行业历史悠久等形成的差异优势。一旦消费者认为某一企业的产品是独特的,那么这种认知会给企业带来继续发展的机会。企业可以借此领先其他公司并向消费者提供产品和服务。可口可乐、百事可乐及世界知名的汽车公司都不遗余力地花费大量的资金打广告,其目的就是要消费者相信它们的产品是独一无二的,从而让消费者对它们的产品和服务保持高的忠诚度。

产品差异优势所形成的进入障碍,迫使潜在的竞争者要用很大的代价来树立自己的信誉和克服现有用户对原有产品的忠诚度。潜在的竞争者通常采取降价的做法。这种做法是以亏损作为代价的,而且要花很长时间才能达到目的。如果潜在的竞争者进入失败,那么它失去的不仅是物质上的投资,还会失去消费者对原有产品的忠诚度。

(3) 资金需求。资金需求所形成的进入障碍,是指在行业经营的企业不仅需大量资金,而且风险大。潜在的竞争者要在持有大量资金、冒很大风险的情况下才敢进入。需要大量资金的原因是多方面的,如购买生产设备需要资金,提供用户信贷、存贷经营、弥补投产亏损等业务也会增加资金的需要量。美国某复印机公司采取不直接销售复印机,而是采用出租复印机的经营方式,扩大对流动资金的需求,形成很大的进入障碍。

(4) 转换成本。转换成本是指消费者从购买一个供应商的产品转为购买另一个供应商的产品所支付的一次性成本。它包括重新训练业务人员、增加新设备、检测新产品的费用及产品的再设计等费用,甚至还包括中断原供应关系产生的心理成本等。例如,本科一年级的学生转系或转校的成本就要比高年级学生的成本低得多;喝惯茶的人很难接受可口可乐的味道。对于潜在的竞争者来说,如果转换成本很高,但为了吸引消费者就必须在成本或服务上做出重大改进以便让消费者接受。通常来说,当前各方之间的关系越稳固,转换成本就越高。

(5) 销售渠道。一个行业的正常销售渠道已经为原有企业服务,潜在的竞争者要想进入该行业,必须通过利润分摊、广告合作和广告津贴等办法说服原有的销售渠道接受自己的产品,这样就会减少潜在的竞争者的利润,形成进入障碍。产品的销售渠道越有限,它与现有企业的联系越密切,则与现有企业建立的专营关系的销售渠道所形成的进入障碍就越高,潜在的竞争者要进入该行业就越困难。

所以,某些企业正在探索新的销售方式,如戴尔运用直接销售渠道给中国和全世界的消费者创造便利。为了维护直销模式的优势,戴尔用心培育客户关系,为他们提供优质服务,满足他们的要求。

(6) 与规模无关的成本劣势。原有的竞争对手通常在其他方面还具有独立于规模经济以外的成本优势,如专利权、独占最优惠的资源、有利的地理位置、占据市场的有利地位、政府补贴及政府的某些限制政策等。这些都是潜在的竞争者无法效仿的成本优势。

(7) 政府政策。为了降低企业间的竞争状况,或出于保护消费者利益和环境的要求,政府可能通过许可证或政府补贴等对进入特定行业的企业进行控制。

政府补贴是政府给予现有企业长期的补贴。这种障碍对那些力图进入国际市场的企业来讲是普遍存在的。许多国家的政府都会保护自己的高科技公司。

2) 预期的报复措施

想要进入某个行业的企业需要估计原有企业的反应。如果能预料到现有企业的反应会很激烈,那么进入成功的可能性就小。如果一个企业与某个行业利益攸关,或者它拥有相当的资源,或者行业的增长缓慢,那么企业受到报复的可能性就大。潜在的竞争者可以寻找原有企业忽视的市场缝隙进入,避开进入障碍。

2. 行业内现有企业间的竞争

行业内现有企业间的竞争采用的手段主要有价格战、广告战、引进产品及增加对消费者的服务等。竞争的产生是由于一个或多个竞争者感受到压力或看到可改善其地位的机会。如果一个企业的竞争行动对其对手有显著影响,就会招致报复或抵制。如果竞争行动和反击的竞争行动逐步升级,则行业中的所有企业都可能遭受损失,使处境更糟。在以下情况下,行业内现有企业之间的竞争会变得很激烈。

(1) 有众多或势均力敌的竞争对手。当一个行业的企业众多时,必然会有一定数量的企业为了占有更大的市场份额和获取更高的利润,而突破本行业规定的一致行动的限制,采取打击、排斥其他企业的竞争手段。这势必在现有竞争对手之间形成激烈的竞争。肯德基和麦当劳之间的竞争就是一个最好的例子。即使在企业不多的行业中,若各企业的实力均衡,由于它们都有支持竞争和进行强烈反击的资源,也会使现有竞争对手之间的竞争白热化。

(2) 行业增长缓慢。当行业增长快速时,各企业可以在与行业增长保持同步的情况下,充分利用各自拥有的资源优势,因而现有竞争对手之间的竞争会比较缓和。当行业增长缓慢时,有限的发展空间势必导致各企业为了寻求各自的出路,把大量资源都放在现有市场占有率的争夺上,从而使现有竞争对手的竞争激化,例如,20世纪90年代末中国的彩电价格大战。在彩电低端市场基本饱和的情况下,长虹、夏新、康佳等国内彩电生产商为了保持或争夺更多的市场份额而展开了激烈的竞争,并逐步演变为价格战。虽然低价促销可以吸引顾客并提高市场占有率,但同时也减少了企业的利润,并且使得所有的竞争对手都很难把促销价格稳定在能带来利润的价格上。

(3) 规模经济的要求。企业为了降低单位产品的固定成本,在规模经济的要求下不断扩大生产能力,最终必将打破行业供需平衡,造成产品供过于求,迫使企业不断降价销售来取得竞争优势。

(4) 行业的产品差异性小或行业转换成本低。若某个行业中产品差异性较大,消费者会根据自己的偏好购买产品,那么企业间的竞争比较缓和。反之,若各企业的产品差异性不大,那么消费者购买产品时会更多地考虑价格和服务,这将导致企业在价格和服务上展开激烈竞争,使现有竞争对手之间的竞争激化。

转换成本的影响与产品差异性的影响基本相同。消费者的转换成本越低,竞争对手就越容易通过提供较低的价格和优质的服务来吸引消费者。相反,消费者的转换成本高,可以在一定程度上保护企业,消除竞争对手的压力。

(5) 退出行业的障碍很大。退出障碍是指经营不善的企业在退出行业时所遇到的困难。当退出障碍高时,经营不善的企业只得继续经营下去,这样使现有企业间的竞争激烈化。退出障碍的主要来源包括以下几方面。

① 具有高度专门化的固定资产(这种固定资产的清算价值低或转换成本高)。

② 退出的费用高(如高额劳动合同费、安置费、设备备件费等)。

③ 战略相关性高(如退出某一行业就会使其他业务领域的产品形象、市场营销能

力、分享设备能力受到很大影响)。

④情感障碍(如退出某一行业将影响员工忠诚度,引起员工对某项职业产生畏惧心理等)。

⑤政府和社会的限制(如考虑到失业问题、地区经济的影响,政府有时会出面反对或劝阻企业退出某一行业)。

(6) 进入障碍和退出障碍的组合状况。每个行业的进入障碍和退出障碍的高低是不同的,这样就会形成不同的组合,具体情况如表 3-1 所示。

表 3-1 进入障碍和退出障碍的组合状况

进入障碍	获利情况	
	退出障碍	
	高	低
高	利润高,风险大	利润高,风险小
低	利润低,风险大	利润低,风险小

从获利情况看,最好的组合是进入障碍高而退出障碍低的组合,因为这会使潜在的竞争者受到阻拦。经营不善的企业容易退出。若进入障碍和退出障碍都高,潜在的竞争者虽然受到阻拦,但经营不善的企业很难退出,这就使本行业利润高而风险大。若进入障碍和退出障碍都低,行业经营状况好时会有不少企业进入,行业经营状况不好时会有许多企业退出,因此,虽然利润低但风险也小。最差的情况是进入障碍低而退出障碍高,在这种情况下,潜在的竞争者可以很容易进入,一些暂时引起利润上升的因素都能使潜在的竞争者进入。然而,当条件恶化时,经营出现困难的企业不得不留在行业内不参加竞争,这就使本行业不仅利润低而且风险大。

正是因为有了上述差别,现有竞争对手间的抗衡程度也就不同。

3. 替代品生产者的威胁

通常来说,可以根据产品或服务来定义一个行业,如铝罐业、制糖业的分类,并可据此识别生产相似产品又相互竞争的公司。然而,如果从购买者的角度来定义行业,就可以将完全不同的公司组合在一起,它们虽然生产不同的产品,但却能满足同类购买者的需要。喜欢甜咖啡的购买者会认为制糖商与人造糖生产商是直接竞争的关系,因为替代品是指满足同一市场需求、同样功能但不同性质的产品,是满足购买者需要的另一种方式。例如,电话传真机是信函的替代品,而不是包裹邮寄的替代品。

如果替代品的价格较低,那么它投入市场会使本行业产品的价格处在较低水平,导致原来的忠实顾客转向购买替代品,从而限制本行业的收益。替代品的价格越有吸引力,这种限制作用就越强,对本行业构成的压力就越大。从这个意义上说,没有一种东西具有与替代品相同的效果,因为这意味着被替代品的市场有效需求下降。因此,要抵御替代品的威胁,该行业的企业有可能采取联合行动。替代品不是仅仅对一两个企业,而是对全行业的所有企业都构成威胁,这时本来互不相让的企业之间就可能彼此借力,共同抵御生产替代品的竞争者。例如,共同进行大规模的联合广告宣传活动及共同改进产品的质量和功能,等等。但是,进行这种竞争时应注意:当出现的替代品是一种顺应潮流的产品并且有强大的成本优势,或者替代品是那些实力雄厚、获利水平高的企业生产时,与其对现有产品采取排斥的战略还不如采取引进的战略。

以下情况替代品有很大的威胁。

(1) 替代品在产品功能、质量、理念及服务等方面都与本行业的产品有极大的相似性,可以满足顾客相同的需要时,这将严重威胁本行业的产品。

(2) 购买者从购买本行业的产品转向购买替代品时,如果只需承担很小的转换成本,那么替代品的威胁就大。因为如果转换成本高,购买者将固定在原有产品上,而不会去购买替代品。

(3) 替代品的价格越低,若购买者对价格越敏感,所带来的威胁就越大。

4. 供应商讨价还价的能力

供应商的威胁手段一是提高供应价格;二是降低供应产品或服务的质量,从而使下游行业利润下降,供应商获得更多的收益。如果企业无法通过价格调整增长的成本,它的利润就会由于供应商的这些行为而下降。在下列情况中,供应商有不同的讨价还价的能力。

(1) 供应商行业由几家公司控制,其集中化程度高于购买者的集中化程度。这就提高了供应商自己的地位,它能够在价格、质量等条件上对购买者施加相当大的压力,迫使购买者不得不接受自己的条件。

(2) 对供应商来说,如果某个下游行业在其销售额中所占比例较小,供应商讨价还价的能力就强。反之,如果某行业是供应商的重要购买者,那么供应商就会基于自身长远发展的角度,采用公道定价和渠道疏通等营销活动来保护权益。

(3) 对购买者来说,供应商的产品是重要的生产投入要素。这种投入对购买者的生产制造过程或产品质量将产生重要的影响,这样加强了供应商讨价还价的能力。

(4) 供应商之间的产品相互存在差别,并且形成购买者较高的转换成本。这样,购买者就无法轻易地转换供应商,供应商讨价还价的能力自然就高。

(5) 供应商一体化将对购买者构成很大威胁。这样,购买者若想在购买条件上讨价还价,就会遇到困难。例如,矿石公司想要自己用铁矿石炼铁,则对炼铁公司来说构成很大的威胁。

(6) 供应商充分掌握供求信息。这样,供应商便会在交易中占据主动权,面对购买者威胁时进行有力的反击。

5. 购买者讨价还价的能力

企业总会寻求投资回报的最大化,而购买者则希望用最低的价格购买商品。这个价格将是供应商行业获得可接受的最低的投资回报率。为了降低成本,购买者通常都会讨价还价,要求更高质量的产品、更优质的服务及更低的价格,其结果是使行业内企业之间的竞争加剧,导致行业利润下降。在下列情况中,购买者(由买方组成的集团)具有不同的讨价还价能力。

(1) 购买者相对集中并且大量购买。如果购买者集中程度高,由几家大公司控制,这就会提升购买者的地位。如果生产行业急需补充生产能力,那么购买者的竞争地位更有力。

(2) 购买的产品占购买者全部费用或全部购买量中的比重很大。这时,若购买者愿意花费必要的资金去购买,购买者讨价还价的能力就大。反之,若只占购买者全部费用的一小部分,那么购买者通常讨价还价的能力就小。

(3) 从该行业购买的产品属于标准化低或差异性小的产品。购买者在这种情况下确信自己总可以找到可挑选的供应商,可使供应商之间互相倾轧。

(4) 购买者的行业转换成本低。高的转换成本将把购买者固定在特定的供应商身上。相反,如果转换成本低,购买者讨价还价的能力就大。

(5) 购买者的利润很低。购买者会千方百计地压低购买费用,要求降低购买价格。高盈利的购买者通常对价格不太敏感,同时他们还会从长计议考虑维护与供应商的关系和利益。

(6) 购买者有采用后向一体化对供应商构成威胁的倾向,他们宁愿自己生产也不去购买。

(7) 供应商的产品对购买者的产品质量或服务无关紧要。如果供应商的产品对购买者的产品质量影响很大,那么购买者一般在价格上不太敏感。

(8) 购买者充分掌握供应商的信息。这样,购买者便会在交易中享有优惠价格,面对供应商威胁时进行有力的反击。

以上是行业竞争的五种力量分析,这五种基本竞争力量的状况及其综合强度,决定着行业竞争的激烈程度,决定着行业中获取利润的最终潜力。

不同行业竞争力的综合强度是不同的,因此各行业利润的最终潜力也不同。竞争力的综合强度有激烈和缓和之分。在竞争激烈的行业中,一般不会出现某家企业获得惊人收益的状况。在竞争相对缓和的行业中,各企业可能普遍获得较高的收益。

另外,行业中的不断竞争会导致投资收益率下降,直至接近于竞争的最低收益率。竞争的最低收益率与经过资本亏损风险调整的长期公债的收益率接近。如果投资者的收益率长期低于竞争的最低收益率,则他们会将资本投入其他行业。如果企业的收益率总是低于竞争的最低收益率,那么企业最终会退出这个行业;相反,会刺激资本流入该行业。其流入方式有潜在的参加竞争者带入资本和现有竞争对手增加投资。值得注意的是,行业中竞争力的综合强度决定着资本流入的程度,驱使收益趋向竞争最低收益水平,并最终决定企业保持高收益的能力。

从战略制定的观点看,五种基本竞争力量共同决定行业竞争的强度和获利能力。但是,各种力量的作用是不同的,通常最强的力量或某股合力共同处于支配地位,起决定作用。例如,一个企业在某行业中处于极为有利的市场地位,潜在的参加竞争者对它不能构成威胁。但如果它遇到了高质量、低成本的替代品参与竞争,就只能获得低的收益。即使没有替代品和大批的进入者,现有竞争对手之间的激烈抗衡也会限制其潜在收益。在经济学家所谓的完全竞争行业里,由于众多的企业和产品都很相似,所以进入者可以自由加入,而且现有企业没有限制供应商和购买者讨价还价的能力,因此竞争相当激烈。从具体行业看,在远洋油轮行业中,竞争的关键力量是购买者(主要是石油公司),而在钢铁工业中,竞争的关键力量是外国的竞争对手和可替代的材料。

在这里,应把反映竞争力量强度的行业环境与那些以临时方法影响行业竞争状况和获利能力的短期因素区别开来。短期因素,如原材料短缺、需求激增等,会影响企业的短期获利能力,但它们仅具有战术意义。

综上行业环境所述,行业中的企业,其竞争战略目标应是在此行业中找到一个位置,在这个位置上,该企业能较好地防御五种基本竞争力量,或者说,该企业能够对这些基本竞争力量施加影响,使它们有利于本企业。因此,企业在制定战略目标时,应透过现象抓住本质,分析每种竞争力量的来源。对竞争力量基本来源进行分析,有助于弄清企业生存的优势和劣势,有助于寻求企业在本行业中的有利地位,有助于弄清那些当战略发生变化时产生巨额开支的领域,以及弄清楚对机会或威胁可能具有重大意义的行业动向方面的问题。

3.3 价值链模型——企业自身环境分析

价值链(value chain)的概念首先由迈克尔·波特(Michael E. Porter)于 1985 年提出。最初,波特所指的价值链主要是针对垂直一体化公司的,强调单个企业的竞争优势。随着国际外包业务的开展,波特于 1998 年进一步提出了价值体系(value system)的概念,将研究视角扩展到不同的公司之间,这与后来出现的全球价值链(global value chain)的概念有一定的共通之处。之后,科格特(Kogut)也提出了价值链的概念,他的观点比波特的观点更能反映价值链的垂直分离和全球空间再配置之间的关系。2001 年,格里芬在分析全球范围内国际分工与产业联系问题时,提出了全球价值链的概念。全球价值链的概念提供了一种基于网络、用来分析国际性生产的地理和组织特征的分析方法,揭示了全球产业的动态性特征。

价值系统与价值链是企业为顾客提供的产品或服务,是设计、生产、销售、发送和辅助产品(服务)一系列活动的结果。这些相互联系的活动共同创造了总价值,因此称为价值链。价值链的构成和水平决定了企业的竞争优势。同时,企业总是处于一定的环境之中,作为一个有着自己的输入与输出的系统,企业并不是孤立地完成创造价值的任务。单个企业的价值链蕴藏在范围更广的一连串活动中,它和上游企业(如供货商)、下游企业(如销售商)组成一个更大的创造价值的系统。这些相关企业的经营活动必然会对企业的竞争优势产生重要影响。

3.3.1 价值链理论

波特在分析公司行为和竞争优势的时候认为,每一个企业都要为产品的设计、营销、交货及支持进行活动,这些活动的集合就形成价值链。上述这些活动之所以能成价值链,是因为它们都对产品价值的形成具有正向作用,这些活动称为价值活动。企业的价值活动可以分为两类:基本活动和辅助活动。

1. 基本活动

基本活动是指与实物产品制造、产品销售、产品向消费者及促销人员转移相关的活动,包括内向物流、生产与运营、外向物流、营销和销售及服务等。

(1) 内向物流。内向物流是指与投入物资的接受、储存和分配相关的活动,如原材料处理、仓储、库存控制、车辆调度和向供应商退货。

(2) 生产与运营。生产与运营是指与把投入转换成最终产品相关的活动,如机械加工、包装、组装、设备维护、检测、印刷和设施运作。

(3) 外向物流。外向物流是指与集中、存储及运送产品实物给买方相关的活动,如成品的仓储、物料的处理、送货车辆的调度、订单处理和进度安排。

(4) 营销和销售。营销和销售是指与提供一种可以让顾客买到产品的方式并引导他们购买相关的活动,如广告、促销、销售队伍、报价、渠道选择、渠道关系和定价。

(5) 服务。服务是指与提供服务以增加或保持产品价值相关的活动,如安装、维修、培训、零部件供应和产品调整。

每一种类型的活动对竞争优势都可能是至关重要的,但不同类别的企业可能侧重点不尽相同。对批发商而言,进货和发货的物流管理最为重要;对像饭店或零售店这样提供服务的企业而言,外向物流可能根本不存在,而生产运营则是关键;对致力于向企业贷款的银行而言,营销和销售通过职工拜访客户工作的有效性及贷款的打包和定价方式对竞争优势起重要作用;对高速复印机生产企业而言,服务则成为竞争优势的关键来源。不过,无论哪种企业,所有类型的基本活动都是在一定程度上存在并对竞争优势的构筑发挥作用。

2. 辅助活动

辅助活动包括采购、技术开发、人力资源管理和企业基础架构等活动。

（1）采购。采购是指购买企业价值链所需投入品的一项活动,不是指购买的投入品本身。购买的投入品包括原材料、补给及其他易耗品,也包括各种资产,如机器、实验设备、办公设备和建筑物。尽管购买的投入品通常与基本活动联系紧密,但是购买品是出现在包括辅助活动在内的每一个价值活动中的。例如,实验用品和独立的测试服务一般是技术开发过程中的外购投入,会计公司则通常是企业基础设施中的外购投入。

采购往往遍布整个企业。一些物件如原材料由传统的采购部门购买,而其他物件或服务则由其他部门的人员购买。比如,机器由加工厂经理购买,临时工由部门经理雇用,食宿费用等由销售人员花销,战略咨询服务由总裁购买。

通常情况下,尽管一个采购部门服务于很多价值活动,而且购买政策在全公司范围内都适用,但是一次特定的采购活动常常与一项具体的价值活动或它所辅助的活动相联系。即使采购活动本身的成本只是总成本中的很小一部分,但它对企业的全面成本和经营差异化的影响也很大。因此,采购行为对外购投入品的成本和质量产生巨大影响。除此之外,还有许多其他活动与接收和使用投入品有关,因此也受到采购行为的巨大影响。例如,在巧克力生产业和供电产业,可可豆和燃料的采购分别是决定其成本最重要的因素。

（2）技术开发。无论是技术诀窍、程序,还是在工艺设备中体现的技术,每项价值活动都包含有技术成分。大多数企业应用的技术范围非常广泛,从文件准备、商品运输,到产品本身,都包含了技术。此外,大多数价值活动所使用的技术涉及不同的科学学科分支。例如,机械加工包括了冶金、电子和机械等学科的技术。

技术开发是由一定范围的各种活动组成的。这些活动大体上可以分为两类:一类是用于改善产品的;另一类是用于改善流程的。我们把这些活动称为技术开发而不是研究和开发,因为研究和开发对大多数管理人员来说是一个非常狭义的概念。技术开发似乎倾向于与工程部门或开发小组相联系,然而实际上,技术开发发生在企业中的很多部门。例如,订货登记系统中的电子通信,或者会计部门的办公自动化,都要用到技术开发。

技术开发对所有行业中的竞争优势都很重要。在某些行业中甚至起到核心作用。例如,在钢铁行业,企业的工艺技术是竞争优势中最为重要的因素。

（3）人力资源管理。人力资源管理包括人员的招聘、雇用、培训、开发和薪酬发放过程中的各种活动。人力资源不仅对单个基本活动或辅助活动起到辅助作用,而且对整个价值链也有同样的作用。人力资源管理决定雇员们的技能和积极性,以及雇用和培训的成本,而这影响着企业的竞争优势。在一些行业中,它对竞争优势起关键作用。

（4）企业基础架构。企业基础架构由大量活动组成,包括综合管理、计划、财务、会计,以及与法律、政府有关的事务和质量管理。之所以称这些活动的集合为企业基础架构,是因为它们支撑了整条价值链。企业的基础架构既像是一栋房子的钢筋结构,又像是人体的骨骼,没有它,整个企业架构就会坍塌。在公司的基础架构方面,全公司可以采用一个完整的体系,也可以在业务单元和母公司中采用不同的体系。在多元化经营的企业里,基础架构中的活动可以划分为业务单元和公司两个层面。不过,许多基础架构中的活动在上述两个层面中都已出现。

企业活动以价值链的形式表示出来,如图 3-2 和图 3-3 所示,分别包含企业的基本活动和辅助活动。

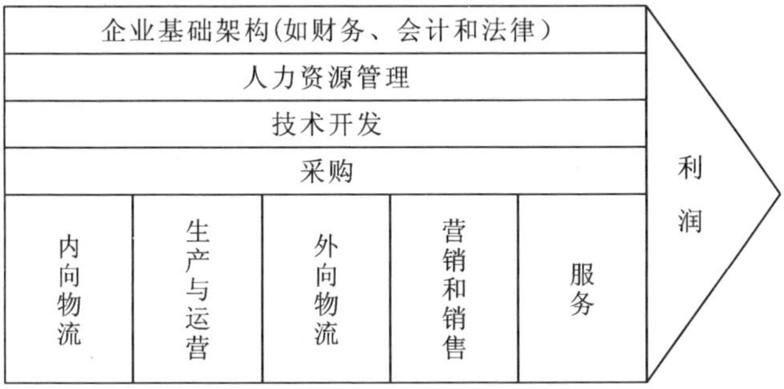

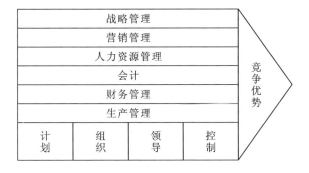

图 3-2 迈克尔·波特提出的基本价值链

图 3-3 修正的基本价值链

3.3.2 价值链与竞争优势

波特关于价值链的基本观点为:①将企业作为一个整体来看,将无法识别竞争优势。②竞争优势来源于企业的各种价值活动,价值活动中的每一种竞争优势对企业的相对成本有所贡献并且奠定了其基础(竞争优势有两种:成本领先和差异化)。③在一个企业众多的"价值活动"中,并不是每一个环节都创造价值的。企业所创造的价值实际上来自企业价值链的某些特定的价值活动。这些真正创造价值的战略活动,就是企业价值链的"战略环节"。企业在竞争中的优势,尤其是能够保持长期的优势,归根结底,是企业在价值链某些特定战略环节上的优势(波特,1997)。

波特在《竞争优势》一书中提出基本价值链是用于分析企业内部竞争优势来源的工具。价值链把一个企业分解为战略性相关的许多活动，所有这些活动都可以用基本价值链表示出来，一个企业的价值链和它所从事的单个活动的方式反映了其历史、战略、推行战略的途径及这些活动本身的根本经济效益。企业正是通过比竞争对手更廉价或更出色地开展这些重要的战略活动来赢得竞争优势的。基本价值链由五项基本活动和四项辅助活动构成。基本活动涉及产品的物质创造、产品销售给买方和售后服务的各种活动；辅助活动是指通过提供外购投入、技术、人力资源及公司各种范围的职能以相互支持的活动。企业的基础设施不与各种具体的基本活动相关联，但支持整个价值链。

贝特曼和斯奈尔认为，要获得竞争优势，就要比竞争者更好地为顾客创造价值，竞争优势的四个支柱是"低成本、高质量产品、速度和创新"。波特认为，价值链将一个企业分解成战略性相关的许多活动，企业正是通过比竞争对手更廉价或更出色地开展这些重要的战略活动来获得竞争优势。

3.3.3 开发虚拟价值链——信息价值链

信息化的今天，企业同时在两个世界——由看得见、摸得着的资源所组成的有形世界和由信息所构成的虚拟世界参与竞争。例如，银行既通过有形市场的分支机构向顾客提供服务，也在虚拟市场向顾客提供联机服务；航空公司在有形和虚拟两个市场向乘客出售机票。

将实物价值链以信息的形式反映在虚拟世界所形成的信息价值链上，就形成企业的虚拟价值链。虚拟价值链是实物价值链的信息化反映，它有别于虚拟企业的价值链。尽管虚拟价值链以实物价值链为基础，是实物价值链的信息化反映，但是它又高于实物价值链。传统管理理论认为，虚拟价值链只是帮助管理者管理实物价值链的一种工具，只是创造附加价值。但是，现代信息经济和社会对数据化信息商品的需求，使得虚拟价值链管理不仅可以创造价值，而且还可以创造附加价值。不同于实物价值链的是，它的每一个价值增值环节都可以创造价值，从而给企业带来竞争优势。

虚拟价值链的战略价值主要表现在以下几方面。

(1) 对实物价值链的信息化反映，增强了实物价值链的可视性，便于管理者对实物价值链各环节进行协调管理，从而取得协同效应。根据波特的竞争优势理论，企业各项活动的集成度是决定竞争能力的重要因素。集成度越高，协调性越强，效率就越高。价值链由相互联系的一系列价值活动构成，其中的联系反映了协调工作的必要性，而信息系统对联系的作用至关重要。虚拟价值链就像一面镜子，把实物价值链上既相互分离又相互联系的环节整体反映出来，使得管理者能够把实物价值链看成是一个整体而不是分散的体系，能够从整体上看清实物价值链各环节联系和运动的情况，并对其进行协调优化和整合，从而获得实物价值链的协同效应，降低实物价值链的运作成本,获得竞争优势。如美国的弗雷德雷公司,该公司的信息系统不仅联结了市场营销、销售、制造、后勤、财务等因素,而且还能为管理人员提供有关供应商、顾客和竞争者的信息。公司的所有现场工作人员每天收集关于全国各地每家商店的产品销售信息、竞争产品的销售和促销信息,以及竞争对手推出新产品的信息,然后以邮件方式发送给公司。管理人员利用这些实地数据和来自实物价值链每个环节的信息,决定公司内部的原材料供应,分派生产活动,制定更有效的运输路线等。

(2) 虚拟价值链可以将创造价值的活动在物质空间单独地转变为物质空间和虚拟空间的活动,为企业建立起两条平行的价值链。实物价值链的任何价值增值环节都可以在虚拟空间实现,并具有实物价值链不可比拟的优势。例如,将实物价值链的研发设计放在虚拟价值链上进行,借助互联网技术,在数据资料共享的条件下,可以超越时空限制,积聚世界各地优秀的设计师,24小时不间断工作,从而大大提高了工作效率。另外,还可以邀请供应商和购买者参与到设计工作过程中。供应商参与设计,可以使供应商及时了解企业所需,并主动对提供的商品进行改进;购买者参与设计,可以使企业直接设计出市场上最具吸引力的商品,而不必经过一次次的市场试验和试销,从而降低新产品的开发成本。由于数据资源的非损耗性,企业大大降低了研发成本。

(3) 虚拟价值链有助于企业建立新型客户关系,扩大经营范围。一些企业利用已经建立的虚拟价值链,在 Internet 上与选定的客户建立并保持联系。例如,DEC公司的网站,允许公司未来的客户通过个人计算机与公司销售代表接触,搜寻产品和服务;ORACLE 公司可在网上分销其产品等。虚拟价值链的每一个价值增值环节都可以从信息流中提炼出精粹,而每种精粹都可能构成一种新的产品或服务。如美国联合汽艇服务协会利用虚拟价值链进行顾客风险预测,发现了针对顾客特殊需要的业务,为汽艇拥有者提供保险的同时,还提供购买汽艇的业务。当顾客被窃进行索赔时,公司既可提供支票,又可代为顾客购买汽艇,而且由于大量购买,还可从商家获得折扣。公司实物价值链上的货物流动,正是来源于其虚拟价值链的感知能力的指引。

(4) 虚拟价值链可以实现价值活动共享,重新定义企业的边界和规模经济,使小企业同样获得竞争优势。建立在市场空间的虚拟价值链,在信息技术和互联网技术的支持下,可以实现价值活动共享,增强价值活动的生产能力。在价值活动的成本对规模经济或比较敏感的条件下,或者如果由于不同的业务单元在不同的时间对价值活动提出需求,而共享改善了生产能力的利用模式的条件下,共享则成为取得规模经济、加速学习曲线下降或在单一产业界限之外充分利用生产能力的潜在途径。共享可使企业在不同的差异性市场或跨地域销售产品、提供服务成为可能,可使中小企业在大企业占主导地位的市场获得较低的单位成本,从而获得规模效益。

(5) 虚拟价值链可以实现企业价值链与供应商和买方价值链的有效结合,以提高价值链快速反应能力。波特认为,竞争优势的获取和保持,不仅取决于对价值链的管理，还取决于对整个价值系统的适应能力。供应商的产品特点及它与企业价值链的其他接触点，能够显著地影响企业的成本，为增强企业竞争优势提供机会。而虚拟价值链为供需双方的有效结合提供了基础。例如，宝洁公司和沃尔玛公司通过一种复杂的电子交换连接系统，将双方已建立的虚拟价值链进行有效链接，沃尔玛公司的有关宝洁商品的信息会自动传给宝洁公司。如果宝洁公司的商品在沃尔玛公司缺货，宝洁公司的系统会自动生成订单，在经过确认之后就可以自动补货。完成交易循环后，只需使用电子发票和电子转账。由于整个"订购—支付"循环的速度极快，因此，沃尔玛公司把货物卖给消费者之后，很快就可以向宝洁公司付款。自动补货系统意味着宝洁公司的产品已经卖给消费者，而不是变成存货；沃尔玛公司也因此既减少了宝洁公司产品的存货，也使产品脱销的可能性下降。通过合作，双方实现了双赢。再如，丰田公司各销售部门每天收集客户的订货信息，并根据车型、发动机、传动机构和车辆级别等因素，对来自各地的订货进行分类、整理，然后在出厂前三天把这些信息传递给汽车公司。汽车公司根据这些信息组织生产，从而确保四天交货。所有这些都离不开虚拟价值链的建立和管理。

  虚拟价值链中任何一个环节的价值形成都包含积累信息、编组、挑选、合成与分类。今天的经理人员收集原始信息，创造价值就是通过这些步骤，它向人们获取原材料，加工成有用物，比如在产品线上装配汽车所包含的一系列任务。虚拟价值链重新定义了公司占支配地位的市场上能取得产品和服务的低单位成本。从行业管理来看，美国邮政服务不可能在全国的每一个家庭都建立一个邮局，但是联邦快递允许个人与互联网连接，通过公司网页跟踪包裹，这在虚拟市场上已做到了这一点。顾客能向联邦快递索取软件，从而不仅能跟踪他们的包裹，而且随时可以对整个业务的办理提出评论。新的规模经济使得联邦快递事实上能为每一个顾客设立一个微型小店，使得在某一特定时刻不管是成千上万还是一个顾客要求提供服务，都能得到满足。在虚拟市场，通过利用同一套数据资源为无关的分散市场提供价值，降低交易成本。虚拟价值链上的交易成本同有形价值链上对应部分相比要低得多，而且随着信息化的进展，这种成本还在急剧下降。1960年，保存一位顾客的信息的成本大约是1美元，现在则不到1美分。低成本允许公司控制和跟踪那些以前要花大量成本才能获取的信息。

  越来越需要企业界从供应方立场转向需求方立场来考虑问题。由于公司在虚拟收集、编组、挑选、合成和分类信息、有形市场上管理原材料和支撑品，所以比简单地制造和出售产品与服务更有机会了解顾客的需求并做出反应。

  从价值链到价值群的关于价值的思考是建立在各种建设和行业经济模式之上的。

  根据这种观点，每家公司在价值链上占有一个位置：上游企业（供应商）提供原料（配件），公司创造新的价值，并通过下游企业把它们传递到价值链上下一个行动者

(或是一个企业,或是最终顾客)。从这一点来看,战略定位的基本艺术就是确定公司在价值链上的适当位置,即适当的业务、适当的产品和市场定位、适当的价值增加行动。

然而,全球性竞争、变化的市场和新的技术已经催生出创造价值的新形式。现在成功的公司不仅仅是增加价值,而是重新定义它。他们进行战略分析的着眼点不仅是本公司,甚至也不仅是本行业,而是价值增加系统本身,包括不同的经济角色——供应商、业务伙伴、同盟者、顾客共同创造联合价值。战略的关键任务是重新定位角色和战略群中的关系,从而以全新姿态创造新的价值形式,战略最基础的目标是形成一种不断改进的顾客配套措施。

 阅读材料1

华为技术有限公司行业环境分析(五力模型分析)

华为技术有限公司是一家生产销售通信设备的民营通信科技公司,总部位于中国广东省深圳市龙岗区坂田华为基地。华为的产品主要涉及通信网络中的交换网络、传输网络、无线及有线固定接入网络和数据通信网络及无线终端产品,为世界各地通信运营商及专业网络拥有者提供硬件设备、软件、服务和解决方案。

日前,世界品牌实验室(World Brand Lab)发布2016年《中国500强最具价值品牌》,华为技术有限公司成为手机厂商中唯一进入前十的企业,排名第六,同时华为技术有限公司也实现了全球化品牌战略。数据显示,2015年华为品牌价值为1825.96亿元,2016年则为2196.45亿元,品牌价值增长370.49亿元。

M.波特教授在其巨著《竞争战略》一书中提出一个产业中的五种竞争作用力,即进入威胁、替代威胁、客户价格谈判能力、供应商价格谈判能力和现有竞争对手的竞争。基于波特教授的"五力模型",下面分析华为技术有限公司面临的竞争态势。

1. 潜在竞争者

根据波特的观点,处于产业中的企业面临的竞争取决于该产业的进入壁垒。就电信产品市场而言,华为技术有限公司由于较早进入了该市场,因此建立了较高的市场知名度,培养了顾客对华为品牌较高的忠诚度,这使华为技术有限公司可以在一定程度上避免新进入者的竞争。此外,电信产品市场需要大量的投资和成熟的分销渠道,在这两个方面华为技术有限公司也取得了一定的优势,对于新进入者而言,这构成了一种进入壁垒。特别重要的是,华为技术有限公司经过多年的大力发展,企业规模不断壮大,企业的生产成本可以通过规模或多元化经营得以分摊,从而取得规模经济的效益。由于生产经验的不断积累,其"经验曲线"可为华为降低成本、提高利润、提供重要支撑。正如波特所言,如果"经验曲线"的作用使企业成本"在累积产量已经很大的条件下,仍能随产量增加而持续下降,则新进入者就可能永远追不上已立足企业"。德州仪器公司(Texas Instrument)就在"经验曲线"的基础上建立了成功的战略，在这一点上，华为技术有限公司应该学习德州仪器公司的成功经验，相对竞争者而言，取得更大的竞争优势。此外，政府政策对于产业以及产业中的企业面临的竞争都有重大影响。中央政府近年来对电信产业的支持不断加大，所以华为技术有限公司在这方面可能面临较强的竞争。

2. 替代品

按照波特的观点，替代品设置了产业中公司可谋取的定价上限，从而限制了一个产业的潜在收益。对于华为技术有限公司而言，虽然已经处于产业的领导地位，仍需注意现有的和潜在的替代品的竞争。特别地，对于可以改善现有产品品质和具有较高性价比的产品应高度重视；再者，如果替代品是由盈利很高的产业生产的，则其将更具竞争力。就此而言，华为技术有限公司应该加大产品研发力度，提高产品技术含量，使产品更具竞争力。

3. 购买者

波特指出，进行大批量和集中购买产品的客户，购买产品花费占其成本相当大部分数额的客户，产品质量对客户产品质量和服务有重大影响的客户，均具有很强的价格谈判能力，这种能力对企业的盈利水平和成本控制能力都有重大的影响，从而会降低企业利润。从实际情况来看，华为技术有限公司面对的这种竞争力是巨大的，从其与欧洲电信运营商沃达丰集团股份有限公司合作这一案例可以看出，华为技术有限公司为了取得这一订单而接受了沃达丰集团股份有限公司长达一年的覆盖公司所有业务部门的考核评价。此外，一些批发商和零售商也具有很强的价格谈判能力，对企业有较大的影响。

4. 供应者

根据波特的研究表明，供应商产业由几个公司支配且集中化都高时，供应商在向产业销售中不必与替代产品竞争时，供应商的产品是客户业务的主要投入产品时，供应商具有较强的价格谈判能力时，企业的盈利水平和成本控制都受其重大影响，从而降低企业利润。根据经验，为公司提供诸如集成电路板、计算处理器等通信设备核心产品的供应商对华为技术有限公司而言具有很强的价格谈判能力。在此特别指出，劳动力作为一种特殊供应商，对企业盈利和成本控制具有举足轻重的作用。如波特所言，劳动力也必须视为供应商，他们对许多产业施加巨大压力。事实表明，高技术人才、管理人才和营销人才是企业发展过程中短缺的几类人才，这些劳动力的供应对企业具有重大的战略影响。虽然华为技术有限公司在争夺人才方面以其较为成熟的招聘培训制度在国内同类企业中稍占优势，但面对主要竞争对手，尤其是外资企业将形成激烈的人才争夺战，华为技术有限公司在这方面将面临着较强的竞争。

5. 行业竞争者

就国内电信产业来看，华为技术有限公司面临大唐电信科技产业集团、中兴通讯股份有限公司等几个老对手的竞争,而这几个公司又处于产业的领导地位,可以对市场价格产生较大影响,在产业中建立秩序,起到一种协调作用。相比而言,国外实力雄厚企业的进入更可能对产业中的所有企业产生较大的竞争。除此之外,一些与华为技术有限公司有着极深渊源的新兴企业,尤其是当初从华为技术有限公司分出去的子公司发展而成的个性十足的中小企业对华为技术有限公司的盈利、销售和成本控制有很强的影响。由于电信产品市场的迅猛增长,相对可观的利润会鼓励新进入者和产业中的现有竞争者会对华为技术有限公司形成很大的竞争。

通信设备行业所需的资金投入较高,进入壁垒也较高。但华为技术有限公司的不断创新及政府政策的支持,其市场份额在不断递增。在中国,其最大的竞争者是中兴通讯股份有限公司,但是华为技术有限公司的成长比中兴通讯股份有限公司更迅猛。在国外,由于国际三大巨头的垄断,拉大了与华为技术有限公司的规模差距。对华为技术有限公司的主要产品而言,其代替性很小,而手机却面临威胁。消费者在华为技术有限公司的通信设备产品方面其议价能力还是比较小的,但是在手机市场上消费者的议价能力明显增加。根据行业环境分析,华为技术有限公司在以下方面作出了战略的选择。

(1) 在未来的 10 亿用户里,10% 会选择高端产品,其余 90% 则更多地会考虑性价比。因此,华为技术有限公司把购买群体锁定在为消费者提供普及型智能终端产品,占领金字塔中部的重要位置。

(2) 中国电信将与华为技术有限公司、中兴通讯股份有限公司围绕市场调研与消费者需求研究、产品设计与包装、服务解决方案与产品供应能力等方面全方位合作,共同打造深受市场欢迎的品牌产品。合作项目包括固定电话网、宽带网、灵通网上多种增值业务与终端创新。华为技术有限公司将在业务创新、产品开发、市场推广等领域与中国电信建立长期、稳定、高效、互利的战略合作。

(3) 创新并推出更多拥有自主知识产权的技术和设备。不管市场怎样变化,拥有自己的核心优势技术和领先于市场普遍应用的设备是每家通信企业必需的追求。拥有更多的自主知识产权,就意味着在以后的竞争中占据更大的市场份额和利润,这也是企业的根本目的。

(4) 实现在全球范围内资源的最佳整合和配置。一家大企业,特别是一家国际化企业,拥有比小企业多得多的人力和财力优势,把这些优势运用起来为壮大发展服务,并实行全球范围内资源的整合和配置,是走向全球化的必经途径。

(5) 提高设备技术含量和服务水平,吸引对服务质量要求较高的经济实力强的用户。

(6) 将人员向有潜力的市场调配,培养客户和市场,努力培养优秀的销售管理人员,采用有效的方式培养海外销售渠道,充分利用全球市场的发展势头,利用自己先进的技术走出去。

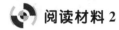
阅读材料 2

"互联网+"颠覆企业价值链七大核心

企业要保持竞争优势,就要在价值链的某个战略环节上保持高效运作,节省更多费用或者创造更多价值,这些战略环节或者来源于企业内部,或者来源于企业外部。"互联网+"时代,正在春风化雨般地对企业价值链的各个环节进行渗透和改造,催生了各种互联网商业业态和企业创新商业模式。

"互联网+"的本质是传统产业的在线化、数据化。过去 10 年,从微观角度看,在企业价值链层面表现为一个个环节的互联网化:从消费者上线开始,从客户服务到销售消费、营销推广、批发零售、设计生产、原料采购,从 C 端逆流而上地渗透到 B 端,实现企业价值链的"逆向"互联网化,具体如图 3-4 所示。但从中观和宏观角度看,这种价值链的变化衍生出程度不同产业的互联网化,这些产业的大致次序为:营销广告业、批发零售业、文化娱乐业、生活服务业、金融、跨境电商、制造业等。

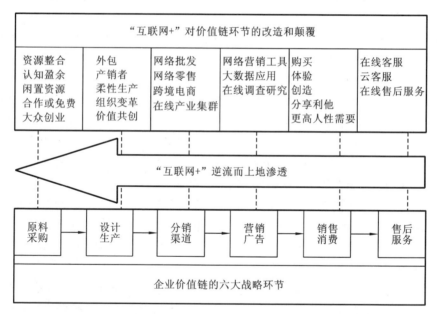

图 3-4 "互联网+"传统企业价值链

1. "互联网+"助力产品设计

移动互联网的应用,一方面快速解决了生产者和消费者之间的信息不对称问题,促使各种电商、微商蓬勃发展。但另一方面,大多数商品处于生产和供应过剩、同质化严重、差异性不强、缺乏创意和亮点、消费体验差等现状。

因此,"互联网+"时代的首要问题在于产品的重新定位与设计!如何在产品基本功能上更好、更多、更深地满足消费者需求，显得尤为重要。过去是生产者主导产品设计的时代，而"互联网＋"时代，消费者诉求成为产品设计的核心。产品要想获得成功，必需全面深入研究消费者。

"互联网＋"时代的企业，不仅要做出让消费者满足的产品，更要尽力做出让消费者惊喜和尖叫的产品。

2. 新媒体成为传播主阵地

移动互联网的普及，让电视、报纸杂志等传统形态媒体黯然失色，基于移动互联网的互动媒体、数字媒体吸引了越来越多受众的眼球。过去为广告主所不屑的碎片时间登堂入室，成为新的传播阵地。

自媒体的力量从未像如今这样显示出惊人的威力。低成本，低门槛，全民参与，自由随意，互动性强，病毒式传播……越来越多的企业放弃天猫、京东，开始建设基于自媒体的营销平台和独立商城，并将流量导入，构建属于自己的独立生态——以自媒体、自商城为代表的潮流方兴未艾，市场一片空白。基于自媒体、自商城的内容营销，成为决胜新市场的重中之重。

3. 体验成为营销入口

"互联网＋"时代，电商化自然成为企业的必然要素。体验则是电商化的核心。内容营销＋自建电商平台，将在未来几年成为新潮流。传统以销售为主要功能的店面，将纷纷转向体验、展示、互动、娱乐等功能。让消费者体验、参与甚至主导，而不仅仅是购物，将全面释放消费者的购买欲和市场的活力。因此，自建电商平台＋体验中心，将成为发展的方向。

4. 社群成为线下线上汇聚地

"互联网＋"的服务，需要全面深入地研究消费者，或者"互联网用户"。将消费者看作"人"，而不是普普通通的顾客，将为服务注入全新的理念。对待用户的服务，要像对待员工、团队，甚至自己一样，换位思考，去思考服务内容，设计服务流量。"互联网＋"时代服务最好的落脚点就是社群。将F2C、O2O等一切形式引入到社群，回馈用户，与其互动，给予丰富权益。随着社群服务的深入，黏性自然而然产生，用户通过社群对品牌、产品形成全面认同，开始口碑推荐和病毒式传播。拥有了社群和粉丝，就拥有了推送更多产品与服务的可能。

5. 自由、尊重成为公司的核心文化

"互联网＋"最大的特点，就是扁平、人性、自由。管理制度的规范，运营流程的严谨，自然是企业做大做强的必要因素，但互联网基因的企业应该鼓励更大的自由度、创新思想和创意空间。一定要平衡好制度与自由之间的尺度，在制度原则框架内鼓励充分的自由与创意空间。

6. 资本成为"大众创业"助力器

资本力量逐步成熟。"互联网＋"企业一方面做产品、做服务、做盈利，另一方面

积累用户、做强社群。当粉丝和用户形成一定的规模时,一定会获得资本的注目。

企业要拥抱资本,就要像对待创业初期的合伙人一样对待投资机构,约定好各自的责权利,并充分应用好"外脑",比如投行/券商、律师事务所、会计师事务所、财务顾问公司、行业协会和政府服务机构等。

7. 全民创新成为社会发展的驱动力

任何企业的持久成功,其核心门门在于创新。创新不仅体现在技术和产品层面,更体现在服务、管理、品牌、教育等方面。企业在初创期一般都充满创新的朝气与活力,但在进入稳定期后创新乏力。要知道,许多大企业都是倒在最巅峰的时候,比如诺基亚、柯达、索尼等。

今天的"互联网+"浩浩荡荡势不可挡,今天不做电子商务,明天将无商可务。在这样的形势下,传统企业的价值链环节正在逐个被渗透、改造和颠覆。简单分类来看,在"互联网+"的影响下,产业结构不再是线下垂直分布的一条条单向价值链,而是线上线下相互连接和交织的价值网络,互联网平台型企业成为"互联网+"产业结构的交通枢纽和调度中心,通过线上的消费者洞察和大数据分析,更好地服务于线下产业的设计生产和资源整合。总之,从微观来看,"互联网+"是一场C2B驱动的逆流而上的价值链渗透、改造和颠覆运动,从消费端开始沿价值链向纵深渗透,逐渐改造价值链中的各环节和各主体,从而产生不同创新程度的产业"互联网+"现象和新型商业模式。

本章小结

本章首先通过对信息这种资源进行剖析,得出它对企业的战略规划具有重要的作用,是企业的战略资源。然后分别从企业的行业环境和企业本身两个方面提供了企业进行战略分析的方法和模型,即竞争威胁模型和价值链模型,为企业深层次探讨战略规划提供依据,同时为本书后续内容做好铺垫。

关键概念

信息资源　　战略　　五种竞争力量　　价值链　　虚拟价值链

简答题

1. 信息资源有什么特点?
2. 为什么说信息资源是战略资源?
3. 简单阐述什么是竞争威胁模型,有何作用。
4. 潜在的参加竞争者存在哪些进入障碍?
5. 什么情况下供应商的讨价还价能力强?
6. 简单阐述什么是价值链模型,有何作用。
7. 价值链与竞争力有何联系?

8. 什么是虚拟价值链，与传统价值链有何区别？

 综合案例 3-1

阿拉斯加州的渔业部门为了管理国家自然资源，尤其对于捕鱼量，需要利用优质信息。由于阿拉斯加州的渔业规模庞大，所以该州渔业部门的决策会影响到全球市场。渔民、世界上生产和营销海洋产品的公司、研究人员和立法人员都知道在哪里捕鱼最好。该州渔业部门利用一个系统来专门收集和分析全州各地的信息，从而决定日产量。

最初，用电子表来获取信息，但是质量低下且非常耗时。启用 Oracle 数据库后，该州渔业部门获取信息的质量和实时性明显提高。在阿拉斯加州辖区内，每艘商业渔船每次都是按程序卸货，详细记录捕鱼的种类、数量等，并将这些信息输入新系统，工作人员便可以指出每条河流鱼的数量，第二天上午 10 点之前，管理人员便可以收到那些可以辅助其正确决策的信息，然后发布在网站上，点击率每天可达 3000 多次。

由于鱼类捕捞量巨大，全世界的鲑鱼捕捞者可根据 Bristol 海湾每年捕鱼季节的产量来调整其产量水平。这也是获得快速、优质的信息对阿拉斯加州自然资源战略管理起着重要作用的原因之一。

阅读以上案例，思考以下问题。

分析信息资源在管理中起什么作用。

 综合案例 3-2

A 公司是一家处于高速发展期的电子制造服务（EMS）企业，它通过 20 年的奋斗，其产品已成功在中国香港的主板市场上市，并成功占领了亚洲线路板行业举足轻重的位置，2002 年在全球线路板制造商中排行第 49 位，2004 年是中国 9 大线路板制造商之一。A 公司从 1994 年开始，相继通过了 ISO9000、ISO9002、QS9000 及 ISO14000 等国际质量认证和环保认证。A 公司不但追求客户满意度的提升，还追求社会认同度的提升，公司为此在深圳捐资开发了环保公园。A 公司对环境保护的重视，不但赢得了跨国客户的赞赏，也在社区树立了良好的形象。

随着公司的不断扩张和发展，公司的战略也在不断地调整。目前，A 公司已经与众多的国际著名厂家如苹果、希捷、戴尔、英特尔、惠普等建立了伙伴关系。为了不断提升客户的满意度，配合客户的各种需求，近几年来，随着世界潮流对信息技术的更高要求，A 公司不断加大信息管理的投入。A 公司发现，对公司管理起重要支持作用的信息管理策略（managing information strategies, MIS）部门的投入不断加大，从服务器的投入使用，MIS 部门人员的大量增加，到企业资源计划、供应链管理（SCM）、客户关系管理（CRM）等系统的开发、运用和维护，这一系列活动所产生的固定成本和可变成本的增加，大大超出了预算。公司通过对价值链的分析发现，对信息管理的投入已经使产品的单位成本上升了1.43%,这意味着,如果产品按原来的价格销售,公司将减少1.43%的利润(注:全球的EMS企业的平均利润率在5%左右,可以想象,1.43%的利润对一个EMS企业多么重要)。如果将这部分成本转嫁到客户身上,显然是不合理的,客户也不可能会接受。

图3-5所示的是A公司的价值链成本分析(各环节后标注的数据,是该环节成本占总成本的百分比)。

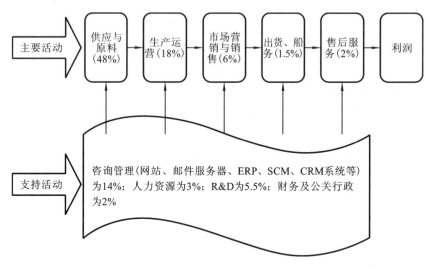

图3-5　A公司现有价值链

从图3-5的价值链分析中可以看出,MIS部门的成本占公司总成本的14%,几乎追上公司最重要的产生价值的环节生产运营(18%)的成本。

只有不断地降低成本,公司才能在行业中保持竞争优势。因此,如何改造公司的价值链,也就是对MIS部门的成本做出改造,是公司获得更高利润率的重点所在。但是,MIS部门对公司管理是何其重要,因为MIS部门所支持的公司信息化管理,正是为公司的价值链管理服务的,其任务就是通过使用互联网或企业内部网、外部网,将公司的各种数据从原材料环节一直转换到顾客手里,并使公司的管理人员可以随时随地、实时地获取这些数据。

如何对这些数据的分析和控制,使产品及时而准确地到达顾客的手中;使公司管理层能够持续地拥有动态模拟和重新分配这些资源的能力;使公司管理层能够从供应链中节省出一分一毫的成本,并将这些节约的成本转移到最高层次,最终使它们实现总和达到几百万美元的利润,或者更多新的或"重新发现的"利润;提高控制这些分散资源的能力,使它们可以成为资产而不是负债就成为A公司要面对的问题。不难看出,MIS部门的支持将使公司获取更多更高的价值。因此,减少管理信息系统预算的方法来降低成本是不可行的。

阅读以上案例,思考以下问题。

(1) 是否可以通过外包的形式将部分成本转移出去?MIS 部门涉及公司的所有机密,外包出去存在一定的潜在危机,有没有更好的办法?

(2) 如果不能外包,请对 A 公司现有的价值链进行改造?

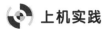
上机实践

1. 存货管理模块训练

(1) 查询仓库目录、计量单位和物料起初入库情况。

(2) 结合营销管理模块中根据上海兆飞电子有限公司和吉林远大集团的销售订单,完成对上海兆飞电子有限公司和吉林远大集团的销售出库。

(3) 检查是否有生成领料单需要审核和登记。

(4) 添加其他领料单。具体内容为计划部到零件仓库领取 P/R 按键 10 件,审核并登记库存。

(5) 对库存进行盘点登记。先盘点成品仓库,盘点数量与账目数量一致;再盘点半成品仓库,盘点数量与账目数量也一致;最后盘点零件仓库,其中机箱架的盘点数量与账目数量相差 5 件,其余一致。

(6) 查询是否存在短缺存货或超储存货,分别为哪些原料?对短缺的零件进行采购,并使之达到安全库存。

(7) 对零件仓库、半成品仓库和成品仓库分别进行查询统计分析。

操作说明如下:企业为了保证生产经营活动连续、顺利进行,需要储备一定数量的存货。存货是一个广义的概念,指企业为销售或耗用而储备的各项资产,主要包括原材料、自制半成品、产成品等。存货具有鲜明的流动性,属于企业流动资产的范畴。对存货的管理是企业管理的重要内容之一,在实际业务中,一般由仓库部门和财务部门分别从实物和价值两个角度分别进行管理。存货管理子系统主要应用于仓库部门,完成对物流的管理。如何加速物料流动、减少库存积压是存货管理的重点(见图 3-6)。

2. 业务流程

仓库部门没有固定的业务流程,但却是企业物流管理最重要的环节。存货管理的具体内容包括以下几方面。

(1) 及时、准确地记录库存商品总量和各部门、各类商品量的增减变化,为企业采购、销售、计划和生产等提供信息。

(2) 经常对库存商品进行总量、分类等的分析,优化库存结构,减少不必要的资金占用。

(3) 定期对库存商品进行盘点,查明商品的盘亏情况及原因,并对盘亏数额及时进行处理,以保证账实相符。

图 3-6　存货管理模块界面

（4）对存货的成本做到严格控制,处理恰当,手续完备。

3．功能与操作

1）初始数据

仓库目录:维护企业仓库组成的基本信息(见图 3-7)。

图 3-7　仓库资料维护

计量单位:维护系统中的计量单位体系(见图 3-8)。系统中的计量单位体系分为主计量单位和辅助计量单位,创建主计量单位时选择"主计量单位"为"主单位",此时"换算率"默认为"1"。主计量单位也是计量单位体系中最基本的单位,其他辅助计量单位必须从属于某一个主计量单位,并填写好与主计量单位之间的换算率(大于 0 的整数)。

图 3-8　维护系统中的计量单位

物料期初入库：即建立物料的库存信息（见图 3-9）。在系统中录入新的物料资料后，应该根据该物料的库存对物料进行期初入库，从而在仓库中建立该物料的库存信息，只有期初入库过的物料才能在系统中使用。

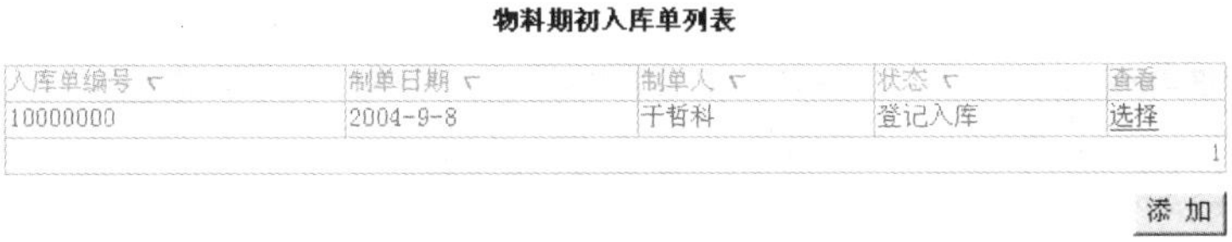

图 3-9　建立物料期初入库单

物料期初入库时，填入该物料当前的库存数量及成本价格，审核通过后，期初入库的工作就完成了（见图 3-10）。

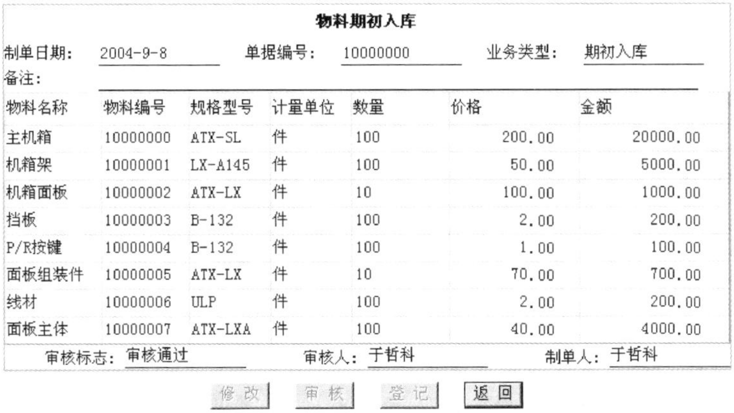

图 3-10　通过审核的物料期初入库单

2）业务处理

销售出库单：销售出库单是仓库部门根据销售部门开具的"发货单"填制的出库单据（见图 3-11）。在销售部门根据销售订单开具"发货单"并审核通过后，客户将凭该"发货单"到仓库部门领取相应产品,仓库部门根据客户出示的销售"发货单"开具"销售出库单",并审核登记出库,从而完成销售物流的最后工作。

销售出库单

单据编号	制单日期	发货单编号	客户	仓库	状态	查看
10000000	2004-9-11	10000000	吉林远大集团	成品仓库	审核通过	选择
10000001	2004-9-11	10000001	浙江天源电子	成品仓库	录入	选择

添加

图 3-11 销售出库单

添加新的销售出库单时需要参照销售部门已经审核过的发货单。在对话框中选择相应的发货单后,系统会将该发货单的信息录入出库单,保存就成功录入了一张新的销售出库单(见图 3-12)。

销售出库单

制单日期:	2004-9-11	单据编号:	10000002	业务类别:	销售出库
仓库:	成品仓库	客户:	浙江智达科技开发有限公司		
提货单号:	10000002	送货地址:	浙江杭州教公路599号		
业务员:	刘丰	备注:			

物料	编号	规格型号	计量单位	发货数量	实发数量
主机箱	10000000	ATX-SL	件	20	20

合计: 20 20

审核标志: 未审核　　审核人: ＿＿＿＿　　制单人: 于哲科
注:请参照发货单制定销售出库单!

[参照发货单] [保存]

图 3-12 成功录入销售出库单

销售出库单经过审核后才可以登记出库,即将产品提出仓库(见图 3-13)。

生产领料单:生产领料单收录了生产车间根据生产任务单领料时自动生成的领料出库单据(见图 3-14)。

选择一张具体的领料单进行审核,然后登记出库,系统会自动把物料发往相应车间(见图 3-15)。

为了及时地、大批量地处理生产领料需求,系统还提供了"批量审核"和"批量登记"的功能(见图 3-16)。

进行批量处理的时候,选择领料车间和制单日期,单击"过滤"按钮过滤领料单,选择需要处理的领料单据"审核"或"登记"就可以了(见图 3-17)。注意:每张领料单需要先审核通过才能登记出库。

其他领料单:其他领料单是为了满足系统中其他(除生产车间)部门由于某种需

销售出库单

制单日期:	2004-9-11	单据编号:	10000001	业务类别:	销售出库
仓库:	成品仓库	客户:	浙江天源电子		
提货单号:	10000001	送货地址:	浙江杭州黄山路345#		
业务员:	刘丰	备注:			

物料	编号	规格型号	计量单位	发货数量	实发数量
主机箱	10000000	ATX-SL	件	10	10
合计:				10	10

审核标志: 未审核　　审核人: _____　　制单人: 于哲科

[审核] [登记] [返回]

图 3-13　审核通过后的销售出库单

生产领料单

单据编号	制单日期	仓库	领料车间	状态	查看
10000000	2004-9-11	零件仓库	面板组装车间	登记出库	选择
10000001	2004-9-11	零件仓库	面板组装车间	登记出库	选择
10000002	2004-9-11	零件仓库	面板组装车间	登记出库	选择
10000003	2004-9-11	零件仓库	面板组装车间	录入	选择
10000004	2004-9-11	零件仓库	面板组装车间	录入	选择
10000005	2004-9-11	零件仓库	面板组装车间	录入	选择

[批量审核] [批量登记]

图 3-14　生产领料单

生产领料单

制单日期:	2004-9-11	单据编号:	10000003	业务类别:	生产领料
仓库:	零件仓库	领用部门:	面板组装车间	领用人:	
用途:	生产				
备注:					

物料	编号	规格型号	计量单位	库存数量	领用数量
面板主体	10000007	ATX-LXA	件	1200	930

审核标志: 未审核　　审核人: _____　　制单人: 于哲科

[审核] [登记] [返回]

图 3-15　准备提交生产领料单审核

管理信息系统（第二版）

批量审核生产领料单

领用车间：	——请选择车间——		
制单日期：	2004-9-1	到	2004-9-30

过滤

选择	单据编号	制单日期	仓库	领料车间	状态
□	10000003	2004-9-11	零件仓库	面板组装车间	录入
□	10000004	2004-9-11	零件仓库	面板组装车间	录入
□	10000005	2004-9-11	零件仓库	面板组装车间	录入

审 核

图 3-16　批量审核生产领料单

批量登记生产领料单

领用车间：	——请选择车间——		
制单日期：	2004-9-1	到	2004-9-30

过 滤

选择	单据编号	制单日期	仓库	领料车间	状态
□	10000003	2004-9-11	零件仓库	面板组装车间	审核通过
□	10000004	2004-9-11	零件仓库	面板组装车间	审核通过
□	10000005	2004-9-11	零件仓库	面板组装车间	审核通过

登 记

图 3-17　批量登记生产领料单

要从仓库中领取物料的要求而设立的（见图 3-18）。

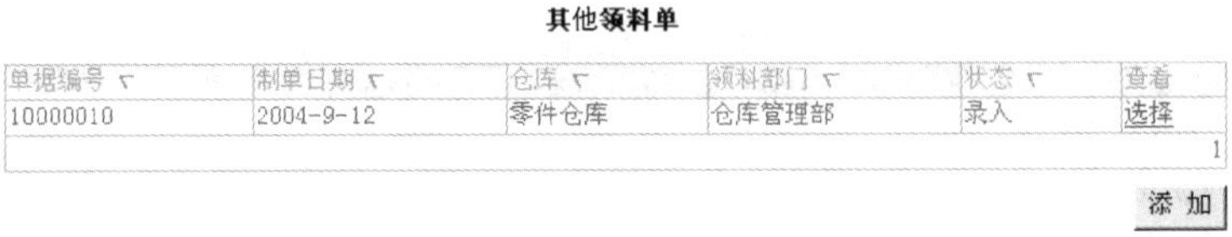

其他领料单

单据编号▽	制单日期▽	仓库▽	领料部门▽	状态▽	查看▽
10000010	2004-9-12	零件仓库	仓库管理部	录入	选择

1

添 加

图 3-18　其他领料单

　　添加其他领料单时，首先选择领料仓库，系统会根据仓库列出该仓库所有物料；然后依次选择填写领料部门、领料人、用途等信息；最后使用复选框选择需要领取的物料并填写领料数量（见图 3-19）。

　　对于其他领料单，同样要通过审核登记后才能完成出库（见图 3-20）。

　　采购入库单：采购入库单即采购部门在采购订单到货后填制传递过来的"采购入库通知单"，仓库部门要根据实际到货的数量填写入库数量并审核登记库存（见图3-21）。采购入库单登记入库后，采购物流才算最终完成。

　　新录入的采购入库通知单中的物料如果需要检验，则仓库部门先要进行质检工

领料单

制单日期：2004-9-12　单据编号：10000010　业务类别：其它领料
仓库：零件仓库　领用部门：采购部　领用人：吴刚
用途：
备注：

选择	物料	编号	规格型号	计量单位	库存数量	领料数量
┌	线材	10000006	ULP	件	605	
┌	面板主体	10000007	ATX-LXA	件	270	
┌	机箱架	10000001	LX-A145	件	1100	
┌	挡板	10000003	B-132	件	220	
┌	P/R按键	10000004	B-132	件	220	

审核标志：未审核　审核人：　制单人：于哲科
注：请先选择领料仓库！
保存　取消

图 3-19　添加其他领料单

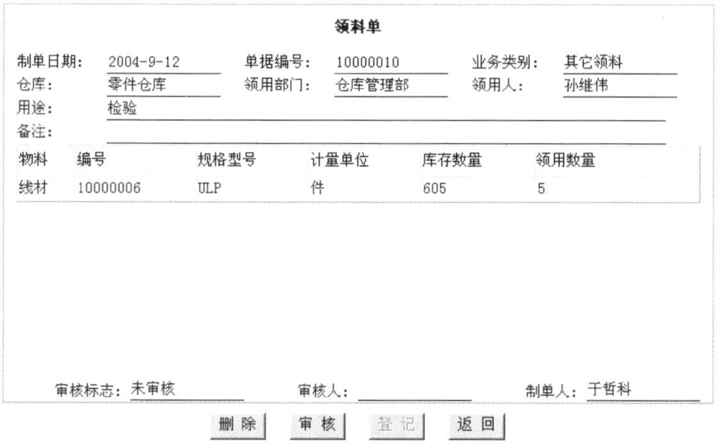

领料单

制单日期：2004-9-12　单据编号：10000010　业务类别：其它领料
仓库：零件仓库　领用部门：仓库管理部　领用人：孙维伟
用途：检验
备注：

物料	编号	规格型号	计量单位	库存数量	领用数量
线材	10000006	ULP	件	605	5

审核标志：未审核　审核人：　制单人：于哲科
删除　审核　登记　返回

图 3-20　审核通过后的其他领料单

采购入库通知单列表

编号	制单日期	供应商	仓库	状态	查看
10000000	2004-9-10	浙江杭州天富设备厂	零件仓库	完成	选择
10000001	2004-9-10	浙江托普电子元件厂	零件仓库	入库完成	选择
10000002	2004-9-10	杭州蓝光电子有限公司	零件仓库	入库完成	选择
10000003	2004-9-10	浙江杭州天富设备厂	零件仓库	完成	选择
10000004	2004-9-10	浙江杭州天富设备厂	零件仓库	完成	选择
10000005	2004-9-10	杭州蓝光电子有限公司	零件仓库	入库完成	选择
10000006	2004-9-10	浙江杭州天富设备厂	零件仓库	退货成功	选择

1

图 3-21　采购入库通知单

作,否则,可以直接审核登记入库(见图 3-22)。

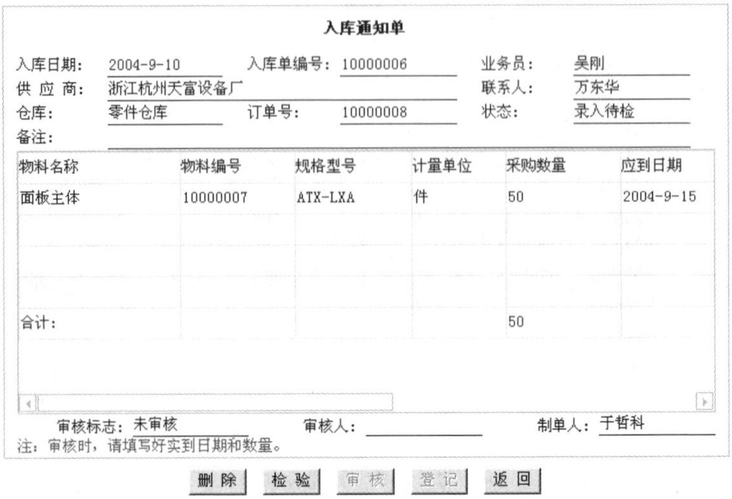

图 3-22　是否进行检验的入库通知单

对于需要检验的入库单,点击"检验"按钮,系统会调出一张入库检验单。填写好检验日期、检验数量、合格数量及验收结论后,就可以保存本次检验的结果(见图 3-23)。对于检验不合格的入库通知单,采购部门可以从系统中直接查看到该入库通知单为"检验未通过"的标志,表示该通知单需要进行退货处理(见采购管理的采购入库)。

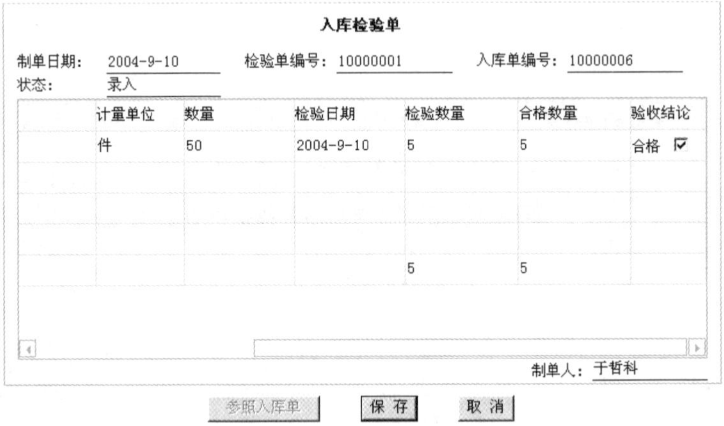

图 3-23　入库检验单

检验通过的入库通知单和不需要检验的入库通知单都可以审核登记入库。

生产入库单:生产车间完工注册的物料(非中间件)会自动生成一张生产入库单

传递到仓库部门,等待登记入库(见图 3-24)。

单据编号	制单日期	仓库	部门	状态	查看
10000000	2004-9-11	半成品仓库	生产部	录入	选择
10000001	2004-9-11	半成品仓库	生产部	录入	选择
10000002	2004-9-11	半成品仓库	生产部	录入	选择

图 3-24　生产入库单

选择生产入库单,如果入库物料需要检验,则同采购入库通知单一样要先通过质检才能登记库存(同采购入库检验)(见图 3-25)。在制"入库检验单"的时候,系统默认入库产品合格。检验合格的生产入库单和不需要检验的生产入库单登记后直接进入库存。

图 3-25　检验合格后的生产入库单

退料单:退料单记录了系统中其他领料出库后的退料入库的情况(见图 3-26)。

单据编号	制单日期	仓库	退料部门	状态	查看
10000000	2004-9-12	零件仓库	仓库管理部	录入	选择

图 3-26　退料单

录入新的退料单信息,其格式与其他领料单的相似(见图 3-27)。

退料同样要经过审核并登记退料单后才能入库(见图 3-28)。

入库检验单:入库检验本来是企业质检部门的日常工作,用来控制在进入仓库之前检查物料的质量问题,从而保证仓库中物料的合格率,系统将入库检验工作简化后整合到仓库部门。入库检验单收录了采购入库和生产入库时的检验单据,添加入库检验单的时候也必须参考"采购入库通知单"或者"生产入库单"(见图 3-29)。

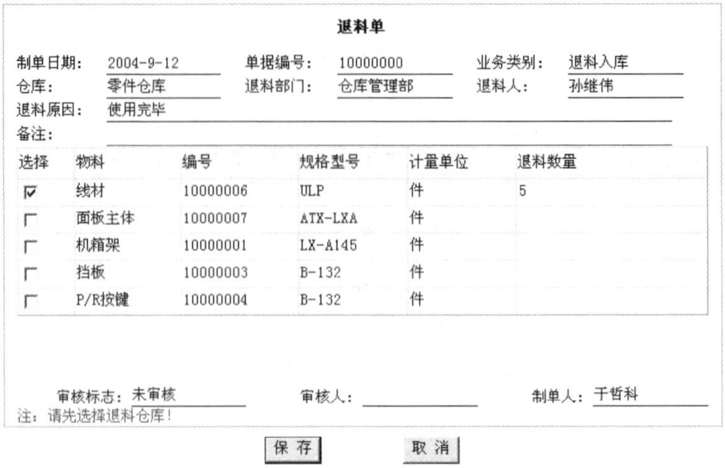

退料单

制单日期：2004-9-12　单据编号：10000000　业务类别：退料入库
仓库：零件仓库　退料部门：仓库管理部　退料人：孙继伟
退料原因：使用完毕
备注：

选择	物料	编号	规格型号	计量单位	退料数量
☑	线材	10000006	ULP	件	5
☐	面板主体	10000007	ATX-LXA	件	
☐	机箱架	10000001	LX-A145	件	
☐	挡板	10000003	B-132	件	
☐	P/R按键	10000004	B-132	件	

审核标志：未审核　审核人：　制单人：于哲科
注：请先选择退料仓库！

保 存　取 消

图 3-27　录入新的退料单信息

退料单

制单日期：2004-9-12　单据编号：10000000　业务类别：
仓库：零件仓库　退料部门：仓库管理部　退料人：
退料原因：
备注：

物料	编号	规格型号	计量单位	退料数量
线材	10000006	ULP	件	5

审核标志：未审核　审核人：　制单人：于哲科

删 除　审 核　登 记　返 回

图 3-28　审核后的退料单

入库检验单列表

编号	制单日期	物料	抽检数量	验收结论	查看
10000000	2004-9-10	机箱架	1	合格	选择
10000001	2004-9-10	面板主体	5	不合格	选择
10000002	2004-9-10	面板主体	5	合格	选择
10000003	2004-9-10	机箱架	5	合格	选择
10000004	2004-9-11	主机箱	1	合格	选择

1

添 加

图 3-29　入库检验单

入库检验单的具体录入方法同前(见图 3-30)。

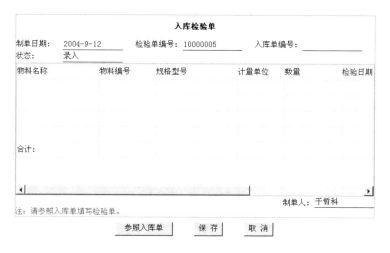

图 3-30　入库检验单的录入方法

库存盘点:仓库盘点是仓库部门日常的一项重要业务,主要用来检查账实是否相符,如果出现差异,则需要进行盈亏处理。库存盘点的主要步骤:编制一张新的库存盘点单,录入某仓库当前库存物料的实际数量;确认无误后,审核并进行盘点;根据盘点情况,改变仓库库存数量,同时根据账实差距进行盘盈盘亏处理(见图 3-31)。

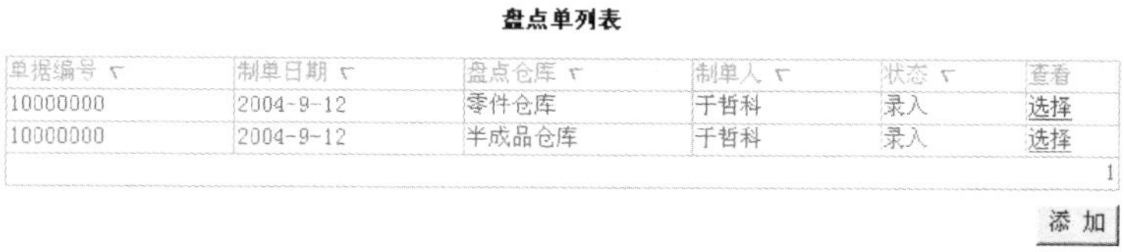

图 3-31　库存盘点单

编制库存盘点单时,首先盘点仓库,然后填写本次盘点物料的实际库存数量(见图 3-32)。

新录入的库存盘点单经过审核、登记后更改系统的库存数据并自动进行盘盈盘亏处理(见图 3-33)。

3) 库存告警

存货是企业流动资产的重要组成部分,从加强企业生产经营管理的要求着眼,企业为防止闲置和浪费,发挥最大的生产作用,必须保持一定数量的存货。从另一方面看,企业存货积压会占用大量资金,使企业的资金周转困难,影响到企业的经营活动。企业应该根据存货耗用的实际情况,定期核定出合理的库存限额,这样就可以实时地统计出库存不足的存货和库存超储的存货信息,便于加强存货的管理工作。企业在

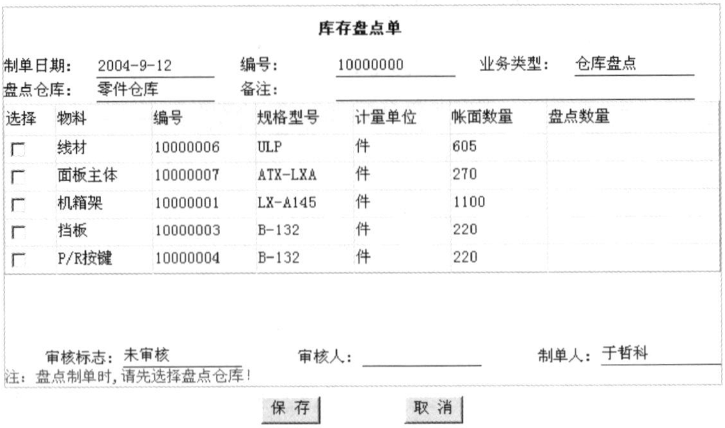

库存盘点单

制单日期：2004-9-12　编号：10000000　业务类型：仓库盘点

盘点仓库：零件仓库　备注：

选择	物料	编号	规格型号	计量单位	帐面数量	盘点数量
□	线材	10000006	ULP	件	605	
□	面板主体	10000007	ATX-LXA	件	270	
□	机箱架	10000001	LX-A145	件	1100	
□	挡板	10000003	B-132	件	220	
□	P/R按键	10000004	B-132	件	220	

审核标志：未审核　审核人：　制单人：于哲科

注：盘点制单时，请先选择盘点仓库！

保存　取消

图 3-32　编制库存盘点单

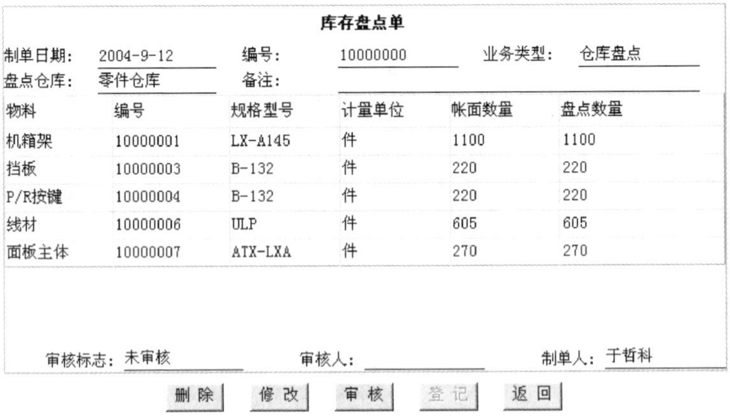

库存盘点单

制单日期：2004-9-12　编号：10000000　业务类型：仓库盘点

盘点仓库：零件仓库　备注：

物料	编号	规格型号	计量单位	帐面数量	盘点数量
机箱架	10000001	LX-A145	件	1100	1100
挡板	10000003	B-132	件	220	220
P/R按键	10000004	B-132	件	220	220
线材	10000006	ULP	件	605	605
面板主体	10000007	ATX-LXA	件	270	270

审核标志：未审核　审核人：　制单人：于哲科

删除　修改　审核　登记　返回

图 3-33　库存盘点单进行盘盈盘亏处理

生产经营活动中所要求的最低库存称为库存下限，低于库存下限可能造成设备和人员的闲置（俗称停工待料）；企业在生产经营活动中所要求的最高库存称为库存上限，高于库存上限会造成资金的浪费。库存上限和库存下限是根据企业生产经营的特点，在科学计算和经验积累的前提下逐渐形成的适合于本企业的库存限额。

短缺存货告警：当库存数量或金额小于库存下限时，程序会发送“库存不足”的告警信息，提醒你采购或生产这些库存不足的存货（见图 3-34）。对于短缺存货，既可以使用系统提供的申购功能，也可以手动在采购管理中录入申购单。

使用系统提供的申购功能时，选择申购物料，点击“申购”按钮，进入自动生成申购单页（见图 3-35）。

根据系统提供的库存、安全库存及短缺量填写申购量，保存后自动生成申购单并

图 3-34 短缺存货告警

图 3-35 自动生成申购单

传递给采购部门。系统会提示本次自动申购生成的申购单号(见图 3-36)。

图 3-36 本次自动生成的申购单号

超储存货告警：当库存数量或金额大于库存上限时，程序会发送"超储存货告警"的信息，提醒你存货数量超过库存上限的存货，以便及时采取措施降低库存(见图 3-37)。

图 3-37 超储存货告警

4) 查询统计

物料库存查询：用于查询库存物料当前的库存数据，包括库存量、等待入库量、等待出库量和计算出的可用量(见图3-38)。

物料库存查询

仓库编号	仓库名称	物料编号	物料名称	规格型号	主计量单位	库存量	等待入库量	等待出库量	可用量
10000000	成品仓库	10000000	主机箱	ATX-SL	件	100	0	0	100
10000002	零件仓库	10000001	机箱架	LX-A145	件	100	0	0	100
10000001	半成品仓库	10000002	机箱面板	ATX-LX	件	10	0	0	10
10000002	零件仓库	10000003	挡板	B-132	件	100	0	0	100
10000002	零件仓库	10000004	P/R按键	B-132	件	100	0	0	100
10000001	半成品仓库	10000005	面板组装件	ATX-LX	件	10	0	0	10
10000002	零件仓库	10000006	线材	ULP	件	100	0	0	100
10000002	零件仓库	10000007	面板主体	ATX-LXA	件	100	0	0	100

图3-38 物料库存查询

第4章 管理信息系统的规划

学习目标

1. 了解企业管理战略的目标；
2. 掌握管理信息系统规划的定义和内容；
3. 了解管理信息系统规划项目的构成；
4. 掌握通过企业诊断发现问题的方法；
5. 掌握管理信息系统规划中的需求定位分析方法。

引入案例

联合包裹服务公司经营战略的实现与信息技术

联合包裹服务(United Parcel Service)公司是世界上最大的空中和地面包裹递送公司。1907年初建时，该公司还只有厕所大小的一间地下办公室。两个来自西雅图的少年 Jim Casey 和 Claude Ryan 只有两辆自行车和一部电话，当时他们承诺"最好的服务，最低的价格"。联合包裹服务公司坚持运用这个信条运营达100年之久。

今天联合包裹服务公司仍然兑现那个承诺，它每年向美国各地和185个以上的国家与地区递送的包裹及文件达30亿件。

联合包裹服务公司不仅胜过传统包裹递送方式，而且可以与联邦特快专递的"不过夜"递送公司抗衡。联合包裹服务公司成功的关键是，投资先进的信息技术。从1992年到1996年，联合包裹服务公司投资信息技术约1.8亿美元，这使公司在全世界市场中处于领导地位。信息技术帮助联合包裹服务公司在低价位和改进全部运作的同时，促进对客户的服务。

由于使用了一种称为发货信息获取装置(DIAD)的手持计算机，所以联合包裹服务公司的司机们可以自动获得有关客户签名、运货卡车、包裹发送时间表等信息。司机再把 DIAD 接入卡车上的车用接口，即一个连接在移动电话网上的信息传送装置，包裹跟踪信息就被传送到联合包裹服务公司的计算机网上，再在联合包裹服务公司位于新泽西州的主计算机上进行存储和处理。在那里信息可以通达世界各地，可向客户提供包裹发送的证明。

依靠"全程监督"，即自动化包裹跟踪系统，联合包裹服务公司能够监控整个发送过程中的包裹。从发送到接收路线的各个点上,使用条形码装置扫描包裹标签上的货运信息,这些信息输入中心计算机中,客户服务代理人能够在与中心计算机相连的台式计算机上检查任何包裹的情况,并且能够对客户的任何查询立刻做出反应。联合包裹服务公司的客户也可以使用其提供的专门的包裹跟踪软件来直接从他们自己的微型计算机上获得这种信息。联合包裹服务公司的商品快递系统建于 1991 年,可为客户储存商品并一夜之间将它们发送到客户所要求的任何目的地。使用这种服务的客户能够在凌晨 1:00 以前把电子货运单传送给联合包裹服务公司,公司在当天上午 10:30 前完成货物的运送。

1988 年,联合包裹服务公司积极进军海外市场,建立其自己的全球通信网络——联合包裹服务网。该网作为全球业务的信息处理通道,通过提供有关收费及送达确认、跟踪国际包裹递送和迅速处理海关通关信息的访问功能,联合包裹服务网拓展了系统的全球能力。联合包裹服务公司使用自己的电信网络把每个托运的货物文件在托运的货物到达之前直接输送到海关官员手中,以便海关官员尽快让托运的货物过关或者标上检查标记。

联合包裹服务公司正在提升其信息系统的能力,以便保证某件包裹或若干包裹能按规定时间到达其目的地。如果客户提出退货或改变路线要求,联合包裹服务公司将会在送达之前拦截包裹,并派人将其返回或更改送货路线。而且,联合包裹服务公司还可以使用它的系统直接在客户之间传送电子书信。

案例启示

联合包裹服务公司的经营战略体现在以下三个方面。

全球战略:要在全世界市场处于领导地位,并积极进军海外市场。

低价位战略:通过信息技术来提高效率、降低成本。

服务战略:通过不断改进全部运作,促进对客户的服务。

上述四个方面的先进信息技术是实现上述三大战略的基础和支柱。联合包裹服务公司经营战略的实现与信息技术密切联系,如果没有上述四个方面的信息技术支持,要想实现三大战略是不可能的。

4.1 企业战略管理目标

从管理信息系统的角度上看,企业战略管理目标主要应达到:能够在多方位、多层次的业务流程中实现横向和纵向的信息与数据共享;能够协调各部门之间的业务数据交换,加强合作与沟通;能够实现部门之间的信息共享,实现网上交流、协同办公等;能够建立业务数据交换标准,实现数据和信息的通用性和重用性。

4.1.1 及时准确地收集信息

什么是信息的及时准确？较普遍的理解是，把最新发生的信息以最快的速度传递给决策者。当然这种理解是建立在信息决策依据这一基础上的，为决策服务是管理信息系统建设的根本任务。离开决策的需要，信息传递快和新就失去目标，只要在决策前能把决策所需的信息提供给决策者，就可以说提供这条信息的工作是及时的、准确的。能否在决策前把决策所需的信息提供给决策者，是衡量信息工作是否及时的最主要的标准。

当然，信息收集是否及时，要建立在提供准确信息的基础上。一些收集来的信息只注意收集事物的表面现象和一般过程，不愿多花时间和精力调查研究和综合分析，使得在综合信息中高层次的信息很少，严重影响了信息的准确性。所以，对企业管理决策急需的信息，应该在准确的基础上及时收集和传递。

4.1.2 安全有效地存储和管理信息

像其他企业重要业务资产一样，信息也是组织业务至关重要的一种资产，因此需要加以适当保护。在企业战略竞争白热化的今天，这一点显得尤为重要。信息安全是指信息系统中的信息等数据受到保护，不受偶然的或恶意的因素影响而遭到破坏、更改、泄露，系统连续、可靠、正常地运行，信息服务不中断的情况。信息安全主要包括五方面的内容，即信息的保密性、真实性、完整性、未授权拷贝和所存在系统的安全性。其根本目的就是使内部信息不受外部威胁，因此信息通常要加密。为了保障信息安全，要求有信息源认证、访问控制，不能有非法软件驻留、非法操作。

信息安全的威胁来自方方面面。但根据其性质，这些威胁基本上可以归结为以下几个方面。

(1) 信息泄露：信息被泄露或透露给某个非授权的实体。

(2) 破坏信息的完整性：数据被非授权地进行增删、修改或破坏而受到损失。

(3) 拒绝服务：对信息或其他资源的合法访问被无条件地阻止。

(4) 非法使用（非授权访问）：某一资源被某个非授权的人或以非授权的方式使用。

(5) 窃听：用各种可能合法或非法的手段窃取系统中的信息资源和敏感信息。例如，搭线监听通信线路中传输的信号，或者利用通信设备截取工作过程中产生的电磁泄漏等有用信息。

(6) 业务流分析：通过对系统进行长期监听，利用统计分析方法对诸如通信频度、通信的信息流向、通信总量的变化等参数进行研究，从中发现有价值的信息和规律。

(7) 假冒：通过欺骗通信系统（或用户），达到非法用户冒充合法用户，或者权限小的用户冒充权限大的用户的目的。黑客大多采用冒名攻击。

(8) 旁路控制：攻击者利用系统的安全缺陷或安全性上的脆弱之处获得非授权的权利或特权。例如，攻击者通过各种攻击手段发现原本应保密，但是却又暴露出来的一些系统"特性"，可以绕过防线守卫者侵入系统的内部。

(9) 授权侵犯：被授权以某一目的使用某一系统或资源的某个人，却将此权限用于其他非授权的目的，也称为"内部攻击"。

(10) 特洛伊木马：软件中含有觉察不出的有害的程序段，当它被执行时，会破坏用户的安全。这种应用程序称为特洛伊木马(trojan horse)。

(11) 陷阱门：在某个系统或某个部件中设置"机关"，当输入特定的数据时，可允许违反安全策略。

(12) 抵赖：这是一种来自用户的攻击，例如，否认自己曾经发布过的某条消息、伪造一份对方来信等。

(13) 重放：出于非法目的，将所截获的某次合法的通信数据进行拷贝，并重新发送。

(14) 计算机病毒：一种在计算机系统运行过程中能够实现传染和侵害功能的程序。

(15) 人员不慎：一个授权的人为了某种利益，或由于粗心，将信息泄露给一个非授权的人。

(16) 媒体废弃：信息从废弃的磁碟或打印过的存储介质中获得。

(17) 物理侵入：侵入者绕过物理控制而获得对系统的访问。

(18) 窃取：重要的安全物品，如令牌或身份卡被盗。

4.1.3　有效信息

有效信息是指能够支撑和加强有效沟通的信息。它与冗余信息相对应。

在信息传播中，有效信息是指需要传递给用户的内容及对用户构成影响的信息。如在信息通信中，有效信息本身定义为有实际意义的一部分，但是为了提升通信效率，增加了本没有意义的冗余信息来降低信息通信中因丢失信息而造成的信息不完整。狭义地说，这部分信息并没有实际意义，对受者来说并不能算是有效信息；广义地说，对整个传播活动，这部分信息又是有效的。

信息存储是指对原始待加工或已加工的信息的储存，且要求安全和可靠。信息的存储涉及物理存储和逻辑组织两个问题。物理储存是指将信息存储在适当的介质上的过程；逻辑组织是指按信息逻辑的内在联系和使用方式，把信息组成合理的结构的工作。信息存储安全面临着内部和外部两方面的隐患。

(1) 内部隐患：主要是企业的用户故意或无意地以非授权方式调用电子商务信息或未经许可随意增加、删除和修改信息。

(2) 外部隐患：主要是因为软件配置的不当，造成外部人员私自闯入企业的信息系统，并对信息故意或无意地以非授权方式加以调用或增加、删除和修改。

4.1.4 在决策中应用优化信息

实现资源的优化配置，提高信息效率，削减信息资源占用和成本开支，提升信息上下游单位乃至供应链的整体实力，关键在于信息的优化，即必须制定出不同信息资源之间交流与处理的标准或协议，作为跨系统、跨行业和跨地区的信息运作桥梁，以顺利实现不同信息资源的转换，最终达成信息系统集成和信息资源整合的目的。信息优化标准主要由基础标准、工作标准、管理标准、技术标准及单项标准等组成，构成标准化优化体系，该标准化优化体系涉及的种类和数量繁多，可通过建立信息标准化数据库的方式实现。

1. 构建信息资源优化平台

信息资源优化平台，即从充分调动信息资源、信息单位相互支持和融合的角度出发，由企业及相关信息资源单位等共同参与设计规划的一体化信息资源优化平台，能实时、准确、透明地获取整个企业所在的相关行业的信息资源、信息需求、信息状态等数字化信息，承担整个相关企业信息资源的优化调配和动员任务，为企业提供快速、有力的信息服务。信息资源优化平台主要由基础支撑、数据采集、数据资源、应用和用户五个部分组成，承担着信息组织、能力控制、资源控制、需求控制、电子商务、在运控制、信息动员、信息业务等责任，是相关主题间对社会信息进行宏观管理与控制的平台，也是信息企业间相互进行资源交换、优势互补的场地，更是信息供应链进行组织、运行、控制的中枢神经。信息资源优化平台的建设，不仅可以解决当前企业信息化程度低、信息开发能力弱的问题，更重要的是通过该平台的建设，可以将零散化的信息资源凝聚为规模化、系统化的信息力量。

2. 加快信息优化配置关键技术的开发与应用

信息优化配置需要应用各种技术和方法，总体可分为管理理论方法和信息技术两大类。管理理论与方法包括战略联盟、管理学、信息管理、信息工程、并行工程、流程再造、优化方法等；信息技术包括GPS、工作流、计算机网络、自动识别采集、决策支持、信息标准化、信息安全、数据仓库技术、人工智能、群件和系统仿真等。应加紧研究上述关键技术，并尽快转化为信息生产力，投入资源配置的过程中，实现各种资源的无缝组合，在一体化供应链管理中发挥重要作用。

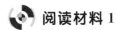
阅读材料1

"熊猫烧香"制毒者依法服刑

2006年年底，我国互联网上大规模爆发"熊猫烧香"病毒及其变种，该病毒通过多种方式进行传播,并将感染的所有程序文件改成熊猫举着三根香的模样,使受感染的计算机出现蓝屏、频繁重启等状况。同时,该病毒还具有盗取用户游戏账号、QQ账号等功能。2006年11月至2007年3月,根据国家计算机病毒应急处理中心监测及反病毒应急小组成员上报资料,发现北京、上海、广东等多个省(市)的计算机用户的计算机均遭受过感染,数百万台计算机被病毒破坏。

该病毒的传播速度快、危害范围广,引起了社会各界的高度关注。《瑞星2006安全报告》将其列为十大病毒之首,在《2006年度中国大陆地区电脑病毒疫情和互联网安全报告》的十大病毒排行中,"熊猫烧香"病毒一举成为"毒王"。

2007年2月12日,湖北省公安厅宣布,湖北网监在浙江、山东、广西、天津、广东、四川等地公安机关的配合下,一举侦破了制作传播"熊猫烧香"病毒的案件,抓获李俊等8名犯罪嫌疑人。

李俊,25岁,武汉市新洲区人,中专文化程度,于2006年10月开始制作计算机病毒"熊猫烧香"。据其本人交代:他原在武汉某电脑城工作,喜欢电脑,曾多次向一些网络安全方面的机构和公司求职,但终因学历不佳未获录用。据其本人称,一方面是生存压力,一方面是虚荣心作怪,他开始慢慢在网上制造病毒。

2006年10月,李俊开始制作"熊猫烧香",但其同伴雷磊认为,该病毒会修改被感染文件的图标,但没有隐藏病毒进程,容易被发现,建议李俊对病毒程序进行修改。李俊按照雷磊的建议"完善"了"熊猫烧香"的病毒程序。

2006年12月初,李俊在互联网上叫卖该病毒,他通过QQ与另一同伴王磊联系上,由王磊出资1600元,租用某公司的服务器,架设到李俊的网站上。这样,中了"熊猫烧香"病毒的计算机,可以自动访问李俊的网站。随着病毒的传播,该网站的流量会不断增长,王磊将所得收入与李俊平分。张顺购买李俊网站的流量后,先后将9个游戏木马挂在李俊的网站上,盗取自动链接李俊网站游戏玩家的"游戏信封"。从2006年12月至2007年2月,李俊共获利14.5万元,王磊共获利8万元,张顺共获利1.2万元。

2007年9月24日上午8时30分许,法警将李俊等4人带进法庭。整个庭审过程持续了3个半小时,4名被告对自己的犯罪事实均供认不讳。曾一度引起互联网恐慌的"熊猫烧香"计算机病毒制造者及主要传播者李俊等4人,被湖北省仙桃市人民法院一审以破坏计算机信息系统罪判处李俊有期徒刑4年、王磊有期徒刑2年6个月、张顺有期徒刑2年、雷磊有期徒刑1年,并判决李俊、王磊、张顺的违法所得予以追缴,上缴国库,国内首例制作计算机病毒案件落下帷幕。归案后,李俊交出"熊猫烧香"病毒专杀工具。

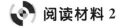
阅读材料 2

网络连环诈骗 320 万元

2016年,湖北荆州市公安局称,公安部挂牌督办的荆州市"4.18"网络诈骗案告破。嫌疑人通过互联网发布消息,以销售带定位功能、监听功能的手机、窃听器和透视器等违禁品为幌子,利用"400""800"免费电话捆绑"一号通",以及"来电随意显"、多层电话呼叫转移等手段,欺骗迷惑被害人,实施网络连环诈骗。

1. 大学教授网上被骗 1.8 万元

2016年4月2日,某大学教授报案称:2016年3月26日在家上网时,发现了一个销售定位手机、窃听器和透视器等高科技仪器设备的网站,网站上介绍了一款集窃听、智能商务理财、高端定位、可透视相机等功能于一身的手机王。他迅速通过网站上公布的免费电话与对方联系,一番还价,按照对方在网站上公布的银行账号汇去8800元现金。次日,该教授接到电话,对方称为安全起见还需交纳3万元的保证金才能交货,交货后当即退回押金。经协商,对方同意汇款1万元保证金后交货。然而,保证金汇出后,送货方再次以各种理由要求该教授继续汇税款、售后维护费等,察觉到不对劲的教授遂到公安机关报案。

接到报案后,荆州市公安局网监支队迅速做出反应。结果,查出11家类似网站及38个银行账号,开户地点分别在沈阳、深圳、上海、苏州和大连。数据表明:38个账号的账面金额显示入账达200多万元。案情层层上报,公安部将其列为部督案件,荆州警方成立专班进行调查。警方发现,该犯罪团伙非常狡猾,其取款地点分别在深圳、汕头、厦门、海口、南宁和龙岩等地。通过信用卡的数据分析,确定他们基本上采取异地移动(驾驶汽车)取款的手法,取款时间固定区域一般不超过两个月;每次查询取款都不在同一台ATM机上操作。警方决定,兵分三路,分赴海南海口、福建厦门和福建龙岩,同步实施抓捕。2016年6月12日下午,警方开始联合抓捕行动。10名犯罪嫌疑对象分别在三地被专班控制。经审讯查明:这是一个以台湾人、福建安溪人组成的诈骗团伙,为首的是一个叫"阿财"的台湾人和福建安溪的谢某、黄某等人。

2. 网上诈骗形成"一条龙"

抓住这伙嫌疑人后,关闭网站成了难题。11个网站在什么地方?谁负责维护?从龙岩回来后,专班民警直扑辽宁和天津,经搜索将网站的制作者锁定在了辽宁丹东的凤城县。专班民警在凤城的一座公寓楼道里将正准备出门的李海涛逮个正着。经过对李海涛的计算机的勘察,证实他就是所有诈骗网站的作者。据李海涛交代:现在网上所有东西都可以买到,你想在网上"干活",所有的东西都可以成为"一条龙",不必亲自动手。他每月做网站的收入能达数万元!至于卖手机卡、信用卡、400电话呼叫转移,也比比皆是,也就是说,在网上诈骗已经成为一个"产业链"。

该网络诈骗案单笔最高诈骗额达8万元,最高峰一天诈骗额达16万元;其中的5个网站,4个月诈骗额就达200余万元,受骗人除涉及中国港澳台地区外,还有其他省、市、自治区,共达5000余人,案件涉案金额达320余万元。

 阅读材料3

电信诈骗致一名准大学生死亡

又是电信诈骗! 2016年8月19日,山东准大学生徐玉玉因为被骗走9900元学费,当天傍晚与父亲报警返回时,自责伤心之下,突然昏厥,经抢救无效死亡。如果不是这场骗局,徐玉玉或许正在收拾行囊,前往南京邮电大学报到,可是这一切因为一个诈骗电话而改变。

虽然徐玉玉的死不是骗子直接造成的,可没有这场骗局,一切就不会发生。骗局带走了徐玉玉的生命,也彻底毁掉了这个家庭的幸福,既让人痛心,又让人愤怒。

徐玉玉去世之后,当地市民对骗子的诈骗行为感到非常愤慨,网络空间里,网友也恨不得枪毙骗子。但是,怒火既不能让徐玉玉复活,也很难改变电信诈骗猖獗的现实,甚至不能帮助警察找到骗子。

电信网络诈骗已然成为一大社会公害。据统计,2015年,全国法院审理的电信网络诈骗犯罪案件超过1000件,诈骗金额有上百万元、上千万元甚至上亿元的案件。每年民众因为电信诈骗损失的金额高达100亿元。受骗者广泛,不仅有农村的老人、城市的知识分子和精英,甚至还有明星。电信网络诈骗在我们的生活中无处不在,俨然已经是"全民公敌"。

个人信息泄漏泛滥,电话实名制登记不严,受害者防范意识不强等,都成为电信网络诈骗集团的可乘之机。在徐玉玉被骗案中,骗子以发放助学金为由打电话给徐玉玉的母亲,实施精准行骗。而在追查过程中,发现诈骗电话以171开头,没有实名登记,实际归属地不明。加上徐玉玉家人又疏于防范,轻信了骗子,悲剧就这样酿成。

电信网络诈骗案每天都在发生,民众已经对它有些"审美"疲劳,见怪不怪了。徐玉玉被骗的数额并不高,她的遭遇之所以能够进入公众视野,是因为她为此失去了宝贵的生命,尤其让人痛心。这同前不久甘肃一名农村教师被骗走23万元毕生积蓄之后自杀身亡一样,都是以受害人的惨烈结局而受到社会关注。

我们无法苛责徐玉玉和她的家人缺乏防范意识,在被骗之后不能淡然应对。一个未经世事的准大学生,在精巧的骗术面前能有怎样的抵抗力?如果不是家境贫寒,她又怎会在被骗之后背负那么沉重的心理压力,以致急火攻心。我们应该追问的是,猖獗的电信网络诈骗什么时候到头?

不幸的是,此前,我们对甘肃教师的同情和对骗子的愤怒,并没有带来现实的改变。甘肃教师被骗自杀,也没有阻止徐玉玉的悲剧。近年来,政府有关部门加大了对电信诈骗案的打击查处力度,也加大了对防范电信诈骗案知识的宣传力度,但是电信诈骗案依然猖獗。

其中折射的现实是,个人信息泄露严重,个人信息安全保护缺失,电信服务商在防范打击诈骗行动中的表现不尽如人意,电信实名制存在漏洞,给了诈骗分子以可乘之机。如果不能改变这种状况,徐玉玉之后,仍然会有"李玉玉""张玉玉"被骗。电信网络诈骗案件的土壤不能消除,悲剧就将不断发生。我们会发现悲剧之后,现实依然不堪,而这才是最让人痛心的地方。

4.2 管理信息系统规划

1. 概念

信息系统规划是将组织目标、支持组织目标所必需的信息、提供这些必需信息的信息系统,以及这些信息系统的实施等诸要素集成的信息系统方案,是面向组织中信息系统发展远景的系统开发计划。

信息系统规划是信息系统实践中的主要问题,也是现代管理信息系统研究的主要课题之一。现代企业用于信息系统的投资越来越多,例如,宝钢已投资了上亿元。信息系统的建设是一项投资巨大、历时很长的工程项目,规划不好不仅自身造成损失,而且由此造成企业的间接损失更为巨大。通常人们就有一种认识,假如一个操作错误可能损失几万元,那么一个设计错误可能就损失几十万元,一个计划错误可能损失几百万元,而一个规划错误可能损失上千万元,甚至上亿元。所以应克服那种"重硬、轻软"的片面观点,把信息系统规划摆到重要的战略位置上。

2. 信息系统规划的作用、内容和期望获得的竞争优势

(1) 信息系统规划的作用主要包括以下几方面。

① 合理利用信息资源,节省 MIS 投资。

② 明确 MIS 的任务。

③ 为将来的评估工作提供依据。

(2) 信息系统规划的内容主要包括以下几方面。

① MIS 的目标、约束及总体结构。

② 组织的现状。

③ 业务流程现状、存在的问题、流程重组。

④ 对影响规划的 IT 发展的预测。

(3) 期望获得的竞争优势。

信息系统规划开发的任务,就是开发一个能满足用户需要、高效并有力支持管理决策目标的、具有先进技术的管理信息系统。

具体来说,可从以下四个方面来获得期望的竞争优势。

①更及时有效地满足用户需要。由于原来没有管理信息系统或旧系统存在问题,制约着组织的发展,不能满足用户的需要,因此新系统必须保证其最终系统能够被用户接受,实现用户的期望。

②功能更加完善、完整。功能是否完整,是指系统能否覆盖组织的主要业务管理范围。同时,还表现在各部分接口是否完备,数据采集和存储格式是否统一,各部分是否协调一致。

③技术上更先进。正确认识各种先进技术的优劣,根据组织的实际情况和未来发展将其合理地运用到管理信息系统开发中去。尽量采用成熟的技术,不要为了先进而采用最新但未经考验的技术。

④更好实现辅助决策。许多组织的决策任务非常复杂、耗时。例如,在国美电器、永乐家电等家电零售巨头已经进驻福州的情况下,苏宁电器考虑是否进驻福州以及在何处建新的卖场时,其决策行为将受到市场竞争、员工素质、与其他卖场是否邻近,以及是否靠近主要交通干线等多种因素的综合影响。因此,组织需要能够帮助其做出最佳决策的决策支持系统。

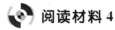
阅读材料 4

用户在管理信息系统规划中应该承担什么角色

用户方与开发方是对立的统一体,双方均希望将开发项目做好。但用户方可能对计算机系统工程,如工程组织,缺乏全面的了解;而开发方对用户方的需求细节了解不充分等因素,使得用户方与开发方对工程的理解从一开始就存在着差异。这种认识上的差异与理解的不同往往在开发初期并没有表现出来,当系统开发结束时,双方才发现这种差异使开发出的系统与实际需求偏差甚远。因此,MIS 开发项目管理的重要目标便是建立一个便于开发方与用户方之间进行交流的环境。在系统需求分析阶段,开发方与用户方深入的交流是项目获得成功的关键。但这种交流却经常由于各种双方的误解而难以沟通。

在需求分析阶段,开发方的分析人员总是先把精力集中在整个系统的总的需求上,而不会对具体细节做过多考查。当用户方提出一些细节要求时,开发方往往说:"这些问题留待后面讨论"。而糟糕的是,以后却可能永远不会再谈及这个问题。当用户方认为已经向开发方提出这些需求时,开发方却根本未予考虑。因此,开发初期,用户方的项目管理人员应该把这些"留待后面讨论"的需求单独记录整理,在开发方做完系统的整体需求分析后,项目管理人员再及时提出对系统进一步的、更深入的、细致的、具体的需求分析,以解决那些开发方要"留待后面讨论"的问题。

在某些需求尚未确定时,用户方项目管理人员往往会说:"这部分需求我们还要考虑，不过你们可以先按现在的模式做"。遗憾的是，开发方经常会把现在的工作模式作为将来的、确定的需求去设计开发系统，而把用户方在此需求上的未确定因素抛在脑后。当后来用户方要求其改变时，开发方便陷入了窘境。因此，用户方管理人员应尽量将需求陈述清楚，对不能确定的因素，应提出几种可能的实施方案供开发方参考，以保证开发方在进行系统设计时，将不确定因素设计成灵活可变的功能。

用户方与开发方的关系是项目管理所要处理的最重要的关系之一，加强沟通和减少误会是处理好这个关系的关键。所以项目管理人员要有效地安排开发方的软件人员与需求方的使用人员的交流，保证有畅通的交流渠道。在交流中，用户方要尽量避免含糊不清的需求，而开发方要杜绝敷衍了事、得过且过的行为。

4.3 项目筹划

4.3.1 项目筹划概述

项目筹划阶段的目标在于为项目可行性研究报告和项目开发计划提供核心内容。项目筹划所需的素材是企业业务发展规划相关文件，有条件的企业应该提供ISO 9000质量保证文件体系，在此过程中还需进行必要的访谈。在项目筹划的具体实施过程中，要用效益空间分析方法与管理竞争力评估方法去寻找最有潜力的突破口，有效提升企业的管理竞争力。该阶段的工作应该由企业信息部门的经理主持，各部门经理配合完成。一个企业的组织结构，设立每个岗位是为了完成企业一定的经营目标。设置什么样的部门和岗位，每个岗位按照什么样的流程完成自己的工作，进而实现企业的整体目标，完全由企业的经营目标来决定。因此，在实际工作中，企业设立什么样的部门和岗位，执行什么样的流程往往又与企业性质有关。在项目筹划工作中需要思考这些部门、岗位、流程有哪些是必要的？哪些是可有可无的？哪些是应该马上信息化的？这样可使企业知道从哪里开始规划什么样的信息化系统。项目筹划阶段要弄清楚以下问题。

1. 企业经营概况调查

企业经营概况调查的内容应该包括企业名称、股东与股权、主营业务、经营目标、行业及市场地位、客户情况、员工情况、领导情况、销售收入、利润、纳税、资产状况、质量保证体系情况等。

2. 组织结构调查

企业的组织结构可以描述成权力结构和分工组成结构，前者只表示企业的主要部门，而后者是指对其中有些部门的主要工作岗位及其工作职责所进行的描述。组织机构是一种划分组织内部部门的标准及其相互之间的关系。要搞清楚企业组织的特点，并分析在交换物资、资金过程中能产生哪些信息流。组织既是信息的接收者，又是信息的输出者。组织还具有层次性,因此要弄清组织内部不同层次的划分、各部门之间的领导与被领导关系、信息资料的传递关系、物资流动关系与资金流动关系等。此外,还应了解各级组织存在的问题以及对新系统的要求等。

3. 信息系统应用和信息人员情况调查

一般来说,开发新的信息系统要询问应用部门的意见,以及使用信息系统人员所提的需求,因此充分了解相关应用部门和使用信息系统的信息人员的情况就显得尤为重要。一般我们采用表 4-1 和表 4-2 来调查企业信息系统应用和信息人员的情况。

表 4-1 企业信息系统应用情况一览表

部门						
岗位	人数	使用软件	开发商	功能	使用年份	计算机台数
计算机总数		服务器数量		网络设备数		使用计算机人数

表 4-2 企业信息人员情况一览表

岗位名称	人员数量	工作职责	工作年限

4. 信息化业务发展计划要点调查

信息化的最终目的是提高竞争力,提升企业经济效益。企业效益的源泉是市场、是需求、是对需求及时有效的供给。因此,无论是生产、采购、设计、技术支持还是销售,都是企业服务于市场一系列活动中的一环。对企业信息化建设而言,必须考虑在有限资金、有限时间、有限资源的情况下,首先解决哪些问题才能给企业带来更大的效益。换句话说,需要对企业信息化的关键点进行优先排序,可用表 4-3 所示内容来反映企业信息化业务发展计划要点。

表 4-3 信息化业务发展计划要点一览表

信息化投资对象	信息化投资依据		主要预期目标
(单元或综合业务)	成本控制点	价值挖掘点	
销售		报价,客户需求挖掘	
采购	原理库存		
生产	设备能力平衡		

利用表 4-3 可以逐渐找到制约企业发展的关键点,从而有的放矢地展开下阶段

的工作,以确保企业信息化建设循序渐进地推进,防止一哄而上的事件发生。

4.3.2 企业现状调查及描述

现状调查的目的旨在描述经营管理现状的企业管理模型。采用的主要方式是访谈,还可查询企业的相关文件体系。根据这些现有的管理素材,深入细致地整理包括组织结构、业务流程、业务信息的企业管理模型,这个阶段的工作一般由信息部经理主持,安排各部门业务骨干完成并向决策层汇报。

这一阶段要描述的企业模型由三方面组成,即组织结构、业务流程和业务信息,可用如图 4-1 所示的管理规程的规范化图形表示。

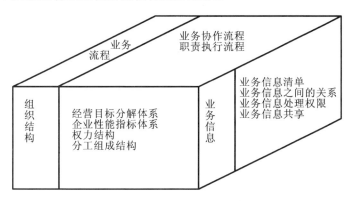

图 4-1 企业管理模型的三维示意图

企业的管理模型一般采用企业建模方法予以描述,而企业建模方法即全程建模方法。采用该方法对企业管理模型进行描述时,组织结构比平常理解的内容要多,包括经营目标分解体系、企业性能指标体系、权力结构和分工组成结构。其中,权力结构就是平常所说的组织结构。性能指标即通常所说的绩效指标。业务流程也比平常包含的内容要多,包括业务协作流程和职责执行流程:业务协作流程是通常所说的业务流程,主要描述部门或岗位之间的工作协作流程,侧重于宏观描述,体现业务人员的工作交互关系;职责执行流程用于描述每个工作岗位自身如何完成其具体的工作职责,它是对业务协作流程的微观展开。业务信息包括业务信息清单、业务信息之间的关系、业务信息处理权限、业务信息共享,其中业务信息处理权限是指工作岗位对业务信息处理的权力,它从岗位的角度描述了业务信息的编写权限、修改权限、删除权限、审查权限和使用权限。

1. 现有组织结构描述

1) 权力结构描述

一般而言,企业的权力结构可以分成三种,即集权结构、分权结构和矩阵结构。其中集权结构有多种形式,但基本形式只有直线指挥制、职能指挥制和直线参谋制三种，在此基础上也可以形成其他类型的集权结构。分权结构体现为总厂/分厂、总公司/分公司、母公司/子公司等形式，它们的区别在于投资中心、利润中心、成本中心、独立法人、经营自主权、生产指挥自主权等方面的不同。矩阵结构体现了专业的职能部门与具体的项目组织之间的交叉关系。在大多数企业的管理实践中，很少存在单一形式的权力结构，而往往是多种形式结合在一起的权力结构，这可以采用图 4-2 来描述企业的权力结构。

图 4-2　企业权力结构描述图

2) 经营目标分解体系描述

对企业经营者而言，企业经营目标既是企业事务的核心，又是企业管理的出发点，还是企业管理的最终目标。通过对经营目标的层层分解，可以将诸如交货期、质量、成本等企业竞争性能指标落实到具体的部门和岗位上，这种分解构成了企业经营目标分解体系。

为了实现企业经营目标，就要采取相应的措施，而目标和实现目标的措施是相对的，所以实现目标的措施可以作为子目标继续分解为实现这个子目标的具体措施。从理论上讲，企业目标分解体系中的每层都由企业竞争性能指标来衡量，这些性能指标可以包括企业竞争性能指标体系的全部。企业竞争性能指标可分为两大类：第一类是管理竞争性能指标；第二类是业务竞争能力性能指标，它由销售额、销售量、利润、交货期、成本、服务、环境、知识等性能指标组成。例如：

①销售额指标包括产品销售、服务收入等；

②交货期指标包括采购时间、设计时间、生产时间、运输时间等；

③成本指标包括采购成本、加工成本、运输成本等。

这些指标可以进行层层分解，中间层次的性能指标称为单元性能指标，最终层次的指标称为原子性能指标。以交货期为例，其单元性能指标设计时间包括了总体设计时间，而原子性能指标设计时间包括了详细设计时间等。应当指出的是，企业竞争能力性能指标体系的整理应与经营管理目标体系的整理同时进行。

3) 分工组成结构描述

(1) 分工组成结构的内容。分工组成结构是企业分工的体现。它和权力结构不同：一是它描述组成关系，权力结构描述上下级关系。二是它们在粗细程度的体现上有差别，权力结构通常只是粗线条的部门划分，最多详细描述到岗位；而分工组成结构可以十分精细地描述分工情况，不仅可以描述岗位担负的工作职责，而且可以展开描述履行职责的工作步骤,如图 4-3 所示。

图 4-3 中的"采购部"这个部门包括采购经理和采购业务员两个工作岗位。若对采购业务员的工作职责和工作步骤进行分解,其工作职责则包括供应商信息开发、商品采购和采购统计。其中,商品采购的工作步骤又包括接受采购计划、询价、编制采购合同等 13 个步骤。

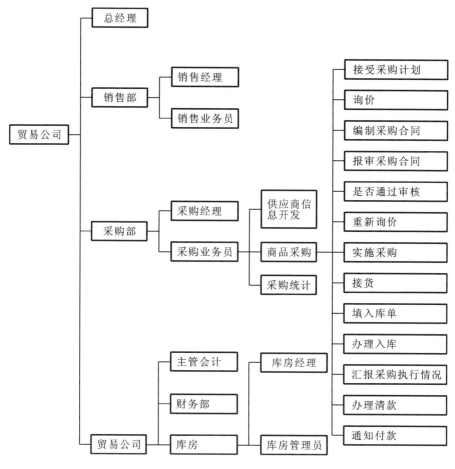

图 4-3 分工组成结构树

(2) 企业中的部门组成。部门中可以设置子部门,如图 4-3 所示,库房下可设库房管理员这个子部门。子部门应该以上一级部门为承接,作为上一级部门的整体组成部分,完成分工任务。

(3) 部门中的岗位组成。工作岗位是一个逻辑类别概念,而不是一个具体的人,所以,在分工组成结构树中,只列出会计、出纳这种岗位而不列出张会计、李会计这样具体的人。另外,很多企业存在一人身兼数职的情况,在分工组成结构树中,应该描述成两个逻辑的岗位,而不应描述成一个物理的人。

(4) 岗位中的职责组成。通常,每个岗位应当承担多项工作职责,如大型企业的会计有成本会计、工资会计等岗位,而中小企业一般只设立会计这一个岗位。

(5) 岗位职责中的工作步骤组成。需要指出的是,分工组成结构中的岗位职责只是罗列了工作步骤,它们之间真正的逻辑序列体现在职责执行流程图中。如果没有判定条件,则岗位职责罗列的步骤和职责执行流程图中的工作步骤是一致的;如果存在条件判断,那么真正的工作流程走向由职责执行流程来决定,工作步骤可以分解成子步骤,如图4-4所示。这种分解可以细化到不可以再分的程度,这样的步骤称为原子步骤。

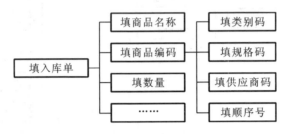

图4-4 工作步骤分解成子步骤

2. 现有业务流程描述

1) 业务种类和业务协作流程分类

企业的业务按部门或岗位展开,形成业务流程,即业务协作流程。所以,划分业务流程与划分业务种类几乎是同义语。ISO 9000质量活动要素的概念为业务类别的划分提供了很好的框架,这样可以把业务的基本类别划分为销售、供应、生产、研发、设备、人力资源、质量和财务等方面的管理。应当说明的是,业务类别划分会因为企业类型不同而有所变化。一般来讲,生产型企业的业务种类具有代表性,所以下面列举了生产型企业的业务种类。

(1) 销售管理业务,包括市场分析与研究管理、营销战略和策略管理、营销活动的组织和管理、客户关系管理、销售合同管理、售后服务等。

(2) 供应管理业务,包括承包商管理、采购计划管理、采购合同管理、采购品检验管理、不合格品控制管理、库存分析与管理、进货物资使用分析管理等。

(3) 生产管理业务,包括生产能力管理、均衡生产管理、生产计划管理、产品标志与追溯性管理、一般工序管理、特殊工序管理等。

(4) 研发管理业务,包括技术开发管理、产品开发管理、设计管理、工艺管理、技术引进管理、技术改造管理等。

(5) 设备管理业务,包括设备采购管理、设备使用与维修管理、设备折旧管理、设备更新与改造管理、检测与试验设备管理等。

（6）人力资源管理业务，包括招聘职务分析设计、绩效考核管理、人力资源规划、培训开发管理、薪酬设计等。

（7）质量管理业务，包括经营者责任建立实施、质量体系建立实施、文件资料管理、检验试验状态管理、质量记录管理、内部质量审核、统计技术等。

（8）财务管理业务，包括财务分析、筹资管理、投资管理、流动资产管理、固定资产管理、成本核算、应收款管理、应付款管理、资产盘点管理、现金银行款管理等。

2）业务协作流程描述

业务协作流程图用于描述部门或岗位之间的工作协作流程，其绘制要点包括以下几方面。

（1）明确参与协作的活动主体。活动主体最好是岗位，如果是部门，那么它们之间的业务协作会有很大的不确定性。

（2）明确开始事件和结束事件。

（3）确保事件链一环接一环，流程不中断。

（4）明确伴随事件的业务信息。

（5）标注每个岗位的工作职责和工作步骤，这样就建立了分工组成结构树。在这里，不一定全部标注每个岗位职责的所有工作步骤，一般只标注与协作有关的步骤或使岗位活动连续的步骤，如图4-5所示。

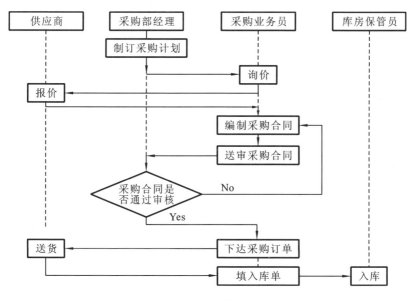

图 4-5 采购业务协作流程图

3）业务职责执行流程描述

与业务协作流程不同，业务职责执行流程更注重每个工作岗位自身如何完成其具体的工作职责,是业务协作流程的微观描述。

3. 现有业务信息描述

1) 业务信息清单

可以使用业务信息图来描述业务信息内容及其之间的关系,其中,业务信息主要由信息的名称、信息栏目和标题等组成。下面以某公司的物料业务信息为例,如图4-6所示。

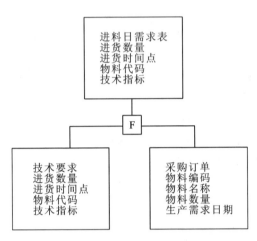

图 4-6　某公司的物料业务信息及其关系图

2) 业务信息之间的关系

可以使用类似于数据库概念视图的业务信息关系图来描述业务信息之间的关系,其描述要点如下。

(1) 用计算链描述由原始凭证合成综合报表的方式。

(2) 用连接链描述业务信息之间的业务关联关系。

3) 业务信息处理权限

业务信息处理权限结构是工作岗位对业务信息处理的权力,它包括编写权限、修改权限、删除权限、审查权限、使用权限等。

4) 业务信息共享

信息共享方式表示对每种业务信息来说,有哪些业务流程、业务协作流程对它进行处理,如图 4-7 所示。它同样包括编写权限、修改权限、删除权限、审查权限和使用权限。

 阅读材料5

管理信息系统为什么不能成为一种"交钥匙"工程

管理信息系统是一个人机系统,这意味着管理信息系统的工作必须由人和机器

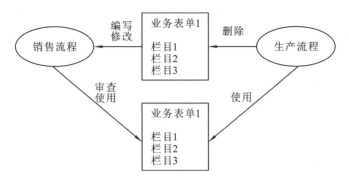

图 4-7　业务信息的共享方式

协同来执行。人员包括高层决策人员、中层职能人员和基层业务人员。机器包含计算机硬件及软件、各种办公设备及通信设备。

任何一个管理信息系统只能部分代替人的工作,而不能代替人的创造性劳动。不能因为强调计算机化的信息系统而忽视大量存在的以人工为基础的信息系统。

(1) 管理信息系统是一项系统工程,不是只靠一些计算机开发人员就可以完成的,必须有企业管理人员,尤其是企业领导的积极参与。

(2) 计算机技术(包括硬件和软件)是管理信息系统得以实施的主要技术。只有计算机进入企业实际应用,管理信息系统才能显示其功能。

(3) 重要因素——数据也不能忽视。如果输入数据不及时,计算机再快,也不能做"无米之炊";如果输入的数据不准确,计算机再聪明,也算不出正确的结果。

4.4　企业管理诊断

企业管理诊断旨在为清楚下一步企业业务流程、重新构造合理的组织结构、完善企业的业务信息做好准备。企业的调查结果和企业的现状描述是该步骤有用的素材,要求对前一阶段现状描述的模型进行详尽分析。该步骤一般由企业信息部经理主持,交各部门经理完成后汇总。

4.4.1　经营目标体系问题的诊断

对于企业经营者来说,企业经营目标是企业事务的核心。它既是企业管理建设的起点,也是企业管理的最终目标,通过对企业经营目标的层层分解,可以将诸如工作任务、交货期、质量、成本等企业性能指标落实到具体的部门和具体的岗位职责中。这种分解构成了企业经营目标体系,而每个部门、每个岗位就要为自己肩负的 KPI(关键绩效指标)而努力工作。我国的情况是,一部分企业的基础管理十分薄弱,企业的目标体系很不完善,这样,性能目标不能定性、定量、全面准确地考核岗位承担的工作,导致人浮于事,盲目行事,失去责任感。在进行诊断的时候,可以按岗位、部门、企业来统计绩效问题,并针对关键部门或关键岗位,从不明确和不合理两个方面对企业经营目标设定的情况进行进一步总结,归纳分析发现的问题。

4.4.2 职能分工问题的诊断

对于企业职能分工方面的问题,可以从以下几个方面进行诊断。

1. 核心职能不突出

核心职能不突出属于企业业务定位的问题,企业应当根据经营目标、企业特点以及当前状况,突出一两项职能,或以质量管理为核心,或以生产管理为核心,或以市场营销为核心。一方面,企业其他职能都应当围绕核心职能展开;另一方面,企业的核心职能也会随企业的发展以及周边环境的变化而变化。

2. 分工没有落实到岗位

根据经营目标的要求,应该将其子目标分解到部门及岗位,而现实情况往往是有分工却没有当事人,这样,一方面无法实现企业的经营目标,另一方面无法建立责任体系。

3. 没有彻底描述职责细节

在企业管理中,应当将每项职责分解成原子级工作步骤,否则,一旦职责、完成步骤描述不清,将会对工作缺乏足够的指导,难以落实工作职责,失去考核尺度。

4. 责、权、利不平衡

每个岗位承担的责任,一方面要与赋予的权力相配,另一方面要与获得的奖励相符,否则有责无权将无法贯彻工作,使岗位形同虚设,难尽其责,有权无责地发号施令会使责任无人承担,干扰正常的工作秩序,造成人浮于事,利益与权责不相符,无法调动工作积极性。

5. 基础标准规范不齐全

齐全的基础标准规范都可度量工作能力与约束条件,为量化企业工作提供可操作的依据,缺少财务、薪酬、设计、设备等方面的基础数据规范,基础标准规范不齐全常常是导致企业工作混乱的首要原因。

6. 管理层次不合理

从权力分配上来讲,必须在决策层、管理层、执行层中合理分配职责;否则,管理层次过多,将增加工作的烦琐度;管理层次过少,管理幅度过大,将对管理者的精力、能力造成极大的挑战,首尾难顾。

4.4.3 业务流程问题的诊断

业务流程方面的问题也是工作协作的问题,针对每个业务流程,可以从以下五方面寻找问题。

1. 计划、执行、检查、改进环节不齐备

完整的流程环节应该是一个 PDCA：plan（计划）、do（执行）、check（检查）、action（改进）。有了完善的改进质量环节，才能保证工作有条不紊地进行；否则，流程没有计划，将使工作陷入困境，计划没有有效执行，计划将成一纸空文；没有必要的检查环节，将无法掌握工作状态，失去对过程的控制；没有适当的改善环节，不进行必要的因果分析，工作问题将积重难返。

2. 流程环节没有落实到岗位

在业务流程中，每个环节都应该有责任人，否则，或是相互推诿，或是临时指派任务，匆忙上阵、责任不清将导致出错。

3. 流程时断时续，顺序不固定

在业务流程中，连续固定的流程顺序体现了管理纪律的严肃性，保证流程前后衔接，一气呵成，将工作秩序置于固定的轨道上，否则，流程中断会使具体工作难以进行，匆忙决定工作方向，一方面会降低工作质量，另一方面会造成效率低下，工作程序多变将使工作秩序失去严肃性，朝令夕改，工作经常处于动荡之中。

4. 流程中没有专事专人

每件事由专人负责，否则，多头管理将使后续工作手忙脚乱，无所适从，这种情况以指令性工作居多；工作分散，体现在时间、地点、责任人方面，将影响工作节奏，业务难以衔接，这种情况以事务性工作居多。

5. 没有有效控制关键环节

对企业利益有直接影响的是关键环节，主要是审核，如果没有对这种环节进行有效合理的控制，就会出现关键环节失控，使管理出现盲区，造成管理漏洞，关键环节重复控制，审核迟缓会使工作效率低下，影响整体工作顺利进行。

4.4.4 业务信息问题的诊断

业务信息包括工作记录与统计报表，一般针对每个业务流程中的业务信息，可从以下几方面寻找问题。

1. 工作内容没做记录

工作记录成文将使工作有据可依、有史可查，否则，不做工作记录，表面上你好我好，最后是一团糟。

2. 工作记录没做统计分析

不对工作进行全面深入的统计分析，管理者将无从把握业务工作的进展情况，缺乏经营决策的依据。

3. 业务信息没有共享

在业务信息没有共享的情况下，信息的承载作用将无法发挥，不能促进资源共享，人与人之间正常的信息沟通将无法进行，最后难免各自为政、各行其是。

4. 业务信息没用表格记录

使用便条记录工作情况,随意性太强,无法体现责任心;而用文件无法条理地描述工作内容,难以保证信息有条理、清晰、准确、量化。

4.4.5 综合管理问题的诊断

综合管理问题存在于跨部门的业务工作中,这方面的问题可以通过对信息流进行分析得到,业务信息包括了工作记录和统计报表,可以针对每个业务流程中的业务信息,从以下几方面寻找问题,予以归纳,并记录在案。

(1) 管理空白,体现在表单栏目没人增改;
(2) 管理交叉,体现在一张表单栏目多人增改;
(3) 管理无效,体现在表单栏目没人利用;
(4) 管理分散,体现在一张表单多人增改;
(5) 管理烦琐,体现在表单在某一岗位轮回增改多次;
(6) 审核冗余,体现在一张表单多人重复审核;
(7) 控制冗余,体现在计划与执行表单重复审核。

4.4.6 企业资源配置问题的诊断

企业的资源由人、财、物构成,其整合的目的是优化企业资源配置。企业资源整合优化的方式与企业所处的行业有关,下面以典型的制造业企业为例来说明,在资源整合提升中如何寻找企业竞争能力的出路。

1. 物流运作未作整合优化

在制造业中,物流运作整合优化的目的是根据生产要求,将原材料在合适的时间送达合适的地点,确保采购库存最小;否则,原材料库存积压,将占用生产资金,影响企业周转,供应不及时会导致停工待料,影响生产进度。

2. 设备运作未作整合优化

设备运作整合优化的目的是根据生产要求,综合利用设备,发挥最大生产潜能;否则,若设备能力考虑不周,将出现部分设备生产能力瓶颈,而其他设备暂时闲置,导致整体效率低下。

3. 成本运作未作整合优化

成本运作整合优化的目的是追求整体运行成本最小。不追求成本最小化和效益最大化,将很难保证企业在市场上的竞争力,因为从某种意义上来说,企业的竞争实际上是成本的竞争。

4. 资金运作未作整合优化

如果资金运作未作整合优化,就达不到整体投资效益最大的目的,造成好大喜功、盲目投资,很容易使企业一蹶不振。

5. 研发运作未作整合优化

研发运作整合优化的目的是使研发工作上承市场需求,下接企业生产能力,多方位整合企业内部资源,充分发挥企业潜能;否则,不重视市场的研发难免闭门造车,不关心与生产工艺的衔接,研发很难与生产系统及时沟通,会使工作衔接不畅,很难发挥企业潜能。

6. 营销运作未作整合优化

营销运作整合优化的目的是通过市场开发、定义产品、打通渠道、推荐产品,实现全程营销;否则,不注重市场分析,不重视客户开发的企业将难以持续发展。

7. 供需运作未作整合优化

供需运作整合优化的目的是采用供应链管理方法,与上、下游企业紧密合作,打造产业生态链,达到多赢目的;否则,上、下游企业间过度挤压,会使企业生态链处于病态,最后使得企业的其他环节受到严重影响。

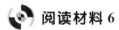 阅读材料 6

企业开发 MIS 误区之一:预期过高与太过悲观

一方面,企业或公司在开发信息化项目之初,都会预期过高,认为开发了一套管理信息系统就万全了,所有问题都可解决了,其实,这是一个很大的误区。当然,好的管理信息系统有助于提升管理的水平,有助于科学机制的运行,也有助于创新活动的开展。但无论多么好的管理信息系统,都不可能替代人的工作。指望管理信息系统可以自动解决所有管理问题或自动提升管理水平,是不现实的,也是不合理的。

另一方面,与预期过高相反,对管理信息系统的作用太过悲观,没有信心,对信息化建设所带来的效用没有充分认识,认为管理信息系统只是一款普通的工具,甚至认为"一切信息都没有什么用",这也是一个很大的误区。之所以将这两个误区放在一起,是因为它们的本质是一样的,都是对信息化的作用缺乏理性认识的表现。

实际上,管理信息系统并不是一款普通的工具,所以我们不应该忽视它的作用。它是一款革命性的工具,正如汽车这类工具一样,它会给人们工作生活的各个方面都带来革命性的变化。对于管理信息系统正确的观点应该如下。

(1) 管理信息系统是一款工具。我们既不要夸大它,不能认为它是万能的,也不要低估它,认为它只是一款普通的工具,甚至认为它是无用的工具。

(2) 管理信息系统应该是一款能带来革命性变革的工具,它能带来管理水平的提升,但它本身并不等同于现代管理。

(3) 管理者的工作不会因为它的出现而消失,只会因为它而提升工作效率。

阅读材料 7

企业开发 MIS 误区之二：任何时候都不应让使用者增加工作量

任何时候都不应让使用者增加工作量有以下几点情况。

(1) 不愿意为信息化工作付出更多的精力。

(2) 系统上线，发现工作量增加了，就更不能接受。

(3) 认为人工那么便宜，多雇些人不就好了？所以不需要信息化！

为了说明这个误区，比如买私家车，买私家车的目的应该是提高家庭生活质量。为了提高生活质量，你必须要学会开车，要操心车的卫生、停放、加油、维修保养、换轮胎等工作。因为你多做了这些工作，就可以周末与家人去郊游，和亲戚朋友有更多更方便的聚会。虽然你的家庭生活质量提高了，但对你个人而言就未必。准确的说法应该是：有私家车，会让你以更轻松的方式提升家庭生活质量，但相对于你原来较低的生活质量，你或许更辛苦了！

管理信息系统就像私家车，在其建设初期，工作量的增加是必然的，就像你要付出额外的精力去学会开车一样。在管理信息系统运行过程中，局部环节个别岗位工作量的增加也是必然的，就像你要为私家车加油、换轮胎、维修保养一样。总体上，相对于其实现的更高管理水平而言，工作量一定是下降的；而相对于原来低的管理水平而言，工作量则未必是下降的。因此，我们应该有这样一个观点：管理信息系统的主要目标是以可接受的代价提高管理水平，使用管理信息系统可以去做以前要花很大代价甚至根本做不了的事，而不是在现有的管理水平下，让大家变得更轻松。轻松不应是目的，提升才是目的。管理信息系统的安装运行不直接等于管理的提升，要提升还必须付出一些劳动。比如，现在管理信息系统在试运行阶段，个别岗位或个人的工作可能都要实行双套制。毫无疑问，相对于以往工作来说，工作量会大幅度增加；但也毫无疑问，随着管理信息系统化的逐步深入，我们的工作会变得越来越轻松，我们的服务水平也会大幅度提升。

4.5 需求定位

需求定位阶段将体现企业竞争力的管理模型，阐述对信息化的宏观和微观需求，所用素材包括现状调查、管理诊断的企业业务分析内容，在具体操作中要求将满足效益目标的宏观管理水平定位为切入点，有的放矢地设计管理模型，进行微观管理操作。需求定位阶段的工作应由信息部门经理主持，交各部门经理完成并汇总。

需求定位又称为需求分析，在企业业务分析基础上，阐述如何在信息技术的框架下进行宏观管理水平的需求定位、未来管理模型设计和微观管理操作的需求定位，从而实现以效益为核心的企业经营目标。本节中的宏观管理水平的需求定位包括针对管理纪律的严明程度和资源配置的优化程度两方面；未来管理模型设计包括组织结构、业务流程和业务信息等；微观管理操作的需求定位包括功能需求、流程需求、数据输入/输出及使用方式的需求、人机界面样式需求、报表格式需求、安全需求、性能需求等。

传统的需求分析包括业务分析和需求定位，但没有把现状调查、企业诊断和需求定位分别作为单独的阶段提出来，说明其对这三项工作的重视程度不够。

4.5.1 宏观管理水平的需求定位

在管理竞争能力提升的基础上，深入分析管理问题，对企业管理竞争能力水平进行描述和判断，可以为进一步的管理模式再造提供充分依据。如前所述，企业管理水平可分为四大级别，即分工合同化、流程轨道化、信息表格化和资源集成化，通过调查获得有关企业经营目标职能分工、业务流程、业务信息、资源整合等方面的第一手材料，这样就可以比较客观地得到企业管理竞争水平的结论。从第一级开始，如果哪一级存在10种以上的问题，那么可以断定企业管理竞争能力就处于这一级别，在随后展开的管理竞争能力模式再造工作中，可以把这一级别的工作作为首要工作。企业管理竞争能力明确了企业现阶段所处的管理等级后，再结合企业经营效益目标和企业现有的资源状况，可以在宏观管理水平上对企业的需求予以定位。企业的信息化建设一般分为六个等级，只有对当前的信息化建设设定理想的级别，信息化工作才会有的放矢，井井有条，既不会急功冒进，也不会缩手缩脚。信息化需求定位要求企业对当前落后的管理模式进行调整，因为大部分企业现有的管理模式与市场提供的管理信息化产品所代表的模式是有差距的，现实的做法是通过建立可持续发展的企业管理模型，通过业务流程再造(BPR)来重塑自我。

4.5.2 企业的未来管理模型设计

确定了企业宏观管理的需求定位之后，需要针对这一定位设定相应的企业模型。在企业模型中，性能视图、功能视图、组织视图、流程视图、信息视图，都是它的一个方面。另外，企业模型的建立和运用，实现过程也就是企业信息化建设的过程，这样可以得出企业模型的三视图，如图4-8所示。

企业的现状建模与未来建模的描绘方法基本相同，其具体步骤如下。

1. 设计经营目标分解体系

根据对企业宏观管理水平的需求定位，再结合企业的竞争力，可以将经营目标以KPI(关键绩效指标)的形式层层分解，形成经营目标分解体系树。

2. 设计权力结构

为了满足企业经营目标的要求，应当根据实际情况确定企业未来的权力结构，即

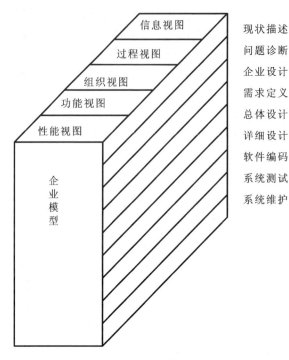

图 4-8　企业模型的三视图

确定其是直线指挥制、职能指挥制、直线参谋制、矩阵结构还是它们的混合体。

3. 设计分工组成结构

按公司、部门、岗位、职责、步骤方式分解,形成分工组成结构树。公司可以包括子公司,部门可以包括子部门,职责可以包括子职责,步骤可以包括子步骤。

4. 设计职责执行流程的主框架

采用职责执行流程图来描述完成每项岗位职责的工作步骤之间的各种逻辑关系,形成主框架。

5. 设计业务协作流程

采用业务协作流程图来描述岗位之间的工作联系以及传递的业务信息。

6. 进行业务信息的分类

以部门为单位划分业务信息类别,实现分门别类的管理。

7. 设计业务信息内容

详尽描述业务信息的每一个栏目名称。

8. 完成职责执行流程设计

其工作要点包括:建立与业务协作流程图的衔接,描述对信息的操作,在职责执行流程图中进一步详述每一步骤对业务信息的操作、编写、更改、删除、审查与使用,在此基础上,以业务岗位为单元设计信息处理权限结构。

9. 设计业务信息关系

详尽描述业务信息之间的关系。

10. 设计业务信息处理权限

在职责执行流程图的基础上，以业务岗位为单元，归纳整理形成业务信息处理权限图。

11. 设计业务信息共享关系

在业务协作流程图和职责执行流程图的基础上，以业务信息为核心单元，归纳整理形成业务信息共享图。

4.5.3 微观管理操作的需求定位

与宏观管理水平的需求定位相结合，彻底描述企业的分工结构、业务流程、业务信息，将面向管理操作方面的需求一网打尽。微观需求是一个不可分割的整体，它包括功能需求定位、流程需求定位、数据需求定位、操作界面需求定位、报表格式需求定位、性能需求定位、安全需求定位等。

1. 功能需求定位

功能需求定位阶段要确定哪些部门、哪些岗位、哪些职责、哪些步骤需要计算机的帮助。通过功能需求定位，可以精细到对业务信息的栏目进行编制、更改、删除、审查、使用等，并在此基础上实现单一事项信息化功能需求定位，如图4-9所示。

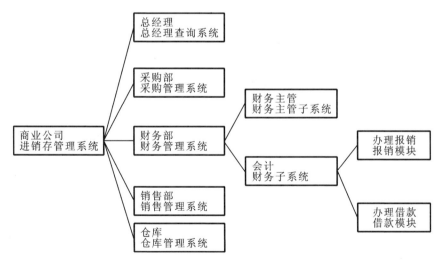

图 4-9 功能需求定位图

2. 流程需求定位

流程需求定位阶段要确定哪些业务流程、哪些流程环节需要计算机化。通过流程需求定位，界定哪些流程之间需要采用计算机实现业务信息的共享，哪些流程之间需要采用计算机实现资源优化配置,在此基础上将实现单元业务信息化,集成业务信息化。流程需求定位图如图 4-10 所示。

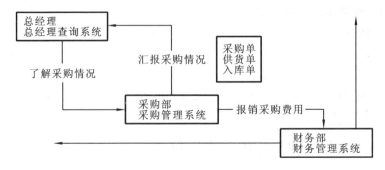

图 4-10　流程需求定位图

3. 数据需求定位

数据需求定位阶段要确定哪些业务单据需要计算机输入,哪些业务报表需要计算机输出,这其中包括输入/输出的详细内容。

4. 操作界面需求定位

操作界面需求定位阶段内容主要包括数据输入和查询等人机界面的外观形式。

5. 报表格式需求定位

报表格式需求定位阶段内容主要包括打印输出的单据与报表的外观形式。

6. 安全需求定位

安全需求定位阶段内容包括单机安全、网络安全。

7. 性能需求定位

性能需求定位阶段内容包括单机、网络传输的响应速度以及存储容量的需求。

 阅读材料 8

企业开发 MIS 误区之三:信息化是好东西,因此所有人用起来都应该说好

这个误区的表现如下。

(1) 忽视理念的培养,忽视制度的约束,想当然地认为大家都会接受。

(2) 当有人说不好时,就会产生怀疑,甚至半途而废。

实际上,好东西,未必人人都会说它好;好东西,未必每个人都会接受它,更不要说自动接受它。

尤其重要的是,管理信息系统有三个内在特征,因此注定不会人人都说好。这三个特征如下。

(1) 因为管理信息系统都会对工作的流程进行优化操作,受到影响的人,很难说它好。

第 4 章　管理信息系统的规划

（2）管理信息系统作为一种新的技术，必然会改变人们传统的工作习惯和工作方式，因为惰性、对新事物的恐惧、学习新技能的成本等，都会导致有部分人去指责它。

（3）正如"管理"本身不会完美一样，管理信息系统也永远不会是完美的。有瑕疵，就会有指责。

因此，作为决策者，一定要正确对待信息化建设过程的反对之声，不要简单地以为好东西就会自动被大家称道和接受，有指责之声，就会有动摇对信息化的观念。而要加强理念的培养，制定科学严谨的实施方案，在关键之时、困难之时更要发挥领导者坚强意志的作用。

本章小结

系统规划是系统开发的第一步，其重要作用是保证管理信息系统支持组织的长期战略发展，有效地管理企业的信息资源。常用的规划方法很多，但有效的方法需要针对企业的具体情况进行选择。

本章要掌握的要点有：企业管理的战略目标有哪些；信息系统规划的定义、内容及如何通过系统的规划来获得企业的竞争优势；项目筹划要明白在这一过程做什么，包括企业资源的状况调查、竞争能力评估和企业效益分析等；企业诊断环节，要明白企业在经营目标的分工、业务流程、业务信息、综合管理和资源利用等方面存在哪些问题；企业的需求定位，要明白核心竞争力的构建，企业主管最关心的性能指标以及符合企业需要的管理信息系统。

关键概念

企业战略　系统规划　规划项目　企业问题诊断　需求定位

简答题

1. 从管理信息系统的角度来说，企业战略管理目标有哪些？
2. 信息系统规划的含义是什么？信息系统规划的内容包含哪些？
3. 项目筹划主要做什么工作？
4. 企业资源状况调查什么内容？
5. 企业诊断主要诊断企业在哪些方面的问题？
6. 企业的需求定位要明白哪三个方面的问题？

综合案例 4-1

江大南路一觉烧菜餐厅管理信息系统

江西省南昌市江大南路的一觉烧菜餐厅是一家使用计算机点菜的连锁餐厅，生意格外好。顾客来到餐厅后,在计算机上进行选菜,计算机就会显示出餐厅所供应的品种。想吃什么菜,在上面轻轻一点,屏幕上就会出现菜的样子、价钱、原材料,以及菜中所含蛋白质和各种维生素的含量,供顾客根据自己的需求和口味情况选择。顾客点菜并付款后,计算机自动将选菜结果通知厨房进行配菜。计算机的使用,不仅给顾客提供了方便,而且使餐厅环境改观。

现在让我们看看该餐厅的管理信息系统是如何工作的。假定餐厅中整个业务流程设计成这样:所有计算机连成一个局域网,在餐厅、厨房、配餐间、收款处、经理室等都有终端。

当顾客来到餐厅时,由服务员携带一台掌上电脑到餐桌前打开点菜单,顾客选好后,点菜单的信息传送到后台服务器上,在该过程中系统会自动分类,根据顾客点菜的品种,直接将信息送到制作它的厨师那里。例如,顾客点的凉菜会送到凉菜配餐间的计算机上;酒水饮料会送到饮料室的计算机上;如果是炒菜,就送到厨房的计算机上。如果某菜的原料用完,厨师可以在厨房中通过计算机立即输入反馈信息,顾客点菜时,服务员马上就可以通知顾客某菜的缺货情况。顾客输入信息后,马上就可看到他点菜的总价格。通过餐厅的打印机也可以很快得到账单。上面列出所有顾客点的菜名、价格、采购量,系统能对销售额和各种菜的成本进行比较,从而可以进行成本控制。经理也可以看到一定时期内每道菜的销售情况,计算出它们在总销售额中所占的比例。经理可以根据这些信息来调整菜谱。

阅读以上案例,思考以下问题。

(1) 一觉烧菜餐厅包含哪些业务?

(2) 一觉烧菜餐厅的信息是如何发送的,又是如何加工、转换和传递的?

综合案例 4-2

黄经理的烦恼

黄经理一脸无奈,并重重地吸了几口烟,而后语重心长地说:"丽君,我是从小看着你长大的,我知道你看事很准,我也确实想对人事部进行一番信息化的建设。但是最近一段时间,人事部的很多人担心信息化的建设会使他们失业。看到他们我的心情也很沉重,但这并没有动摇我建设信息化的决心。不过他们又去找了公司的领导,而领导害怕人心浮动会影响企业的稳定,最终让我放弃信息化的建设。对于领导的决定,我也确实没有办法!"

黄经理非常想进行信息化建设,为何最后放弃了?

黄经理看了丽君对将要开发的新系统的可行性研究分析后,最后放弃了。主要原因是系统开发工作不具备相应的操作可行性,企业部门不具备接受和使用新系统的条件。管理层、员工不愿意使用和支持这个系统,管理信息系统的建立可能会导致某些制度,甚至管理体制的变动。对于这些变动,组织的承受能力影响着系统的生存,尤其是从手工系统过渡到人机系统,这个因素影响更大。领导者不积极参与,中下层怕改变工作性质,由于惰性或惧怕心理而反对采用新技术,是黄经理最后放弃的关键原因。

阅读以上案例,思考以下问题。

(1) 你认为丽君在系统分析阶段应做哪些分析?

(2) 要不要分析企业的业务流程和企业现状?为什么?

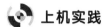
上机实践

1. 供应链管理模块训练

(1) 查询某企业的物料类别与档案,了解不同物料的相关信息。

(2) 设置工厂日历,厂休安排设置为周日,其余时间为工作日。

(3) 查询工序目录、车间目录和班组维护记录。

(4) 将面板组装甲班的刘丽从人员名单中删除。

(5) 查询物料清单,了解主机箱的物料组成。

(6) 查询工作中心卡片,了解各个车间的相关情况。

(7) 查询工作中心资源,了解各工作中心的资源情况。

(8) 对主机箱的工艺流程进行查询验证。

(9) 对MPS进行设置,计划跨度为10,计划周期为周,预测量输入根据生产大纲平摊。

(10) 查询设备组维护与设备停机原因维护的相关情况,并添加一种停机原因为"人为停机"。

(11) 登记采购设备名为面板机床,规格型号为123,设备组为车床组,使用部门为生产部,数量为2台,单价为20万元,保修日期为365天。

(12) 查询设备档案中,面板机床是否在车床组。

(13) 根据系统提供的主机箱的年度生产大纲,生成主生产计划、物料需求计划,并下达生产任务。其中需求时界设置为1,计划时界设置为2。

操作说明如下:供应链管理(生产计划管理)部门是企业实现资源合理配置的核心部门之一。供应链管理子系统是为了解决企业生产中"生产什么,什么时候生产,生产多少,需要什么,什么时候需要,需要多少"的问题,通过对要生产的产品各个环节进行细化,来保证生产的连续性和及时性。供应链管理系统包括BOM、工艺流程设置、企业的中长期计划(生产大纲)、主生产计划、粗能力分析、物料需求计划、能力需求计划等内容。其主要任务是根据系统采集的产品需求信息,包括接收到的订单和生产大纲的预测量,结合产品的生产制造数据以及企业的生产能力数据,对一段时期企业的采购、库存,以及生产任务等进行合理的安排,从而保证企业生产的连续及时,降低企业的生产成本,提高利润率(见图4-11)。

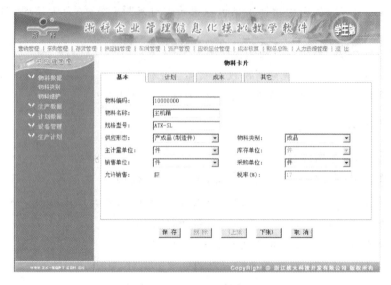

图4-11 "供应链管理"界面

2. 业务流程

供应链管理主要业务流程如下。

(1) 查看并设置物料、生产以及计划等基础数据。

(2) 中长期计划(生产大纲)维护。

(3) 编制主生产计划。

(4) 参照粗能力分析维护主生产计划。

(5) 根据主生产计划编制物料需求计划。

(6) 参照能力需求分析下达生产计划。

(7) 查看汇总一段时间内的生产任务,并下达到车间。

供应链管理业务流程图如图4-12所示。

3. 功能与操作

1) 物料数据

物料类别维护:物料分类的维护(见图4-13)。

物料档案:物料是一个广义的存货概念,包括各种原辅材料、包装物、半成品、产成品等(见图4-14)。物料信息是企业重要的基础数据,用户可以在"物料类别维护"页面中完成对系统中所用物料的维护。

可添加新的物料,也可选择已经存在的物料查看或者修改相关信息(见图4-15)。

项目说明如下。

第 4 章 管理信息系统的规划

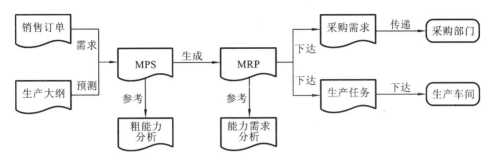

图 4-12 供应链管理业务流程图

图 4-13 物料类别维护

物料编号	物料名称	规格型号	ABC分类	主计量单位
10000001	机箱架	LX-A145	B	件
10000003	挡板	B-132	C	件
10000004	P/R按键	B-132	C	件
10000006	线材	ULP	C	件
10000007	面板主体	ATX-LXA	B	件

图 4-14 物料档案

(1) 基本。

物料编码：用于唯一标识物料，系统自动生成。

物料名称：用于物料正式名称。

规格型号：用于描述信息。

供应形态：可分为产成品（制造件）、半成品（制造件）和零件（采购件）。在设置 BOM 及工艺流程的时候根据该分类进行维护。BOM 中叶节点表示零件，零件不能

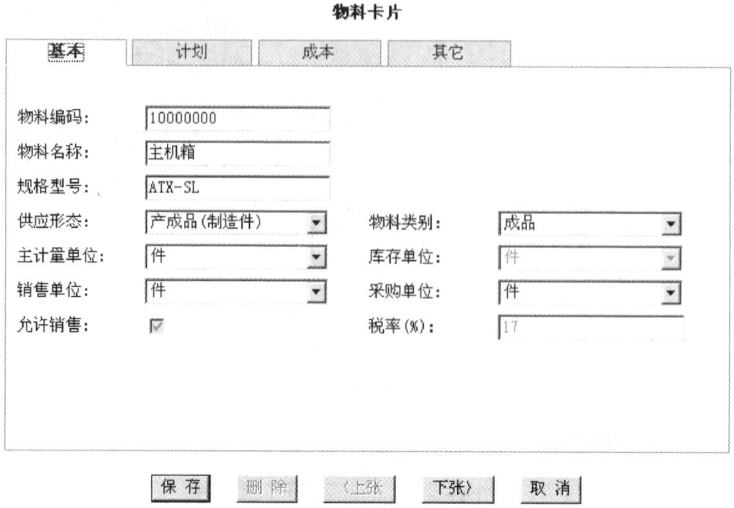

图 4-15 查看或修改物料的相关信息

有子物料也不能设置工艺流程,而半成品和产成品表示子物料和工艺流程。

物料类别:物料类别中的物料分类。

主计量单位:物料最基本的单位,在存货管理中设置单位。

库存单位:一般为主计量单位。

销售单位:销售业务中使用的计量单位。

采购单位:采购业务中使用的计量单位。

允许销售:物料是否允许销售,系统中默认只有产成品才允许销售。

税率(%):物料的购销税率,默认为17%。

(2) 计划。

ABC 码:物料分类方法,根据物料的重要性分类。

单位存储费用:单位物料一年的存储费用。

最大库存:该物料正常情况下的最大存储量,超出该库存的物料可以在超储告警功能(库存管理模块)中查询到。

安全库存:物料在正常情况下必须保留的库存量,如果实际库存低于该数量,则会在短缺告警(库存管理模块)中查到。该数量是进行物料需求计划计算的重要参考数据,在生产计划的 MRP 运算中也会使用它。

盘点周期:库存盘点的时间周期天数。

采购提前期:从开始采购到物料到货的时间间隔。

消耗速度:物料一年的消耗量。

补货点:定量库存控制模型中需要补充库存时的物料库存数量,系统会根据采购提前期、物料消耗速度,以及安全库存量自动算出。

单位采购费用:单位物料采购一次的平均费用。

采购周期:定期库存控制模型中两次检查库存的间隔时间。

采购批量:定量库存控制模型中采购产品的批量,系统会根据单位订货费用、消耗速度以及单位存储费用自动给出,在生产计划排产时使用。

生产批量:生产中的最小批量,在生产计划排产时使用。

总装提前期:生产该物料从投入生产到最后产出的时间间隔。

是否MPS项:如果是MPS项,则在生产计划中可以作为主生产计划下达生产的物料,系统默认物料均为MPS项。

(3) 成本。

计价方法:核算物料成本的方法,包括移动平均价法、全月一次加权平均法、先进先出法、后进先出法、个别计价法和计划价格法。在开始建账之前,一定要确定好该类物料使用何种计价方法。一旦物料有了期初余额或开始处理业务,计价方法就不能再修改。在系统中默认为移动平均价法。

最新成本:物料的最新成本价格。

计划价:采用计划价格法的计划价格。

最新成本时间:物料最新成本的形成时间。

(4) 其它。

记账归类:物料登记总账的科目类别。

入库检验:设置该物料入库时是否需要通过质量检验。

2) 生产数据

工作日历:企业内的作息时间不同于社会上的公历日期,这样就要编制工作日历,用于说明企业内的工作日情况,同时用于生产计划的安排,按工作日排产(见图4-16)。

用户可以在"工作日设置"窗口中添加新的工作日来调整记录及调整厂休的设置,厂休设置调整后要进行保存(见图4-17)。

注意:工作日设置改变后不能立刻生效,需要返回"工作日历"窗中中重新生成厂历。

用户可以在"厂历浏览"中浏览到生成的厂历表(见图4-18)。

工序目录:录入维护企业生产车间的工序(见图4-19)。

车间目录:录入维护企业生产车间的资料(见图4-20)。

班组维护:录入企业车间维护班组的资料(见图4-21)。

班组组成:由每个维护班组的员工组成(见图4-22)。

点击"设置"按钮,进入"班组员工设置"页面,通过点击"添加""删除"按钮选择班组的组成员工,按"确定"按钮保存该设置(见图4-23)。

图 4-16 按工作日历进行排产

图 4-17 在"工作日设置"中添加新的工作日

图 4-18 在"厂历浏览"中浏览生成的厂历表

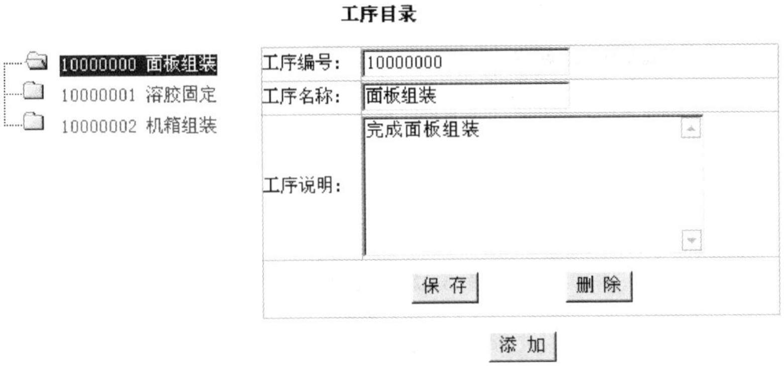

第 4 章 管理信息系统的规划

图 4-19 录入维护企业生产车间的工序

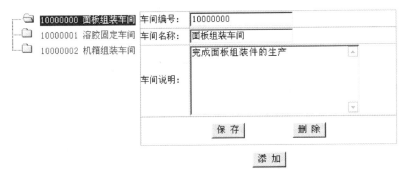

图 4-20 录入维护企业生产车间的资料

图 4-21 录入维护企业车间班组的资料

图 4-22 班组组成

图 4-23 "班组员工设置"页面

3) 计划数据

物料清单:物料清单(bill of material,BOM)是产品结构的技术性描述文件,它表明产成品、半成品直到原材料之间的结构关系,以及每个产品所需要的下属部件的数量(见图 4-24)。BOM 是生成 MRP 的基本信息,是联系 MPS 与 MRP 的桥梁,物料的工艺路线可以根据 BOM 生成产品的总工艺路线,同时,BOM 还为生产车间配料等提供依据。

设置物料清单,首先选择要设置的上级节点,点击"下级增加"按钮,为该节点增加新的下级物料,或者选择"删除"按钮删除当前叶节点。BOM 设置完成后,可以点击"验证"按钮对 BOM 设置进行合理性检验(见图 4-25)。

工作中心:工作中心是一个生产能力单元,是成本核算的基本单元。一台功能独

图 4-24 物料清单

图 4-25 进行 BOM 设置

特的机床、一组功能和效率相同的设备、一条生产(或装配)线、一个班组、一个生产单一产品的封闭车间都可以成为一个工作中心。其中包括能力数据、成本数据以及自身的基本数据。工作中心与工艺过程对应,一般一道工序对应一个工作中心。

工作中心是企业信息化系统的基本加工单位,是进行物料需求计划与能力需求计划预算的基本资料,也是定义物品工艺路线的依据。在定义工艺路线之前必须确定工作中心,并定义好相关工作中心数据。工作中心还是车间任务安排的基本单元,是完工信息和成本核算信息的数据采集点。工作中心卡片如图 4-26 所示。

工作中心卡片中各项说明如下。

中心编号:工作中心的唯一标识。

中心名称:工作中心的名称。

所属车间:工作中心所属的车间。

决定因素:工作中心能力的决定因素,在人工与设备之中选择。

并行设备数:属于该工作中心的并行设备数(在"工作中心资源"中设置)。

人员每日班次:工作中心人员每天的班次(1、2、3 班)。

每班工时:工作中心每个班次的工作时间,系统默认为 8 小时。

每班人数:每个班次的员工数。

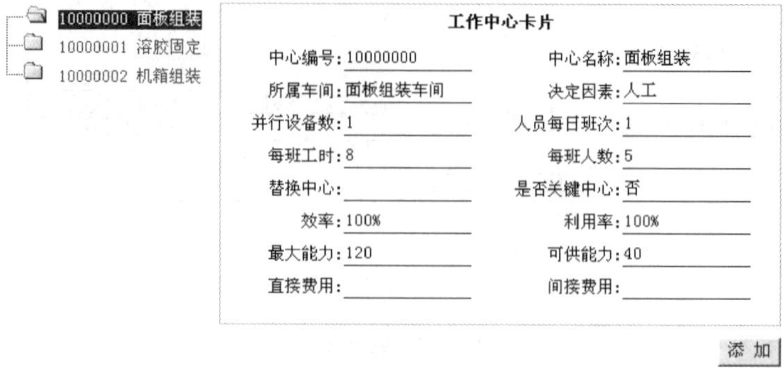

图 4-26 工作中心卡片

替换中心：替换工作中心。

是否关键中心：在系统中专门标识关键工作中心，关键工作中心也称瓶颈工序，是运行粗能力计划的计算对象。

效率：工作中心的生产效率。

$$效率＝完成的标准定额产量/实际完成的产量$$

利用率：工作中心的利用率。

$$利用率＝实际直接工作时数/计划工作时数$$

最大能力：工作中心满负荷的最大工作能力，工作中心的决定因素如果是设备，最大能力＝设备数×24×中心效率×利用率；如果决定因素是人，则必须输入每班人数，最大能力＝人数×24×中心效率×利用率。

可供能力：工作中心的实际可供能力，工作中心的决定因素如果是设备，可供能力＝设备数×每日班次×每班时数×中心效率×利用率；如果决定因素是人，可供能力＝人数×每日班次×每班时数×中心效率×利用率。

直接费用：生产加工在工作中心每小时发生的直接费用，直接费用＝工作中心日所有发生费用/工作中心日工作时数。

间接费用：生产加工在工作中心每小时发生的间接费用，间接费用＝分摊系数×车间发生的间接费用/工作中心日工作时数。

工作中心资源：工作中心的能力是由工作中心的设备和人员班组决定的，用户可以在"工作中心资源"中为工作中心设置相应的资源。决定因素是设备的工作中心必须添加相应的设备，系统会根据添加的设备资源自动改变工作中心的能力数据（见图4-27）。

在"工作中心资源"中，点击"设备添加"按钮，向工作中心添加设备资源，点击"班组设置"按钮设置工作中心的班组（见图4-28）。

工艺流程设置：工艺流程主要说明物料实际加工和装配的工序顺序、每道工序使

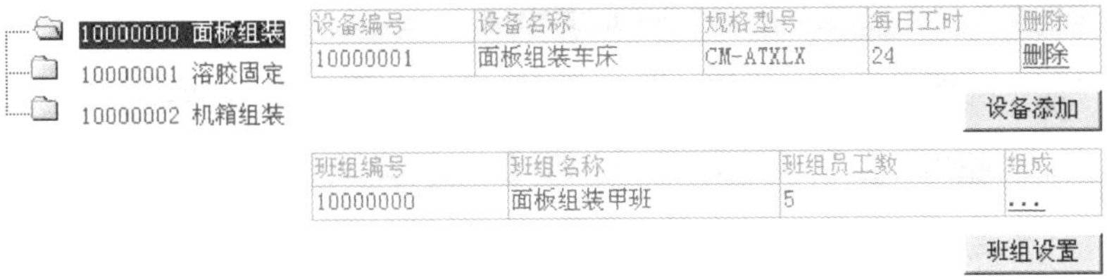

图 4-27　在"工作中心资源"中为工作中心设置相应的资源

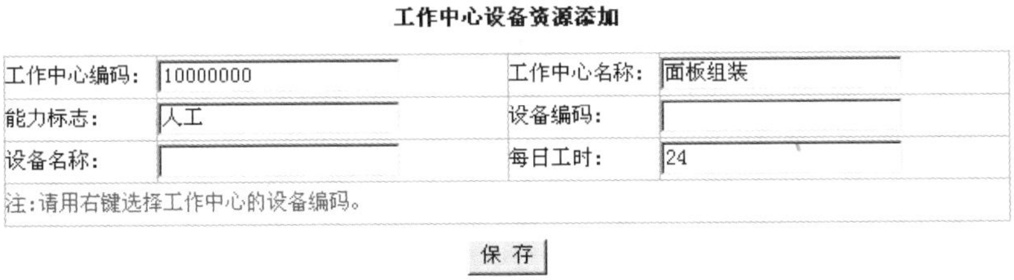

图 4-28　在"工作中心资源"中添加资源

用的工作中心、各项时间定额。工艺流程主要用于能力需求计划的分析计算、平衡工作中心的能力、计算 BOM 相关物料的提前期,以及下达车间的作业计划等(见图 4-29)。

图 4-29　物料工艺流程设置

　　选择需要设置工艺流程的产成品或半成品,点击"设置"按钮,进入"工艺流程设置"页面(见图 4-30)。一般情况下,每个物料只设置一道工序。选择好工序名称、工作中心并填写好工作中心时间和传送时间,然后保存就可以了。

　　工艺流程报表:进入"工艺流程报表"页面,可以查看产成品的完整工艺流程,还可以验证工艺流程的完整性(见图 4-31)。只有验证通过的工艺流程才可以用来编制生产计划,工艺流程一旦投入使用,就不能再更改设置。

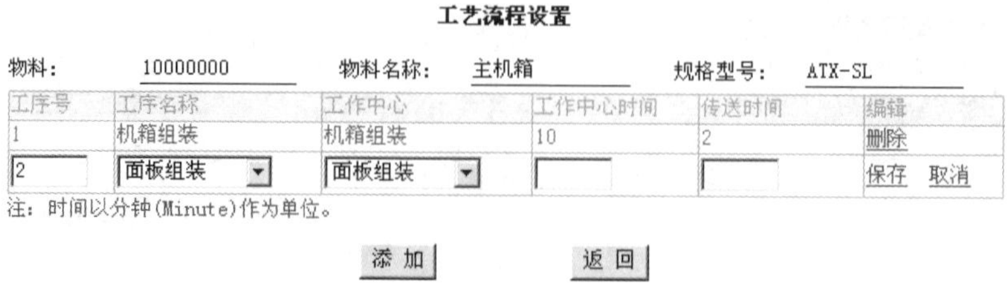

管理信息系统（第二版）

图 4-30　"工艺流程设置"页面

图 4-31　"工艺流程报表"页面

主生产计划设置：用于设置主生产计划的编制规则。系统默认为固定批量规则，计划周期为周，计划跨度为 10 个周，预测量输入依据生产大纲平摊（见图 4-32）。

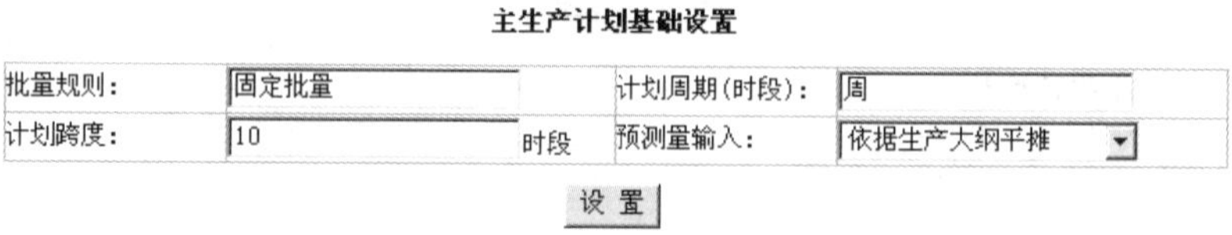

图 4-32　"主生产计划基础设置"页面

4）设备管理

设备组维护：对系统设备分组进行维护（见图 4-33）。

停机原因维护：对设备的停机原因进行维护（见图 4-34）。

设备档案：录入设备档案的期初基础数据（见图 4-35）。

设备采购登记：登记日常的设备采购（见图 4-36）。

设备档案：生产设备档案列表（见图 4-37）。

5）生产计划

年度生产大纲：中长期计划一般是企业在年初制定的本年度生产计划，即为系统的年度生产大纲（见图 4-38）。中长期计划是生产需求的一个依据。

编制新的年度生产大纲时，只需要选择计划物料，填写物料的年初库存、年初拖欠、年预测量及目标库存，然后点击"编制"按钮，系统会按照填写的信息自动生成该

第4章　管理信息系统的规划

图 4-33　"设备组维护"页面

图 4-34　"停机原因维护"页面

图 4-35　"设备档案"页面

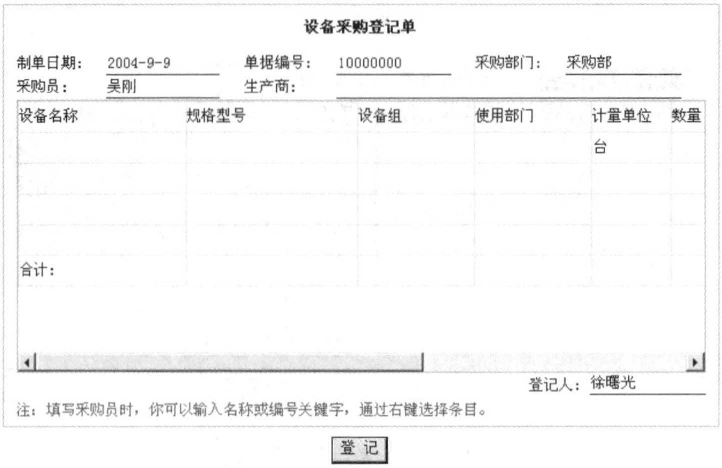

图 4-36　设备采购登记单

图 4-37　生产设备档案列表

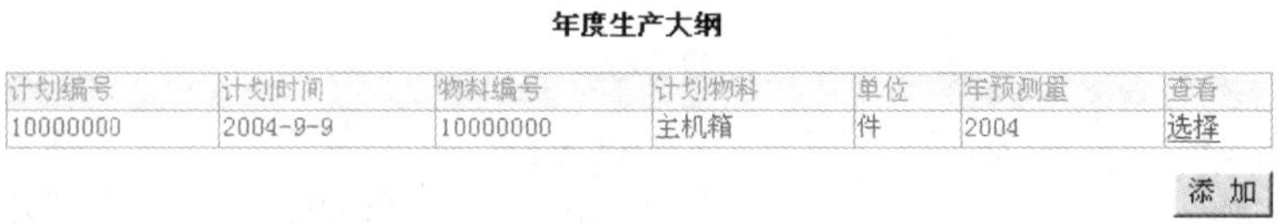

图 4-38　"年度生产大纲"页面

物料的年度生产大纲，确认无误后，保存即可（见图 4-39）。用户只能编制当前年度的生产大纲，而且不可以重复录入。

主生产计划：主生产计划（master production schedule，MPS）是确定每件具体产品在每个具体时间段的生产计划。主生产计划是一个重要的计划层次，可以说，企业信息化系统计划的真正运行是从主生产计划开始的。主生产计划的确定伴随着粗能力计划的产生，企业的物料需求计划、车间作业计划、采购计划等均来源于主生产计

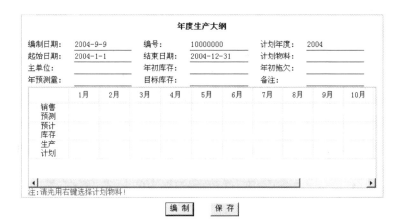

图 4-39　编制“年度生产大纲”

划，即先由主生产计划驱动物料需求计划，再由物料需求计划生成车间作业计划和采购需求计划（见图 4-40）。所以，主生产计划在企业信息化系统中起着承上启下的作用，实现从宏观计划到微观计划的过渡与连接。

主生产计划列表

计划编号	计划日期	计划员	物料编号	物料名称	开始日期	状态	查看
10000000	2004-9-9	千哲科	10000000	主机箱	2004-9-10	录入	选择

添 加

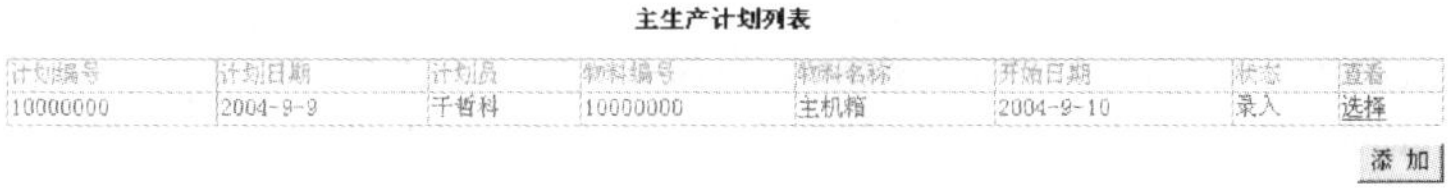

图 4-40　主生产计划列表

主生产计划必须是可以执行、可以实现、同时符合企业实际情况的计划，编制主生产计划的首要任务是确定企业在计划期各时间段内的需求数量，需求数量既包括已经确定的客户订单，还包括生产大纲的预测量，系统会将这两种需求自动计算得出。系统同时还提供手动输入预测量的功能，用户可以根据需要在计划数据→MPS设置里进行设置。用户在输入表头的相关数据（如果设置为手动输入预测量，还需要输入各周期预测量）后，按下“生成”按钮，系统会根据填写的数据信息，再结合销售系统的订单信息、生产大纲的预测量（设置为手动输入预测的可根据填入的预测量），以及产品的库存信息、计划信息等计算出产品计划周期内各个时段的预测量、订单量、毛需求量、计划接收量、预计可用量、净需求量、计划产出量、计划投入量与可供销售量。确认无误后就可以保存该主生产计划了（见图 4-41）。

“主生产计划”页面中的各项说明如下。

(1) 表头数据。

计划日期：编制主生产计划的日期。

计划编号：主生产计划的唯一标识。

物料编码、物料名称、规格型号、计量单位：计划产品的基本信息。

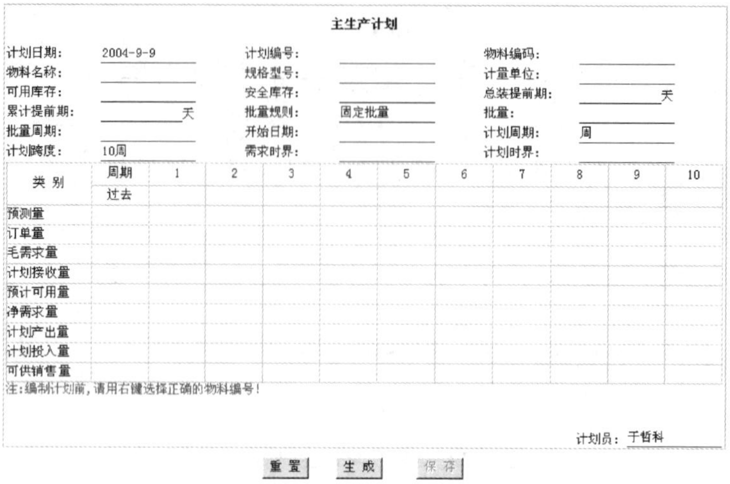

管理信息系统（第二版）

				主生产计划						
计划日期:	2004-9-9		计划编号:				物料编码:			
物料名称:			规格型号:				计量单位:			
可用库存:			安全库存:				总装提前期:			天
累计提前期:		天	批量规则:	固定批量			批量:			
批量周期:			开始日期:				计划周期:			周
计划跨度:	10周		需求时界:				计划时界:			

类别	周期	1	2	3	4	5	6	7	8	9	10
	过去										
预测量											
订单量											
毛需求量											
计划接收量											
预计可用量											
净需求量											
计划产出量											
计划投入量											
可供销售量											

注：编制计划前，请用右键选择正确的物料编号！

计划员：于哲科

[重置] [生成] [保存]

图 4-41 "主生产计划"页面

可用库存：计划产品的当前库存。

安全库存：计划产品的安全库存量。

总装提前期：产品从投入加工到装配完成的时间跨度。

累计提前期：通过 BOM 展开计算的零件的采购提前期加上产品的总装提前期。

批量规则：主生产计划编制使用的批量规则，系统默认为"固定批量"，即每次产品的生产数量必须是固定批量的整数倍。

批量：固定批量的数目。

批量周期：周期批量的最小生产周期。

开始日期：主生产计划的计划开始日期，该日期必须晚于当天。

计划周期：计划时间段的间隔，系统默认为周。

计划跨度：整个主生产计划的计划周期数。

需求时界：总装提前期所在时区与累计提前期内超过总装提前期的时区分界点。

计划时界：累计提前期所在时区整个计划跨度内超过累计提前期的时区分界点。

（2）表体数据。

预测量：生产大纲或手动填写的计划周期内的产品预测需求量。

订单量：销售系统中计划周期内的产品订单数量。

毛需求量：初步的需求数量。

计划接收量：前期已经下达正在执行中的订单，将在该计划周期内的产出量。

预计可用量：该计划周期的期末库存量，要扣除用于需求的数量，以平衡库存与计划。

净需求量：综合毛需求量、安全库存、期初结余以及计划产出量计算出的实际需求量。

计划产出量:当需求不能满足时,系统可根据设置的批量规则计算得到的供应数量。

计划投入量:根据计划产出量、提前期等计算出的投入生产数量。

可供销售量:计划周期的计划产出量与该周期的订单量之差。

编制的主生产计划列表如图 4-42 所示。

图 4-42 编制主生产计划列表

主生产计划初步编制完成后,用户可以查看计划的详细信息(见图 4-43)。

用户还可以查看粗能力分析报表,查看到该计划粗能力分析的情况(见图4-44)。

在粗能力分析报表中,对于超负荷的计划周期,系统将会用红色警示。如果用户对该主生产计划不满意,则可以点击"放弃计划"按钮,然后通过调整订单、改变预测、更改工作日历等方法,改变需求负荷或者中心能力,重新编排计划。计划满足需要后,点击"通过计划"按钮使该计划批准执行。批准执行的主生产计划才可以"生成 MRP",即展开为物料需求计划。

物料需求计划:物料需求计划(material requirement planning,MRP)与主生产计划一样处于企业信息化系统的计划层,由 MPS 驱动 MRP 的运行(见图 4-45)。MRP 是对 MPS 的各个项目所需的全部制造件和全部采购件的网络支持计划和时间进度计划,是生产计划的核心,它将把主生产计划排产的产品分解成各自制零部件的生产计划和采购件的采购计划。

MRP 必须根据已经批准执行的主生产计划并参照 BOM 以及物料相关信息展开得到。用户需要填写完整 BOM 中所用到物料的现有量(当前库存量)、分配量(已经分配不能动用的数量)、安全库存、批量(生产批量或采购批量),以及提前期(生产

主生产计划

计划日期	2004-9-9	计划编号	10000000	物料编码	10000000
物料名称	主机箱	规格型号	ATX-SL	计量单位	件
可用库存	100	安全库存	100	总装提前期	2 天
累计提前期	16 天	批量规则	固定批量	批量	10
批量周期	0	开始日期	2004-9-10	计划周期	周
计划跨度	10周	需求时界	1	计划时界	2

类别	周期过去	1 2004-9-10	2 2004-9-17	3 2004-9-24	4 2004-10-1	5 2004-10-8	6 2004-10-15	7 2004-10-22	8 2004-10-29	9 2004-11-5	10 2004-11-12
预测量		323	323	323	444	444	444	444	375	323	323
订单量		0	50	10	0	60	0	0	0	0	0
MPS计划		330	320	440	450	440	450	370	320	330	0

计划员：于哲科

[粗能力分析] [放弃计划] [通过计划] [生成MRP] [返回]

附表（计划订单列表）：

订单编号	客户	下单日期	交货日期
10000001	浙江天源电子	2004-9-8	2004-9-30
10000002	浙江智达科技开发有限公司	2004-9-8	2004-10-9
10000003	上海兆飞电子有限公司	2004-9-9	2004-10-8
10000004	浙江天源电子	2004-9-9	2004-9-20

图 4-43　查看主生产计划中的信息

粗能力分析

粗能力需求计划

关键中心	1	2	3	4	5	6	7	8	9	10	分析
10000002	3960	3840	5280	5400	5280	5400	4440	3840	3960		选择

粗能力分析报表

项目		计划周期									
关键中心	能力分析	1	2	3	4	5	6	7	8	9	10
10000002	需求负荷	3960	3840	5280	5400	5280	5400	4440	3840	3960	0
	中心能力	12000	12000	12000	0	12000	12000	12000	12000	12000	12000
	能力超/欠	8040	8160	6720	-5400	6720	6600	7560	8160	8040	12000
	负荷率%	33	32	44	∞	44	45	37	32	33	0

[确定]

图 4-44　查看粗能力分析报表

物料需求计划列表

MPS编号	MPS日期	MPS计划员	物料编号	MPS物料	开始日期	状态	查看
10000000	2004-9-9	于哲科	10000000	主机箱	2004-9-10	录入	选择

图 4-45　物料需求计划列表

提前期或采购提前期），如图 4-46 所示。

填写完整后，点击"生成/保存"按钮，系统会根据填写的数据信息自动进行物料需求计划的编排和保存（见图 4-47）。

在生成成功的 MRP 中，同样可以查看到其具体的信息。在 MRP 的详细信息中

第4章 管理信息系统的规划

物料需求计划生成

物料编码: 10000000　　物料名称: 主机箱　　计量单位: 件
规格型号: ATX-SL

类别 \ 周期	过去	1 09-10	2 09-17	3 09-24	4 10-01	5 10-08	6 10-15	7 10-22	8 10-29	9 11-05	10 11-12
MPS计划		400	400	450	0	0	400	400	300	300	0

物料编号: 10000001　　物料名称: 机箱架　　计量单位: 件
现有量: 100　　分配量: 0　　安全库存: 100
批量规则: 固定批量　　批量: 200　　提前期: 7

物料编号: 10000002　　物料名称: 机箱面板　　计量单位: 件
现有量: 10　　分配量: 0　　安全库存: 100
批量规则: 固定批量　　批量: 10　　提前期: 2

物料编号: 10000003　　物料名称: 挡板　　计量单位: 件
现有量: 100　　分配量: 0　　安全库存: 100
批量规则: 固定批量　　批量: 310　　提前期: 5

物料编号: 10000004　　物料名称: P/R按键　　计量单位: 件
现有量: 100　　分配量: 0　　安全库存: 100
批量规则: 固定批量　　批量: 155　　提前期: 5

物料编号: 10000005　　物料名称: 面板组装件　　计量单位: 件
现有量: 10　　分配量: 0　　安全库存: 100
批量规则: 固定批量　　批量: 10　　提前期: 5

物料编号: 10000006　　物料名称: 线材　　计量单位: 件
现有量: 100　　分配量: 0　　安全库存: 100
批量规则: 固定批量　　批量: 155　　提前期: 7

物料编号: 10000007　　物料名称: 面板主体　　计量单位: 件
现有量: 100　　分配量: 0　　安全库存: 100
批量规则: 固定批量　　批量: 200　　提前期: 7

[生成/保存]　　[返回]

图 4-46　生产物料需求计划

记录了每个计划周期所有相关物料的计划投入量,这将作为企业采购计划和车间作业计划的直接依据(见图 4-48)。

物料需求计划是否可以执行,是否能最终保证生产计划切实可行,还需要通过运行能力需求计划分析来最后确定。能力需求计划主要用来检验物料需求计划是否可行,以及平衡工作中心的能力和负荷(见图 4-49)。

用户可以选择不同的工作中心分别查看它们的能力需求分析(见图 4-50)。超负荷的周期将会用红色警示。

物料需求计划确认后就可以最终下达生产计划了,下达生产计划主要根据物料需求计划生成采购需求和车间任务。已经下达的物料需求计划状态更改为下达,与其他未下达计划进行区别。

生产任务下达:生产任务的下达是生产计划部门日常业务中的最后一道流程,主要是将由物料需求计划产生的生产任务按照开工时间下达到车间(见图 4-51)。

物料需求计划生成

物料编码：	10000000	物料名称：	主机箱	计量单位：	件
规格型号：	ATX-SL				

类别	周期	1	2	3	4	5	6	7	8	9	10
	过去	09-10	09-17	09-24	10-01	10-08	10-15	10-22	10-29	11-05	11-12
MPS计划		400	400	450	0	0	400	400	300	300	0

项目物料	项目	计划周期									
		1	2	3	4	5	6	7	8	9	10
机箱架	毛需求	400	400	450	0	0	400	400	300	300	0
	计划接收	0	0	0	0	0	0	0	0	0	0
	预计库存	100	100	250	250	250	250	250	150	250	250
	净需求	400	400	450	-150	-150	250	250	150	250	-150
	计划产出	400	400	600	0	0	400	400	200	400	0
	计划投入	800	600	0	0	400	400	200	400	0	0
机箱面板	毛需求	400	400	450	0	0	400	400	300	300	0
	计划接收	0	0	0	0	0	0	0	0	0	0
	预计库存	100	100	100	100	100	100	100	100	100	100
	净需求	490	400	450	0	0	400	400	300	300	0
	计划产出	490	400	450	0	0	400	400	300	300	0
	计划投入	890	450	0	0	400	400	300	300	0	0
挡板	毛需求	1430	0	0	400	0	300	300	0	0	0
	计划接收	0	0	0	0	0	0	0	0	0	0
	预计库存	220	220	220	130	350	50	370	370	370	370
	净需求	1430	-120	-120	280	370	50	350	-270	-270	-270
	计划产出	1550	0	0	310	620	0	620	0	0	0
	计划投入	1550	0	310	620	0	620	0	0	0	0
P/R按键	毛需求	1430	0	0	400	400	300	300	0	0	0
	计划接收	0	0	0	0	0	0	0	0	0	0
	预计库存	220	220	220	130	195	205	215	215	215	215
	净需求	1430	-120	-120	280	370	205	195	-115	-115	-115
	计划产出	1550	0	0	310	465	310	310	0	0	0
	计划投入	1550	0	310	465	310	310	0	0	0	0
面板组装件	毛需求	890	450	0	400	400	300	300	0	0	0
	计划接收	0	0	0	0	0	0	0	0	0	0
	预计库存	100	100	100	100	100	100	100	100	100	100
	净需求	980	450	0	0	400	300	300	0	0	0
	计划产出	980	450	0	0	400	300	300	0	0	0
	计划投入	1430	0	400	400	300	300	0	0	0	0
线材	毛需求	890	450	0	400	400	300	300	0	0	0
	计划接收	0	0	0	0	0	0	0	0	0	0
	预计库存	140	155	155	155	220	130	140	150	150	150
	净需求	890	410	-55	-55	345	280	270	260	-50	-50
	计划产出	930	465	0	465	310	310	310	0	0	0
	计划投入	1395	0	465	310	310	310	0	0	0	0
面板主体	毛需求	1430	0	0	400	400	300	300	0	0	0
	计划接收	0	0	0	0	0	0	0	0	0	0
	预计库存	270	270	270	270	170	270	270	270	270	270
	净需求	1430	-170	-170	230	230	130	230	-170	-170	-170
	计划产出	1600	0	0	400	400	200	400	0	0	0
	计划投入	1600	0	400	400	200	400	0	0	0	0

生成/保存   返回

图 4-47 物料需求计划的编排和保存

第 4 章 管理信息系统的规划

物料需求计划报表

物料编码：10000000　　物料名称：主机箱　　计量单位：件
规格型号：ATX-SL　　开始日期：2004-9-10

项目物料	项目	1 09-10	2 09-17	3 09-24	4 10-01	5 10-08	6 10-15	7 10-22	8 10-29	9 11-05	10 11-12
主机箱	计划投入	400	400	450	0	0	400	400	300	300	0
机箱架	计划投入	800	600	0	0	400	400	200	400	0	0
机箱面板	计划投入	890	450	0	0	400	400	300	300	0	0
挡板	计划投入	1550	0	310	620	0	620	0	0	0	0
P/R按键	计划投入	1550	0	310	465	310	310	0	0	0	0
面板组装件	计划投入	1430	0	0	400	400	300	300	0	0	0
线材	计划投入	1395	0	0	465	310	310	310	0	0	0
面板主体	计划投入	1600	0	400	400	200	0	0	0	0	0

[能力需求计划]　[生产计划下达]

图 4-48　物料需求计划报表

能力需求分析

能力需求计划

工作中心	1	2	3	4	5	6	7	8	9	10	分析
10000000	17160	0	0	4800	4800	3600	3600	0	0	0	选择
10000001	10680	5400	0	0	4800	4800	3600	3600	0	0	选择
10000002	4800	4800	5400	0	0	4800	4800	3600	3600	0	选择

能力需求分析报表

项目		计划周期									
工作中心	能力分析	1	2	3	4	5	6	7	8	9	10
	需求负荷										
	中心能力										
	能力超/欠										
	负荷率%										

[确定]

图 4-49　检验物料需求计划

能力需求分析

能力需求计划

工作中心	1	2	3	4	5	6	7	8	9	10	分析
10000000	17160	0	0	4800	4800	3600	3600	0	0	0	选择
10000001	10680	5400	0	0	4800	4800	3600	3600	0	0	选择
10000002	4800	4800	5400	0	0	4800	4800	3600	3600	0	选择

能力需求分析报表

项目		计划周期									
工作中心	能力分析	1	2	3	4	5	6	7	8	9	10
10000000	需求负荷	17160	0	0	4800	4800	3600	3600	0	0	0
	中心能力	12000	12000	12000	0	12000	12000	12000	12000	12000	12000
	能力超/欠	-5160	12000	12000	-4800	7200	8400	8400	12000	12000	12000
	负荷率%		0	0		40	30	30	0	0	0

[确定]

图 4-50　查看能力需求分析

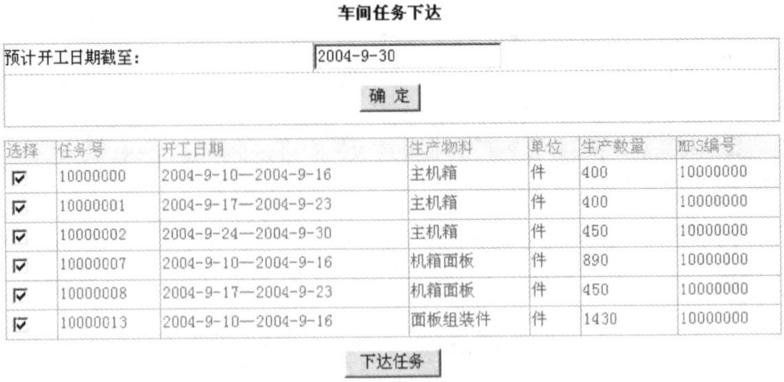

车间任务下达

预计开工日期截至： 2004-9-30

确定

选择	任务号	开工日期	生产物料	单位	生产数量	MPS编号
☑	10000000	2004-9-10—2004-9-16	主机箱	件	400	10000000
☑	10000001	2004-9-17—2004-9-23	主机箱	件	400	10000000
☑	10000002	2004-9-24—2004-9-30	主机箱	件	450	10000000
☑	10000007	2004-9-10—2004-9-16	机箱面板	件	890	10000000
☑	10000008	2004-9-17—2004-9-23	机箱面板	件	450	10000000
☑	10000013	2004-9-10—2004-9-16	面板组装件	件	1430	10000000

下达任务

图 4-51　下达生产任务至车间

第 5 章 系统规划模型与系统开发方法

 学习目标

1. 了解管理信息系统的模型；
2. 了解规划的模型有哪些；
3. 掌握诺兰模型法、关键成功因素法、企业系统规划法；
4. 了解系统开发方法中的生命周期法；
5. 掌握原型开发法；
6. 掌握面向对象开发法。

引入案例

长虹集团的企业信息化建设

2014 年 4 月 26 日,长虹集团总经理倪润峰听了近 9 个小时的汇报,最终拍板确定把 ERP(enterprise resource planning,企业资源计划)作为长虹集团第一代管理信息系统。作为我国自主品牌的骄子,长虹集团的一举一动一直备受瞩目。从大打价格战、买断彩管等诸多大手笔市场运作,到轰动一时的换帅风波,均成为人们茶余饭后的谈资,ERP 项目的实施也因此成为当时 IT 圈内津津乐道的案例。但在 2015 年 7 月 16 日长虹集团的 ERP 一期正式上线之后,来自各方面的不和谐之音不绝于耳。

有传言称项目上线之后,长虹集团的 IT 人员全部走光,因为在 ERP 项目实施期正值长虹集团领导班子换届,使 IT 人员在需求把握上无所适从;还有传言称长虹集团采用的 SAPR/3 系统与后台 IBM 公司的 DB2 性能不匹配,数据无法读取;甚至有传言称长虹集团在上线两年期间都没有任何系统升级的消息,可能已完全弃用了 SAPR/3 系统。2016 年年初,联想集团董事局主席柳传志与倪润峰的高峰会谈则更坚定了联想集团要利用自身实施 SAPR/3 的经验帮助长虹集团走出困境的说法。某咨询公司人员甚至透露,在业内有相当多的 ERP 厂商的销售人员在竞标时都将长虹集团作为一个失败案例来攻击竞争对手。

据资料显示,长虹集团于 2014 年 4 月 26 日正式由倪润峰总经理确定实施 ERP,同年 8 月与 SAP 公司签订合同,10 月 21 日正式启动项目实施。2015 年 5 月,倪润峰退居二线,赵勇继任总经理一职,同年 7 月 16 日 ERP 一期上线。2016 年 4 月赵勇下台,倪润峰正式复出。而上面所列业内有关长虹集团 ERP 失败的传闻在 2016 年

4月之后便愈演愈烈。

2016年,长虹集团改革的主题是克服大企业病,集团和股份公司领导班子合并,二级部门由72个经调减,合并为61个,中层干部由337人调整为181人。在ERP实施上,中层管理干部的态度和能力较大地影响了实施的结果,有的部门领导重视程度比较高,实施效果就好,有些部门领导对ERP的理解还不够,实施过程中难度就比较大。内行人都知道,在这种剧烈的变化时期,实施ERP是不明智的。

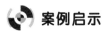 **案例启示**

开发管理信息系统是一个投资巨大、历时很长、涉及面很广的工程项目,如果没有进行规划或规划不合理,不仅会造成开发过程的直接损失,而且由此引起的企业运行不好的间接损失更是难以估计。在信息化进程中,关键任务的更替显然是主要原因之一。即便长虹集团前后领军人物均视信息化为重中之重,但是由于重要职位的更替,领军人物无论是自身心态的调整还是对情况的了解都有一个过程,这时信息化建设的最好推进时机已白白耽误。

5.1 管理信息系统规划概述与系统规划模型

5.1.1 管理信息系统规划的概念

管理信息系统规划是根据组织的总体发展战略和资源状况,对组织信息系统近、中、长期的使命和目标、实现策略和方法、实施方案等内容做出的统筹安排的计划。管理信息系统的长远发展计划,是企业战略规划的一个重要方面。一个好的规划可以作为考核信息系统人员工作的标准。管理信息系统规划包括:组织的战略目标、政策和约束、计划和指标的分析,管理信息系统的目标、约束以及计划和指标的分析,应用系统或系统的功能结构,信息系统的组织、人员、管理和运行,以及信息系统的效益分析和实施计划。

一个组织的管理信息系统规划可以分为战略规划和执行规划两部分。战略规划是宏观指导性的长远规划,执行规划是对战略规划的具体化和细化。

5.1.2 管理信息系统战略规划

管理信息系统的建设是一项耗资巨大、历时很长、技术复杂且内外交叉的工程,信息已成为企业的生命线,信息系统与企业的运营方式、文化习惯息息相关,因此,管理信息系统战略规划是企业战略规划的一个重要部分。

在开发系统之前,为了节省信息系统的投资,合理分配和利用信息资源,必须认真地制定管理信息系统战略规划。通过制定规划,找出存在的问题,正确地识别为实现企业目标管理信息系统必须完成的任务,促进信息系统的应用,带来更多的经济效益。一个好的规划可以作为一个标准,考核信息系统人员的工作,明确他们的方向,调动他们的积极性。总之,管理信息系统战略规划对企业开发管理信息系统是非常重要的。

5.1.3 制定管理信息系统战略规划的步骤

管理信息系统战略规划的制定一般应包括以下步骤(见图5-1)。

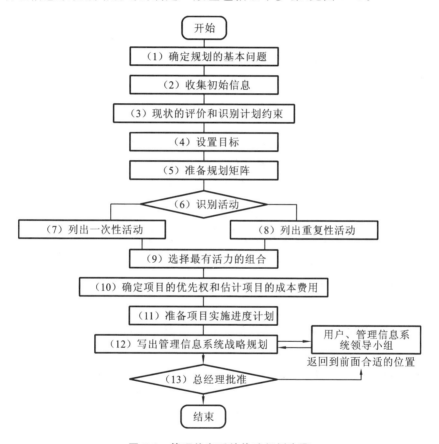

图5-1 管理信息系统战略规划步骤

第(1)步,确定规划的基本问题。要确定是集中式还是分散式的规划等,如规划的年限、规划的方法。

第(2)步,收集初始信息。收集初始信息包括从各级管理者、卖主相似的企业、本企业内部各种信息系统领导小组、各种文件以及各种书籍和杂志中收集信息。

第(3)步,现状的评价和识别计划约束。现状的评价和识别计划约束包括目标、系统开发方法、计划活动、现存硬件及其质量、信息部门人员、运行和控制、资金、安全措施、人员经验、手续和标准、中期和长期优先序、外部和内部关系、现存设备、现存软件及其质量、企业的文化等。

第(4)步,设置目标。设置目标主要由总经理和计算机领导小组来设置,如服务的质量和范围、政策、组织及人员等,它不仅包括信息系统的目标,而且应包括整个企业的目标。

第(5)步,准备规划矩阵。列出管理信息系统规划内容相互之间所组成的矩阵,确定各项内容以及它们实现的优先顺序。

第(6)步~第(9)步,识别所列的各项活动,判断是一次性工程类项目的活动还是重复性活动。由于资源有限,因此不可能同时进行所有项目,只有选择利益最大的项目先进行。要正确选择工程类项目和日常重复类项目的比例,正确选择风险大的项目和风险小的项目的比例。

第(10)步,确定项目的优先权和估计项目的成本费用。依此编制项目的实施进度计划。

经由第(11)步,然后在第(12)步编写出战略长期规划书,在此过程中还要不断与用户、信息系统工作人员以及信息系统领导小组的领导交换意见。

长期规划书要经第(13)步总经理批准才能生效,并宣告战略规划任务完成。如果总经理没有批准,则要重新进行规划。

5.1.4 管理信息系统规划的组织和管理

1. 高层管理者参与的必要性

高层管理者参与规划工作是确保信息资源开发利用成功的关键。其原因主要有以下几个方面。

(1) 高层管理者最了解各项战略决策中的信息需求,单靠一个规划组来规划这种来自高层的信息资源,很难理解高层管理者以及各层管理人员的看法和信息需求。所以,高层管理者必须亲自参与规划,了解规划的内容,把握规划方向。

(2) 规划中出现争议和问题时,只有高层管理者出面才能得以解决。

(3) 规划中经常会出现一些问题导致管理机构的调整,其调整的最终决策权在于高层管理者。

(4) 信息系统的开发效率至关重要,为了避免信息资源开发上的浪费,必须有自顶向下的全局范围的信息结构,这种信息结构必须得到高层管理者的确认。

(5) 总体规划需要对下一步各项子系统的开发提出优先顺序,并做出开发预算,这些内容也必须由高层管理者做出最后的决策。

(6) 总体规划往往要做一些关于系统内数据项定义的标准化工作,在数据项定义过程中经常会出现一些问题,这必须由高层管理者负责协调解决。

由此可见,总体规划必须在高层管理者的直接参与并管理下进行。规划的组织则依据不同的规划范围有着不同的形式。

2. 信息系统规划的组织管理

信息系统规划工作需要成立一个责权明确的领导小组来统领全局。它在组织的最高层管理者的直接管理下,由一名负责全面规划工作的信息资源规划者和一个核心小组所组成,并通过一批用户分析员与广大的最终用户进行联系。核心小组和用户分析员应该完全参与总体规划工作,而广大的最终用户则临时性或短期性地参与规划工作。

全部规划工作应由强有力的核心小组来完成。核心小组成员由高层管理人员与数据处理人员(四五人)组成,具体包括:组织内的业务负责人、财务培训人、数据处理负责人、系统分析负责人等。核心小组成员应由外请顾问进行培训和指导,以便正确行使他们的权力。

信息系统的最终用户是指那些直接使用计算机信息系统的各层管理人员,要在这些人员中抽出一部分人,在总体规划期间代表所在部门参加工作,成为用户分析员。用户分析员的人数应该适合组织的规模,并能覆盖全部业务范围。用户分析员要经过培训,要学会总体规划方法,并具体负责本部门的规划工作。

5.1.5 开发管理信息系统的策略

通常,管理信息系统规划按照"自上而下"的方法来进行,管理信息系统的开发实施有三种策略。

1. "自下而上"的开发策略

从各个基层业务子系统(如物资供应、财务管理、生产管理等)的日常业务处理开始进行分析和设计。完成下层子系统的分析和设计后,再进行上一层子系统的分析和设计。实现一项项具体的功能后,逐步地由低级到高级建立管理信息系统。这种方法边实施边见效,容易开发,可以避免大规模系统可能出现运行不协调的危险。但由于在实施具体子系统时,不能像想象的那样周密,缺乏整体考虑,易导致功能和数据的重复和不一致性,随着系统的进展,往往要做许多重大修改,甚至重新规划、设计。

2. "自上而下"的开发策略

从企业高层管理入手,强调从整体上协调和规划,由全面到局部,由长远到近期,从探索合理的信息流出发来设计信息系统。它首先考虑企业的总体目标、总功能来划分子系统,然后进行各子系统的具体分析与设计。这种开发策略具有系统性、逻辑性强的优点;缺点是由于工作量大而影响具体细节,系统开发费用大。这是一种更重要的策略,是信息系统的发展走向集成和成熟的要求。

3. 综合开发的开发策略

由于"自上而下"的开发策略适用于系统的总体规划,"自下而上"的开发策略适用于系统设计、系统实施阶段,所以,实际使用时往往将两种策略综合起来,发挥各自的优点,即采用"自上而下"的策略进行总体规划,把企业的管理目标转化为对系统的近期目标和长远目标,新系统的设计和实现采用"自下而上"的开发策略。

通常,"自下而上"的开发策略用于小型系统的设计,适用于对开发工作缺乏经验的情况。在实践中,大型系统往往使用综合开发的开发策略,即先采用"自上而下"的开发策略做好管理信息系统的战略规划,再采用"自下而上"的开发策略,逐步实现各系统的应用开发。这是建设管理信息系统的正确策略。

5.1.6 系统规划模型

制定管理信息系统战略规划模型的方法有多种,主要有诺兰模型法、关键成功因素(critical success factors,CSF)法、战略目标集转化(strategy set transformation,SST)法和企业系统规划(business system planning,BSP)法等四种。还有几种用于特殊情况或用于整体规划的一部分,如企业信息分析与集成技术(BIAIT)、产出/方法分析(E/MA)、投资回收(ROI)法、征费(chargout)法、零线预算法、阶石法等。

1. 诺兰模型法

诺兰模型法是西方发达国家进行管理信息系统规划的指导性理论之一。西方发达国家信息系统发展经验表明:一个企业或地区信息系统的发展具有一定的规律性,一般要经历从初级到成熟的成长过程。诺兰(Nolan)总结了这种规律,于1973年首次提出了管理信息系统发展的阶段理论,称为诺兰模型。到1980年,诺兰进一步完善了该模型,把信息系统的成长过程划分为6个不同阶段,如图5-2所示。

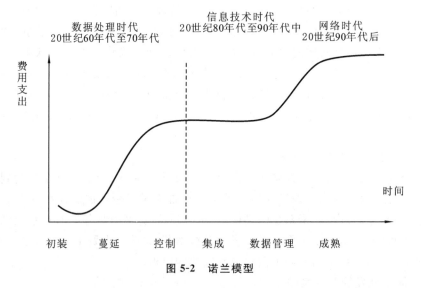

图 5-2 诺兰模型

(1)初装阶段。计算机的作用被初步认识,个别人具有了初步使用计算机的能力。各单位一般从财务部门开始购置计算机,用于初步开发管理应用程序,工作效率也得到较大提高。

(2) 蔓延阶段。个别部门尝试成功后,计算机的应用很快从少数部门扩散到其他部门,并开发了大量的应用程序,使单位的事务处理效率有了提高,这就是所谓的"蔓延"阶段。在这个阶段中,数据处理能力发展迅速,但同时出现了许多有待解决的问题,如数据冗余性、不一致性、难以共享等。可见,此阶段只有一部分计算机的应用获得了实际的效益。

(3) 控制阶段。计算机数量超出控制,计算机投资比例快速增长,但大量独立性的单项系统应用却带来很多矛盾。这就要求企业加强组织协调,限制盲目扩张计算机应用规模,抑制支出无序增长,对整个企业的系统建设进行统筹规划,特别是利用数据库技术解决数据共享问题。诺兰先生认为,第三阶段将是实现从以计算机管理为主到以数据管理为主转换的关键。

(4) 集成阶段。在控制的基础上,对子系统中的硬件进行重新连接,建立集中式的数据库和各种信息系统。由于重新装备大量设备,该阶段的预算费用又一次迅速增长。

(5) 数据管理阶段。计算机信息处理系统为数据资源的统一管理打下了基础,企业开始重视数据的加工处理,提高系统对企业业务的支持水平,数据成为企业的重要资源。

(6) 成熟阶段。信息系统可以满足单位中各管理层次(高层、中层、基层)的要求,真正实现了信息资源的管理。

诺兰模型总结了发达国家信息系统发展的经验和规律。一般认为模型中的各阶段都是不能跳跃的。这一理论对预测企业信息系统的未来变动、对企业信息系统规划具有指导作用。因此,在确定开发管理信息系统的策略或者在制定管理信息系统规划的时候,首先应明确本单位当前处于哪一成长阶段,然后根据该阶段的特征来指导管理信息系统建设。

2. 关键成功因素法

关键成功因素法是通过分析找出企业成功的关键因素,然后再围绕这些关键因素来确定系统的需求,并进行规划的方法。其步骤如下。

(1) 了解企业和信息系统的战略目标。

(2) 识别影响战略目标的所有成功因素。

(3) 确定关键成功因素。

(4) 识别性能指标和标准。

确定关键成功因素所用的工具是树枝因果图。例如,某企业有一个目标是提高产品竞争力,可以用树枝因果图画出影响它的各个因素,以及影响这些因素的子因素,如图5-3所示。

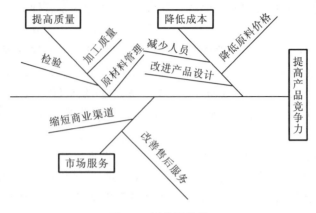

图 5-3 树枝因果图

这些因素中,哪些因素是关键成功因素,这在不同的企业是不同的。对于一个习惯于高层人员个人决策的企业,主要由高层人员个人在此图中选择。对于一个习惯于群体决策的企业,可以用德尔菲法或其他方法把不同人设想的关键因素综合起来。在高层中应用关键成功因素法,一般效果好,因为每个高层管理者总在考虑什么是关键因素。一般不太适合在中层领导中应用,因为中层领导所面临的决策大多数是结构化的,其自由度较小。

3. 战略目标集转化法

1978 年,William、King 把组织的战略目标看成是一个"信息集合",由使命、目标、战略和其他战略变量等组成。战略规划过程是把组织战略目标转变为管理信息系统战略目标的过程,如图 5-4 所示。

图 5-4 战略目标集转化法

这种方法的第一步是识别组织的战略集,先考查该组织是否有成文的战略或长期计划,如果没有,就要去构造这种战略集合。

第二步是将组织战略集转化成管理信息系统战略集,管理信息系统战略集应包括系统目标、系统约束及系统开发战略等。这种转化的过程包括组织战略集的每个元素识别对应管理信息系统战略集约束,并提出整体管理信息系统的结构,再选出一种方案上报总经理。

4. 企业系统规划法

企业系统规划(BSP)法是由 IBM 公司于 20 世纪 70 年代提出的一种企业管理

信息系统规划的结构化方法。它与关键成功因素法相似,首先自上而下识别系统目标,识别业务过程,识别数据;然后自下而上设计系统,以支持系统目标的实现,如图5-5 所示。

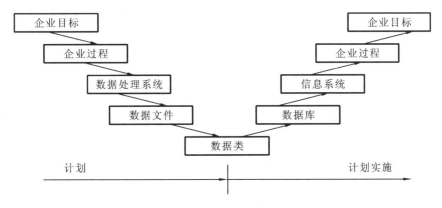

图 5-5　企业系统规划法

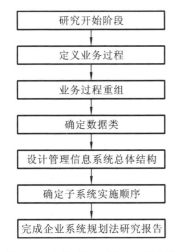

图 5-6　企业系统规划法主要步骤

（1）主要步骤。

企业系统规划法从企业目标入手,逐步将企业目标转化为管理信息系统的目标。它摆脱了管理信息系统对原组织结构的依从性,从企业最基本的活动过程出发,进行数据分析,分析决策所需数据,然后自下而上设计系统,以实现支持系统的目标。企业系统规划法的主要步骤如图 5-6 所示。

①研究开始阶段。成立规划小组,进行系统初步调查,分析企业的现状,了解企业的有关决策过程、组织职能和部门的主要活动,分析存在的主要问题、各类人员对信息系统的看法,要在企业各级管理部门中取得一致意见,明确企业的发展方向,使信息系统支持这些目标。

②定义业务过程(又称企业过程或管理功能组)。定义业务过程是企业系统规划法的核心。业务过程就是逻辑相关的一组决策或活动的集合,如订货服务、库存控制等业务处理活动或决策活动。业务过程构成整个企业的管理活动。识别业务过程可对企业如何完成其目标有较深的了解,可以作为建立信息系统的基础。按照业务过程所建造的信息系统,其功能与企业的组织机构相对独立,因此,组织结构的变动不会引起管理信息系统结构的变动。

③业务过程重组。在业务过程定义的基础上,分析哪些过程是正确的;哪些过程

是低效的,需要在信息技术支持下进行优化处理;哪些过程不适合计算机信息处理,应当取消。检查过程的正确性和完备性后,对过程按功能分组,如经营计划、财务规划、成本会计等。

④确定数据类。定义数据类是企业系统规划法的另一核心。数据类就是指支持业务过程所必需的逻辑上相关的一组数据。例如,记账凭证数据包括凭证号、借方科目、贷方科目、金额等。一个系统中存在着许多数据类,如顾客、产品、合同、库存等。数据类是根据业务过程来划分的,即分别从各项业务过程的角度将与它有关的输入/输出数据按逻辑相关性整理归纳成数据类。

⑤设计管理信息系统总体结构。功能和数据类都定义好之后,可以得到一张功能/数据类表格,该表格又可称为功能/数据类矩阵或U/C矩阵。设计管理信息系统总体结构的主要工作就是可以利用U/C矩阵来划分子系统,刻画出新的管理信息系统框架和相应的数据类。

⑥确定子系统实施顺序。由于资源的限制,信息的总体结构一般不能同时开发和实施,需按先后次序进行。划分子系统后,根据企业目标和技术约束确定子系统实现的优先顺序。一般来讲,对企业贡献大的、需求迫切的、容易开发的优先开发。

⑦完成企业系统规划法研究报告,提出建议书和开发计划。

(2) 子系统的划分。

企业系统规划法是根据信息的产生和使用来划分子系统的,将信息产生的过程和使用的过程划分在一个子系统中,从而减少了子系统之间的信息交换。划分子系统的步骤如下。

①制作U/C矩阵。利用定义好的功能和数据类制作一张功能/数据类表格,即U/C矩阵(见表5-1)。矩阵中的行表示数据类,列表示功能,并用字母U(use)和C(create)分别表示功能对数据类的使用和产生,交叉点上标C表示这个数据类由相应的功能产生,标U的表示这个功能使用这个数据类。例如,销售功能需要使用有关产品、客户和订货方面的数据,则在这些数据下面的销售一行对应交叉点上标U;而销售区域数据产生于销售功能,则在对应交叉点上标C。

表5-1 U/C矩阵(一)

数据类	功能													
	客户	订货	产品	加工路线	材料表	成本	零件规格	原材料库存	成品库存	职工	销售	财务	计划	设备负荷	材料供应	工作令
经营计划						U						U	C			
财务规划						U				职工		U	C			
产品预测	U	U									U		U			

续表

数据类	功能																
	客户	订货	产品	加工路线	材料表	成本	零件规格	原材料库存	成品库存	职工	销售	财务	计划	设备负荷	材料供应	工作令
产品设计开发	U		C	U			C									
产品工艺			U	C	U	U										
库存控制							C	C							U	U
调度			U											U		C
生存能力计划				U										C	U	
材料需求			U		U										U	
作业流程				C										U	U	
销售区域管理	C	U	U													
销售	U	U	U									C				
订货服务	U	U	U													
发运			U						U							
通用会计	U		U							U						
成本会计		U				C										
人员计划										C						
人员招聘考核										U						

②调整 U/C 矩阵。开始时数据类和过程是随机排列的，U、C 在矩阵中的排列也是分散的，必须加以调整。

首先，功能这一列按功能组排列，每一功能组中按资源生命周期的四个阶段排列。功能组是指同类型的功能，如经营计划、财务计划属计划类型，归入经营计划功能组。

其次，排列数据类这一行，矩阵中 C 最靠近主对角线。因为功能的分组并不绝对，在不破坏功能分组逻辑性的基础上，可以适当调配功能分组，使 U 也尽可能靠近主对角线。表 5-1 所示的 U/C 矩阵经过上述调整后，得到表 5-2 所示的 U/C 矩阵。

③画出功能组对应的方框，并取个名字，这就是子系统。

④用箭头将落在框外的 U 与子系统联系起来，表示子系统之间的数据流。例如，数据类"计划"，由经营子计划系统产生，而技术准备子系统要用到这一数据类，如表 5-2 所示。

表 5-2 U/C 矩阵(二)

数据类\过程	计划	财务	产品	零件主文件	材料单	卖主	原材料库存	成品库存	设备	过程工作	机器负荷	开列需求	日常工作	顾客	销售领域	订货	成本	雇员
企业计划	C	U	U						U					U			U	U
组织分析	U			●				●						●			●	
评价与控制	U	U																
财务计划	C	U										U						U
资本寻求		C																
研究			U											U				
预测	U		U											U	U			
设计、开发			C	C	U									U				
产品说明维护			U	C	C	U												
采购						C											U	
接收						U	C											●
库存控制							C	C	U									
工作流程				U					C			U						
调度				U			U		C	U								●
能力计划				U					U		C	U	U					
材料需求				U	U							U						
运行									U	U	U	C						
领域管理			U												C		U	
销售			U												U	C	U	
销售管理															U	U		
订货服务			U											U		C		
运输			U			U										U		
会计总账		U			U													U
成本计划					U											U	C	U
预算会计	U	U											U			U	U	
人员计划		U																C
招聘/发展		U																C
赔偿		U																U

第5章 系统规划模型与系统开发方法

5. 系统规划方法的比较

关键成功因素法能抓住主要问题，使目标的识别突出重点。由于高层领导比较熟悉这种方法，所以使用这种方法所确定的目标，高层领导乐于努力去实现。这种方法最有利于确定企业的管理目标。

战略目标集转化法从另外一个角度识别管理目标，它反映了各种人的要求，而且给出了按这种要求的分层，然后转化为信息系统目标的结构化方法。它虽能确保目标比较全面，疏漏较少，但它在突出重点方面不如前者。

企业系统规划法虽然也强调目标，但它没有明显的目标引导过程。它通过识别企业"过程"引出系统目标，企业目标到系统目标的转化是通过业务过程/数据类等矩阵的分析得到的。由于数据类也是在业务过程基础上归纳出来的，所以识别企业的过程是企业系统规划法战略规划的中心，而不能把企业系统规划法的中心内容当成U/C矩阵。

以上三种规划方法各有优缺点，可以把它们综合成CSB法来使用，即用关键成功因素法确定企业目标，用战略目标集转化法补充完善企业目标，然后将这些目标转化为信息系统目标，再用企业系统规划法校核企业目标和信息系统目标，确定信息系统结构。这种方法可以弥补单个方法的不足，较好地完成规划，但过于复杂而削弱了单个方法的灵活性。因此，没有一种规划方法是十全十美的，企业进行规划时应当具体问题具体分析，灵活运用各种方法。

阅读材料1

管理信息系统规划误区之一：唯技术论与软件至上说

过去，许多纯技术派和理论派人士习惯于按照传统的思维凌驾于用户之上，单从技术角度考虑问题，严重脱离生产管理实际，闭门造车，全然忘记信息系统软件必须从实践中来到实践中去的基本道理，忽视系统必须服务于客户的根本理念。很难想象在用户的运行模式与管理模式大相径庭的情况下，管理软件还会有什么实际意义。其实对于系统软件来说，其结构也就体现了有关原理组成部分的包容关系；软件的流程也恰恰体现了这些组成部分的交互过程；软件的数据则体现了这些交互过程所产生的具体信息。俗称为"建模"的软件系统分析设计方法就是在虚拟软件世界中建立现实世界应用模型的方法，其建模过程完全是一个软件反映应用的"镜像"建立过程，是一个虚实结合的辩证过程。

在实践中，我们既不能将管理信息化看成是简单的手算变电算的陈旧软件开发模式，也不能武断地认为只有用先进的管理软件才能改变用户的落后管理模式。实际应用中，要由用户最终根据自身的需要来选择和确定管理模式的计算机化方向。如果系统开发商不能从企业的实用角度看问题，而是一味地逼迫企业应用所谓的"先进软件",就会陷入两难境地。在信息化建设过程中,企业好比是"病人",软件商好比是"药商",管理咨询顾问好比是"医生"。"病人"(企业)需要专科"医生"(管理顾问)进行检查诊断(现状分析)、开药方(管理模式改良方案),"药商"(软件商)再照药方(需求)制造相应的药品(软件)。

可以说,软件商依靠的是软件制造技术,管理顾问遵循的是现代管理规范,信息系统软件则是企业管理制度的电子化。软件商绝不能只一味强调信息技术,还要全面理解与掌握用户的实际业务知识,只有这样才能保证为用户量体裁衣,开发出符合管理实际需求的适于用户的管理信息系统。

阅读材料 2

管理信息系统规划误区之二:顺从迎合论与需求用户决定说

现实中,人们往往都将软件失败归因于需求分析不准,却没有搞清造成"不准"的根本原因。其实正是传统软件工程方法论中过分依赖于通过直接询问用户来确定用户对系统的需求,才是需求分析误差的根源。因为处于非专业化层面、对信息化系统不十分熟悉的广大用户,常常无法条理清晰、完整准确地阐述出自己的要求;而系统开发商也往往受到对用户的业务流程及管理模式不理解或不熟悉的限制,无法准确把握用户的真实需求,但是开发商想急于拉到用户订单,生怕放走了到口的"肥肉",就经常会发生要么一味迎合用户并非完全准确真实的"需求条件",做出一副所谓"客户至上""唯客户需求马首是瞻"的姿态,要么只是象征性地就用户的不合理需求提出轻描淡写的"暗示"或无足轻重的"警示",实际上却不坚持正确的观点,到头来只迎合用户的要求,而不能正确组建系统。这些都是系统开发商极其不负责任的态度,实际上是在知错瞒报。正是因为开发商自知理亏,所以只要所谓的用户需求有变,就"曲义迎合"用户,将系统软件修改得补丁摞补丁,根本无法按时交付,让满怀期盼的用户从可以理解到可以忍受直至忍无可忍,最终导致双方"反目成仇"。

那么恰当的做法如何呢?答案是:系统开发商应该强化对用户业务流程的理解,全面深入地了解用户的原有业务,尽量从用户的视角考虑系统问题,尊重用户的需求但不迎合其中不合理的部分。明确用户对软件的需求主要有功能、过程、数据需求。从大量本土化系统开发成功案例可以看出,系统开发商应从以下几方面描述用户的业务管理模式,并由此得出用户的实际需求。

(1)以组织结构为线索,按层次描述企业部门、岗位、工作职责、工作步骤的组成情况,罗列出每个人的本职工作。

(2)以业务种类为线索,按环环紧扣模式描述每个业务种类的具体业务流程,这些流程体现了部门间的、人与人之间的业务往来情况。

(3)以工作交接为线索,沿着相关的业务流程,收集相应的业务数据(单据与报表),详尽描述这些数据的内容及其关系。

(4) 在包括业务分析和需求定义两个过程的需求分析中,应特别突出业务分析的重要性,应将业务分析过程分离出来,成为独立的阶段。也就是将系统软件的开发流程细分为业务分析—需求定义—总体设计—详细设计—编码—测试—维护等7个阶段。

(5) 正视国内企业因为整体管理水平低下且业务流程普遍处于成长期而易于变动的现实,也就是对企业频繁发生的并非由于新业务带来的需求变化应事先预计和预留接口。

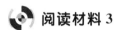
阅读材料3

管理信息系统规划误区之三:分工精细论与各开发阶段独立说

通常人们都将信息系统软件的开发阶段划分为业务分析、需求定义、总体设计、详细设计、编码、测试、维护等阶段,业内普遍认为阶段划分和工作分解越细越好,而且每个开发阶段常采用各自独特的描述方法。

在系统开发的建模方法上,传统上主要采用结构化生命周期建模法和面向对象建模法两种。然而,在实践中,开发商常常发现虽然分工很细、阶段划分也很细,可仍旧是错误频出。这主要是由于系统开发各个阶段的文档具有各自独特的表达形式,造成各阶段文档衔接的"两层皮"现象严重,致使错误乘虚而入,产生了软件的差错积累与放大效应。

针对上述问题,目前国内主要采用系统化、实用化的计算机辅助软件工程(CASE)建模方法加以解决,CASE建模方法集成了结构化生命周期建模法和面向对象建模法两种方法的优点,提供了从业务模型推导需求模型的手段,在此模型的基础上,通过建模技术自动生成软件模型,保证在将企业的业务模型,即组织结构、业务流程、业务信息这三方面的内容描绘得更全面、更透彻的基础上,强调系统开发业务分析阶段和需求分析阶段的重要性,能够实时自动查错纠错,从而更有效地降低系统软件的错漏,做到防患于未然。

5.2 信息系统开发方法

5.2.1 业务流程重组的概念

业务流程重组(business process reengineering,BPR)又称企业过程再工程、企业流程再造等。它是20世纪80年代初源于美国的一种企业变革模式,是在全面质量管理(TQM)、敏捷制造(AM)、准时制造(JIT)、零缺陷(zero defect)等优秀管理经验的基础上发展出的一种变革经营,以提高企业整体竞争力的变革模式。

业务流程重组是由一些信息咨询公司为客户构建系统时积累起来的。比较完整的概念归纳是由哈佛大学迈克尔·哈默(Michael Hammer)提出的:业务流程重组以企业过程为对象,从顾客的需求出发,对企业过程进行根本的再思考和彻底的再设计;以信息技术(IT)和人员组织为使能器,以求达到企业关键性能指标(如成本、质量、服务和速度等)和业绩的巨大提高或改善,从而保证企业战略目标的实现。

业务流程重组理论以一种再生的思想重新审视企业,并对传统管理学赖以存在的基础——分工理论提出质疑,是管理学史上的一次巨大变革。其出发点是为了使顾客满意,发展企业战略;途径是改变企业过程;手段是通过信息技术的应用和人员组织的调整;特征是企业性能的巨大提高;目标在于实现管理的现代化。定义中"根本的"的意思是指不是枝节的、表面的,而是本质的、革命性的,是对现存系统进行彻底的怀疑;"彻底的"的意思是要动大手术,是要大破大立,不是一般性的修补;"巨大提高"是指成十倍、百倍地提高,是在原来线性增长的基础上的一个非线性跳跃,是量变基础上的质变。

业务流程重组是在企业规模化以后,由组织的业务流程的实际情况进行分析、重新设计合理的业务流程出发,从根本上思考每一项活动的价值贡献,运用现代的信息科技手段,最大限度地实现技术上的功能集成和管理上的职能集成,以打破传统的职能型组织结构,建立全新的过程型组织结构,使组织内部的非增值活动压缩到最少,使全体活动都面向顾客需要、市场需求的满足而存在,从而实现企业经营在成本、质量、服务和速度等方面的巨大改善,如表5-3所示。其主要技术在于简化和优化过程。其过程简化的主要思想是战略上精简分散的过程,职能上纠正错位的过程,执行上删除冗余的过程。战略上分散的过程,例如,一个高科技企业把主要精力投入房地产,结果经营不善,企业很快破产;职能上的错位过程,例如,高校的主要战略方向是教学、科研,但专职教师却只占1/3,大部分是后勤职工,这明显是错位的,解决的办法就是要后勤社会化。执行上的冗余过程很常见,有些手续、过程完全是多余的。

表5-3 业务流程重组和其他管理方法的比较

项目	管理方法			
	业务流程重组	企业规模优化	全面质量	自动化
途径	重新从根本上思考企业运营方式	人员缩减	满足顾客需求	利用科技自动化
变化范围	激进的组织变革	人事、工作权责	由下而上	系统
导向	企业流程	部门功能	工作流程	细化程序
改善的目标	彻底改善	缓和改善	缓和改善	缓和改善

1. 业务流程重组的管理原则

企业业务流程重组实际上是站在信息的高度,对业务流程进行重新思考和再设计,是一项系统工程,包括在系统规划、系统分析、系统设计、系统实施与评价等整个规划与开发过程中。

进行信息系统分析时,要充分认识信息作为战略性竞争资源的潜能,创造性地对现有业务流程进行分析,找出现有流程存在的问题及产生问题的原因,分析每一项活动的必要性,并根据企业的战略目标,采用关键成功因素法等,在信息技术的支持下,分析哪些活动可以合并、哪些管理层次可以减少、哪些审批检查可以取消等。

1) 业务流程重组的核心原则

流程设计变革中必须坚持以下三条核心原则。

(1) 以流程为中心。业务流程重组不同于以往的任何企业变革,不仅企业的流程设计、组织机构、人事制度等要发生根本变革,更重要的是关注组织的出发点。领导和员工的思维方式、企业的日常运作方式、企业文化等都得到再造,使企业的经营业绩获得巨大提升,最终使企业由过去的职能导向型转变为以顾客为中心的流程导向型。

(2) 坚持以人为本的团队式管理。以流程为中心的企业必须坚持以人为本的新的发展观,既关心人,又关心流程。作为流程小组成员,他们共同关心的是流程的绩效;作为个人,他们需要学习,为以后的发展做准备。

(3) 以顾客为导向。在市场竞争中,一个企业要成功,必须赢得顾客。因此,业务流程重组时必须以顾客为导向,站在顾客的角度考虑问题。

2) 业务流程重组的操作性原则

(1) 围绕结果设计组织而不是以作业来组织。围绕结果就是围绕企业最终要为顾客提供的产品流程的设计和组织,而不是依据以往的工作顺序进行。

例如,一家公司由销售到安装,按这样的装配线进行:第一部门处理顾客需求;第二部门将这些需求转换为内部产品代码;第三部门将信息传达给每个工厂和仓库;第四部门接收这些信息并组装产品;第五部门运送并安装产品。顾客订单信息按顺序移动,但流程经常出现问题。因此,公司进行业务流程重组时,放弃原来的生产方式,将各部门的责任进行整合,由一个顾客服务代表监督整个流程,顾客只要跟这个代表联系就可知道订单的进展状况。

(2) 让使用作业结果的人执行作业。假设一个销售人员在接到顾客提出改进产品的要求后,能及时按要求改进,公司就会得到一大笔订单。在传统企业里,销售人员只能把样品的规格数据提交给开发部门,然后等待,既不能对开发工作进展进行监督,也不能对开发中的问题提出建议。其实他是公司里对这件事最清楚、最关心的人,其结果也将直接影响他的销售业绩。这显然是一个既糟糕而我们又习以为常的流程。只有让使用作业结果的人执行作业,才能使责任和利益相统一,既调动作业实施者的积极性,又使流程成为有人负责的过程。

(3) 合并信息处理与信息生产的工作。一直困扰企业管理的一个问题是信息在传送过程中的缺失和曲解,如果从信息产生的地方一次性采集信息,将信息处理与信息生产的工作进行合并,避免重复输入,就可以解决这个问题。

(4) 将地域上分散的资源加以整合。传统企业的资源被人为地分割,应该进行变革,但人们通常认为地域上资源的分散是无法变革的。分散的资源对使用者而言能提供更好的服务,但不经济,可以利用信息技术,将地域上分散的资源加以整合,以优化资源配置,获得规模经济。

(5) 利用信息技术进行重组企业,而不是让旧的流程自动化。不少企业投入大量资金进行自动化建设,结果却令人失望,主要原因在于用新科技自动化老式的经营方法,原封不动地保留原来的流程。计算机只是加快了制造流程的速度,不能解决根本上的绩效不佳的问题。因此,灵活运用现代信息技术再造流程,将使绩效得到大幅提高。

(6) 联系平行的活动过程,代替把各项活动的结果进行整合。企业再造的工程要求从一开始的各环节就需要相互联系,不能指望在一个详尽的分析结果上设计出完美的新流程。因为长时间进行分析工作会使人们失去耐心,也会使小组成员失去对原有流程的客观判断能力,找不到再造的切入点。

以银行为例,银行有贷款、信用卡、资产融资等各种不同的信用业务,各业务单位一般无法知道顾客有没有超过信用额度,使公司的贷款超过上限。可以设计一项协调平行功能,在流程活动中进行协调,而不是等他们完成后去协调。

(7) 在工作中进行决策并实现自我控制。再造是以"再造"这一流程为中心的,成败的关键在于这一流程的结果,而不是再造的任务过程。再造是一个创造性的流程,无法规定和衡量,再造的每一项任务的完成情况,决策只能在再造工作中逐渐形成,使行为者自我管理和自我控制。

(8) 新流程应用之前应该进行可行性实验。新流程设计后,如果直接实施,可能会使客户受到粗糙或不完善流程缺陷的影响。而通过多次反复实验,可以使流程得到不断改进和完善。

2. 业务流程重组的步骤

(1) 确认组织的战略目标,把企业过程重组方法与组织的目标联系起来,用战略目标引导业务流程重组的进行;否则,没有针对性,实施企业流程重组可能会使组织与预定的战略方向相偏离。

(2) 确认可能受到战略影响的企业流程。例如,当企业决定建立一个"网上商店"的战略时,可能受影响的业务流程有订货方式、销售过程等。

(3) 确定每个流程的目标。随着企业的发展,有些过程可能会偏离目标,通过确认,可以使旧的流程重新回到正确目标,使流程重组的工作目标明确。

(4) 了解每一重组流程所涉及的人员,确定一个训练有素的企业流程重组的总负责人,指导流程重组的全过程。

(5) 每个流程参与者画出自己现在工作过程的流程图。一方面,可以使他们能更好地考虑组织流程的整体需求;另一方面,可以使总负责人明确了解每个参与者对流程的理解。

(6) 根据现有的流程图,结合流程的目标,找出实施新的战略目标必须完成的流程,设计一个新的流程雏形。

3. 业务流程重组的应用

业务流程重组使许多企业巨大地改善了营运的绩效,如柯达公司产品开发时间由 70 周缩短到 30 周,IBM 公司的公文旅行时间由 1 周缩短为 4 小时等。但是,BPR 并非"灵丹妙药",不少企业对业务流程重组的应用效果不满意。据有关资料报道,业务流程重组的失败率达 50%～70%。美国在许多企业中推行了业务流程重组,有 1/3 的成功者,其效果十分显著。一般来说,业务流程重组适用于以下几种情况。

(1) 企业濒临破产,不改只能倒闭;

(2) 企业竞争力下降,需要调整战略和进行重构;

(3) 企业领导认识到业务流程重组能大大提高企业竞争力,而企业又有此需求;

(4) 业务流程重组的策略在自己相关的企业获得成功,影响本企业。

从另一方面来看,有两类企业推行业务流程重组比较容易成功:一类是濒临破产的企业,由于不改只能倒闭,企业只好"背水一战",业务流程推倒重来,优化流程和组织结构,提高士气,从而使企业绩效取得巨大提高;另一类是企业管理水平较高又需要大发展的,业务流程重组作为"助推器"能极大地加速企业发展,大大提高企业劳动生产率。

5.2.2 管理信息系统开发

管理信息系统的开发方法是指开发管理信息系统所遵循的步骤,是在系统开发过程中的指导思想、逻辑、途径和工具等的集合。过去许多管理信息系统开发失败的一个重要原因是开发方法不当,这是由于管理信息系统的开发是一个庞大的系统工程,它涉及组织的内部结构、管理模式、计算机技术、经营管理过程等各方面。为了研究出科学的方法和工程化的开发步骤,确保整个开发工作能够顺利进行,人们在长期的系统开发实践中不断总结经验和教训,提出了多种开发方法,这些处于不断发展中的开发方法有助于管理信息系统的开发。

1. 管理信息系统开发的任务和特点

1) 管理信息系统开发的任务

管理信息系统开发的任务就是,开发一个能满足用户需要、高效并有力支持管理决策目标的、具有先进技术的管理信息系统。

具体来说,管理信息系统开发的任务就是满足用户的需要,实现功能完整、技术先进和辅助决策。

2) 管理信息系统开发的特点

(1) 管理信息系统的开发动力来自需求牵引。随着国内、外市场竞争的加剧,信息必然成为组织的战略资源,组织必须运用先进的手段和方法来获取和利用信息资源,提高组织的竞争力。组织的这种潜在需求,必然推动和加速管理信息系统的开发。

(2) 管理信息系统开发的前提是科学合理的管理。管理信息系统的开发有"三分技术,七分管理,十二分数据"之称,体现了管理的重要性。只有在合理的管理体制、完善的规章制度、稳定的生产秩序、配套的科学管理方法和完整准确的原始数据的基础上,才能有效地开发管理信息系统,避免"rubbish in,rubbish out(进来的是垃圾,出去的也是垃圾)"。

(3) 开发策略要因地制宜。管理信息系统的开发受到组织经营现状、管理基础、财力情况、管理模式、生产组织方式等多个因素的影响,不可能在短期内达到理想化水平,必须根据组织的实际情况,制定符合组织要求的开发策略。

(4) 组织的管理模式、组织形式和运行机制决定了管理信息系统的结构和功能。不同的组织、不同的时期,其管理信息系统的具体形式、功能需求及运行机制是不同的。例如,生产企业的功能可分为生产计划管理、材料计划管理、生产能力管理、财务管理、人事劳资管理、销售及客户管理、市场预测与决策支持等。娱乐休闲型酒店的功能分为接待登记、点单、餐饮、财务、查询、部门及人员管理等功能模块。开发人员要深入组织,调查分析,系统地了解用户的需求,才能开发出符合用户预期目标的系统。

(5) 投资巨大。开发一个管理信息系统,必须投入大量的资金。投入费用包括购买计算机、网络通信设备等硬件费用,购买软件或开发系统费用等软件费用,以及运行与维护费用等,如表 5-4 所示。

表 5-4 开发管理信息系统的费用

	项　目
硬件成本	主机
	外围设备,如打印机、不间断电源、网络服务器
	环境成本,如房屋、地毯、空调
	材料,如打印纸、磁盘等
软件成本	软件成本,如系统软件、应用软件
基建费用	机房建设、改造
	安装及调试成本,如主机、空调电源、不间断电源等设备

续表

	项　　目
运行维护费用	培训费用，如培训维护、操作员
	维护费用，如维护人员工资
	使用成本

2. 管理信息系统开发的原则

根据管理信息系统开发的任务和特点，在管理信息系统开发中应遵循以下原则。

1）四个统一原则

管理信息系统的开发要做到四个统一，即"统一领导、统一规则、统一目标规范、统一软硬件环境"。"四个统一"给系统开发人员和系统管理人员提出了共同遵守的准则，加强了系统开发过程的管理和控制，对提高系统开发质量和水平、缩短开发时间、减少开发费用、方便系统管理和维护等，都起到了重要指导作用。

2）"一把手"原则

根据发达国家的经验和我国的实践证明，如果组织的"一把手"没有参加管理信息系统开发，而只是作为一个旁观者，那么管理信息系统的开发注定要失败。因为管理信息系统的开发与应用是一项技术性、政策性很强的系统工程，诸如系统开发目标、环境改造、管理体制变革、机构重组、设备配置、人员培训等一系列重大问题均需"一把手"的支持与参与。"一把手"最清楚自己组织的问题，最能合理地确定系统目标，拥有实现目标的人权、财权、指挥权，能够决定投资、调整机构、确定计算机平台等，这是任何人也不能替代的。因此，只有"一把手"亲自参与和支持管理信息系统的开发，才能获得成功。

系统开发的过程也是加强基础管理和提高管理水平的过程。其中，加强基础管理、改变传统习惯、工作关系的重新组合、人事变动以及各开发阶段设计方案的批准、重大的进程安排、资金的筹集调用等都需"一把手"的亲自参与，这是管理信息系统开发成功的关键。因此，"一把手"要充分认识到自己在管理信息系统开发中的地位和作用，积极参与，以最少的投入开发出高效的、多功能的管理信息系统。

3）面向用户原则

管理信息系统是为用户开发的，最终要交给用户使用的，由用户通过运行并在使用后作出客观评价。因此，要使管理信息系统开发获得成功，系统开发人员必须坚持面向用户，树立一切为了用户的思想。从总体规划到开发过程的每一个环节都必须站在用户的立场上，一切为了用户，一切服务于用户。

4）信息工程原则

要用信息工程的方法来开发管理信息系统。因为管理信息系统开发不仅涉及管理思想的转变、管理体制的变革、管理基础工作的健全，还涉及组织的整体状况、环境及经营管理和业务技术等多个方面,是一项内容繁多、覆盖面广、人机结合的系统工程。因此,必须从组织的全局和实际出发,制定组织管理信息系统的总体规划和设计,妥善处理当前和长远、实用性和科学性、现行管理和管理现代化三者之间的关系,统筹协调理想目标和实际可能、总体规划目标和子系统分目标、现行系统和目标系统之间的关系,从而保证管理信息系统开发的顺利进行。

5) 阶段性原则

系统开发过程要划分若干个工作阶段,明确规定各个阶段的任务和成果,制定各个阶段的目标和评价标准,由开发领导小组或技术负责人来对阶段性成果进行评审,发现问题时及时提出修改方案,以保证系统的开发质量。值得注意的是,不能混淆工作阶段,如系统开发人员热衷于编制程序,在没有充分弄清系统需求之前就急于考虑机器的选型、网络的设计方案、系统软件的选择等,匆匆忙忙地购置、安装、调试后就开始了程序的编制工作。其结果必然造成各种资源的浪费、时间的推迟,甚至导致整个系统开发的失败。

6) 适用性和先进性原则

管理信息系统开发,既不能盲目追求技术的先进性而采取不成熟的技术,造成系统不能正常运行或运行不可靠、不稳定,也不能起点太低,采用过分落后的技术或简单地模仿手工,造成系统功能弱、性能差。因此,MIS在开发中应注重适用性与先进性相结合,一方面要把适用性放在第一位,满足现行管理的实际需求,尽快解决管理工作中的实际问题;另一方面要采用先进的管理思想和先进的技术,开发出功能全、起点高的系统。

3. 管理信息系统开发的组织与管理

管理信息系统开发周期长、耗费大、参与人员多,并涉及管理体制、管理方法的变革。为了保证系统开发成功,并取得良好的经济效益和社会效益,必须对系统开发工作进行精心的组织与管理。

1) 正确的思想认识

正确的思想认识主要是指企业的领导、管理人员、计算机应用人员对管理信息系统的含义和必要性有正确的理解,不应对管理信息系统有片面和错误的认识。只有各有关人员对管理信息化有了正确的认识,管理信息系统工作才能顺利健康地发展;只有企业的领导对管理信息系统的含义和必要性有了正确的认识,他们才会积极主动地支持和参与这项工作,正确地领导这项工作的开展。

2) 良好的基础工作

良好的基础工作是管理信息系统的保证。首先,管理信息系统处理生产、管理、销售业务是在预先编制好的程序的指挥下进行,要求管理工作规范化、标准化。其次,系统能否输出正确的管理信息,不仅取决于处理程序的正确与否,还取决于计算机录入数据的正确与否。这就要求管理部门健全各种规章制度,保证数据的真实性和准确性。最后,如果系统不能取得其所需的录入数据,即录入数据不完整,则要么系统不能正常运行,要么不能提交正确的输出数据。

基础工作较差的企业开展管理信息系统工作,应先进行基础工作的整顿。对有一定规范管理基础的企业,也应进一步提高,以满足管理信息系统的需要。需注意的一点是,我们不能消极等待,要积极创造条件,改善基础工作。同时,管理信息系统工作的开展也将促进基础工作的加强,推进企业经营工作的规范化、标准化、制度化、合法化,是一个改进管理的过程。

3) 分阶段投入人力、物力、财力

管理信息系统的开发是一项浩大的工程,需耗费大量的人力、物力、财力。一般而言,建立一个管理信息系统少则一年,多则几年,必须按各个阶段的不同需要,分期投入,分期开发,及时把握开发进度和安排费用支出,合理分配人力、财力和物力,保证系统开发顺利进行。

4) 进度计划与控制

在总体规划阶段就应制定系统开发粗略的进度计划,随着系统分析、系统设计的不断深入,再制定详细的进度计划,并指定专人负责。在计划执行过程中,项目负责人要对各项任务进行定期检查。

5) 阶段性评审

系统各阶段完成后,要进行阶段性评审,审核各阶段的工作,符合要求后才可进入下一阶段的工作,尤其是要做好系统分析阶段的评审工作,把好质量关,为系统的成功开发打下坚实的基础。

4. 管理信息系统开发的人员

管理信息系统的开发不仅需要制定明确的开发任务,遵循开发原则,而且要有高素质的开发人员。只有这样,才能保证管理信息系统开发的成功。

采取购买商品化软件与自行开发相结合的方式实现管理信息系统,企业一般都应配备系统分析员、系统设计员、系统编程人员和系统维护人员。这时有两种情况:一是对购买的商品化软件进行二次开发;二是购买的商品化软件仅用于企业业务的一部分,其他由本企业的力量进行开发。无论采用哪种情况,软件开发人员都是必不可少的。

如果采用上级主管企业推广的管理软件实现管理信息系统,则企业一般都应配备维护人员。这是因为推广企业的维护力量一般都不强,在软件运行中出现问题或管理工作发生变动,需对软件进行修改时,要立即进行维护也较困难,而对管理软件来说往往需要立即进行维护。另外一个原因是,软件开发是上级主管部门的工作人员,使用人员是下属企业的工作人员,由于上下级的关系,要软件开发人员进行维护也存在一定的困难。

管理信息系统工作所需人员,就总体而言,一般需要以下几类人员:系统分析员、系统设计员、系统程序员、硬件维护人员、软件维护人员、系统操作员、数据录入员、系统管理员,如表 5-5 所示。就一个基层企业来说,并不要求包括所有上述人才。到底需要什么样的人才,则由本企业开展管理信息系统的不同方式和程序所决定。

表 5-5 人员职责及知识结构

职 位	职 责	知 识 结 构
系统分析员	明确使用单位要求,确定可行性方案,确定可行性系统的需求及逻辑模型	企业管理系统、系统分析和设计技术、计算机基础、数据处理理论
系统设计员	设计系统逻辑模型	数据结构、数据库理论、系统开发、系统软件、计算机语言、企业管理
系统程序员	为物理模型编制正确的程序	程序设计技术、数据结构、计算机基础、管理知识、系统开发及软件
硬件维护人员	计算机机房、计算机及其辅助设备等硬件的维护与管理工作	计算机原理、无线电基础、汇编语言操作系统
软件维护人员	应用软件的维护	企业管理、数据库技术、数据结构、系统开发与程序设计
系统操作员	系统日常运行,打印输出,简单故障排除,数据录入	汉字输入技术、计算机使用
数据录入员	录入数据	汉字输入技术、计算机使用
系统管理员	参与系统开发,系统运行管理	企业管理、系统开发、计算机基础、数据处理知识、项目管理

5.2.3 管理信息系统开发方法

管理信息系统开发方法有许多种,比较常见的有生命周期开发方法(生命周期)、原型法、面向对象开发方法等。

1. 生命周期开发方法

20 世纪 70 年代,西方发达国家吸取了以前系统开发的经验教训,在不断地摸索中总结出了系统结构化分析与设计的方法,即生命周期开发方法,它是自顶向下的结构化方法。工程化的系统开发方法和生命周期方法的结合,是迄今为止开发方法中最传统、应用最广的一种开发方法。

1) 生命周期开发方法的基本思想

结构化概念最早用来描述结构化程序设计方法。结构化方法不仅提高了编程效率和编程质量,而且大大提高了程序的可读性、可测试性、可修改性和可维护性。"结构化"的含义是"严格的、可重复的、可度量的"。后来,这种思想被引入管理信息系统开发领域,逐步形成生命周期分析与设计方法。

生命周期开发方法的基本思想是,将结构与控制加入项目中,以便使活动在预定的时间和预算内完成。用系统工程的思想和工程化的方法,按用户至上的原则,结构化、模块化、自顶向下地对系统进行分析与设计。

具体来说,就是先将整个管理信息系统的开发划分成若干个相对比较独立的阶段,如系统规划、系统分析、系统设计、系统实施等。前三个阶段采用自顶向下的方法对系统进行结构化划分,即从组织管理金字塔结构的最顶层入手,层层分解、逐步深入至最基层,先考虑系统整体的优化,然后再考虑局部的优化。系统实施阶段采用自底向上的方法逐步实施,即按照前几个阶段设计的模块组织人员,从最基层的模块做起,然后按照系统设计的结构,将模块一个个地拼接到一起进行调试,自底向上、逐渐地构成整体系统。

2)生命周期开发的五大阶段

在结构化的系统开发方法中,信息系统的开发应用也符合系统生命周期的规律。随着企业和组织工作的需要,外部环境的变化,对信息的需求也会相应地变化,这就要求设计和建立更新的信息系统。系统投入使用一段时期内,可以在很大程度上满足企业管理者对信息的需求。但随着时间的推移,由于企业规模或信息应用范围的扩大或设备老化等,信息系统又逐渐不能满足需求了。这时企业对信息系统又会提出更高的要求。周而复始,循环不息。这种方法将整个开发过程划分成五个首尾相连的阶段,称为生命周期开发的生命周期,主要包括系统规划、系统分析、系统设计、系统实施、系统运行维护等五个阶段,如图 5-7 所示。

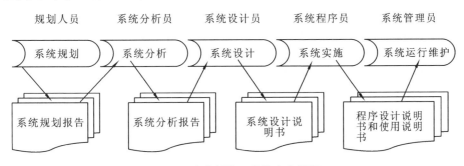

图 5-7 生命周期开发的生命周期

(1)系统规划阶段。首先,根据用户的系统开发请求,对企业的环境、目标现行系统的状况进行初步调查。其次,依据企业目标和发展战略,确定信息系统的发展战略,对建设新系统的需求做出分析和预测,明确所受到的各种约束条件,研究建设新系统的必要性和可能性。最后,进行可行性分析,写出可行性分析报告。可行性分析报告审议通过后,将新系统建设方案及实施计划编成系统规划报告。

(2) 系统分析阶段。根据系统规划报告中所确定的范围,对现行系统进行详细调查,描述现行系统业务流程,分析数据与数据流程、功能与数据之间的关系,确定新系统的基本目标和逻辑功能,即提出新系统逻辑模型,并把最后成果形成书面材料——系统分析报告。

(3) 系统设计阶段。根据新系统的逻辑模型,具体设计实现逻辑模型的技术方案,即提出新系统的物理模型,进行总体结构设计、代码设计、数据库/文件设计、输入/输出设计和模块结构与功能设计。

(4) 系统实施阶段。根据系统设计说明书,进行软件程序(或者选择商品化应用产品,根据系统分析和要求进行二次开发)设计、调试和检错、硬件设备的购入和安装、人员的培训、数据的准备和系统试运行。

(5) 系统运行维护阶段。进行系统的日常运行管理、维护和评价三部分工作。如果运行结果良好,则送管理部门指导组织生产经营活动;如果存在小问题,则对系统进行修改、维护或局部调整等;若存在重大问题(这种情况一般是运行若干年之后,系统运行的环境已经发生了根本性改变时才可能出现),则用户将会进一步提出开发新系统的要求,这标志着旧系统生命的结束、新系统的诞生。

3) 生命周期开发的特点

生命周期是将制造业中的工程化设计制造方法移植到软件行业的结果。其主要特点有以下几方面。

(1) 树立面向用户的观点。系统开发是直接为用户服务的,因此,在开发的全过程中要有用户的观点,一切从用户利益出发。应尽量吸收用户单位的人员参与开发的全过程,加强与用户的联系、统一认识,加快工作进度,提高系统质量,减少系统开发的盲目性和失败的可能性。

(2) 自顶向下的分析与设计和自底向上的系统实施相结合。按照系统的观点,任何事情都是互相联系的整体。因此,系统分析与设计要站在整体的角度,自顶向下地工作。但在系统实施时,先对最底层的模块进行编程,然后一个模块、几个模块地进行调试,最后自底向上逐步构建整个系统。

(3) 严格按阶段进行。整个管理信息系统开发过程划分为若干个工作阶段,每个阶段都有明确的任务和目标,各个阶段又可分为若干工作和步骤,逐一完成任务,从而实现预期目标。这种有条不紊的开发方法便于计划和控制,基础扎实,不易返工。

(4) 加强调查研究和系统分析。为了使系统更好地满足用户要求,要对现行系统进行详细的调查研究,尽可能搞清楚现行系统业务处理的每一个细节,做好总体规划和系统分析,从而描述出符合用户实际需求的新系统逻辑模型。

(5) 先逻辑设计后物理设计。在进行充分的系统调查和分析论证的基础上,弄清用户要"做什么",并将其抽象为系统的逻辑模型,然后进入系统的物理设计与实施阶段,解决"怎么做"的问题。这种做法符合人们的认识规律,从而保证系统开发工作的质量和效率。

(6) 工作文档资料规范化和标准化。根据系统工程的思想,管理信息系统的各个阶段性成果必须文档化,只有这样才能更好地实现用户与系统开发人员的交流,才能确保各阶段的无缝连接。因此,必须充分重视文档资料的规范化、标准化工作,充分发挥文档资料的作用,为提高管理信息系统的适应性提供可靠保证。

4) 生命周期开发方法的优缺点

这种方法强调将系统开发项目划分成不同的阶段。每个阶段都有明确的起始和完成的进度安排,对开发周期的各个阶段进行管理控制。在每个阶段的末期,要对该阶段的工作做出常规评价。对当前阶段的任务是否有需要修改和返工的部分,任务完成符合要求后,是否进入下一阶段继续开发等问题要及时做出决策。开发过程要及时建立诸如数据流程图、实体关系图以及编程技术要求等各种文档。这些文档对系统投入运行后的系统维护工作十分重要。由于它会及时对各阶段的工作进行评价,从而能对各阶段的工作任务符合系统需求和符合组织标准提供有力的保证措施。总之,采用这种方法有利于系统结构的优化,设计出的系统比较容易实现,而且具有较好的可维护性,因而获得了广泛应用。

但是,这种方法开发过程过于烦琐,周期过长,工作量太大。在系统开发未结束前,用户不能使用系统,要求系统开发人员在调查中充分掌握用户需求、管理状况以及预见未来可能发生的变化,不符合人类的认识规律,在实际工作中难以实施,导致系统开发的风险较大。该方法的另一缺点是对用户需求的改变反映不灵活。尽管有这些局限性,生命周期开发法(结构化开发方法)经常应用在大型、复杂的影响企业整体运作的企业事务处理系统(TPS)和管理信息系统的开发项目中,也经常应用在政府项目中。

2. 原型法

原型法是 20 世纪 80 年代随着计算机技术的发展,特别是在关系数据库系统(RDBS)、第四代程序生成语言(4GL)和各种系统开发生成环境基础之上,提出的一种新的系统开发方法。与生命周期开发方法相比,原型法放弃了对现行系统的全面、系统的详细调查与分析,而是根据系统开发人员对用户需求的理解,在强有力的软件环境支持下,快速开发出一个实实在在的系统原型,并提供给用户,与用户一起反复协商修改,直到形成实际系统。

1) 原型法的基本思想

原型法的基本思想是:在软件生产中,引进工业生产中在设计阶段和生产阶段中的试制样品的方法,解决需求规格确定难题。首先,系统开发人员在初步了解用户需求的基础上,迅速而廉价地开发出一个实验型的系统,即"原型";然后将其交给用户使用，通过使用，启发用户提出进一步的需求，并根据用户的意见对原型进行修改，用户使用后再对系统提出新的需求。这样不断反复修改，用户和开发人员共同探讨完善，直至最后完成一个满足用户需求的系统。

2）原型法开发的步骤

（1）确定用户的基本需求。系统开发人员应对组织进行初步调查，与用户进行交流，收集各种信息，进行可行性分析，从而发现和确定用户的基本需求。用户的基本需求包括系统的功能、人机界面、输入/输出要求、数据库基本结构、保密要求、应用范围、运行环境等，基本不涉及编程规则、安全问题或最终的处理（如工资管理系统、年终产生的报表）。

（2）开发一个初始原型。系统开发人员根据用户的基本需求，在强有力的工具软件支持下，迅速开发一个初始原型，以便进行讨论，并从它开始迭代。通常初始原型只包括用户界面，如数据输入屏幕和报表，但初始原型的质量对生成新的管理信息系统至关重要。如果一个初始原型存在明显缺陷，就会导致重新构造一个新原型。

（3）使用和评价系统原型。用户通过对原型的操作、检查、测试和运行，获得对系统最直接的感受，不断发现原型中存在的问题，并对功能、界面（屏幕、报告）以及原型的各个方面进行评价，提出修改意见。

（4）修改原型。根据上一阶段所发现的问题，系统开发人员和用户共同修正，改进原型，得到最终原型。第三阶段和第四阶段需要多次反复，直至用户满意为止。

（5）判定原型完成。判定原型是否完成就是判断有关用户的各项需求是否最终实现。如果已经实现，则进入整理原型、提供文档阶段；否则继续修改。

（6）整理原型，提供文档。整理原型，提供文档是将原型进行整理和编号，并将其写入系统开发文档资料中，以便为下一步的运行、开发服务。其中包括用户的需求说明、新系统的逻辑方案、系统设计说明、数据字典、系统使用说明书等。所开发出的系统和相应的文档资料必须得到用户的检验和认可，如图5-8所示。

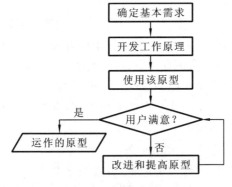

图5-8　原型法开发的阶段

3）原型法的开发工具

用常规的编程方法开发原型，需要相当长的时间。它必须在快速开发工具的支持下，才能快速模型化和及时改进。其工具主要有以下几款。

（1）字典编辑器：用于完成数据流程图、数据字典、数据处理过程的编辑。

（2）概要设计编辑器：根据新系统的数据流程图和数据字典，将数据流程图转换成功能结构图。

（3）详细设计编辑器：用于完成处理功能的算法描述、解释、输入/输出界面的实现及文件管理等功能。

（4）程序自动生成器：根据模块的设计说明，生成源程序清单。

（5）图形编辑器：用于完成数据流程图的编辑。编辑原系统的业务流程图和新系统的数据流程图，并自动对数据流图进行平衡性、一致性和完备性的检验，保证数据流程图与数据字典的说明完全一致。

（6）文档编辑器：自动向用户提供各阶段的主要文档资料。

（7）原型人员工作台：提供给原型开发人员使用的、具有交互功能、使用方便并能产生反馈信息的工作站。

4）原型法的优点

由于原型法不需要对系统的需求进行完整的定义，而是根据用户的基本需求快速开发出系统原型，开发人员在与用户对原型的不断"使用—评价—修改"中，逐步完善对系统需求的认识和系统的设计，因而，它具有如下优点。

（1）原型法符合人类认识事物的规律，更容易让人接受。人们认识事物都不可能一次完全了解，认识和学习的过程都需要循序渐进，人们总是在环境的启发下不断完善对事物的描述。

（2）改进了开发人员与用户的信息交流方式。由于用户直接参与，因此能及时发现问题，并进行修改，这样改善了信息的沟通状况。它能提供良好的文档、项目说明和示范，增强了用户和开发人员的兴趣，从而大大减少了设计错误，降低了开发风险。

（3）开发周期短、费用低。原型法充分利用了最新的软件工具，丢弃了手工方法，使系统开发的时间、费用大大减少，效率和技术水平等大大提高。

（4）应变能力强。原型法开发周期短，使用灵活，对于管理体制和组织结构不稳定、有变化的系统比较适合。由于原型法需要快速形成原型和不断修改原型，因此，系统的可变性好，易于修改。

（5）用户满意度提高。由于原型法以用户为中心来开发系统，加强了用户的参与和决策，向用户和开发人员提供了一个活灵活现的原型系统，实现了早期的人—机结合测试，能在系统开发前期发现错误和遗漏，并及时予以修改，从而提高了用户的满意度。

5）原型法的缺点

尽管原型法有上述优点，但它的使用仍有一定的适用范围和局限性，主要表现在以下几方面。

（1）不适合开发大型管理信息系统。对于大型系统，如果不经过系统分析来进行整体性划分，很难直接构造一个模型供人评价，而且易导致人们认为最终系统过快产生，开发人员忽略彻底的测试，文档不够健全。

（2）原型法建立的基础是最初的解决方案，以后的循环和重复都在以前的原型基础上进行，如果最初的原型不适合，则系统开发会遇到较大的困难。

（3）对于原基础管理不善、信息处理过程混乱的组织，构造原型有一定的困难。而且没有科学合理的方法可依，系统开发容易走上机械地模拟原来手工系统的轨道。

（4）没有正规的分阶段评价，因而对原型的功能范围的掌握有困难。由于用户的需求总在改变，系统开发永远不能结束。

（5）由于原型法的系统开发不很规范，系统的备份、恢复、系统性能和安全问题容易忽略。

3. 面向对象法

面向对象（object oriented，OO）法是一种认识客观世界，从结构组织模拟客观世界的方法。面向对象法产生于20世纪60年代，在20世纪80年代后获得广泛应用。它一反功能分解法只能单纯反映管理功能的结构状态，从以类、继承等概念描述客观事物及其联系，为管理信息系统的开发提供了全新思路，必将成为21世纪的重要开发方法之一。

1）面向对象法的基本思想

面向对象法的基本思想是：客观世界是由各种各样的对象所组成的，每种对象都有各自的内部状态和运动规律，不同对象之间的相互作用和联系就构成了各种不同的系统。设计和实现一个客观系统，如果能在满足需求的条件下，把系统设计成由一些不可变的（相对固定）部分组成的最小集合，这种设计就是最好的。因为它把握了事物的本质，因而不会再被周围环境（物理环境和管理模式）的变化以及用户没完没了的变化需求所左右，而这些不可变的部分就是所谓的对象。客观事物都是由对象组成的，对象是在原来事物基础上抽象的结果。任何复杂的事物都可以通过对象的某种组合而构成。

2）面向对象法的开发过程

按照面向对象法的基本思想，可将其开发过程分为四个阶段。

（1）系统调查和需求分析阶段。对所要研究的系统面临的具体管理问题以及用户对系统开发的需求进行调查研究，弄清目的是什么，指出前进的方向。

（2）面向对象分析（object-oriented analysis，OOA）阶段。在繁杂的问题领域中抽象地识别出对象及其行为、结构、属性等。

（3）面向对象设计（object-oriented design，OOD）阶段。根据系统分析阶段的文档资料,作进一步地抽象、归类、整理,运用雏形法构造出系统的雏形。

(4) 面向对象实现(object-oriented programming,OOP)阶段。根据系统设计阶段的文档资料,运用面向对象的程序设计语言加以实现。

3) 面向对象法的特点

面向对象法是以对象为中心的一种开发方法。具有以下特点。

(1) 封装性。在面向对象法中,程序和数据是封装在一起的,对象作为一个实体,操作隐藏在行为中,状态由对象的"属性"来描述,并且只能通过对象中的"行为"来改变,外界一无所知。可以看出,封装性是一种信息隐蔽技术,是面向对象法的基础。因此,面向对象法的创始人 Coad 和 Yourdon 认为面向对象就是"对象＋属性＋行为"。

(2) 抽象性。在面向对象法中,抽出实体的本质和内在属性而忽略一些无关紧要的属性称为抽象。类是抽象的产物,对象是类的一个实体。同类中的对象具有类中规定的属性和行为。

(3) 继承性。继承性是指子类共享父类的属性与操作的一种方式,是类特有的性质。类可以派生出子类,子类自动继承父类的属性与方法。可见,继承大大地提高了软件的可重用性。

(4) 动态链接性。动态链接性是指各种对象间统一、方便、动态的消息传递机制。

4) 面向对象法的优缺点

面向对象法更接近于现实世界,可以很好地限制由于不同的人对系统的不同理解所造成的偏差;以对象为中心,利用特定的软件工具直接完成从对象客体的描述到软件结构间的转换,解决了从分析和设计到软件模块结构之间多次转换的繁杂过程,缩短了开发周期,是一种很有发展潜力的系统开发方法。但是,它需要一定的软件基础支持才可以应用,并且在大型管理信息系统开发中不进行自顶向下的整体划分,而直接采用自底向上的开发,很难得出系统的全貌,会造成系统结构不合理、各部分关系失调等问题。

面向对象系统开发的趋势:分析和设计更加紧密难分。由于重用性提高,程序设计比重越来越小,系统测试和维护得到简化和扩充,开发模型越来越注重对象之间交互能力的描述。

5.2.4 管理信息系统开发方式及其选择

管理信息系统开发方式是指企业组织获得应用系统服务的方式,主要解决由谁来承担系统开发任务,建设所需信息系统的问题。目前主要的开发方式有自行开发、联合开发、委托开发、利用软件包开发等。这几种开发方式各有优点和不足之处,需要根据使用单位的技术力量、资金情况、外部环境等各种因素进行综合考虑和选择。

1. 管理信息系统的开发方式

1) 自行开发

自行开发是由用户依靠自己的力量独立完成系统开发的各项任务。根据项目预算,企业自行组织开发队伍,完成系统的分析和设计方案,组织实施,进行运行管理。随着第四代开发工具的不断发展,应用程序的编写越来越容易,用户自行开发在技术上变得更加可行。一些组织和单位有较强的专业开发分析与设计队伍、程序设计人员、系统维护队伍,如大学、研究所、计算机公司、高科技公司等,可以自行开发,完成新系统的建设。

(1) 自行开发的步骤。

对于功能比较简单的系统,企业内部可采用原型法在很短的时间内完成。对于功能比较复杂的系统,可采用原型法和结构法相结合的方法,即在建立一个最终系统之前,构造一种系统模型,开发过程采用结构化的类似步骤。一般经过调查研究,识别需求,确定新系统目标,制订项目计划;研究和建立新系统的模型;选择系统的软件和硬件;用户使用模型提出意见,对模型进行修改,直到用户满意;系统运行和维护等步骤。开发过程应注意两点:一是需要大力加强领导,实行"一把手"原则;二是向专业开发人士或公司进行必要的技术咨询,或聘请他们作为开发顾问。

(2) 自行开发方式的优缺点。

自行开发方式的优点是开发速度快,费用少,容易开发出适合本单位需要的系统,方便维护和扩展,有利于培养自己的系统开发人员。缺点是由于不是专业开发队伍,除缺少专业开发人员的经验和熟练程度不高外,还容易受业务工作的限制,系统整体优化不够,开发水平较低。同时开发人员一般都是临时从所属各单位抽调出来进行信息系统开发工作的,他们都有自己的工作,精力有限,这样就会造成系统开发时间长,开发人员调动后,系统维护工作没有保障。

2) 联合开发

联合开发由用户(甲方)和有丰富开发经验的机构,或专业开发人员(乙方)共同完成开发任务。一般由用户负责开发投资,根据项目要求组建开发团队,建立必要的规则,分清各方的权责,以合同的方式明确下来,协作完成新系统的开发。这样可以利用企业的业务优势与合作方信息技术优势互补,开发出适用性较强、技术水平较高的应用系统。但是,用户要选择有责任心、有经验的合作方,如与专业性开发公司、科研机构等联合开发,共同完成信息系统的分析、设计和实施。这种开发方式适合于用户(甲方)有一定的信息系统分析、设计及软件开发人员,但开发队伍力量较弱,需要外援,希望通过信息系统的开发来建立、完善和提高自己的技术队伍,以便于系统维护工作的单位。

这种开发方式的优点是相对比较节约资金,可以培养、增强用户的技术力量,便于系统维护工作,系统的技术水平较高。其缺点是双方在合作中沟通容易出现问题,因此，需要双方及时达成共识，进行协调和检查。

3）委托开发

委托开发是由用户（甲方）企业外包给富有开发经验的机构或专业开发人员（乙方），按照用户的需求承担系统开发的任务。用户首先要明确自己的需求，然后选择企业外包单位，签订开发合同，并预付部分资金；开发方（乙方）根据合同要求，独立地完成系统分析、设计、实施，用户对系统验收通过后直接投入运行。采用这种开发方式，关键是要选择好企业外包单位，最好是对本行业的业务比较熟悉的、有成功经验的开发单位，并且用户（甲方）的业务骨干要参与系统的论证工作，开发过程中需要开发单位（乙方）和用户（甲方）双方及时沟通，进行协调和检查。这种开发方式适合于用户（甲方）没有信息系统的系统分析、系统设计及软件开发人员或开发队伍力量较弱、信息系统内容复杂、投资规模大，但资金较为充足的单位。

这种开发方式的优点是省时、省事，开发的系统技术水平较高。其缺点是费用高、系统维护与扩展需要开发单位的长期支持，不利于本单位的人才培养。

4）利用软件包开发

信息技术的发展促使软件的开发向专业化方向发展，软件开发的标准化和商品化成为软件发展的趋势。一批专门从事管理信息系统开发的公司已经开发出一批使用方便、功能强大的应用软件包。所谓应用软件包是预先编制好的、能完成一定功能的、供出售或出租的成套软件系统。它可以小到只有一项功能，如打印邮签，也可以是具有复杂功能、运行在主机上的大系统。为了避免重复劳动、提高系统开发的经济效益，可以利用现成的软件包开发管理信息系统，可购买现成的应用软件包，或开发平台，如财务管理系统、小型企业管理信息系统、供销存管理信息系统等。这种开发方式对于功能单一的小系统的开发颇为有效，但不太适用于规模较大、功能复杂、需求量不确定的程度比较高的系统的开发。

这种方式的优点是能缩短开发时间，节省开发费用，技术水平比较高，系统可以得到较好的维护。其缺点是功能比较简单，通用软件的专用性比较差，难以满足特殊要求，需要有一定的技术力量根据使用者的要求做软件改善，以及编制必要的接口软件等二次开发的工作。

2. 开发方式的选择

由上可知，不同的开发方式有不同的优点和缺点，如表 5-6 所示。需要根据用户的实际情况进行选择，也可以综合使用各种开发方式。

表 5-6 四种开发方式的比较

特点比较	方式			
	自行开发	委托开发	联合开发	利用软件包开发
分析和设计能力的要求	较高	一般	逐渐培养	较低

续表

特点比较	方式			
	自行开发	委托开发	联合开发	利用软件包开发
编程能力的要求	较高	不需要	需要	较低
系统维护的难易程度	容易	较困难	较容易	较困难
开发费用	少	多	较少	较少

选择开发方式是一个复杂的决策过程，不能仅从经济效益原则来考虑，应从企业的实力、信息系统的地位和应用环境等综合考虑。表5-7所示为值得企业决策者借鉴的决策影响因素。无论哪种开发方式都需要用户的领导和业务人员参加，并在管理信息系统的整个开发过程中培养、锻炼、壮大使用单位的管理信息系统开发、设计人员和系统维护队伍。

表5-7 "造"与"买"的决策影响因素

决策准则	适于自行制造	适于购买
企业战略	信息技术应用或基础结构提供了独有的竞争优势	信息技术对战略和企业经营提供支持，但不属于战略型信息技术
核心能力	信息技术应用维护的知识、人员等是企业的核心能力	信息技术应用维护的知识、人员等不是企业的核心能力
信息/流程可靠性与机密程度	信息技术系统和数据库的内容及流程高度机密	安全方面的故障会带来一些问题，但不至于导致致命后果
合作伙伴是否可得	没有值得信赖的、称职的合作伙伴能够负责IT应用和基础设施	能够找到可靠的、称职的、愿意合作的经销商
应用软件或需求方案	信息技术的应用或基础结构具有特异性	能够找到满足大多数需求的应用软件及解决方案
成本/效益分析	购买软件产品或服务的成本，以及合作管理的支出超过自我服务的支出	购买软件产品或服务的成本明显低于自我服务的支出
实施时间	企业有充分的时间利用内部资源开发应用系统，建立基础设施	利用内部资源开发应用系统和建立基础设施所需时间太长，不能及时满足需求
技术演进及复杂性	企业有能力拥有一支专业性开发队伍	企业无力应付迅速变动、日益复杂化的企业技术需求

第 5 章　系统规划模型与系统开发方法

续表

决策准则	适于自行制造	适于购买
实施的难易程度	拥有快速开发IT应用系统的软件开发工具	没有用于快速开发的软件开发工具,或工具不理想

阅读材料 4

为什么在母公司已经成功实施的管理信息系统却在子公司中失败

子公司在实施 MRP-II 时,没有进行前期必要的工作(包括详细调查、业务分析和数据流程分析等),只是初步了解了现行系统的运作情况,认为企业类型相同且生产的产品也一样,照搬母公司 MRP-II 的实施模式肯定没错。

在系统开发过程中,用户认为实施信息系统是软件提供方的事,自己的工作就是操作信息系统,由此导致软件提供方没有透彻地理解用户需求,软件所提供的功能并不符合用户需求,以致用户对信息系统使用的热情下降。

这样,子公司所选用的 MRP-II 系统的十几个功能模块已启用的仅有非生产件的库存管理模块,还不到该 MRP-II 软件内涵的 1/10,2016 年以后就没有太大进展;MACH7 财务系统仅完成凭证录入、过账、对账和结账等功能,报表只能用计算机处理;PMS 人事系统准确地说只是一个数据库,只有输入、修改和删除功能(没有查询功能),报表及各种统计均靠计算机来进行。从整个实施 MRP-II 的过程来看,投下巨额资金后,效益与当初的宏图大略相去甚远。

阅读材料 5

江西煌上煌集团有限公司营销部门流程重组方案

江西煌上煌集团有限公司的销售业务涉及售后服务科、业务科、计划科、财务科、仓库等部门,其工作内容包括从签订合同开始到发货、实现销售收入等一系列过程。在管理水平不断提高和有可能采用新的信息技术加以支持的条件下,该公司在与复旦大学管理学院的合作下,对原有销售过程进行了全面分析,提出了流程再造的新方案。

该公司的销售流程是目前我国大多数国有企业采用的运行模式,具有一定的代表性。这种销售流程简单、分工明确、职责清楚、易于管理。但通过对这种流程的分析后,发现了不少弊端,具体如下。

(1) 效率低下。由于每个部门只完成某一项任务或某一个环节,整个流程的运转必须通过多种单据的频繁传递来实现,工作人员多数时间处于等待状态,因而,效率不高。

(2) 无人对整个流程负责。每个职工只负责流程中的某一个环节,各科室管理人员也只对本科室的业务负责,整个流程工作的质量无人负责,无人监督。

(3) 对顾客满意度重视不够。在这种流程中,客户需和不同的部门频繁接触,如与业务科签订合同,到计划科开提货单和发票,到财务科进行单据的审核等,客户实际上担当了传递单据的任务,颠倒了服务与被服务的关系。

此外,这种业务流程中还存在机构庞大、组织僵化等弊端。

 阅读材料 6

金融服务公司建造自己的财务管理系统

对金融服务公司来说,在建造自己的财产管理系统时,是选择自己建造还是寻求外部供应商?

原则上是选择自己建造,一般情况下不得寻求外部供应商,原因是:根据《金融服务公司信息科技风险管理指引》有关规定,金融服务公司不得将其信息科技管理责任外包,应合理谨慎监督外包职能的履行;金融服务公司实施重要外包(如数据中心和信息科技基础设施等)应格外谨慎,在准备实施重要外包时应以书面材料正式报告银监会或其派出机构。在签署外包协议或对外包协议进行重大变更前,应做好相关准备。

需考虑管理、组织和技术上的哪些问题?

(1) 分析外包是否适合金融服务公司的组织结构、报告路线、业务战略、总体风险控制,是否满足金融服务公司履行对外包服务商的监督义务。

(2) 考虑外包协议是否允许金融服务公司监测和控制与外包相关的操作风险。

(3) 充分审查、评估外包服务商的财务稳定性和专业经验,对外包服务商进行风险评估,考查其设施和能力是否足以承担相应的责任。

(4) 考虑外包协议变更前后实施的平稳过渡(包括终止合同可能发生的情况)。

(5) 关注可能存在的集中风险,如多家金融服务公司共用同一外包服务商带来的潜在业务连续性风险。

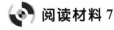 **阅读材料 7**

信息系统外包及其风险防范

建立管理机构,明确外包范围,严格审查制度,加强风险监控和激励机制建设,这些措施是商业银行信息系统外包风险防范的重要保障。对外包风险的把握,直接决定着信息技术外包的成功与否。从根本上来说,对信息技术外包风险的防范过程就是对外包活动实施全面有效的管理过程。

1. 建立外包事务管理机构

要对外包实施全面有效的管理,必须先建立外包事务管理机构。目前,商业银行外包过程中,仅在外包决策、外包商选择或发生了法律纠纷时,才成立临时性机构来处理相应外包事务。管理组织的不稳定性造成管理人员的频繁调动和流失,削弱对外包项目的充分理解,影响合作双方感情的建立。人员的不稳定必将造成管理策略的不连续,削弱双方的合作和信任,给外包项目的管理和监督带来不必要的麻烦,影响外包的服务质量和进度。

外包事务管理机构应该由战略规划专家、外包咨询专家、各部门熟悉本行业信息流关系的代表、信息技术专业人员、费用预算人员、法律顾问、实施管理和协调人员组成。主要负责外包前对国内、外行业、竞争对手以及自身的信息化需求进行调查研究;识别信息技术的核心竞争力;在收益、成本和风险之间进行平衡并进行外包决策;制定外包的建设技术标准;设计外包方案,避免重复投资与信息孤岛;评价外包商的技术等级、发展能力,选择承包商;签署外包合同;对外包服务过程进行全面监督、协调和控制;处理与现有外包商的外包关系;监督并审议通过外包商的技术决策;积累外包经验并帮助制定未来的外包决策;谈判并推行未来的外包合同;使信息系统整体战略与不断变化的整体战略保持一致。

2. 明确信息系统外包范围

明确哪些是构成核心竞争力的信息技术,哪些是可以外包的非核心技术。外包范围的确定是企业信息技术外包中面临的首要问题。

3. 建立外包商资格审查制度

外包成功的关键因素之一是选择具有良好社会形象和信誉、相关行业系统实施经验、能够引领或紧跟信息技术发展的外包商作为战略合作伙伴。因此,对外包商的资格审查应从技术能力、经营管理能力、发展能力这三个方面着手。

(1) 技术能力:外包商提供的信息技术产品是否具备创新性、开放性、安全性、兼容性,是否拥有较高的市场占有率,能否实现信息数据的共享;外包商是否具有信息技术方面的资格认证,如信息产业部颁发的系统集成商证书、认定的软件厂商证书等;外包商是否了解金融行业特点,能否拿出真正适合商业银行业务的解决方案;信息系统的设计方案是否应用了稳定、成熟的信息技术,是否符合银行发展的要求,是否充分体现了银行以客户为中心的服务理念;是否具备对大型设备的运行、维护、管理经验,以及与多系统的整合能力;是否拥有对高新技术深入理解的技术专家和项目管理人员。

(2) 经营管理能力:了解外包商的领导层结构、员工素质、客户数量、社会评价;了解项目管理水平,如质量保证体系、成本控制、配置管理方法、管理人员和技术人员的老化率或流动率;是否具备能够证明其良好运营管理能力的成功案例;员工间是否具备团队协作精神。

(3) 发展能力：分析外包服务商已审计的财务报告、年度报告和其他各项财务指标，了解其盈利能力；考察外包企业从事外包业务的时间、市场份额以及波动因素；考察银行的外包合同对外包服务商财务状况的重要性；评估外包服务商的技术费用支出以及在信息技术领域内的产品创新情况，确定其在技术方面的投资水平是否能够支持银行的外包项目。

4．对外包实施进行风险监控

信息技术外包的目的在于通过整合信息技术合作伙伴的企业资源，快速实现服务手段和服务方式的信息化，满足客户的需要。信息技术外包中产生的任何风险都会严重影响银行的形象。因此，在信息外包的全过程中要实施风险管理。

风险管理应分为三步：第一步是识别外包实施中各阶段的宏观、微观层面风险，设置监控点。宏观上，密切关注信息技术、外包市场的发展，以及银行自身经营环境、竞争对手外包策略、外包商经营状况的变化等。微观上，听取外包商在项目实施不同阶段的报告，评估外包商运行的信息系统和相应的控制措施(如资源安全性、完整性、保密性)，定期审查外包商相关的内部控制、系统开发和维护及应急措施，以保证它们符合合同要求，并且与当前的市场和技术环境相一致；了解外包服务是否及时，服务质量、服务水平是否得到提高。

第二步是分析造成工作偏离预定标准问题的实质，对产生问题的原因进行调查并得出结论。

第三步是拟订解决问题的可行方案，并从中选出最好的；实施选定的方案，使外包工作回到原定的、期望的标准上。

5．建立对外包商的激励机制

外包商的经营目标是实现利润最大化，而银行希望以公平价格获得良好的服务，因此，商业银行应制定激励机制，将其经营绩效与外包服务要求挂钩，使合作双方目标一致。这可采取以下激励措施。

(1) 优质优价：根据信息技术外包的范围，按照系统正常运转的时间、效率，制定合格、满意、优质三层标准，达到不同标准给予不同价格的要求。标准的制定应该随着技术的发展而不断提高，如果外包商在技术方面的创新能够使银行实现某些业务盈利，应给予外包商一定的奖励。这样可以鼓励外包商使用新技术，持续改进服务。

(2) 级别管理：根据对外包商的资格审查、合作时间长短、合作过程中满意程度，制定相应的评级制度，将外包商划分为准入级、合作级、伙伴级。级别评定是能上能下的，如果外包商的服务水平下降、服务质量降低，就会被降级。级别管理是希望通过一系列连续的合同来加强银行与外包商的合作关系，提醒外包商通过优质服务建立良好声誉、获得收益。

本章小结

本章介绍了管理信息系统的规划模型和开发方法,管理信息系统的规划模型有多种,主要有诺兰模型法、关键成功因素法、企业系统规划法、战略目标集转化法;管理信息系统开发方法则有企业外包法、生命周期开发方法、原型法、面向对象法,其中生命周期开发方法分为五大阶段:系统规划、系统分析、系统设计、系统实施、系统运行维护。

关键概念

诺兰模型　关键成功因素法　企业系统规划法　UC矩阵　生命周期开发方法　原型法　面向对象法

简答题

1. 管理信息系统开发的任务是什么?它有哪些特点?
2. 管理信息系统开发的原则有哪些?
3. 如何做好管理信息系统开发的组织与管理?
4. 生命周期开发方法的基本思想和主要步骤是什么?
5. 简述原型法的基本思想和优缺点。
6. 简述面向对象法的基本思想和优缺点。
7. 简述生命周期开发方法、原型法、面向对象法的特点?
8. 管理信息系统有哪几种开发方法?各有什么优缺点?
9. 你认为应该如何选择信息系统的开发方法?

综合案例 5-1

管理信息系统开发过程中的失误

周星星是一位计算机专业的大学毕业生,学过程序语言,并在一家商业公司做过三年的程序设计工作,负责维护公司"销售的信息系统"。他十分胜任这份工作,但是他很想能够从事系统开发的工作,只是短期内公司没有新系统的开发计划。

周星星在报纸上看到一家小公司招聘系统分析师,就去应聘。这家小公司刚开始使用计算机不到半年,很欣赏他的资历,于是相约面试。面试时,周星星表现出良好的专业素养,熟悉程序相关知识和许多计算机网络的知识,能够熟练地组网,并能为计算机安装各种个人计算机的套装软件,如文字处理和电子表格软件等。因为这家小公司没有人有系统开发经验,所以认为周星星有能力担任一个系统的开发工作,就雇用了他。

刚开始,周星星表现确实不错,他帮助这家小公司的同事使用计算机上的套装软件,并建议购买的数据库软件。然后他用C语言编写了一套收账系统。4个月后,他完成了收账系统的开发,账务人员使用后就遇到了各种麻烦,财务人员不知道该做什么,也不知道什么时候要做。因为该系统没有完整的系统文档,包括系统使用手册和系统维护文件等。因此,周星星随时待命帮助他们进行操作。一星期后,账务人员把资料都输入了系统,并检查了所有的输入资料准确无误,然后打印账单邮寄给客户。

两天后,这家小公司就接到许多客户的抱怨电话,指责账单有错误。检查后,财务人员发现许多账单确实不对,一时又不知道问题出在哪里,只好人工重新填写邮寄账单。

阅读以上案例,思考以下问题。

(1) 请问周星星在收账系统的开发过程中存在哪些失误?

(2) 周星星的失误该如何防止?

综合案例 5-2

双汇"小脚穿大鞋"

双汇集团拥有 40 多家子公司,7 个生产基地,80 多个销售分公司,上百家办事处,200 余家连锁店。随着业务的不断扩展,企业的生产、销售、库存等情况越来越难以掌握。过去分支机构和连锁店的订货、退货等业务主要靠传真和电话传递信息,总部和配送中心的生产计划、备货计划、发货计划等通过手工汇总统计来完成,工作量极大。几十家分店已经有 70 多人在忙活,如果按照双汇集团的计划,在"十五"期间发展到 2000 家分店,得要多少人统计数据?而且数据缺乏准确性与及时性,经常发生有的店没货可卖,而有的店却有余货不得不晚上拉回厂家的情况。全国各地的库存状况、费用状况及应收账款等重要数据无法及时掌握,造成整个分销渠道管理混乱,丢货、串货、账实不符等现象相当普遍。

无奈之下,双汇集团向信息化求助。

2016 年,经过招投标后,双汇集团与国内一家知名的 ERP 公司签约。该 ERP 公司经过调研后,系统采用 C/S 结构,在数据同步问题上,设立 Modem 池,一天同步一次或两次。可事实上,双汇集团有 100 多个办事处,几十家分公司,200 多个连锁店,如果每个门店都要装前台,那么要装一年才能完成,费用大不说,实际操作也是有困难的。而且,如果系统要升级,还得每个门店跑一回,万一前台出现故障,去调试也是不现实的。

系统设计还有一些其他的缺陷,比如它对计算机型号有要求——双汇当时的计算机都成了摆设,门店和数据库不能真正实现数据同步,领导不能及时掌握销售状况,无法做出快速响应。

意识到这些问题后,该 ERP 公司试图进行修改。可是一旦真的开始修改,ERP 公司就发愁了。因为双汇集团的模式非常特殊,既是集团化运作,又是独立核算,下属有属于工业的生产厂商,有属于商业的直销门店,有代销方式的批发商。更重要的是,由于大部分职工对计算机的认识程度有限,还要求软件能够易操作,好管理。ERP 公司不知道该怎么完成任务,只好交白卷走人了事。

双汇集团从第一次信息化失败中吸取了经验教训,开始了第二次信息化之旅。采用 B/S 四层结构;ERP 软件采用了"一次编码、到处运行"的纯 Java 语言编写,可以在主流硬件环境及操作系统平台上运行,实现了跨平台应用;双汇集团真正实现了内外数据共享,协同商务,工业与商业一体化。

阅读以上案例,思考以下问题。

(1) 请分析双汇集团的第一次管理信息系统建设为什么会失败。

(2) 企业在进行管理信息系统开发前,应该要做哪些工作?

上机实践

1. 车间管理模块训练

(1) 进入面板组装车间,对车间设备进行停机和复机注册查询,对相应设备进行停机处理和复机处理。

(2) 查询车间任务单,并进行生产领料处理及完工入库处理(见图 5-9)。

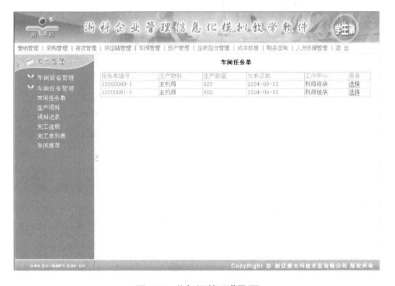

图 5-9 "车间管理"界面

操作说明如下:车间管理又称生产管理,处于企业信息化系统的计划执行与控制层,其管理目标是按照物料需求计划的要求,按时、按质、按量与低成本地完成加工制造任务。车间管理主要是各生产车间根据下达的生产任务单,进行生产的领料,按照车间任务单的要求对物料进行加工,最后进行加工件的完工注册。

2. 业务流程

车间管理操作流程一般如下。

(1) 查看本车间"生产任务单"。

(2) 根据生产任务单填制领料申请单。如果需要领取的物料是仓库物料,则自动生成"生产领料单"并提交到仓库部门,等待仓库部门审核登记出库后,领取的物料会发送到生产车间;如果领取的是某一种物料上一道工序的中间件(即该物料设置了多道工艺流程),则需要到完成上一道工序的工作中心所在车间直接提取。

(3) 查看车间库存,确定领取物料是否到达车间。

(4) 原材料到货后,开始组织生产。

(5) 一定周期的生产完毕,进行完工注册,登记完工产品。如果完工产品是仓库物料,则自动生成"生产入库单"提交仓库部门,等待仓库部门检验(需要时)、审核并登记入库;如果是某物料中间件,则收入所在车间虚拟库,等待下道工序领取。

3. 操作与功能

选择车间管理模块后,首先要选择登录的车间,因为不同的车间有不同的工作中心,以完成不同的生产任务(见图5-10)。

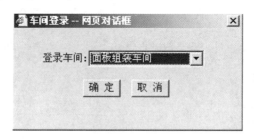

图5-10 "车间登录-网页"对话框

1) 车间设备管理

设备停机注册:在使用过程中,车间设备如果因为各种原因发生停机,则可以在"设备停机注册"页面进行停机状况的登记注册(见图5-11)。

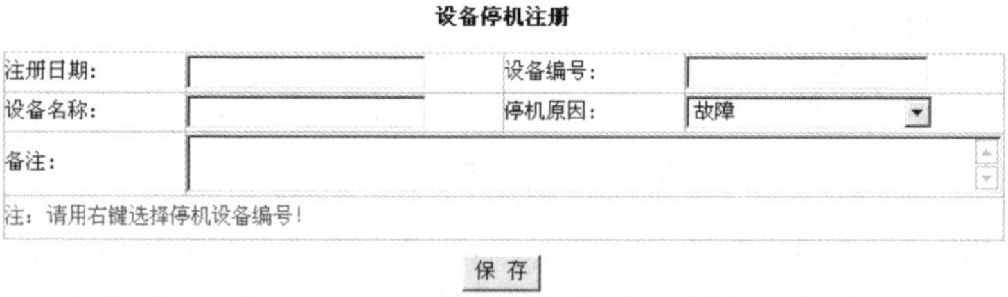

图5-11 "设备停机注册"页面

设备复机注册:对停机后恢复使用的设备进行登记注册(见图5-12)。

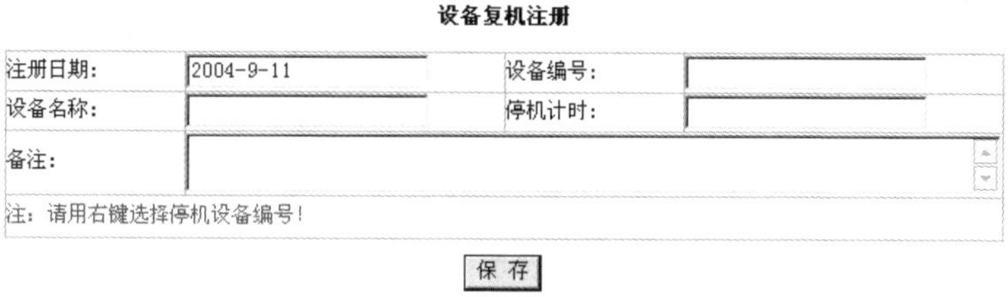

第 5 章 系统规划模型与系统开发方法

设备复机注册

注册日期：	2004-9-11	设备编号：	
设备名称：		停机计时：	
备注：			

注：请用右键选择停机设备编号！

[保 存]

图 5-12 "设备复机注册"页面

2）车间任务管理

车间任务单：生产计划部门把生产任务下达到各个车间后，各车间会在"车间任务单"里看到该车间尚未完成的生产任务（见图 5-13）。

车间任务单

任务单编号	生产物料	生产数量	发单日期	工作中心	查看
10000007-1	机箱面板	890	2004-09-10	溶胶固定	选择
10000008-1	机箱面板	450	2004-09-10	溶胶固定	选择

图 5-13 车间任务单

车间管理员可以查看相关的车间任务单（见图 5-14）。根据任务单进行"生产领料"（参见下面的生产领料）和"完工登记"（参见下面的完工注册）处理。

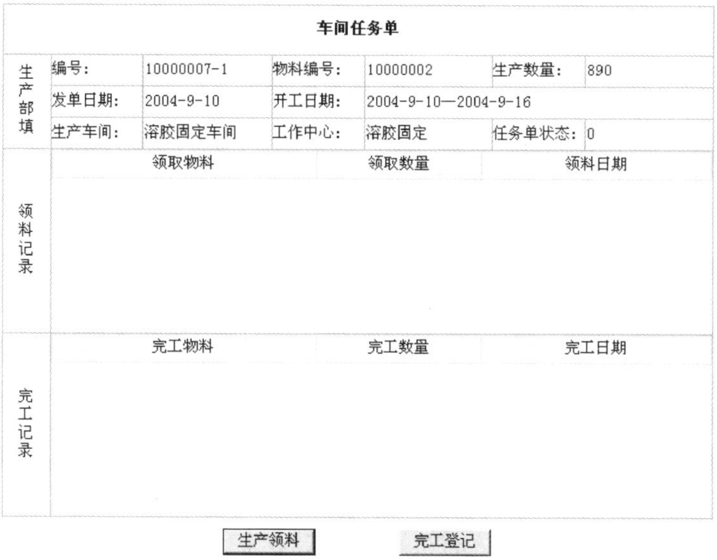

车间任务单

生产部填	编号：	10000007-1	物料编号：	10000002	生产数量：	890
	发单日期：	2004-9-10	开工日期：	2004-9-10～2004-9-16		
	生产车间：	溶胶固定车间	工作中心：	溶胶固定	任务单状态：	0

领料记录	领取物料	领取数量	领料日期

完工记录	完工物料	完工数量	完工日期

[生产领料] [完工登记]

图 5-14 查看相关的车间任务单

生产领料：车间在按照任务单开展生产活动之前，首先要领取生产过程中所需要的各种物料(原材料)。进入"生产领料"窗口后,选择需要领料的生产任务单,进入"物料领用"页面。系统会根据 BOM 调入需要领用的物料,车工只需要填入领用数量并确定就可以了(见图 5-15)。注意:物料领用数量不能超过总需求量和仓库可领量。

物料领用						
任务单编号:	10000013-1	物料编号:	10000005	生产数量:	1430	
领用车间:	面板组装车间	工作中心:	面板组装	领料日期:	2004-9-11	
物料编码	物料名称	总需求量	仓库可领量	车间已领量	车间可用量	领用
10000007	面板主体	1430	1700	0	0	1430
10000003	挡板	1430	1650	0	0	1430
10000004	P/R按键	1430	1650	0	0	1430

确定

图 5-15 物料领用单

领料记录:车间人员录入车间领料单后,系统会根据领料来源自动开具生产领料单(传递到仓库部门),如图 5-16 所示。

车间领料单

任务单号	领取物料	领取数量	领料日期	物料来源	状态
10000013-1	面板主体	500	2004-09-11	物料仓库	开设
10000013-1	挡板	500	2004-09-11	物料仓库	开设
10000013-1	P/R按键	500	2004-09-11	物料仓库	开设

1

图 5-16 车间领料单

完工注册:收到物料后,领用的物料会收录到车间仓库,车间就可以按照任务单开始生产了,一段周期的生产完成后,车间人员需要将用于生产完工的物料登记注册。进入"完工注册"页面,选择需要注册的车间任务单进入"完工注册"页面(见图 5-17)。

在"完工注册"页面上,最重要的是填写正确的完工信息。首先是"完工数量"(本次生产完工的物料数量),完工数量不能超过未完工量,同时耗用的物料不能超过车间的可用量,车间人员在更改完工数量后需要刷新当前页面才能继续进行注册。然后是开始日期(该批物料开始生产的日期)、完工日期(该批物料生产完工的日期)、生产工时(生产该批物料所用的总工时)。最后还需要选择参与生产的班组信息和设备信息并填入各自的工时。注册完成后,如果物料是库存物料,则直接生成生产入库单并传递到仓库部门;如果是工序中间产品,则保存在车间库存。

完工单列表:完工单列表收录所有注册成功的生产完工单(见图 5-18)。

车间库存:车间人员从仓库领到的物料,以及生产出的中间产品(非库存产品)都暂时存放在车间虚拟库,车间人员可以通过"车间库存"查看领料是否送到,以及各物料在车间的可用数量(见图 5-19)。

第 5 章 系统规划模型与系统开发方法

完工注册

任务单号:	10000013-1	完工单号:	10000013-1.1	物料编号:	10000005
物料:	面板组装件	单位:	件	任务数量:	1430
已完工量:	0	未完工量:	1430	完工数量:	1430
开始日期:	2004-9-11	完工日期:	2004-9-11	生产工时:	8
工作中心:	面板组装	任务单完成:	☐		☑ 生成入库单

[刷新]

物料耗用

物料编号	物料名称	单位	耗用/可用
10000007	面板主体	件	1430 / 500
10000003	挡板	件	1430 / 500
10000004	P/R按键	件	1430 / 500

班组信息

选择	班组编号	班组名称	组成	工时
☐	10000000	面板组装甲班	...	

设备信息

选择	设备组	设备编号	设备名称	工时
☐	车床组	10000001	面板组装车床	

[确定]

图 5-17 "完工注册"页面

完工单列表

任务单号	完工物料	完工数量	完工日期
10000013-1	面板组装件	500	2004-09-11
10000013-1	面板组装件	500	2004-09-11
10000013-1	面板组装件	430	2004-09-11

1

图 5-18 完工单列表

车间库存

车间	工作中心	物料编号	物料名称	单位	数量
面板组装车间	面板组装	10000007-0	面板主体	件	0
面板组装车间	面板组装	10000003-0	挡板	件	0
面板组装车间	面板组装	10000004-0	P/R按键	件	0

1

图 5-19 "车间库存"页面

第6章　企业资源计划

◉ 学习目标

1. 了解企业资源计划的发展历程；
2. 理解并掌握企业资源计划的基本原理及特点；
3. 熟悉企业资源计划的基本功能模块；
4. 了解应用企业资源计划应注意的问题与原则。

◉ 引入案例

水煮企业资源计划的故事

一天中午，丈夫在外给妻子打电话：晚上我想带几个同事回家吃饭，可以吗？（订货意向）

妻子：当然可以，来几个人，几点来，想吃什么菜？

丈夫：6个人，我们7点左右回来，准备些酒、烤鸭、番茄炒蛋、凉菜、蛋花汤……你看可以吗？（商务沟通）

妻子：没问题，我会准备好的。（订单确认）

妻子记录需要做的菜单（MPS 计划）：鸭、酒、番茄、鸡蛋、调料……（BOM 物料清单）；具体为1只鸭，5瓶酒，10个鸡蛋……（BOM 展开），即炒蛋需要6个鸡蛋，蛋花汤需要4个鸡蛋（共用物料）。

打开冰箱（库房），只剩下2个鸡蛋（缺料）。

妻子来到自由市场，问：鸡蛋怎么卖？（采购询价）

小贩：1个1元，半打5元，1打9.5元。

妻子：虽然只需要8个，但这次买1打。（经济批量采购）

妻子：这有一个坏的，换一个。（验收、退料、换料）

回到家中，妻子准备洗菜、切菜、炒菜……（工艺线路）

厨房有燃气灶、微波炉、电饭煲……（工作中心）

妻子发现拔鸭毛最费时间（瓶颈工序，关键工艺路线），用微波炉来自己做烤鸭可能来不及（产能不足），于是在楼下的餐厅里买现成的（产品委外）。

下午4点，儿子的电话：妈妈，晚上几个同学想来家里吃饭，你帮忙准备一下。（紧急订单）

妻子:好的,你们想吃什么,爸爸晚上也有客人,愿意和他们一起吃吗?

儿子:菜你看着办吧,但一定要有番茄炒鸡蛋,我们不和爸爸他们一起吃,6:30左右回来。(不能并单处理)

妻子:好的,肯定让你们满意。(订单确定)

鸡蛋又不够了,妻子打电话叫小贩送来。(紧急采购)

6:30,一切准备就绪,可烤鸭还没送来,妻子急忙打电话询问:你好,我是李太太,请问订的烤鸭怎么还没送来?(采购委外单跟催)

餐厅:不好意思,送货的人已经走了,可能是路上堵车吧,请稍等一下,应该马上就会到。

门铃响了,李太太,这是您要的烤鸭,请在单上签字。(验收、入库、转应付账款)

下午6:45,女儿的电话:妈妈,我想现在带几个朋友回家吃饭可以吗?(又是紧急订购意向,要求现货)

妻子:不行呀,女儿,今天妈妈已经准备两桌饭了,时间实在来不及,真的非常抱歉,下次早点说,一定给你们准备好。(这就是企业资源计划的使用局限,要有稳定的外部环境,要有一个前置时间)

送走了所有客人,疲惫的妻子坐在沙发上对丈夫说:亲爱的,现在咱们家请客的频率非常高,需要购买些厨房用品了(设备采购),最好能再雇一个小保姆(连人力资源系统也有接口了)。

丈夫:家里你做主,需要什么你就去办吧。(通过审核)

妻子:还有,最近家里花销太大,用你的私房钱来补贴一下,好吗?(应收货款的催要)

案例启示

通过上面的小故事,相信大家对企业资源计划的原理及流程有了一个初步的认识。企业资源计划是指建立在信息技术基础之上,以系统化的管理思想为企业决策层及员工提供决策运行手段的管理平台。由于市场环境的快速变化,竞争的不断加剧,企业信息化进程的步伐越来越快,作为企业,要能适应市场变化,并在激烈的竞争环境下生存下去,就得不断更新技术、更新管理思想,因此,现代化的管理信息系统在企业的信息化改造中起到了极其重要的作用。企业通过运用现代信息技术手段,根据市场需求对企业内部和其供应链上各环节的资源进行全面规划、统筹安排和严格控制,以保证人、财、物、信息等各类资源得到充分合理应用,从而达到提高生产效率、降低成本、满足顾客需求、增强企业竞争力的目的。

6.1 企业资源计划的概念、特点及发展历程

21世纪是信息时代,信息革命在影响社会和经济的同时,也使企业的生产经营

环境发生了深刻的变化,譬如,办公自动化、制造资源计划(manufacturing resource planning,MRP-Ⅱ)、企业资源计划(enterprise resource planning,ERP)等正深刻影响着企业内部的管理方式和运行模式。那什么是物料需求计划和企业资源计划呢?下面就企业资源计划的相关概念及发展历程进行详细介绍。

6.1.1 企业资源计划的概念

企业资源计划是管理信息系统在企业中的一种典型应用,也是全新的基于信息技术的企业管理模式,是企业信息化建设的必由之路,是一个对企业物流、信息流、资金流进行全面集成管理的管理信息系统,是现代信息技术与现代企业管理思想结合的杰作。

企业资源计划的概念最早由美国著名的计算机技术咨询和评估集团 Gartner Group 公司于1990年4月12日发表的《ERP:下一代 MRP-Ⅱ 的远景设想(ERP:A Vision of the Next-Generation MRP-Ⅱ)》研究报告中所提出,它已成为一整套企业管理系统体系标准。Gartner Group 公司最初对企业资源计划的定义可表达如下。

企业资源计划是制造资源计划的下一代,它的内涵主要是"打破企业的四壁,把信息集成的范围扩大到企业的上下游,管理整个供需链,实现供需链制造"。

随着社会的发展、时代的进步,现在对企业资源计划的概念有多种解释,较为典型的定义有如下几种。

(1)企业资源计划是用于改善企业业务流程性能的一系列活动的集合,由基于模块的应用程序支持,集成了产品计划、零件采购、库存控制、产品分销和订单跟踪等多个职能部门的活动。

(2)企业资源计划是一种对企业所有资源进行计划和控制的方法,这种方法以完成客户订单为目标,涉及订单签约、制造、运输及成本核算等多个业务环节,广泛应用于制造、分销、服务等多个领域。

(3)企业资源计划是一个工业术语,由多个模块的应用程序支持的一系列活动组成。企业资源计划可以帮助制造企业或其他类型的企业管理主要的业务,包括产品计划、零件采购、库存维护、与供应商交流沟通、提供客户服务和跟踪客户订单等。

(4)企业资源计划是一个集成了所有制造应用程序和与制造应用程序相关的其他应用程序,用于整个企业的信息系统。

(5)企业资源计划是一种商业软件包,允许企业自动化和集成主要的业务流程、共享通用的数据且分布在整个企业范围内,并且提供生成和访问业务信息的实时环境。

本书中提及的企业资源计划,可以从以下三个方面进行解释。

(1)管理思想。企业资源计划首先体现了一种管理思想,其宗旨在于通过标准化的业务流程和标准化的信息数据，使企业能够整合企业内部的各种资源，从而提升内部运营的效率和整体的经营水平。

（2）信息化的软件产品。企业资源计划管理思想的具体实现需要通过成熟的企业级信息管理系统来完成。这些软件系统通常是基于优化和通用的业务运作流程开发的，并且能够实现在统一的技术平台上的信息共享。

（3）综合的管理系统。企业资源计划体现了企业管理理念、贯彻了统一的业务流程、包含了企业各种基础业务数据、产生了各种企业管理报表，是能够全面体现企业经营情况的综合管理系统。

6.1.2 企业资源计划的特点

企业资源计划是现代企业向国际化发展的一种更高层管理模式，它能更好地集成企业各方面的业务，并会给企业带来更广泛、更长远的经济效益与社会效益。企业资源计划的特点主要包括以下几方面。

（1）企业资源计划更加面向市场、面向经营、面向销售，能够对市场做出快速响应；它将供应链管理功能包含进来，强调供应商、制造商与分销商间新的伙伴关系，并且支持企业后勤管理。

（2）企业资源计划更强调企业流程与工作流，通过工作流实现企业的人员、财务、制造与分销间的集成，支持企业过程重组。

（3）企业资源计划纳入了产品数据管理（PDM）功能，增强了对设计数据与过程的管理，并进一步加强了生产管理系统与CAD、CAM系统的集成。

（4）企业资源计划更多地强调财务，具有较完善的企业财务管理体系，这会使价值管理概念得以实施，会使资金流与物流、信息流更加有机地结合。

（5）企业资源计划较多地考虑人的因素作为资源在生产经营规划中的作用，也考虑了人的培训成本等。

（6）在生产制造计划中，企业资源计划支持物料需求计划与JIT混合管理模式，也支持多种生产方式（离散制造、连续流程制造等）的管理模式。

（7）企业资源计划采用了最新的计算机技术，如客户端/服务器分布式结构、面向对象技术、基于Web技术的电子数据交换（EDI）、多数据集成、数据仓库、图形用户界面、第四代语言及辅助工具等。

一般而言，除了制造资源计划的主要功能外，企业资源计划还包括供应链管理、销售与市场、分销、客户服务、财务管理、制造管理、库存管理、工厂与设备维护、人力资源、报表、制造执行系统（manufacturing executive system，MES）、工作流服务和企业信息系统等主要功能。此外，还包括金融投资管理、质量管理、运输管理、项目管理、法规与标准和过程控制等补充功能。

6.1.3 ERP 的发展历程

纵观 ERP 的发展历程，ERP 的发展经历了五个阶段，即基本物料需求计划阶段、闭环物料需求计划阶段、制造资源计划阶段、ERP 阶段、ERP-Ⅱ 阶段，如图 6-1 所示。

图 6-1　ERP 的发展阶段

(1) 20 世纪 40 年代，计算机系统还没有出现，为解决库存控制问题，人们提出了订货点法。20 世纪 60 年代，随着计算机系统的发展，短时间内对大量数据的复杂运算成为可能，人们为解决订货点法的缺陷，提出了物料需求计划理论，以作为一种库存订货计划——MRP(material requirement planning)阶段，即物料需求计划阶段，或称基本物料需求计划阶段。

(2) 20 世纪 70 年代，随着人们认识的加深及计算机系统的进一步普及，物料需求计划理论也得到了发展，为解决采购、库存、生产、销售的管理问题，制订了生产能力需求计划、车间作业计划以及采购作业计划理论，作为一种生产计划与控制系统——闭环物料需求计划(closed-loop MRP)阶段。

(3) 20 世纪 80 年代，企业的管理者们又认识到制造业要制订一个集成的计划，以解决阻碍生产的各种问题，而不是以库存来弥补，或者缓冲时间去补偿的方法来解决问题，要以生产与库存控制的集成方法来解决问题，于是制造资源计划(manufacturing resource planning)产生了。

(4) 20 世纪 90 年代，企业信息处理量不断加大，企业资源管理的复杂化也不断加大，这要求信息的处理更高效，传统的人工管理方式难以适应以上系统，而只能依靠计算机系统来实现，信息的集成度要求扩大到企业的整个资源的利用、管理，从而产生了新一代的管理理论与计算机系统——企业资源计划。ERP 是在制造资源计划的基础上发展起来的，是当前最先进的也是最为科学的管理信息系统。它集成了企业内部资源与企业相关的外部资源的信息。

(5) 进入 21 世纪，虽然 ERP 在全球范围内迅速推广并取得了巨大成功，然而，随着企业发展的日益加速，企业对 ERP 也提出了越来越高的要求，如企业客户对供应链管理(SCM)、客户关系管理(CRM)和电子商务等新功能的要求不断出现，所以美国计算机技术咨询和评估集团 Gartner Group 公司在原有 ERP 的基础上进行扩展后，提出了新的概念，即 ERP-Ⅱ。ERP-Ⅱ 是通过支持和优化企业内部和企业之间的协同运作和财务过程,创造客户和股东价值的一种商务战略和一套面向具体行业领域的应用系统。ERP-Ⅱ继承了 ERP 的属性和方法,采用 ERP-Ⅱ的企业是多态的企业,是企业从个性化企业向社会化企业的扩散。ERP-Ⅱ是对 ERP 的一种扩展和提升。

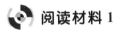

阅读材料 1

我国企业资源计划的发展趋势

国内企业资源计划起源于财务核算信息化,其基础是标准化的财务软件。在 20 世纪 80 年代末 90 年代初封闭的市场环境下,由于财务软件产品标准化程度较高,用友、金蝶、浪潮等本土厂商竞争的焦点主要在于渠道。其后在市场需求驱动下,各厂商由财务软件提供商逐步转型至企业资源计划及管理软件厂商。国内企业资源计划行业的发展经历了三个阶段。

第一阶段为导入期(20 世纪 90 年代初至 1998 年):①用户的信息化需求刚刚起步,主要是部门级别的信息需求;②主要应用软件为财务软件和进销存软件;③多半为标准系统,行业化特性较少;④项目型的定制开发是行业化阶段的主要方式。

第二阶段为成长期(1999—2006):①客户的信息化需求由部门级上升至企业级;②开始重视生产制造管理等深层次需求,行业化的需求开始显现;③行业化的企业资源计划产品和 MES、DCS、PDM 等产品实现了高度的集成,也形成了较为完善的二次开发平台。

第三阶段为成熟期(2007 年至今):①企业资源计划产业行业化特征明显;②开始覆盖供应链环节;③提供商为行业化的产品配备了专门的行业实施顾问与咨询人员,能为客户提供完整的行业化服务;④定制化需求显现。

1) 集成

过去几年,围绕企业资源计划是否已经过时,业界展开了一番激辩。

今天再提起企业资源计划,我们发现,它已经越来越多地成为一个代号,代表着包括企业资源计划、CRM、HR、财务管理等在内的整体企业管理方案。从某种意义上说,企业资源计划真正地回归其本意——企业资源管理。人、财、物不正是企业的资源、企业资源计划管理的对象吗?

因此,我们看到,2010 年企业资源计划市场的关键词之一便是集成。向奇汉先生在 2010 年 1 月 29 日的发布会上谈到,用友网络科技股份有限公司(以下简称"用友")企业资源计划产品 U8 开启了中国企业资源计划的普及时代,在 U8 的企业资源计划普及作用完成后,中国企业进入全面的信息化发展阶段。因此,新三年里,U8All-in-One 整体方案成为用友 EBU 事业务的重点产品,为用户带来全面集成的解决方案。

2) 云计算

2009年，最热门的话题无疑是云计算。从硬件到软件，无处不飞云，企业资源计划也不例外。当Oracle、SAP这样的大公司还在艰难转身，陆续推出SaaS模式产品和服务，并进而向云计算发展的时候，此前一直致力于开源企业资源计划推广的恩信科技有限公司则迅速变身"云计算在线企业资源计划平台"，并在经过近4年的开源企业资源计划耕耘后，借助云计算实现盈利。

在恩信科技有限公司的刘有涛看来，2010年无疑是云计算企业资源计划的关键一年。且不说这一巨大市场空间能为企业带来的盈利机会，单是自2009年下半年以来恩信科技从云计算企业资源计划上的收益已经是一番惊喜。

SAP公司也将产品分为三个层级：OnPremise、OnDemand和OnDevice，其中OnDemand即包括面向中小企业的按需企业资源计划应用软件BusinessByDesign等。SAP公司解决方案和架构部总经理张志琦透露，2010年SAP公司在OnDemand方面会有更多产品发布，包括CRM、BusinessObjects、人力资源等的OnDemand产品。此外，SAP公司还将云计算作为SaaS的补充，于2010年开展在云计算技术与环境上的研究，以及基于内存计算的研究。

早在2003年，很多人对于2010年企业管理软件市场的预测是：在2010年，大型公司的CIO们将发现自己越来越多地依赖于一种过时的软件采购、安装和维护的模式。供应商数目越来越少，规模却越来越大，这意味着软件产品的价格将会更高，用户选择的机会则会更少，系统迁移成本会更高，锁定厂商则越来越严重。从供应商的情况来看，2003年这一预测在2010年似乎真的变成了现实。所幸的是，云计算为我们提供了一种新的模式、新的思路。

3) 行业化

在对微软公司MBS部门总经理孙志伟的采访中，面对"2010年企业资源计划市场的关键词"这个问题，孙志伟毫不犹豫地回答"行业化"。2009年，微软公司通过收购其合作伙伴的四项专利技术增强其DynamicsAXERP产品的行业功能，包括制造业和零售业等。孙志伟表示，除了微软、SAP、Oracle等国外企业资源计划厂商继续加强部署各自的行业化布局，国内管理软件厂商也在积极展开行业化纵深发展。2010年1月29日，用友集团在京发布其新三年战略规划（2010—2012），以"八舰齐发"布局，实现"世界级加速"的目标。其中的重要战略规划就包括针对行业性、专业性的管理软件和服务，专门面向财政和行政事业单位管理、区域医疗和医院信息化、政府和企业的审计、商业智能，以及小型企业管理服务等。

企业资源计划所包含的管理思想是非常广泛和深刻的，这些先进的管理思想之所以能够实现，同信息技术的发展应用分不开。随着信息技术和现代管理思想的发展，企业资源计划的内容还会不断扩展。当前，我国的宏观经济环境正日益完善，企业的兴衰存亡将取决于企业自身的竞争能力，我们相信在这一"成熟阶段"，中国将有越来越多的企业会认同企业资源计划并使用它,实现科技与管理双轮并进。

6.2 企业资源计划的基本原理

企业资源计划是一个庞大的管理信息系统,要讲清楚企业资源计划原理,首先要沿着企业资源计划发展的主要阶段,从20世纪60年代的物料需求计划原理讲起。

6.2.1 物料需求计划

物料需求计划是用于制造业库存管理信息处理的系统,它解决了如何实现制造业库存管理目标——在正确的时间按正确的数量得到所需的物料这一难题。物料需求计划是企业资源计划的雏形,物料需求计划是针对广泛应用于制造业的订货点法的不足而产生的。为了充分理解物料需求计划在库存管理方面所起的作用,下面先了解订货点法的原理和不足。

1. 订货点法阶段

订货点法又称订购点法,始于20世纪30年代。订货点法是指对某种物料或产品,由于生产或销售的原因而逐渐减少,当库存量下降到某一预先设定的点时,即开始发出订货单(采购单或加工单)来补充库存,直至库存量下降到安全库存量时,发出的订货单所订购的物料(产品)刚好到达仓库来补充前一时期的消耗,此一订货的数值点称为订货点。订货点法原理如图6-2所示。

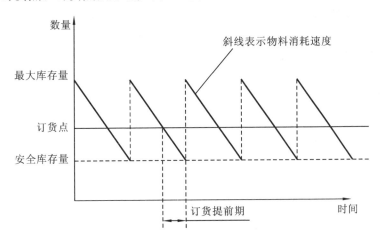

图6-2 订货点法原理示意图

这种方法简便粗放,较适合产品单一、结构简单、物料需求量相对连续和稳定的企业,而不适合产品种类繁多、结构复杂、物料需求量随产品数量和交货期变化而变化的企业。订货点法的不足主要表现在以下几个方面。

1) 盲目性

对需求情况不了解,盲目维持在一定数量的库存会造成资金积压。例如,对某种零件需求可能出现如表6-1所示的三种情况,设经济订货批量为80件。

表6-1 对某种零件的需求 （件）

情况	周次									
	1	2	3	4	5	6	7	8	9	10
情况 A	30			30				50		
情况 B	30		60							
情况 C	30									80

对于情况 A,第 1 周仅需要 30 件,若一次订货 80 件,则余下的 50 件还需要存放 2 周。到第 4 周再消耗 30 件,余下的 20 件还需要存放 3 周,而且不能满足第 8 周的需要(实际需要为 50 件)。因此,在第 8 周前还需要提出数量为 30 件的订货。

对于情况 B,订货量不足以满足前 3 周的需要(需要 90 件)。

对于情况 C,剩余的 50 件存放 8 周,但还不能满足第 10 周的需要。

经常依靠维持库存来保证需要,是由于对需求的数量及时间不了解所致。因此,盲目操作会造成浪费。

2) 高库存和低服务水平

假设装配一个部件需要 20 种零件,以 99% 的服务水平供给每种零件,则 20 种零件都不发生缺货的概率为 $0.99^{20}=0.817$,这意味着装配这种部件时几乎 5 次中就有 1 次碰到零件配不齐的情况。而一个产品中常常包含上千种零部件,装配产品时不发生缺件的概率非常低,这就是订货点理论造成零件积压与零件短缺共存局面的原因。

3) 形成"块状"需求

采用订货点法的需求是均匀的,但是,在制造过程中形成的需求一般都是非均匀的:不需要的时候为零,一旦需要就为一批。采用订货点法加剧了这种需求的不均匀性。如图 6-3 所示,其中产品、零件和原材料的库存都采用了订货点法控制。

产品的需求是由企业外部多个用户的需求决定的。由于每个用户的需求相差不大,综合起来,对产品的需求比较均匀,因此库存的变化呈锯齿状。当产品的库存量下降到订货点以下时,要组织该产品的装配,这时要从零件库中取出各种零件。因此,零件的库存陡然下降。而在此之前,尽管产品的库存在不断下降,但是由于没有下降到订货点,不必提出订货,因而零件的库存维持不变。

类似地,当零件的库存未降到订货点以下时,也不必提出订货,所以原材料的库存维持不变。随着时间的推移,产品库存逐渐消耗,当库存再降到订货点以下时,再次组织产品装配,这时又会消耗一部分零件库存。如果这时零件的库存降到零件的

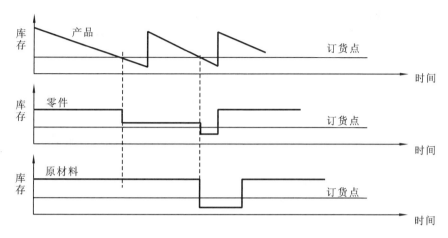

图 6-3 订货点法与块状需求

订货点以下,就要组织零件加工。这样,就要消耗一部分原材料库存。

由此可见,在产品需求均匀的情况下,采用订货点法,会造成对零件和原材料需求的不均匀,呈"块状"。块状需求与锯齿状需求相比,平均库存几乎提高一倍,因而占用更多的资金。

显然,将企业所有物料按订货点法进行管理,对企业的生产和发展是极为不利的。因此,人们提出了物料需求计划,使用物料需求计划可以精确确定零部件和原材料的需求数量和时间,消除了盲目性,实现了低库存与高服务的并存。

2. 物料需求计划阶段

物料需求计划是 20 世纪 60 年代美国创立的一种将库存管理和制订生产作业计划结合在一起的计算机辅助生产管理系统。

1965 年,美国奥利奇博士提出,在企业内部有两种类型的物料需求,即独立需求(independent demand)和相关需求(dependent demand)。独立需求的物料是指这些物料的需求量和需求时间与其他物料的需求量和需求时间无直接关系,其本质是需求具有随机性、不确定性,是企业自身不能控制的需求,如最终产品、备品备件等。与此相反,相关需求的物料是指这些物料的需求量和需求时间与其他物料的需求量和需求时间有直接关系,即产品的结构关系,如对最终产品的需求是独立需求,但对其零部件的需求却是非独立需求。比如生产 100 个台灯,1 个台灯由 1 个灯架、1 个底座、1 个灯泡组成,完成这项生产任务需要多少个灯架、底座和灯泡都由生产台灯的数量来决定,因此灯架、底座和灯泡的需求是相关需求,而台灯的需求则是独立需求。奥利奇博士提出订货点法只适用于独立需求的物料,而对相关需求的物料,由于其需求量和需求时间取决于企业计划生产的产品数量和交货期,因此要采用新的方法来解决订货问题,这种新的方法称为物料需求计划。

物料需求计划的基本思想是围绕物料转化组织制造资源,实现按需要准时生产。

物料的生产是将原材料转化为产品的过程,对加工装配式生产来说,如果确定产品出产数量和出产时间,就可按产品的结构确定产品的所有零件和部件的数量,并可按各种零件和部件的生产周期反推出它们的出产时间和投入时间。物料在转化的过程中,需要不同的制造资源(机器设备、场地、工具、工艺装备、人力和资金等),有了各种物料的投入产出时间和数量,就可以确定这些制造资源的需要数量和需要时间,这样就可以围绕物料的转化过程来组织制造资源,实现按需要准时生产。例如,以文件柜为例,1个文件柜A由1个箱体B、3个抽屉C和1把锁D组成;1个箱体又由1个箱外壳部件E和6个滑条F构成;1个抽屉C由1个抽屉体G、1个手柄H和2个滚子M构成;1个箱外壳部件E由1个箱外壳N和4个滚子M构成。文件柜的结构图如图6-4所示。

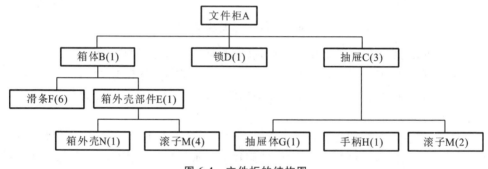

图6-4 文件柜的结构图

现客户需要100个文件柜,已知工厂成品库有5个成品文件柜A,在制品库有20个箱体B、10个抽屉C,原材料库有50个滚子M,问公司需要制造多少个滑条F、箱外壳N、抽屉体G、手柄H、滚子M?

可根据图6-4所示产品的结构层次,结合工厂已有库存情况,计算出所需生产的滑条F为450个,箱外壳N为75个,抽屉体G为275个,手柄H为275个,滚子M为800个。

由于产品构成的层次性,产品在生产时的生产和组装存在一定的顺序,因此还需结合各种原材料、零部件的实际加工周期与需求时间来按计划进行生产。故物料需求计划的逻辑流程图如图6-5所示。

3. 闭环物料需求计划阶段

从物料需求计划逻辑流程图可以看出,物料需求计划的形成、制订过程中,考虑了产品结构和库存等相关信息。但实际生产中的条件是变化的,如企业的制造工艺、生产设备及生产规模等,甚至要受社会环境的影响,如能源供应、社会福利待遇等。利用基本物料需求计划原理制订的采购计划可能受供货能力或运输能力的限制而无法保障物料的及时供应。另外,如果制订的生产计划未考虑生产线的能力,则容易在执行中偏离计划。因此,利用基本物料需求计划原理制订出来的生产计划和采购计

第 6 章 企业资源计划

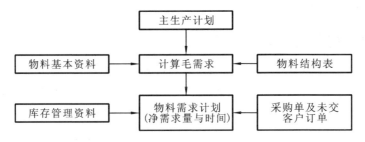

图 6-5　物料需求计划的逻辑流程图

划往往不可行。因为信息是单向的，与管理思想不一致，所以管理信息必须是闭环的信息流，由输入至输出再循环影响至输入端，从而形成信息回路。因此，随着市场的发展及基本物料需求计划的应用与实践，20 世纪 80 年代初在此基础上形成了闭环物料需求计划理论。

闭环物料需求计划理论的提出，在满足能力需求的前提下才能保证物料需求计划的执行和实现。在这种要求下，企业必须对投入与产出进行控制，也就是对企业的能力进行校验和执行控制。闭环物料需求计划的逻辑流程图如图 6-6 所示。

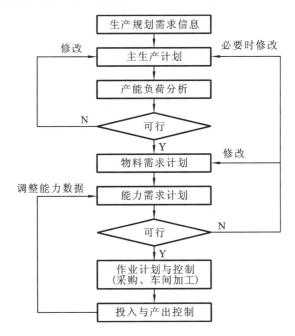

图 6-6　闭环物料需求计划的逻辑流程图

从图 6-6 中可以看出，为了提高物料需求计划的效率，人们对物料需求计划进行了改进，在物料需求计划基础上增加了能力需求计划、车间作业管理和采购管理等功能，并相应获得了来自车间的反馈信息，从而形成一个闭环的、完整的计划与控制系统,这就是闭环物料需求计划。

6.2.2 制造资源计划阶段

20世纪70年代末期,闭环物料需求计划得到进一步推广和应用,企业采购环节与生产环节有效纳入计划和控制管理下,企业财务指标得到有效改善。但当试图提高企业经济效益制订的新的企业经营规划时,发现企业高管不但需要企业生产产量、时间等方面的数据,还需要产量、销售额、利润、成本和费用等财务数据,而这些数据在闭环物料需求计划中无法反映出来。基于这种需求,1977年9月,美国著名生产管理专家奥列弗·怀特提出了一个新的概念——制造资源计划(MRP-Ⅱ),为了与传统物料需求计划相区别,其名称改为制造资源计划。制造资源计划是对制造业企业资源进行有效计划的一整套方法。它是一个围绕企业的基本经营目标,以生产计划为主线,对企业制造的各种资源进行统一控制,使企业的物流、信息流、资金流流动畅通的动态反馈系统。制造资源计划的逻辑流程图如图6-7所示。

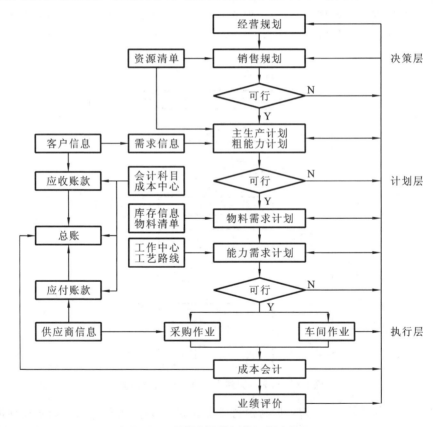

图6-7 制造资源计划的逻辑流程图

制造资源计划集成了应收账款、应付账款、成本及总账的财务管理。其采购作业根据采购单、供应商信息、收货单及入库单形成应付款信息(资金计划);销售商品后,会根据客户信息、销售订单信息及产品出库单形成应收款信息(资金计划);再根据采购作业成本、生产作业信息、产品结构信息、库存领料信息等产生生产成本信息;最后把应付款信息、应收款信息、生产成本信息和其他信息等记入总账。产品的整个制造过程伴随资金流通的过程,通过对企业生产成本和资金运作过程的掌握,调整企业的生产经营规划和生产计划,得到更为可行、可靠的生产计划。

在我国,计算机辅助企业管理起步于20世纪80年代。1981年,沈阳鼓风机厂率先引进IBM公司的COPICS系统,揭开了制造资源计划系统在我国应用的序幕。到目前为止,制造资源计划理论、方法和应用软件,应用于多个省市的机械、交通运输、机床、电子、仪器、电器、化工、烟草、医药和文体制品等多个行业中,取得了一定的经济效益和社会效益。

但随着市场竞争的日趋激烈和科技的进步,制造资源计划思想也逐步显示其局限性,主要表现在以下几个方面。

(1) 企业之间竞争范围的扩大,这就要求企业加强各个方面的管理,要求企业的信息化建设有更高的集成度,同时要求企业信息管理的范畴扩大到对企业的整个资源集成管理,而不仅仅是对企业的制造资源的集成管理。

(2) 企业规模扩大化,多集团、多工厂要求协同作战,统一部署,已经超出了制造资源计划的管理范围。

(3) 信息全球化趋势的发展要求企业之间加强信息交流与信息共享,企业之间既是竞争对手,又是合作伙伴,信息管理要求扩大到整个供应链的管理,这些更是制造资源计划所不能解决的。

因此,到20世纪90年代,制造资源计划发展到了一个新的阶段:企业资源计划。

6.2.3 企业资源计划阶段

企业资源计划是在制造资源计划的基础上发展起来的,它以实现企业内部与外部信息的集成为主要目标,主要解决生产型企业的信息化平台建设问题。它向内、外两个方向延伸,向内主张以精益生产方式改造企业生产管理系统,向外则增加战略决策功能和供应链管理功能。

企业资源计划理论不是对制造资源计划的否认,而是对制造资源计划的继承和发展。制造资源计划的核心是物流,主线是计划,伴随着物流的过程,同时存在资金流和信息流。企业资源计划的主线也是计划,但是企业资源计划已将管理的重心转移到财务上,在企业整个经营运作过程中贯穿了财务成本的概念。

根据企业资源计划的核心管理思想——实现对整个供应链的有效管理,以及其应用领域,制造资源计划与企业资源计划的主要区别表现在以下几个方面。

1) 在资源管理范围方面的差别

制造资源计划主要侧重对企业内部人、财、物等资源的管理；而企业资源计划是在制造资源计划的基础上扩展了管理范围，将客户需求和企业内部的制造活动以及供应商的制造资源整合在一起，形成一条完整的供应链，并对供应链上的所有环节，如订单、采购、库存、计划、生产制造、质量控制、运输、分销、服务与维护、财务管理、人事管理、项目管理、配方管理等进行有效管理。

2) 在生产方式管理方面的差别

制造资源计划将企业归类为几种典型的生产方式进行管理，如重复制造、批量生产、按订单生产、按订单装配、按库存生产等，每一种类型都有一套管理标准。而在20世纪80年代末、90年代初期，为了紧跟市场的变化，多品种、小批量生产方式及看板生产等则是企业主要采用的生产方式，由单一的生产方式向混合型生产方式发展。制造资源计划无法有效支持这种制造环境，而企业资源计划则能很好地支持和管理混合型制造环境，满足了企业的这种多元化经营需求。

3) 在管理功能方面的差别

企业资源计划除了制造资源计划的制造、分销、财务管理功能外，还增加了支持整个供应链上物流流通体系中供、产、需各个环节之间的运输管理和仓库管理；支持生产保障体系的质量管理、实验室管理、设备维修和备品备件管理；支持对工作流（业务处理流程）的管理。

4) 在事务处理控制方面的差别

制造资源计划通过计划的及时滚动来控制整个生产过程，实时性较差，一般只能实现事中控制。而企业资源计划支持在线分析处理、售后服务（质量反馈），强调企业的事前控制能力，它可以将设计、制造、销售、运输等通过集成来并行地进行各种相关的作业，为企业提供对质量、适应变化、客户满意、绩效等关键问题的实时分析能力。此外，在制造资源计划中，财务系统只是信息的归结者，它的功能是将供、产、销中的数量信息变为价值信息，是物流的价值反映。而企业资源计划则将财务计划和价值控制功能集成到整个供应链上。

5) 在跨国（地区）经营事务处理方面的差别

现在企业的发展使企业内部各组织单元之间、企业与外部业务单元之间的协调变得越来越多和越来越重要，企业资源计划应用完整的组织架构，可以支持跨国经营的多地区、多工厂、多语种、多币值应用需求。

6) 在计算机信息处理技术方面的差别

随着信息技术的飞速发展、网络通信技术的应用，企业资源计划将对整个供应链信息实现集成管理。企业资源计划采用客户端/服务器（C/S）体系结构和分布式数据处理技术，支持 Internet/Intranet/Extranet、电子商务（e-business、e-commerce）、电子数据交换（EDI）。此外，还能实现在不同平台的互操作。

概括来说,企业资源计划是建立在信息技术基础上的,利用现代企业的先进管理思想,全面地集成了企业所有资源信息,为企业提供决策、计划、控制与经营业绩评估的全方位和系统化的管理平台。

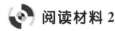
阅读材料 2

金蝶赵亮:未来 ERP 趋向"四化"

近年来,随着互联网、云计算、大数据等新技术的广泛应用,一大批面向企业的新兴解决方案涌现出来,传统 ERP 面临消亡的声音不绝于耳。所有企业面临革新传统业务形态、重构核心竞争力的挑战,业务创新的需求驱动企业采用更加敏捷高效的IT 运营与管理模式。传统 ERP 真的会被颠覆和取代吗?

对于这一问题,一直深耕信息化领域近三十年,金蝶集团助理总裁、央企大客户事业部总经理赵亮认为,未来传统 ERP 将向着"四化"趋势发展,即移动化、无纸化、内控化和无人化。这一概念在业界尚属首次提出。

移动化:万亿级市场规模有待挖掘

互联网经过十几年的发展,如今中国企业办公正向着移动化转型。企业移动化管理已经热火朝天,包括 BAT 和一大堆后起之秀纷纷挤进市场、明争暗斗。

未来 ERP 移动化趋势已经非常明显,主要通过云+移动客户端形式展现出来。赵亮透露,2016 年金蝶集团推广"一切以云之家为统一接口"的理念,所有系统对接云之家,如 ERP、s-HR、OA、SCM、供应链等。

除了提供大量的具有共性的基础功能,如签到、任务和工作日志外,云之家集成了金蝶集团的 ERP 应用,为不同行业、不同场景提供海量的功能,但只有一个移动端就是云之家。

据 IDC 最新出品的研究报告显示,截至 2015 年末,中国社会化移动办公软件市场正呈现爆发式增长,市场规模在万亿级别。在员工人数达千人以上的大型企业市场中,金蝶云之家拥有 28000 家企业用户,以绝对优势排名第一。

目前,云之家产品已经成功覆盖许多央企,其中包括国务院国有资产监督管理委员会、招商局、中国石油天然气集团公司等众多典型用户。除此之外,海尔、万科、品胜电子等一批知名企业也是云之家轻应用的使用者。海尔集团从 2013 年起便将云之家作为移动办公门户,目前内部已经完全关闭微信、QQ、RTX 访问端口,10 万员工全部通过云之家沟通,连接 400 个业务系统,海尔集团生产线的工作人员每天下班用手机就可以查看自己当天的生产量,包括多少次品、超标产品、当天奖励、本月奖金、与上个月的差别……

随着移动互联网的兴起,企业的工作方式正在被重新定义,移动办公成为企业发展新的增长点。2015 年,金蝶集团在用户大会上发布了"云之家开放平台战略",紧密结合 ERP＋的连接、智能、创新三个理念，希望帮助传统企业破解互联网＋转型难题。未来，云之家还将与大数据云平台一起，支撑起整个金蝶集团的 ERP＋以及大数据业务。

云化：按需租用，便捷价优

四年前，金蝶集团便提出了"ERP＋云服务"这一重要战略。2015 年，作为移动互联网的先锋团队——金蝶云之家业务获得了高速发展，2016 年金蝶集团继续加大马力，强力推出了另一项重要战略业务——云 ERP。

赵亮介绍说，"在最近与客户的沟通中，很多央企的海外业务部门对金蝶云 ERP 表示出极大的兴趣"，金蝶云 ERP 成本非常低，不需要购买服务器、数据库，也不需要配备专业的系统运维人员，可以按需租用，为资源付费即可。

不仅如此，金蝶云 ERP 还可以通过线上进行快速迭代，客户可以随时访问、免费升级来快速获得产品的新特性、业务的敏捷化。

基于云计算的 IT 架构已经成为面向未来的企业 IT 新形态，云服务正在深刻地改变着信息产业的发展格局，在企业市场上快速崛起。最近，金蝶云 ERP 势头迅猛，拿下不少大订单，付费企业同比增长 200％。这也从另外一个侧面说明，客户对云 ERP 的需求非常旺盛。

金蝶集团也将产品逐渐向云端转型。2015 年 4 月，金蝶集团宣布与亚马逊 AWS 签署全球战略合作协议，共同打造面向世界级的企业 ERP 云服务平台。在短短半年时间里，业绩斐然。2000 多家直接用户使用金蝶云服务，近 200 家客户企业部署到云上。

内控化：企业投资项目风控方案呼之欲出

一个有着巨大潜在风险的管理体系，必然是危机四伏的系统，而在一定条件下的失控，必将给企业带来灭顶之灾。内控不仅能够使财务工作更加细化、规范化、标准化，同时还可以有效规避企业的潜在风险。赵亮认为，当代企业管理体系中最缺失的就是一套行之有效的控制体系。

事实上，赵亮不仅具有丰富的企业信息化管理和实战经验，而且擅长风险管理和内部控制项目的咨询。他首次在国内提出的"内控内审一体化"理论被财政部和国家标准化管理委员会选为"全国财务信息化标准化技术委员会委员"，负责国家内控标准的制定。

内控有两种方式，即人工控制和自动控制，而人工控制将消耗企业大量的人力、物力。从信息化发展的规律来看，当一项工作比较简单、重复，能够标准化时，就非常容易被计算机替代。作为信息技术专家，赵亮表示，这对于财务人员来说，虽然非常残酷，但却是必然趋势。

未来财务人员必须向管理型、分析型转型。现在很多企业的 CFO 甚至扮演着企业策略顾问这一角色，给企业最高层在重大投资项目上一些专业的建议。

由于刚接手央企大客户事业部,为了快速了解央企的信息化诉求,近来赵亮也常常奔波于各大央企之间。"我了解到,目前许多央企都在响应国家一带一路走出去战略,大量承接海外投资和工程项目。"赵亮说,既然是投资,肯定就会有风险,如何防范风险也是央企CFO必须思考的问题。

目前,金蝶集团承接了国务院国有资产监督管理委员会规划发展局的"境外项目投资与风险大数据监控系统"建设。它将对项目投前、投中、投后三个阶段进行全方位风险控制。对于项目的"投前阶段",需要收益分析和风险分析工具平台来辅助形成《可行性研究报告》。对于项目的"投中阶段",需要跟踪项目建设过程中所产生的风险对工期进度、成本投入、质量监理的影响,对于风险造成的损失和对收益预期的影响要提前预警。对于项目的"投后阶段",要对项目决策及建设进程中的预期收益和预期风险的偏差进行总结分析,为未来的项目提供"前车之鉴"。

无纸化和无人化:开启电子税票报销新时代

2015年12月,增值税电子发票系统在全国推行,企业可凭电子发票报销入账。这就要求电子税票必须同时具备电子化和标准化,有一个标准去规范电子税单,这样未来的计算机就可以直接进行判读。除了内控专家,赵亮还有另外一个身份——全国会计信息化标准化委员会专家委员。他透露,在国家税务总局关于推行电子发票征求意见稿中,委员们建议今后不再保存纸面凭证,或者将纸面凭证由原来的保存15年缩短至3~5年。未来电子税票的使用不仅有助于企业实现高效率的财务管理,为企业节约成本,而且将带领财务管理向无纸化、自动化和智能化方向发展。

在刚刚结束的全国两会上,不少人大代表、政协委员也建议推广电子发票的使用。人大代表、政协委员们建议,优先从法律、制度层面解决电子发票的合法效力问题,确立电子发票作为合法入账凭证的法律地位,进而推进电子发票在全国范围的普及。

根据测算,每份纸质发票的使用管理成本为3~12元,企业使用电子发票,可大幅节约纸质发票所带来的各种成本。2015年年底,万科企业股份有限公司基于金蝶云ERP完整实现了电子发票无纸化报销入账的全流程。2015年年底,金蝶集团携手京东对电子发票进行强势推动,志在扫除阻碍电子发票普及中的一切技术障碍。

科技的浪潮正在推动社会的不断进步,ERP永远不会消失,而是以新的形态出现。新技术带来的力量确实是颠覆性的,但这种力量不是要让所有传统的业务都没有活路,而是帮助企业更好地服务原有业务,通过增值服务让企业获得持续增长力。未来,金蝶集团将继续大力投资云业务,全面升级产品及提升服务,央企大客户事业部也将致力于帮助央企在"国企改革""一带一路""智能制造"等政策环境下,实现提质增效的最终目标。

6.3 企业资源计划的主要功能模块

6.3.1 权威机构的企业资源计划功能观点

企业资源计划是将企业所有资源进行整合集成管理,简单来说,是将企业的三大流,即物流、资金流、信息流进行全面一体化管理的管理信息系统。它的功能模块不同于以往的物料需求计划或制造资源计划的模块,它不仅可用于生产企业的管理,而且在许多其他类型的企业如一些非生产、公益事业的企业也可导入企业资源计划系统进行资源计划和管理。由于企业资源计划的应用领域广泛,不同应用领域对企业资源计划有不同的功能需求,客观上造成许多企业资源计划的功能不同,无法统一。例如,在金融行业领域,储蓄、贷款、结算和管理客户的信用档案是主要业务,也是金融行业企业资源计划应该具备的主要功能。在电力行业领域,确保电力设施的安全运行和对用电用户进行收费管理等是主要业务,电力行业的企业资源计划应该着力解决这些方面的问题。在制造领域,生产电视机的厂商与生产汽车的厂商的业务之间有很大不同,使用的企业资源计划也有很大的差别。下面针对国内外不同权威机构,介绍其对企业资源计划的基本功能的不同观点。

1. Gartner Group 公司

从 Gartner Group 公司对企业资源计划所制定的一系列功能标准来看,企业资源计划主要包括以下四个方面。

(1) 超越制造资源计划范围的集成功能:包括质量管理、实验室管理、流程作业管理、配方管理、产品数据管理、维护管理、管制报告和仓库管理。

(2) 支持混合方式的制造环境:按照面向对象的业务模型重组业务过程的能力和国际范围内的应用,混合方式的制造环境包括生产方式的混合,经营方式的混合,生产、分销和服务等业务的混合。

(3) 支持能动的监控能力:包括在整个企业内采用控制和工程方法、模拟功能、决策支持与用于生产及分析的图形能力。

(4) 支持开放的客户机/服务器计算环境:包括客户机/服务器(C/S)体系结构、图形用户界面(GUI)、计算机辅助软件工程(CASE)、面向对象技术、关系数据库、第四代语言、电子数据交换(EDI)等。

2. 我国信息产业部

我国信息产业部于 2003 年 6 月 4 日发布了编码为 SJ/T 11293—2003 的中华人民共和国电子行业标准《企业信息化技术规范第 1 部分:企业资源规划系统(ERP)规范》,该标准已于 2003 年 10 月 1 日起正式实施。该标准比较详细地规定了企业资源计划的功能技术要求,给出了 20 个功能模块描述、评比标准以及每项功能描述的重要程度。标准中的 20 个功能模块如图 6-8 所示。

图 6-8　SJ/T 11293—2003 标准中的企业资源计划功能框架

环境与用户界面功能模块包括对系统运行环境的要求、系统提供的各种文档和用户界面的操作要求。

系统整合功能模块可以进一步分为工作流管理、子系统关系、集成电子商务应用、分布式数据库整合和企业应用集成等类别的功能要求。

系统管理功能模块包括系统安全管理、数据库管理和报表生成器等多个功能类别。

基本信息管理功能模块可以进一步分为基础参数设置、进销存参数设置、财务参数设置、币种与汇率管理、编码原则设置管理、职务类别管理、常用语管理、页脚/签核信息管理、假日表管理、付款条件管理和自定义信息等功能类别。

BOM 管理功能模块包括 BOM 类型、BOM 内容、BOM 的复制、BOM 的批处理、工程变防、批号追踪、工装刀具辅料维护和工作中心维护等功能类别。

人力资源管理功能模块可以进一步分为人事管理、合同管理、考勤管理、薪资管理、招聘管理、员工自助管理、企业资源计划接口、人力资源规划、职务职能管理、员工信息管理、招聘甄选管理、员工调配管理、员工离职管理、制度政策管理、劳动合同管理、培训开发管理、考勤管理系统、出差管理系统、休假管理系统、绩效管理系统、人事审批系统、总经理自助服务和直线经理自助服务等功能类别。

经营决策管理功能模块可以进一步细分为使用界面、财务分析、销售分析、存货分析、采购分析、制造分析和多维分析等功能类别。其中,财务分析功能又可以分为损益分析、资产负债分析、账款分析、偿债能力经营指标分析、营运能力经营指标分析、收益力经营指标分析、成长力经营指标分析和生产力经营指标分析等。

营销管理功能模块可以进一步细分为价格管理、信用额度管理、销售预测、报价管理、接单管理、合同管理、订单变更、发货管理、税务整合、退货管理、出口文件、查询统计功能、销售管理、销售跟踪、存货核算、客户管理、计划管理、营销管理和分销管理等功能类别。

物料需求计划功能模块可以进一步细分为参数设定与计划调整、基本资料管理、资料维护管理、物料需求计划批次作业、物料需求计划报表管理、批次生产计划生成管理、能力需求计划、车间作业计划和准时生产等功能类别。

采购管理功能模块可以进一步细分为供应商管理、价格管理、询价管理、请购管理、采购管理、合同管理、到货验收管理、退货管理、进口管理等功能类别。

库存管理功能模块可以进一步细分为基础数据、物料库存定义、批号管理、库存事务处理、盘点管理、库存预警和库存报表管理等功能类别。

车间任务管理功能模块可以进一步细分为生产任务管理、生产备料、领退料、生产完工管理、返工管理、委托加工和查询管理等功能类别。

质量管理功能模块可以进一步细分为弹性参数设定、管制图表、品质检验与记录、与企业资源计划其他模块的集成及售后服务等功能类别。

总账管理功能模块可以进一步细分为账簿组织、外币管理、利润中心、核算项目、预算管理、会计凭证处理、期末处理、报表管理和网上银行等功能类别。

自动分录管理功能模块可以进一步细分为基础设置、自动分录和稽核管理等功能类别。

固定资产管理功能模块可以进一步细分为资产购入、基本资料、资产变动、折旧管理、资产预算与计划、资产盘点和报表管理等多个功能类别。

应收账款管理功能模块可以进一步细分为结账方式、开账单及发票、发票管理、销货退回及折让、预收款、支持多种收款方式、冲账、催收账款和管理报表等功能类别。

应付账款管理功能模块可以进一步细分为应付票据、账款管理、付款冲账管理、台账管理、采购结算和报表管理等功能类别。

成本管理功能模块包括成本类型、标准成本、事中成本、实际成本、分批实际成本分摊、费用分摊、成本分析、模拟成本和项目成本等多个功能类别。

3. 5 功能域观点

国家制造业信息化工程办公室提出了制造业信息化建设的一些具体要求。在企业资源计划中，该办公室认为至少应该具有5个功能域、23个功能模块，其功能框架图如图6-9所示。

4. 18 功能模块观点

CIM（计算机集成制造）是组织现代化生产的一种哲理和指导思想，CIMS（计算机集成制造系统）是这种哲理和指导思想的具体实现形式。经营管理系统是CIMS中的重要组成部分。在CIMS中，一般认为经营管理系统包括18个功能模块，各功能模块之间的关系如图6-10所示。

6.3.2 企业资源计划的基本功能模块

由上述内容可知，由于企业资源计划广泛应用于各个行业和领域，且不同生产厂

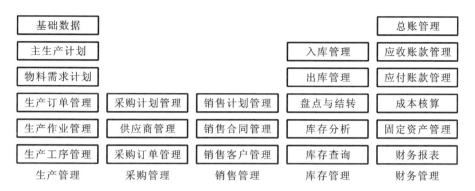

图 6-9 5 功能域观点的功能框架图

商所提供的系统功能也不尽相同，本书主要以典型的生产企业为例来介绍企业资源计划的基本功能模块。在企业中，一般的管理主要包括三大模板：生产控制（计划、制造）、物流管理（分销、采购、库存管理）和财务管理（会计核算、财务管理）。这三大模块本身就是集成体，互相之间有相应的接口，能够很好地整合在一起来对企业进行管理。通过准确、标准化的数据，规范的业务流程和严密的制度使三大模块相互串联，形成高效快捷、密切配合的企业管理信息系统。现就三大模块的主要功能分别进行阐述。

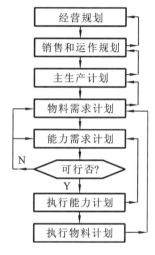

图 6-10 18 功能模块观点的功能框架图

1. 生产控制模块

企业资源计划系统中的生产控制模块主要以制造资源计划为核心，包括主生产计划管理、物料需求计划管理、能力需求计划管理、车间作业管理和质量控制管理。其逻辑流程图如图 6-11 所示。

图 6-11 生产控制模块逻辑流程图

1) 主生产计划管理

主生产计划通过对产品销售预测和销售订单,结合库存和在制品,帮助企业制订出准确合理、切合实际的生产计划,可制订月计划、周计划、日计划等。它是连接产、销的桥梁。可对生产计划进行实时的调整和维护,以达到能力的平衡,保证计划的可执行性。能提供完整的替代解决方案,根据定义的物料替代关系、实际库存情况,可以帮助企业缩短交货时间,保证交货的及时性,提升生产计划人员的工作效率,同时降低库存,控制生产成本。

2) 物料需求计划管理

物料需求计划根据生产计划、物料清单、实时的库存数据等信息,直接计算出加工件、采购件、委外加工件的需求数量和时间。可以结合企业的实际产能状况、生产采购批量或者其他意外因素,对物料需求计划进行调整和维护。

可进行物料替代管理,根据替代规则自动生成相应的物料替代清单,并且在生产投料时自动将替代物料携带到投料单上,帮助企业在运营过程中规避缺料风险,有效降低库存。解决了企业生产和采购什么、在什么时候生产和采购、利用什么生产的问题,使计划更科学可行,加快资金的周转,提高资金利用率。

3) 能力需求计划管理

能力需求计划对各生产阶段和各工作中心(工序)所需的各种资源进行精确计算,得出人力负荷、设备负荷等资源负荷结果,并做好生产能力与生产负荷的平衡工作,最后制订出能力需求计划。

能力需求计划子系统能帮助企业在分析主生产计划及物料需求计划后产生出一个切实可行的能力执行计划,进而在企业现有生产能力的基础上,及早发现能力的瓶颈所在,提出切实可行的解决方案,为实现企业的生产任务而提供能力方面的保证。

4) 车间作业管理

车间作业管理以确定的生产计划为核心,保证车间加工过程紧紧围绕生产计划进行,为生产型工业企业下达自生产计划后,各生产线的工序计划及加工优先级的确定、分派、执行、流转。控制投入和产出的工作量,保持物流稳定,减少车间在制品并进行数据收集的全过程监督与控制的企业管理软件。旨在帮助企业加强工序级别的管理和控制,从而提高业务管理水平与生产效率、控制降低损耗与成本、提高产品质量与客户满意度。

5) 质量控制管理

在财务会计、供应链管理、生产管理各子系统的基础上,采用ISO 9000的先进质量管理思想,同时吸收精益生产的管理思想,为企业提供从供应商评估、采购检验、工序检验、委外工序检验、产品检验、委外加工入库检验、发货检验、退货检验到样品管理及质量事故和客户投诉处理等全面的质量管理与控制的企业管理系统。旨在帮助企业提高质量管理效率与生产效率,减少因来料问题、车间生产、库存物料质量管理等原因造成的质量事故,从而降低损耗与成本,提升产品质量与客户满意度。

2. 物流管理模块

企业资源计划中的物流管理模块主要指购、销、存三个方面,即销售管理、库存管理和采购管理三个方面。

1) 销售管理

通过销售报价、销售订单、销售发货、销售退货、销售发票处理、客户管理、价格管理等功能,对销售全过程进行有效的控制和跟踪。可以帮助企业的销售人员完成客户档案管理、销售报价管理、销售订单管理、客户订金管理、客户信用检查、提货单及销售提货处理、销售发票及客户退货、货款拒付处理等一系列销售管理事务;可以通过内部的信息共享,使企业的领导和相关部门及时掌握销售订单内容,准确地做出生产计划及其他计划安排,可以及时了解销售过程中每个环节的准确情况和数据信息。同时,通过节省订单准备时间,降低出错率及迅速解答客户查询问题来提升企业的服务水平。

该系统与库存管理系统、应收管理、生产、成本等子系统结合应用,能提供企业全面的销售业务信息管理功能。具体关系如图 6-12 所示。

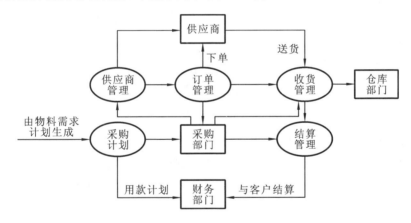

图 6-12 销售管理子系统与其他子系统的关系

概要地说,销售的产品从成品库中发出,销售成本及利润由成本会计核算,销售产品的应收账款由应收账款管理来结算,销售订单(合同)为生产提供了各类产品的计划数据。

2) 库存管理

库存管理是指企业为了生产、销售等经营管理的需要而对计划存储、流通的有关物品进行相应的管理,如对存储的物品进行接收、发放、存储等一系列的管理活动。

库存管理系统为所有的物料建立库存,成为采购部门采购以及生产部门制订生产计划的依据;收到订购物料,经过质量检验入库,生产的产品也经过检验入库;系统收发料的日常业务处理工作。

库存管理系统通过入库业务(包括外购入库、产品入库、委外加工入库、其他入库)、出库业务(包括销售出库、领料单、委外加工出库、其他出库、受托加工领料)、仓存调拨、库存调整(包括盘盈入库、盘亏毁损)、虚仓单据(包括虚仓入库、虚仓出库、虚仓调拨、受托加工产品入库)等功能,结合批次管理、物料对应、库存盘点、质检管理、即时库存管理等功能综合运用的管理系统,对库存业务的物流和成本管理全过程进行有效控制和跟踪,实现完善的企业仓储信息管理。

3) 采购管理

采购的任务主要是适时、适量、适质、适价为生产部门提供生产所需要的原材料(或外加工件)。采购管理就是对采购业务过程进行组织、实施与控制的管理过程。采购子系统的业务流程图如图 6-13 所示。

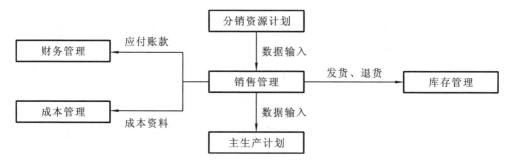

图 6-13 采购子系统的业务流程图

通过采购申请、采购订货、进货检验、收货入库、采购退货、购货发票处理、供应商管理等功能综合运用,对采购物流和资金流全过程进行有效的控制和跟踪,实现企业完善的物资供应信息管理。该系统与库存管理、应付管理、总账管理、现金管理结合应用,能提供企业全面的销售业务信息管理功能。

3. 财务管理模块

企业资源计划中的财务管理是集成信息的财务管理,它集成了采购管理、原材料管理、产成品管理、销售管理、生产管理、设备管理、固定资产管理等所有与企业有关的财务活动,因而,它比单一的计算机财务系统具有集成度高、信息处理及时等优点,如果信息集成度做得好,企业财务的 70% 以上的凭证是可以自动生成的。其主要分为三个部分:财务管理、成本管理和固定资产管理。

1) 财务管理

它是传统的财务管理,包括账务管理、应收管理、应付管理、工资核算、现金管理、材料、销售核算等业务。其中应收管理是通过销售发票、其他应收单、收款单等单据的录入,对企业的往来账款进行综合管理,及时、准确地提供客户往来账款余额资料,并通过分析报表及时对到期账款进行催收,提高资金利用率。应付管理是通过采购发票、其他应付单、付款单等单据的录入,对企业的往来账款进行综合管理,及时准确地提供供应商往来账款余额资料,并通过分析报表,帮助企业合理地进行资金调配。

2) 成本管理

描述成本核算、成本控制等业务的有关理论与实现,通过对成本的计划、控制、监督、考核和分析等来促使企业各单位与部门加强管理,不断优化资源,努力降低成本,提高经济效益。

3) 固定资产管理

以固定资产卡片管理为基础,帮助企业实现对固定资产的全面管理,包括固定资产的新增、清理、变动,按国家会计准则的要求进行计提折旧,以及与折旧相关的基金计提和分配的核算工作。

除了上述三个模块,在企业资源计划中还有供应链模块、客户关系管理模块、人力资源管理模块和决策支持模块等。各模块并不是完全独立的,它们之间是相互关联的。各企业资源计划厂商的产品虽然都采用各基本模块相互独立运行,但彼此都留有接口,相互都有一定的联系并可相互传送数据的模式。这样便能够使企业资源计划软件的使用范围更加广泛,可大大降低成本。图 6-14 所示为企业资源计划的各个功能模块的关联图。

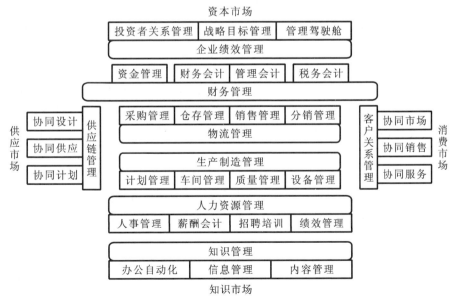

图 6-14 企业资源计划的基本模块

6.4 应用企业资源计划应注意的问题

企业资源计划是一种全新的企业管理理念和管理工具,它开阔了企业家管理的视野,先进的管理思想和信息技术应用在企业管理中发挥了越来越大的作用。近年来,国内企业实施企业资源计划的需求持续高涨,不少企业已经将企业资源计划成功地应用到了企业管理的各个领域。然而,企业资源计划实施成功率不高也是一个不容回避的事实。据不完全统计,20年来国内约有数千家企业实施了企业资源计划项目,其中按期、按目标成功实施并实现系统集成的不足10%,没有实现系统集成或实现部分集成的占40%,50%以上的企业项目实施失败。业界有句口头禅"不上企业资源计划等死,上企业资源计划找死",很能说明企业资源计划项目的尴尬境地。一方面,面对经济全球化和竞争白热化的市场环境,面对被信息网络技术迅速改变的经营方式,企业面临的压力越来越大,如果不能赶上信息化的快车,企业迟早要被市场淘汰。另一方面,企业实施企业资源计划项目成功率不高的严峻现实又使企业不寒而栗。不少企业还在徘徊观望,迟迟下不了决心。

6.4.1 企业资源计划应用存在的问题

目前,国内企业资源计划应用存在的主要问题表现在以下几个方面:软件系统对企业管理需求的满足度不高,交付结果与预想目标差距大;产品交付能力差,项目久拖不决、成本失控;管理基础薄弱,造成项目返工、夭折;初期没有进行管理咨询,缺乏整体项目规划。

1. 从企业角度看

(1) 大多数企业的"一把手"工作忙,很少过问企业资源计划项目,使企业高层的管理意图无法深入到企业资源计划中,企业资源计划项目也很难得到企业高层始终如一的支持;各级管理部门的"一把手"往往以不懂计算机为由,把责任推给基层的工作人员,还有部分部门"一把手"为了自己的局部利益为项目设置障碍。

(2) 不少企业把企业资源计划项目实施看成是技术部门、信息中心的事。从项目可行性报告、项目考察、管理需求调研和分析,甚至项目方案的审定,都由技术部门或信息中心来完成,造成管理的错位,使企业资源计划方案严重脱离企业管理的实际需求。

(3) 由于对企业资源计划的核心是管理而不是技术的认识不到位,所以对企业资源计划产生许多不切实际的期望值,认为企业资源计划"包治百病,无所不能",只要上了企业资源计划,企业所有的问题便迎刃而解。

(4) 有的企业简单地将企业资源计划视为当前手工操作业务流程的电子化,片面强调企业的个性化特点,要求软件供应商适应企业的管理现状,不吸收企业资源计划的先进管理思想和方法,把系统做成人工管理模式的翻版,等等。

2. 从软件厂商角度看

(1) 不少软件厂商不是立足于我的产品能为企业解决什么管理问题,而是立足于推销自己的软件。业务员一旦进入企业就介绍软件功能,演示产品,很少深入了解企业存在哪些管理问题,需要通过软件解决哪些实际问题。

(2) 面对国内企业管理需求的千变万化,很多软件厂商以不变应万变,用一套企业资源计划软件通吃天下。要么是要求企业"削足适履",美其名曰向先进管理模式靠拢;要么是对企业的客户需求百般迁就,使系统的基础性遭到损害,并给系统维护留下后患。

(3) 作为企业管理软件的开发商,没有把自己的精力投入到企业管理流程的研究方面,关注的是开发工具、软件技术上,热衷于炒概念、炒技术。

(4) 项目实施就是软硬件安装调试外加客户化的程序开发,客户化的程序开发耗费了实施人员大量的精力,一个企业项目拖上三年五载的现象屡见不鲜。客户培训非常薄弱,培训内容也无外乎软件功能介绍、使用手册的讲解等。

6.4.2 企业资源计划实施原则与步骤

1. 实施原则

针对企业资源计划项目的实施风险,必须采用科学的方法和积极的应对措施,有效规避和化解实施风险,保证企业资源计划项目的成功。具体的实施原则如下。

(1) 先进管理方法与企业管理实际需求的结合。企业的行业特点、产品特性、企业文化、发展背景、企业领导人喜好,甚至管理人员的个人素质等众多因素的不同造成企业管理需求的差异。任何一个企业资源计划系统内含的管理模式也未必完全符合特定企业的管理要求,只有能够帮助企业解决实际问题的企业资源计划系统才具有真正的生命力。

(2) "一把手"工程。企业资源计划实施是企业管理的革命性变革,没有企业各级"一把手"始终如一的支持,项目不可能成功。项目本身也有许多重大问题需要企业高层拍板定夺,从项目方案的确定、新流程的确定、需求方案的认定、实施方案的认定等都需要企业高层的决策。这些环节稍有不慎,都会造成企业的重大损失,甚至导致项目的失败。

(3) 明确实施主体。企业资源计划的核心是管理而不是技术,系统的应用主体是企业的各级管理人员。没有他们的积极参与和认可,系统的实施不可能成功。

(4) 先合理化,再自动化。传统管理模式的弊端在于管理的层级多,信息的采集点多,传递的渠道混乱,传递效率低。如果把这样的流程照搬到信息化系统中去,软硬件的性能再好,也不能提高管理的效率。业务流程优化这个阶段的工作是不可逾越的,特别是对我国大多数企业长期处于管理粗放、管理基础薄弱的状况而言就显得更重要了。

（5）统一规划，分步实施。ERP 是一项高投入、高风险的工程。企业需要投入大量的财力、人力和物力，动用企业大量的资源。项目涉及的部门多、范围广。企业要进行全面规划，量力而行，制定总体和分阶段目标和计划，稳妥地推进项目实施。

系统的分步实施有两种方法：一种是模块的分步，如先上库存，再上生产等；另一种是先试点后推广的分步。后一种分步更有利于信息集成的实现。如果采用第一种分步，要充分考虑模块之间信息的接口。分步实施必须是在统一规划的前提下，只有预先对管理的重点、管理的细度、各职能模块的连接等问题都规划得非常清晰的前提下，才能进行分步实施。

2. 实施步骤

实施 ERP 过程实际上就是企业管理信息化的过程，管理信息化应该是一个螺旋上升的过程，这个螺旋上升的过程由如下几个阶段组成。

1）项目前期准备阶段

项目前期的准备阶段非常重要，关系到项目的成败，主要工作包括以下几方面。

（1）ERP 原理的培训。主要培训对象是企业高层领导及全体员工，通过全体员工学习，要让全体员工掌握 ERP 的基本原理和思想，认识 ERP 系统的重要性以及 ERP 能够带来的好处，同时也要介绍 ERP 带来的变化，部分人员可能要离开原有的岗位。而企业领导则需要全面理解企业 ERP 的含义，充分估计企业管理信息化过程中可能遇到的困难，做好最坏的打算。这一工作往往要持续相当长的时间，但如果企业全体员工能够充分理解 ERP 并支持 ERP 系统的实施工作，接下来的工作就能顺利地开展下去。有关培训对象、培训内容和培训时间如表 6-2 所示。

表 6-2　培训计划表

培训对象	培训内容	培训时间
高层管理人员	ERP 原理与 ERP 实施方法	系统实施前
中层管理人员和业务员	ERP 原理、ERP 实施方法、ERP 模块操作	系统实施前及实施中
计算机技术人员	ERP 系统软硬件操作	系统实施前

（2）企业诊断。企业诊断是为了了解企业的实际情况而进行的，了解企业现行管理的业务流程和存在的问题，进行评议和诊断，找出问题，寻求解决方案，用书面形式明确预期目标，并规定实现目标的标准，为成功实施 ERP 打下坚实的基础。

（3）需求分析、确定目标。需求分析就是了解企业通过 ERP 项目的建设想要达到的目标。这一步要持续很长的时间，因为企业很难在短时间内准确表达自己的需求。如果需求分析不准确，很有可能导致 ERP 项目建设的结果与企业的期望相去甚远。为此企业必须明确：

①企业是不是到了急需应用 ERP 系统的阶段?
②企业当前最迫切需要解决的问题是什么? ERP 系统是否能够解决?
③在财力上企业是否能支持 ERP 项目的实施?
④上 ERP 的目的是什么? ERP 系统到底能解决哪些问题和要达到哪些目标?
⑤基础管理工作是否符合实施 ERP 的要求?

最后将分析的结果写成需求分析和投资效益分析的正式书面报告,从而作出是否上 ERP 项目的正确决策。

(4) 软件选型。在选型过程中,首先要知己知彼。即先对企业本身的需求进行细致的分析和充分的调研,同时要弄清楚软件的管理思想和功能是否满足企业的需求。除此之外,还要了解实施的环境,这个环境包括两个方面:国情、行业或企业的特殊要求。根据这些来运行流程和功能,从"用户化"和"本地化"的角度来为 ERP 选型。

2) 实施准备阶段

这个阶段要建立项目组织并准备基础数据。

(1) 项目组织。ERP 实施是一项大型的系统工程,需要组织上的保证,如果项目的组成人选不当、协调配合不好,将会直接影响项目的实施周期和成败。项目组织应该由三层组成。

①领导小组。由企业的一把手牵头,并与系统相关的副总一起组成。

②项目实施小组。由项目经理来领导组织,还包括企业主要业务部门的领导或业务骨干。

③业务组。这个部分工作的好坏是企业资源计划实施能不能贯彻到基层的关键所在。每个业务组必须有固定的人员,带着业务处理中的问题,通过对企业资源计划的系统掌握,寻求一种新的解决方案和运作方法,并用新的业务流程来验证,最后协同实施小组一起制定新的工作规程和准则。

(2) 数据准备。在运行企业资源计划之前,要准备和录入一系列基础数据,这些数据是在运用系统之前没有或未明确规定的,故需要做大量分析研究的工作。其包括产品、工艺、库存等信息,还包括参数的设置,如系统的安装调试所需的财务信息、需求信息等。

3) 项目实施阶段

这个阶段主要包括系统安装调试、软件原型测试、模拟运行及用户化、制定工作准则与工作规程、验收等。

4) 系统切换、运行阶段

这要根据企业的具体条件来决定系统切换的方式,可以将各模块平行地一次性切换,也可以先实施一两个模块,然后逐步实施其他模块,最后系统投入正常运行。

5) 项目改进阶段

新系统被应用到企业后，实施的工作其实并没有完全结束，而是将转入到业绩评价和下一步的后期支持阶段。这是因为我们有必要对系统实施的结果做一个小结和自我评价，以判断是否达到最初的目标，从而在此基础上确定下一步的工作方向。另外，企业外部的环境也在不断变化，不断有新的需求提出，所以，企业要在巩固的基础上，通过自我业绩评价，制定下一个目标，再改进，不断地巩固提高，为新的企业管理信息化过程做好充分的准备。

6.4.3 企业资源计划应用成功的标志

企业资源计划应用是否成功，原则上说，可以从以下几个方面加以衡量。

1. 系统运行集成化

这是企业资源计划在技术解决方案方面成功应用的最基本的表现。企业资源计划是对企业物流、资金流、信息流进行一体化管理的软件系统，其核心管理思想就是实现对供应链的管理。软件的应用将跨越多个部门甚至多个企业。为了达到预期设定的应用目标，最基本的要求是系统能够运行起来，实现集成化应用，建立企业决策完善的数据体系和信息共享机制。

一般来说，如果企业资源计划仅应用在财务部门，则只能实现财务管理规范化、改善应收账款和资金管理；仅应用在销售部门，只能加强和改善营销管理；仅应用在库存管理部门，只能帮助掌握存货信息；仅应用在生产部门，只能辅助制订生产计划和物资需求计划。只有集成一体化运行起来，才有可能达到以下目标。

(1) 降低库存，提高资金利用率和控制经营风险；
(2) 控制产品生产成本，缩短产品生产周期；
(3) 提高产品质量和合格率；
(4) 减少财务坏账、呆账金额等。

2. 业务流程合理化

这是企业资源计划在改善管理效率方面成功应用的体现。企业资源计划成功应用的前提是必须对企业实施业务流程重组，因此，企业资源计划的成功应用也意味着企业业务处理流程趋于合理化，并实现了企业资源计划应用的以下几个最终目标。

(1) 企业竞争力得到大幅度提升；
(2) 企业面对市场的响应速度大大加快；
(3) 客户满意度显著改善。

3. 绩效监控动态化

企业资源计划的应用，将为企业提供丰富的管理信息。如何用好这些信息并在企业管理和决策过程中真正起到作用，是衡量企业资源计划应用成功的另一个标志。在企业资源计划完全投入实际运行后，企业应根据管理需要，利用企业资源计划提供的信息资源设计出一套动态监控管理绩效变化的报表体系,以期即时反馈和纠正管理中存在的问题。这项工作,一般是在企业资源计划实施完成后由企业设计完成的。企业如未能利用企业资源计划提供的信息资源建立起自己的绩效监控系统,将意味着企业资源计划应用没有完全成功。

4. 管理改善持续化

随着企业资源计划的应用和企业业务流程的合理化,企业管理水平将会明显提高,为了衡量企业管理水平的改善程度,可以依据管理咨询公司提供的企业管理评价指标体系对企业管理水平进行综合评价。评价过程本身并不是目的,为企业建立一个可以不断进行自我评价和不断改善管理的机制,才是真正的目的。这也是企业资源计划成功应用的一个经常不被人们重视的标志。

阅读材料3

细说 ERP 选型中遇到的六大困扰

提到 ERP,不少企业对此是又爱又恨。众所周知,ERP 是企业管理信息化的核心,是集物资资源管理(物流)、人力资源管理(人流)、财务资源管理(财流)、信息资源管理(信息流)于一体的企业管理软件,所以对于信息化基础相对薄弱的中国企业来说,ERP 的复杂性使得企业在进行 ERP 选型和实施时面临种种问题,而 ERP 的失败率更是让决策者在考虑是否上 ERP 系统时举棋不定。

总结多年企业实施 ERP 的经验,归纳出在 ERP 选型中企业会遇到的六大困扰。

困扰一:成功 vs 失败?

与企业在投资设备或者销售渠道方面的投资相比,上 ERP 系统不是一笔小的投入,ERP 究竟能为企业带来什么? 如何评价 ERP 的成功和失败呢?

ERP 的真正价值在于它解决了企业内部不同部门之间的信息不对称问题。决策者需要掌控企业经营管理的重要信息。

衡量 ERP 实施成功与失败的标准,也就是在于它能否实现 ERP 的价值。分析 ERP 实施失败的案例,80%以上是由于"信息孤岛"和"信息不对称"的问题没有得到解决,主要表现 ERP 应用模块的独立运行。

在 ERP 选型和实施过程中,应采取如下措施保障 ERP 价值的实现:①进行业务流程化,以流程管理突破职能管理,保障业务流的通畅;②进行信息资源规划,预测"信息"在各个业务部门的利用程度,以信息共享代替信息孤岛,实现 ERP 的应用价值;③进行 ERP 系统模块的统一规划,有限实施业务协同性好的模块,保障先期实施的系统产生业务协同价值。

困扰二:企业特色 vs 管理规范?

ERP 是一种先进的管理理念,好的 ERP 体现一种科学、规范、细化的管理方法。

因此，决策者在选择 ERP 的时候，实际上也是在为企业引入一种全新的规范管理方法。另一方面，企业管理者在多年的经营管理中已经形成了很多适合行业特色、本企业自身特色和本企业领导者特色的管理方法，这些方法符合企业自身文化特色，在业务经营中发挥着很重要的作用。

是遵循规范、科学的 ERP 还是坚持灵活的企业特色成为决策者必须解决的问题，通常有以下三种答案。

(1) 完全采用 ERP，牺牲企业自身特色。

(2) 遵循企业管理特色，对 ERP 进行"大手术"。

(3) 既采用 ERP 的先进方法，又满足企业管理特色。

采用方法(1)的优点是实施周期短，系统功能完善；缺点是业务人员适应周期长。方法(2)的缺点是实施周期长，系统出错率高；优点是业务人员适应周期短。方法(3)是一种折中的方法，关键是把握其中的度。通常，成熟 ERP 产品仅允许不超出 20% 的定制开发工作量，如何利用好这 20% 的特色是企业实施 ERP 前要仔细规划的问题。

困扰三：自主开发 vs 选择成熟产品？

目前，中国企业进行 ERP 建设时存在两种模式：一种是选择成熟产品咨询实施模式，另一种是自主建设模式。大多数企业选择第一种模式，但是，一方面，由于中国企业管理文化上的特色以及某种落后性，使得 ERP 在中国企业水土不服，很多 ERP 模块无法在企业内部推广；另一方面，由于国外 ERP 产品实施代价昂贵，且在中国应用经验不足，国内 ERP 产品因技术参差不齐，鱼龙混杂，导致企业对 ERP 产品的满意度也非常低。两者比较起来，自主开发实施周期长，系统维护复杂，但应用见效快；选择成熟产品，实施周期短，系统维护工作量小，但应用见效慢。但是，选择自主开发的企业大多具有一定的实施背景条件，如承担某项大型的科研示范工程，或者在国际合作中引入了某原型软件并进行消化吸收。对于国内大多数企业来说，选择成熟产品进行适当的二次开发是一种更为明智的做法。

困扰四：继承历史 vs 全新实施？

很多企业在进行 ERP 选型前，信息化建设不是一片空白，或者已经实施了 ERP 但应用不成功，或者已经有了大量单项应用。面对大量的历史投资，每个决策者都希望能够利用好历史系统，保护投资。希望新实施的 ERP 系统能够与历史系统进行接口，利用其中的一部分或者全部功能。兼容性是对新建 ERP 系统的基本要求，但兼容的同时，新系统也必然会被旧系统拖后腿，这是保护投资必须付出的代价。因此，究竟是否利用旧系统，如何利用好旧系统，在系统建设前要进行统一的评估和规划。基本原则是：第一，保证实现新建系统的目标；第二，在第一条的前提下尽可能使历史系统的价值最大化。

困扰五:国内产品 vs 国外产品?

国外 ERP 产品的优势在于管理思想成熟、行业最佳实践经验丰富、符合国际规则、应用功能齐全、软件设计合理;其劣势在于实施和维护成本高、管理特色理解和支持不足、后续服务差等。国内 ERP 产品的优势在于成本低、符合国内企业应用习惯、售后服务好等;其劣势在于不同的 ERP 厂商对于管理思想有着不同的理解,技术不成熟等。但通过观察软件多年的研究发现,国内 ERP 产品则更适用于中小企业的应用。

困扰六:统一产品 vs 产品组合?

管理软件市场上有 ERP、CRM、SCM、eHR、EAM 等不同的产品,ERP 产品中又有不同的品牌,一个厂商的产品不可能包含所有的管理模块,同时不同的产品在不同的模块上有不同的特色和优势,在这种情况下,决策者自然会产生出不同产品的优势模块组合使用的想法。

(1) 对于 ERP 核心模块,如财务、采购、销售、生产、库存等模块应采用同一产品。

(2) 对于 ERP 的外延模块,如 EAM、HR、CRM 等,可采用不同厂商的产品。

(3) 为了保证不同系统的集成性,建议采用一家产品线丰富、技术力量强大的软件供应商,由其控制不同的产品接口,保证系统的集成。

本章小结

本章首先介绍了企业资源计划的发展历程,然后详细介绍了企业资源计划的基本原理,其中包括了物料需求计划、闭环物料需求计划、制造资源计划等重要思想。接下来讨论了企业资源计划的基本功能模块及特点,最后分析了企业成功实施企业资源计划所应注意的问题。

关键概念

订货点理论　物料需求计划　闭环物料需求计划　制造资源计划　企业资源计划

简答题

1. 简述企业资源计划的发展历程。
2. 怎样理解物料需求计划的基本思想。
3. 订货点法存在的缺陷是什么?
4. 制造资源计划管理模式的特点是什么?
5. 制造资源计划与企业资源计划的不同点是什么?
6. 简述企业资源计划系统的基本功能。
7. 简述企业资源计划系统实施的步骤和原则。

综合案例 6-1

红塔集团 ERP 应用案例

红塔集团是我国最大的国有烟草企业,从 2000 年开始,红塔集团与 SAP 公司合作,开始了国内规模最大、涉及面最广的 ERP 项目。从 2002 年上线到现在,这套管理软件已经发挥出重要作用,在红塔集团的经营管理活动中产生了效益。

通过分析,记者把这种实施信息化的模式归纳为细致模式。其含义在于,企业在实施信息化的过程中,细致梳理企业复杂的流程,将原有的流程合并重组,达到优化业务流程的目的。

1. 调研

红塔集团是一家以玉溪红塔烟草(集团)有限责任公司为核心企业的大型企业集团,其前身是 1956 年成立的玉溪卷烟厂。1995 年,由当时的玉烟为主体,组成了跨行业、跨地区经营的云南红塔集团。目前,红塔集团已经成为中国最大的烟草企业。从 1998 年开始,在 ERP 立项之前,红塔集团董事会对项目进行了多次调研和筹备。2001 年,红塔集团组织了一个小组到相关企业进行考察,并派信息化的负责人深入国内已经实施 ERP 工程的企业,如海尔、康佳、联想等 30 多家企业进行调研考察,同时对烟草行业内的上海、长沙、颐中、昆明等烟厂进行全面考察和交流,为红塔集团 ERP 立项做了充分的前期调研工作。

对于红塔集团这样庞大的烟草帝国而言,实施 ERP 最大的难点还是在于转变观念。ERP 实施前,员工对 ERP 充满期待,认为实施后会减少工作量;实施后却发现工作更忙。这其中有两个原因:一是 ERP 实施后工作更规范、更细致,工作量增加;二是员工在接受新的模式和方法时,还没有完全适应。在国内企业中,红塔集团是实施 ERP 模块最多的企业,投资却不是最大;从规模看,红塔集团是中等偏上的水平,但实施效果却一直被合作方德国 SAP 公司认为是中国企业应用最好的企业之一,被列为该公司的经典案例。

2. ERP 核心

作为以制造为主的企业,红塔集团的信息化包含三个层面,即生产设备自动化控制系统、生产执行系统(MES)、管理信息系统。ERP 项目是红塔集团信息化建设中的一个关键点,统领管理信息系统。

红塔集团 ERP 系统的组织结构采用面向业务流程方式,而非面向职能的方式。整个系统沿着业务流程横向展开,并整合优化业务流程;纵向则按业务管理进行分类设定。因此,不管企业的实际组织结构和人员怎么变化都能适应,或者不论业务流程怎么变化,只要重新确定好 ERP 系统中的业务流程控制点和角色即可,这实际为企业不断的管理变革建立起了长期的信息技术支撑平台。

第 6 章　企业资源计划

红塔集团 ERP 系统分别从计划控制流、物流和价值流三条线展开,运用集成思想,以集成计划和预算来指导和控制业务运作,强调以财务为核心,以及物流计划的相互衔接和配合,使销售、生产和采购紧密地联系在一起,使企业内部的物流链高效协调地运作。同时,把企业物流同步映射到价值流,使价值流和业务流有机集成;从不同的角度审视企业的各项业务,并最终以价值的形式表达出来,使企业的各项业务运作情况实时、准确地反应到各级管理层,规避经营风险,完成企业管理目标。红塔集团实施 ERP 过程中,对所有业务数据进行全面整理,并进行了规范化和标准化编码工作。这包括对原料、烘烤、辅料、半成品、成品等物料进行了统一编码和描述,对 10000 余条固定资产数据进行了核对和规范,并对所有设备、质量、项目、人力资源主数据进行了彻底重新整理、规范和编码工作。所有信息只有一个入口,所有业务和人员共用统一的信息和数据,从而强调了信息的共享。

红塔集团在历时两年的实施中,对 500 多个现有流程进行了彻底分析,在此基础上,吸取国内外先进的管理经验以及国际规范的标准业务流程,结合自身的特点进行优化和合并,最后确定 200 多个业务流程,并在计算机系统中成功实现。

3. 全面信息化

红塔集团 ERP 工程于 2001 年开始实施,2002 年初正式上线。2001 年,实施了 ERP 系统中的生产计划与控制、物料管理、销售与分销、财务会计和管理会计等五个模块;2002 年,实施了设备管理、质量管理、项目管理、基金管理和人力资源管理等模块,覆盖了玉溪红塔集团的工业、商业及物资三家公司的所有业务范围。

在实施红塔集团管理软件的同时,红塔集团也搭建好了自己的硬件平台。这包括建成以 622 兆赫兹速率 ATM 网为骨干,100 兆赫兹交换到桌面的网络。这张网络遍及企业各大厂区、各主要车间和办公建筑统一的企业计算机网络系统,连接网络布线点达 6000 多个,建设了 YTT 卫星地面接收站 9 座,形成了从局域网到广域网的红塔计算机网络系统。

红塔集团内部建立了企业内部网,拥有自己的服务器,开通了电子邮件服务,并实施了红塔办公自动化系统。在加工信息化建设方面,红塔集团采用 AutoCAD 网络版实现了机械零件自动测绘,自动在计算机中形成三维实体模型,从而驱动加工中心加工出零件的现代化机械加工模式。在制造加工方面,从卷烟生产的打叶复烤生产线、制丝生产线、膨胀烟丝生产线到滤嘴棒生产线、卷接包生产线的所有生产环节,全部实现了计算机自动控制系统。建立了中国最大规模的自动化物流系统,货位超过 2 万个,AGV 小车 52 台。建成了能源监控系统、电量采集和控制系统、火灾自动报警系统、空调监控系统、锅炉自动控制系统等计算机自动化监控系统。

2003 年,红塔集团进行了大规模的组织结构改革,全员竞争上岗和工商企业拆分,彻底变更了组织架构,调整了业务流程,伴随着这一系列改革,整个 ERP 平台只做了少量改动,在很短时间内完成了前后业务并做到了无缝衔接,实践证明红塔集团的 ERP 系统在整个信息化建设中处于核心模块,并能发挥核心作用。

阅读以上案例,思考以下问题。

(1) 此案例重点说明了 ERP 项目成功实施的核心是什么?

(2) 红塔集团信息化包含的主要内容是什么,该公司的 ERP 系统主要有哪些功能?

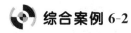
综合案例 6-2

杭州祐康集团应用 ERP 案例分析

1. 企业简介

祐康集团始建于 1992 年 7 月,当时投资仅 80 万美元,现已发展成为拥有杭州祐康食品有限公司、杭州祐康电子商务网络有限公司、杭州祐康达美食品有限公司、杭州祐康加油站等多家紧密层、半紧密层企业及松散层企业的企业集团。

公司主要产品为"祐康雪派"牌冷饮、冷食、奶制品,年产冷饮产品 3 万吨,冷食产品 7000 吨,奶制品 1.2 万吨。辐射至全国 20 多个省市。祐康集团在同行业中率先通过 ISO 9002 质量体系认证。"祐康雪派"牌产品被评为杭州市名牌产品、浙江省名牌产品,"祐康雪派"商标被评为浙江省著名商标。祐康集团已被列入浙江省"五个一批企业"和"四星级企业"。

2. 企业的管理需求

祐康集团的主要产品是面向大众的冷饮食品,具有保鲜要求高、季节性强的特点。产品覆盖范围广,销售网络庞大。如何及时合理地组织安排产品的生产和销售是企业经营的关键。食品加工生产具有较强的自动化,但是,由于企业管理过程中信息收集和处理的手段落后,企业在计划管理、物料供应、生产组织、销售管理和财务管理等方面存在许多问题。

原材料供应出现脱节,不能保证生产需要;原材料、辅助材料的浪费;资金使用效率低;库存不清,实地盘点效率低,退、调、换、损、残、盘等特殊业务易出问题;产品积压或脱销;销售计划与生产计划有延滞;市场和客户的需求变化不能及时反馈。

祐康集团的决策层清醒地认识到,企业管理信息流通不畅是管理的瓶颈所在。只有加快企业的信息化进程,才能提高企业的核心竞争力,企业才能在激烈的市场竞争中求得生存和发展。祐康集团成立初期,就开始了管理信息化的尝试。1994 年,公司就上了网络版的财务软件,后来又开发了 MIS、EMC 系统,这些软件对公司的管理起到了一定的促进作用。但是,由于整个企业的信息化集成度很低,各个系统的数据不能实现共享,企业的管理瓶颈还是没有得到根本的解决。

随着企业经营规模的逐步扩大,市场和客户的需求日趋个性化、多样化,对企业的管理提出了更高的要求。祐康集团决定实施 ERP 系统。通过 ERP 项目的实施,建立企业先进的管理信息化网络,实现各管理部门信息的集成,实行企业内外物流、资金流和信息流的一体化管理。优化企业资源配置,合理组织生产,彻底解决产、供、销脱节现象;加强物流管理,降低库存资金占用,减少材料浪费,保障生产材料准时到位;及时掌握市场需求的变化,建立完备的销售网络体系,提高产品的市场占有率;强化财务管理,严格控制生产成本,压缩管理费用,提高资金使用率。最终达到提高企业整体素质,为企业创造更好经济效益的目标。

3. 实施过程

祐康集团实施 ERP 项目时主要进行了以下几项工作。

1) 软件选型

祐康集团组织了专门的技术人员对 ERP 市场进行了认真的调查研究,对国内外 ERP 产品,从技术先进性、功能全面性、系统的客户化程度、客户的成功案例、软件供应商的信誉和稳定性、性价比等方面进行了分析和比较。经过认真的筛选,祐康集团选择了北京和佳公司。和佳 ERP 是国家 863/CIMS 办公室和中国软件行业协会力推的国产优秀管理软件,能对不同行业提供成熟的解决方案,能根据客户的需求进行客户化,和佳 ERP 软件具有扩展性,在全国有几十个实施成功的案例。和佳提供的解决方案完全满足祐康集团的管理需求。

2) 调研和分析

祐康集团与和佳公司签订实施协议后,和佳公司派出技术人员到祐康集团,深入各管理部门进行了详细的调查研究。和佳公司技术人员与祐康集团的管理人员分析企业的管理现状和存在的问题,按照 ERP 的要求对企业的管理业务流程进行了梳理,根据企业管理需求制定了系统调研报告和总体设计方案。

3) 制定实施计划

在系统调研的基础上,根据企业的管理需求,把祐康集团的 ERP 实施分成两个阶段:第一阶段实现进、销、存和财务的一体化管理,完成库存管理、销售业务管理、应收账款管理、采购管理、应付账款管理、账务及报表管理等 11 个子系统的实施;第二阶段实现对生产过程的控制,完成生产计划、物料需求计划、车间作业管理、成本管理、产品管理、工艺管理等 10 个子系统的实施。

4) 建立项目实施机构

祐康集团为 ERP 项目实施成立了三级实施组织体系,即 ERP 项目领导小组、项目办公室和各子系统业务组。

ERP 项目领导小组由公司领导亲自挂帅,由部门负责人和管理专家组成,负责对 ERP 系统的实施目标、项目投资、公司内部业务流程重组方案等工作作出决策,对系统开发过程进行监督、控制;项目办公室由有关部门负责人、和佳公司项目实施部负责人和企业信息部门负责人组成,负责项目的组织实施,包括研究系统的总体结构,制订项目实施计划,制订系统开发的程序和工作标准,协调各部门工作进度,解决开发过程中可能出现的问题;各子系统业务组由和佳公司项目实施部人员和有关部门的业务骨干组成,按开发工作的分工,分别执行各子系统的实施及二次开发工作。

5) 抓好三个层次的培训

三个层次培训是企业领导培训、实施队伍培训和员工培训。三个层次培训的侧重点各有不同。企业领导培训的主要内容是ERP先进管理思想和方法;实施队伍培训的主要内容是ERP的实现方法和系统运行的原理和维护方法;员工培训则主要侧重于系统的使用。

ERP的培训工作贯穿实施工作的始终,培训工作不仅仅是教会操作和使用方法,更重要的是不断地灌输ERP的管理思想和理念,使ERP在企业扎根,特别是企业领导培训是第一位的。通过培训,取得企业领导对ERP的理解和支持,是项目成功实施的关键一步。

6) 业务流程重组

由于管理体制的原因,企业管理中还有不少"人治"的色彩,有许多地方是无章可循或有章不循的;管理规程不规范,业务操作随意性大。由于管理手段落后,管理数据采集、分析方法原始,业务流程不畅通,传递环节多,存在不少无效作业环节。因此,必须通过业务流程重组来实现管理流程的简捷、高效和畅通,这是成功实施ERP的关键。祐康集团在实施过程中,对主要的业务流程进行了深入的剖析和梳理,找出其中的无效作业环节,按照ERP管理的要求进行业务流程重组。例如,过去仓库的产品调拨、出库和发运,分别由各管理部门开出调拨、出库和运输单,手工传递到相应的仓库,容易出现单据丢失、差错或登账不及时,造成库存数据不准的差错。现在根据系统中数据共享的特点,由业务流程的开始环节产生单据,后续环节分别调用前环节的单据进行确认和对应的操作处理,再向后传递。每个环节的操作改变自己的库存可用数量,保证了每个环节库存数量的准确可靠,同时可以及时发现差错、避免损失。通过这样的业务流程重组,大大提高了企业的管理水平。

7) 数据规范

数据的准确和规范是信息化管理系统可靠运行的基础。只有系统中的数据准确,系统产生的结果才有价值。实施过程中,我们从三个方面加强对数据的规范化管理:一是基础数据和控制数据,包括产品数据、客户资料、设备代码、人员编码、各种消耗定额等;二是各子系统建立时需要的初始化数据,如库存数量的初始化、各会计科目的初始余额等;三是从程序控制和管理制度上保证业务操作数据的规范性、可靠性。

4. 经验和体会

1) 企业必须有具体的需求,用自己的需求衡量所选择的系统

企业在选择ERP以前,必须提出自己明确具体的需求,找准自己的定位。企业上ERP项目不是为了赶时髦,也不能把ERP当成灵丹妙药,指望解决企业所有的管

理问题。祐康集团应分析自己的管理基础,明确自己的管理需求,把 ERP 的目标定位在解决产、供、销和财务管理的一体化,实现管理信息的集成。这样确定的方案切合企业实际,实施起来才有成功的把握。

2)"适合"的基础是了解

企业提出了自己的管理需求后,要与软件供应商进行充分的交流和沟通,使软件供应商充分理解企业的需求,软件供应商通过培训详细介绍 ERP 的实现方法,让企业知道哪些需求是合理的,哪些需求与 ERP 流程有差别,哪些需要流程重组,哪些需要客户化。只有通过双方的沟通,才能使实施的结果适合企业管理的需要。

3)最高决策层的全力支持是成功实施 ERP 的决定性因素

人们常把 ERP 说成是"一把手工程"。ERP 必须要有最高领导层一班人的全力支持,要把 ERP 作为企业管理的"一号工程"来抓,项目实施才可能成功。

4)管理创新是 ERP 成功的保证,生存和发展是 ERP 实施的原动力

ERP 的实施是一个庞大的系统工程,涉及企业管理领域的方方面面。实施难度有来自管理体制方面的阻力,也有来自人们管理意识、习惯甚至利益方面的阻力。所以,必须有改革的精神,有创新的精神,克服各种困难,才能把实施工作一步步地向前推进。在未来的市场竞争中,企业信息化是企业生存和发展的基本条件之一。要从企业生存和发展的角度来推动企业信息化建设,ERP 实施才有源源不断的动力。

5)严密的保障措施

再好的规划必须有可靠的组织措施来保证。企业的 ERP 实施必须建立健全务实的组织保障体系。三级实施组织机构要实行层层负责的制度,才能把实施的目标和任务落到实处。

6)加强基础数据的管理

数据的准确和规范是信息化管理系统可靠运行的基础。如果系统中输进去的数据准确,产生的结果就很有价值,如果输进去的数据不准确,数据在计算机系统中就会变成信息垃圾。

祐康集团在实施过程中把系统的基础数据当成系统的生命线来看待。我们按照 ERP 系统的要求制定了各种基础数据的规范,把基础数据和各种初始化数据按部门的管理职能分类,分别列入各部门的考核内容,每类数据指定专人负责收集、录入和校对。保证系统需要的各种数据按时、按质、按量录入系统。

5. 效益分析

祐康集团的 ERP 系统从 2001 年 5 月开始投入使用,一年多时间的运行表明完全达到了项目的第一期目标。高效畅通的信息网络已经形成,实现了进、销、存和财务的一体化管理,从整体上提高了企业对市场的快速反应能力,公司的管理水平和管理手段都有了跨越式的发展。

(1)高效畅通的信息网络促进了公司业务的发展。与 2000 年相比,2001 年销售

额翻了一番,达到 3.2 亿元,利润总额增长 15%。

(2) 由于实现了信息集成,销售部门可以随时掌握仓库的动态库存,使销售开票有了准确的依据,杜绝了客户开票而提不到货的现象,提高了客户的满意度。2001年交货履约率达 97.2%,比 2000 年提高了 2.2%。

(3) 仓库实行了精细化管理,能够有效跟踪和控制物品流动,仓库的库存盘点误差大大减小。以中心仓库为例,由过去的平均 3.2% 降低到 2001 年底的 1.5%。ERP 项目支持立体仓库的货位管理和批次管理,减少了因调货、换货和产品损残造成的损失,减少了因产品超保质期造成的损失。据不完全统计,每年的产品损残和超期造成的损失可以减少 60 多万元。

由于有了丰富的信息资源的支持,采购计划和销售计划更加准确,有效减少了产品的库存积压。2001 年底,库存资金比 2000 年同期降低 7%。同时保证了生产所需物资的正常供应。

阅读以上案例,思考以下问题。

(1) 企业实施 ERP 前存在问题,针对此问题采取什么 ERP 实施策略?

(2) 通过案例分析企业实施 ERP 的基本步骤,并结合每个环节说明其具体内容?

(3) 通过本案例分析企业实施 ERP 应该建立什么样的培训体系?

(4) 通过本案例,企业实施 ERP 应该从哪些方面分析其效益?

上机实践

1. 资产管理模块训练

(1) 查询资产管理中的各项基础数据(见图 6-15)。

(2) 增加固定资产,名称为厂房,类别为房屋建筑,使用部门为总经理部,资产原值为 50 万元,使用年限 20 年。

(3) 减少固定资产,名称为空调,减少数量为 1 台,减少原值为 20000 元,减少折扣 570 元。

(4) 进行计提折旧和月末结账。

(5) 查询在用资产列表和报废资产列表。

操作说明如下:固定资产是企业的重要资源,它包括生产性的与非生产性的资产。企业的固定资产占用企业的大量资金,固定资产管理工作是企业的一项重要基础工作。资产管理系统的主要工作是完成固定资产的增减、折旧等业务处理。

2. 业务流程

1) 基础数据

资产类别:维护固定资产的类别(见图 6-16)。

资产来源:查看固定资产的不同来源信息,在固定资产增加制作记账凭证时登记

第 6 章　企业资源计划

图 6-15　资产管理模块

图 6-16　固定资产的分类

不同的科目(见图 6-17)。

图 6-17　固定资产的来源

减少原因:查看固定资产减少的原因,不同的原因在固定资产减少在制作记账凭证时要登记不同的科目(见图 6-18)。

图 6-18　查看固定资产减少的原因

卡片设置：在使用固定资产系统进行核算前，必须将原始卡片资料录入系统，以保持历史资料的连续性。卡片设置里录入的是开始使用日期月份大于其录入系统月份的固定资产（见图 6-19）。

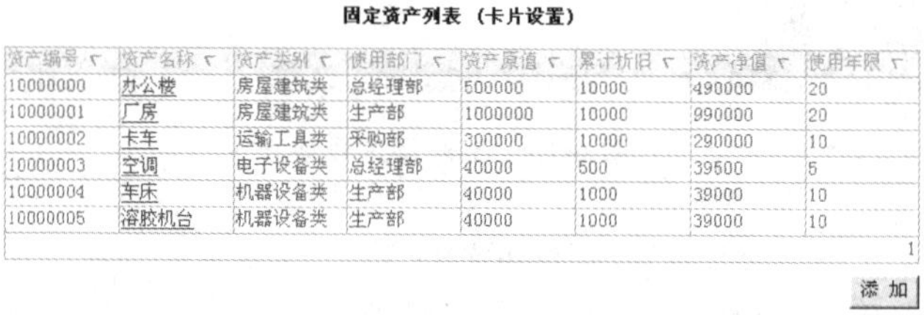

图 6-19　固定资产列表

点击"添加"按钮，录入一张新的固定资产卡片（见图 6-20）。

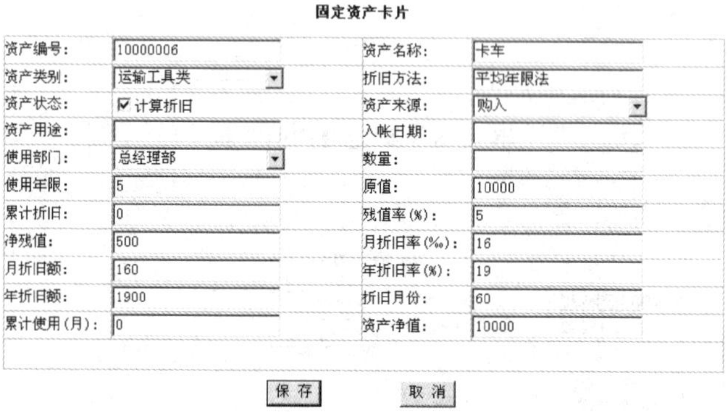

图 6-20　固定资产卡片

2）业务处理

固定资产增加：在系统日常使用过程中，可能会购进或通过其他方式增加企业资产，该部分资产通过"固定资产增加"操作录入系统。固定资产增加的方法和固定资产卡片的设置基本一致。

第 6 章　企业资源计划

固定资产减少：固定资产在使用过程中，总会由于各种原因退出企业，该部分操作称为固定资产减少（见图 6-21）。

资产编号	资产名称	减少日期	减少数量	减少原值	减少折旧	减少原因	备注
10000003	空调	2004-09-10	1	20000	250	报废或损毁	备注..

图 6-21　固定资产减少

当有新的固定资产减少业务时，选择添加，进入"固定资产减少"录入页。填写完整减少的资产信息、减少数量，以及减少原因等并保存（见图 6-22）。

固定资产减少

资产编号：	10000003	资产名称：	空调
减少日期：	2004-9-10	减少数量：	1
减少原值：	20000	减少折扣：	250
减少原因：	报废或损毁		
备注：			

注：请用右键选择固定资产，减少数量不得大于资产数量！

图 6-22　"固定资产减少"页面

计提折旧：自动计提折旧是固定资产系统的主要功能之一。系统每月计提折旧一次，根据你录入系统的资料自动计算每项资产的折旧，并自动生成折旧分配表，然后制作记账凭证，将本期的折旧费用自动登账。执行此功能，系统将自动计提各项资产当期的折旧额，保存后将当期的折旧额自动累加到累计折旧项目（见图 6-23）。

折旧计算

资产编号	资产名称	净值	月折旧率(%)	月折旧额	本月折旧
10000000	办公楼	490000	4	2000	2000
10000001	厂房	990000	4	4000	4000
10000002	卡车	290000	8	2400	2400
10000003	空调	19750	16	320	320
10000004	车床	39000	8	320	320
10000005	溶胶机台	39000	8	320	320
合计：					9360.00

图 6-23　自动计提折旧

月末结账：月末结账就是把本月的数据进行备份存档，并且将财务日期自动设置为下一会计期间的日期。月结后，所有数据只能进行查询，不能进行任何修改，所以在结转前一定要完成本月所有数据的录入,并且检查所有数据正确之后再进行月结工作(见图 6-24)。

图 6-24　月末结账

3) 统计查询

在用资产列表:用于查询当前企业在用的固定资产(见图 6-25)。

固定资产列表(在用)

资产编号	资产名称	资产类别	使用部门	资产原值	累计折旧	资产净值	使用年限
10000000	办公楼	房屋建筑类	总经理部	500000	12000	488000	20
10000001	厂房	房屋建筑类	生产部	1000000	14000	986000	20
10000002	卡车	运输工具类	采购部	300000	12400	287600	10
10000003	空调	电子设备类	总经理部	20000	570	19430	5
10000004	车床	机器设备类	生产部	40000	1320	38680	10
10000005	溶胶机台	机器设备类	生产部	40000	1320	38680	10

1

图 6-25　在用固定资产列表

报废资产列表:用于查询企业经营过程中报废减少的固定资产(见图 6-26)。

固定资产列表(报废)

资产编号	资产名称	资产类别	使用部门	数量	资产原值	累计折旧	使用年限
10000003	空调	电子设备类	总经理部	1	20000	250	5

1

图 6-26　报废固定资产列表

第7章 决策支持系统

学习目标

1. 了解决策理论与决策问题;
2. 理解并掌握决策支持系统的功能及特征;
3. 了解人工智能系统的原理及作用。

引入案例

<h4 style="text-align:center">大富翁与小富翁的核心区别——决策决定财富</h4>

从前,三个年轻人一同结伴外出,寻找发财的机会。在一个偏僻的小镇,他们发现了一种又红又大、味道香甜的苹果。由于地处山区,信息、交通等都不发达,所以这种优质苹果仅在当地销售,售价非常便宜。

第一个年轻人立刻倾其所有,购买了10吨最好的苹果运回家乡,以比原价高两倍的价格出售。这样往返数次,他成了家乡第一个万元户。

第二个年轻人购买了100棵最好的苹果树苗运回家乡,承包了一片山林地栽种苹果树苗。整整3年时间,他精心看护果树,浇水灌溉,没有一分钱的收入。

第三个年轻人找到果园的主人,用手指着果树下面,说:我想买些泥土。

主人一愣,接着摇摇头说:不,泥土不能卖。卖了还怎么长果树?

他弯腰在地上捧起一把泥土,恳求说:我只要这一把,请你卖给我吧,要多少钱都行!

主人看着他,笑了:好吧,你给一块钱拿走吧。

他带着这把泥土返回家乡,首先把泥土送到农业科技研究所化验分析出泥土的各种成分、湿度等。接着,他承包了一片荒山,用整整3年的时间开垦、培育出与那把泥土一样的土壤。最后,他栽种了苹果树苗。

10年后,这三个结伴外出寻求发财机会的年轻人的命运迥然不同。

第一个购买苹果的年轻人现在每年依然要购买苹果运回来销售,但是因为当地信息和交通已经很发达,竞争者很多,所以赚的钱越来越少,有时甚至赔钱。

第二个购买树苗的年轻人早已拥有自己的果园,因为土壤的不同,长出来的苹果有些逊色,但是仍然可以赚到相当的利润。

第三个购买泥土的年轻人,他种植的苹果又大又甜,与山区的苹果不相上下,每年秋天引来无数购买者,总能卖到最好的价格。

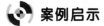 **案例启示**

棋界有句话:"一着不慎,满盘皆输;一着占先,全盘皆活"。它喻示一个道理,无论做什么事情,成功与失败取决于决策的正确与否。科学的经营决策能使企业充满活力,兴旺发达;而错误的经营决策会使企业陷入被动,濒临险境。纵观世界各国,经营决策失败的有之,当然,也不乏成功的案例。在信息化高度发达的现代社会,作为企业高层管理者,如何从繁杂的数据中发现有价值的信息,帮助企业提升核心竞争力,就是本章所要介绍的内容——决策支持系统。

7.1 决策问题与决策理论

我们每天都在做决策,这些决策有的简单,有的复杂。比如,根据价格,确定购买哪一种食品,或者根据自身及客观情况,选择从事哪一项工作。对比这两种决策,显然,挑选合适的工作肯定是更复杂的决策,因为它有多种选择标准,而且大多数标准是不能量化的。所以,选择合适的工作就要困难得多。

对企业来说,决策是最重要、意义最大的活动之一,组织有时要花费大量的时间和金钱进行决策。本节将讨论决策的基本理论和类型。

7.1.1 决策问题

决策就是为了达到一定目标,采用一定的科学方法和手段,从两种以上的方案中选择一种满意方案的分析判断过程。决策是管理的核心内容,所以赫伯特·西蒙称管理就是决策,它所指的是通过分析、比较,在若干种可供选择的方案中选定最优方案的过程。我们不主张过分强调决策就是一切,决策只是管理的最重要的内容,而不是管理的全部。决策既有经验决策和科学决策之分,也有结构化决策、非结构化决策和半结构化决策之分。当代企业的决策越来越复杂,需要收集和处理大量的信息,并要利用大量复杂的模型,因此,这时的决策如果不依靠计算机的管理信息系统协助处理,基本上就不能实现。可见管理信息系统在决策过程中起着至关重要的作用。

1. 决策的构成要素

从系统的观点看,经营管理决策是由决策主体、决策客体、决策理论与方法、决策信息和决策结果等要素构成的一个有机整体。

(1) 决策主体。这是指参与决策的领导者、参谋者及决策的执行者。决策主体可以是个人,也可以是集团——决策机构。决策主体是决策系统的灵魂和核心,决策能否成功,取决于决策主体的特质、个性、背景和经验等。

(2) 决策客体。这是指决策对象和决策环境。决策对象是指决策主体能影响和控制的客体事物,如企业某项业务的经营目标、经营规划、某项产品的研究开发等。决策环境则是指制约决策对象按照一定规律发展变化的条件。决策对象与决策环境的特点、性质决定着决策活动的内容及其复杂程度。

(3) 决策理论与方法。决策离不开决策的理论与方法。决策理论与方法的功能在于将现代科学技术成果运用于决策过程,从整体上提升经营管理决策活动的科学性,避免决策结果的失误,减小决策结果的偏差。例如,遵循科学的决策程序,采用适宜的决策方法,将定性分析和定量分析结合起来。

(4) 决策信息。信息是经营管理决策的前提和基础。要保证经营管理决策的正确性,拥有大量、丰富的市场信息是必不可少的条件。决策主体只有充分掌握准确的市场信息才有可能做出正确的决策。

(5) 决策结果。决策是为了得到正确的决策结果。没有决策结果的决策不算是决策。任何决策都要有决策结果,所以,决策结果是决策的构成要素。

2. 决策的类型

由于企业活动非常复杂,因此,管理者的决策也多种多样。不同的分类方法有不同的决策类型。

1) 按决策的作用分类

(1) 战略决策。战略决策是指有关企业发展方向的重大全局决策,由高层管理人员做出的,具有全局性、长期性和战略性的特点。例如,确定或改变企业的经营方向和经营目标、新产品开发、企业上市、企业兼并、企业合并、开拓海外市场、合资经营、扩展生产能力等均属于战略决策。

(2) 管理决策。管理决策是指为保证企业总体战略目标的实现而解决局部问题的重要决策,由中层管理人员做出的,具有局部性、中期性及战术性的特点。管理决策的制定必须纳入战略决策的轨道,为企业实现战略目标服务。如机构重组、人事调整及资金筹措与使用等都属于管理决策的范畴。

(3) 业务决策。业务决策是指基层管理人员为解决日常工作和作业任务中的问题所做之决策,具有琐碎性、短期性和日常性的特点,如每日产量、食堂饭菜的花色品种与数量、职工洗澡时间等。

2) 按决策的性质分类

(1) 结构化决策。结构化决策是指对某一决策过程的环境及规则,能用确定的模型或语言来描述,以适当的算法产生决策方案,并能从多种方案中选择最优解的决策。结构化决策相对比较简单,它的目标明确,容易理解,其决策过程和决策方法有固定规律可以遵循,能用明确的语言和模型加以描述,并可以依据一定的通用模型和决策规则实现其决策过程的基本自动化。例如,正常情况下的订货处理、奖金分配、作业计划的制订、客户订单的定价、办公用品的再次订购和新雇员工的工资级别的确定。这些都是日常例行工作,并且可以用一定的算法和有启发形式的标准操作程序来解决。

(2) 非结构化决策。非结构化决策是指决策过程复杂,不可能用确定的模型和语言来描述其决策过程,更无所谓的最优解的决策。它的目标不明确或不同的目标相互冲突,其决策过程和决策方法没有固定的规律可以遵循,没有固定的决策规则和通用模型可依,决策者的主观行为(学识、经验、直觉、判断力、洞察力、个人偏好和决策风格等)对各阶段的决策效果有相当影响。它是决策者根据掌握的情况和数据并依据经验临时做出的决定。例如,开辟新市场、开发新产品、重大项目投资、厂址选择等,就是典型的非结构化决策。这类决策没有固定的规律可循,并且影响因素多而复杂,所以这类决策属于非结构化决策。

(3) 半结构化决策。半结构化决策是介于以上两者之间的决策,这类决策可以适当的算法产生决策方案,使决策方案得到较优的解。其决策过程和方法有一定规律可以遵循,但又不能完全确定,即有所了解但不全面,有所分析但不确切,有所估计但不确定。这样的决策一般可适当建立模型,但难以确定最优方案。

在组织的决策中,管理决策问题基本上属于半结构化决策和结构化决策问题。例如,生产计划的制订、人员与设备的安排、生产资料的采购等属于结构化决策问题。因为可依据订单量制订生产计划,而生产资料的采购计划、人员与设备的安排完全取决于生产计划,所以它们属于结构化决策。但设备维修、备品备件的购置属于半结构化决策,因为这些问题存在许多不确定因素,虽然有一定的规律可循,但并不是一成不变的。在半结构化决策中,决策者对问题的本质、应该采取的行动及外部事件如何影响行动的结果等方面不确定。

表 7-1 大致说明了各类决策问题的结构化程度,表中越右边的决策问题,其结构化程度越低,也越难以实现决策的程序化。应当注意的是,决策问题的结构化程度并不是一成不变的,随着人类对自身思维和解决问题过程的深入理解及现代信息技术的发展,人们解决非结构化决策问题的能力越来越强。利用现代信息系统,人们可以把有关的数据、模型、方法、专家和管理人员的基本经验、知识,以及成功与失败的案例存储起来,在问题探索过程中运用各种信息分析方法来求解。问题的探索和解决过程,实际上是一个将非结构化决策中部分或全部问题转化为一系列结构化或半结构化决策问题而进行求解的过程。这是人们对客观事物不断提高认识的过程。

表 7-1 不同结构化程度的决策问题

	结构化		非结构化
战略性	生产计划	资金分配计划	厂址选择
战术性	作业计划	作业调度	广告部署
业务性	库存补充	奖金分配	销售对象选择

通常认为,管理信息系统主要解决结构化决策问题,而决策支持系统则以解决半结构化决策和非结构化决策问题为目的。

7.1.2 决策理论

决策理论(theory of decision making/decision theory)是把第二次世界大战以后发展起来的系统理论、运筹学、计算机科学等综合运用于管理决策中,形成的一门有关决策过程、准则、类型及方法的较完整的理论体系。以诺贝尔经济学奖得主赫伯特·西蒙为代表人物的决策理论学派认为,决策理论是有关决策概念、原理、学说等的总称。

决策理论的种类较多,不同学者阐述问题的角度也各不相同,主要归纳为以下两种理论。

1. 直觉理论

这是指管理者做决策时仅依据征兆及直觉的理论。该理论的基点既不是人的理性,也不是人所面临的现实问题,而是人的情欲。该理论认为人的行为在很大程度上受潜意识的支配,许多决策行为往往表现出不自觉、不理性的情欲,表现为决策者在处理问题时常常感情用事,凭借自己的经验和直觉进行判断,即所谓的决策艺术。

2. 理性理论

这是指在决策过程中,经由某种形式的逻辑推理,以评估事实资讯的理论。对于理性理论,又可分为以下两种类型。

(1) 最优化理论。最优化理论的假设前提:决策问题是清晰明确的;要实现的目标是明确单一的;所有方案和结果是已知的;决策者的偏好是清楚和稳定并始终如一的,同时不存在时间成本的约束,并且最终的选择是使经济报酬最大化。最优化理论最终导致理性决策。比如一个选项是提供获取 20000 元/月的 1% 的机会,另一个选项是提供获取 500 元/月的 50% 的机会,需要在两者之间做出选择。根据期望值最高来进行选择,即概率×结果＝期望,那么可以算出第一个选项为 $0.01 \times 20000 = 200$(元),第二个选项为 $0.50 \times 500 = 250$(元)。一个理性决策者将选择第二个选项来使期望值达到最大。

(2) 满意点理论。由于许多决策是在不确定的情况下做出的,所以最优化理论的假设前提往往很难实现,比如人们对替代方案及准则的所知有限、人的某种偏见和受限的认知,使得决策者愿意在比最优化效用小的情况下解决问题。这时决策者会建立一个合理的愿望标准,并且寻找可能的备选方案,直到找到符合这个标准的方案。西蒙称这种行为为满意。例如,前面所提的寻找价格最低的食品,大多数人会选择在自己最方便的环境下挑选价格相对低的食品,而不是走遍所有商场寻找价格最低的食品。

7.1.3 决策的发展方向

近 40 年来,生产规模的扩大和自动化技术的应用,使得管理的性质和环境都发生了巨大的变化。因而管理决策问题不仅数量多,而且复杂程度高、难度大。心理学家的研究表明,在制定决策时,决策者本人若要同时考虑 10 个以上的变动因素或相互矛盾的因素(或 20~80 个单项因素),就已经感到非常困难。而在实际的生产活动中,经常要根据几百个甚至几千个因素进行决策,显然,在这种情况下,单靠个人的理智、经验和洞察力的决策方法远远不能满足日益复杂的管理决策的需要,决策科学化就被提上了日程。

1. 用信息系统支持和辅助决策

20 世纪 80 年代初,计算机技术的企业管理应用的重点逐渐由事务性处理转向企业管理、控制、计划和分析等高层次决策制定方面,国内外相继出现了许多功能强大的通用和专用决策支持系统。随着决策支持系统和人工智能的结合,出现了智能化决策支持系统(IDSS);决策支持系统与计算机网络相结合,出现了群体决策支持系统(GDSS)。现在决策支持系统已经逐步应用于大、中、小型企业的预算分析、预测计划、生产销售、研究开发等职能部门,并开始用于军事决策、工程决策、区域规划等方面。

2. 定性决策向定量与定性相结合的决策发展

定性决策向定量与定性相结合的决策发展是当代决策活动发展的必然趋势。现代科学中的系统工程学、仿真技术、计算机理论、预测学,特别是运筹学、布尔代数、模糊数学、泛函分析等被引入决策活动中,为决策的定量化奠定了基础。但是,决策的本质是人的主观认识能力,因此它就不能不受人的主观认识能力的制约。近现代决策活动表明,尽管定量的数学方法与信息技术相结合,能够进行比人脑更精密更高速的逻辑推理、分析、归纳、综合与论证,但是,它绝对不能代替人的创造性思维。这就是出现由人的创造性形象思维与近现代利用计算机进行定量分析相结合,从而产生头脑风暴法、前置方案法、电影脚本法、德尔菲法、系统分析法等决策活动方式的原因。

3. 单目标决策向多目标综合决策发展

决策活动的目标也构成一个难以确定的庞大系统。现代决策活动的目标不是单一的,这不仅指以经济利益为核心的目标是多元化目标,而且包括更广阔的社会的和非经济领域的目标。

4. 战略决策向更远的未来延伸

决策是对未来实践的方向、原则、目标和方法等所做的决定,所以决策从本质上说是对应于未来的。为了避免远期可能出现的亏损抵消甚至超过近期的收益,要求战略决策在时域上向更遥远的未来延伸。

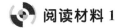 阅读材料 1

翻 牌 游 戏

一副扑克牌,反复洗过之后一张一张地翻,你可以押下一张牌是红或是黑,押错了全输,押对了一赔一,每次不押或押的数量一样,请问你如何决策从这个游戏中获利?

方法:为了找到一种好的办法,累计每次已经出过的红黑牌数量,再将红牌与黑牌的差值形成表格,并计算出表格中的红牌总张数、黑牌总张数、红牌减黑牌的差值。

策略:红牌累计数大于黑牌累计数时应该押黑牌,黑牌累计数大于红牌累计数时应该押红牌,否则不押。

7.2 决策支持系统

决策支持系统(decision support system,DSS)是辅助决策者通过数据、模型和知识,以人机交互方式进行半结构化决策或非结构化决策的计算机应用系统。它是管理信息系统向更高一级发展而产生的先进信息管理系统。它为决策者提供分析问题、建立模型、模拟决策过程和方案的环境,调用各种信息资源和分析工具,帮助决策者提高决策水平和质量。

7.2.1 决策支持系统的产生背景

决策支持系统的概念于 20 世纪 70 年代提出,在 80 年代获得发展。它的产生基于以下原因:传统的管理信息系统没有给企业带来巨大的效益,人在管理中的积极作用要得到发挥;人们对信息处理规律认识提高,面对不断变化的环境需求,要求更高层次的系统来直接支持决策;计算机应用技术的发展为决策支持系统提供了物质基础。

(1) 20 世纪 70 年代中期,由美国麻省理工学院的米切尔·S. 斯科特(Michael S. Scott)和彼德·G. W. 基恩(Peter G. W. Keen)首次提出了"决策支持系统"一词,标志着利用计算机与信息技术支持决策的研究与应用进入了一个新的阶段,并形成了决策支持系统新学科。

整个 20 世纪 70 年代,研究开发出了许多较有代表性的决策支持系统。例如,支持投资者对顾客证券管理日常决策的 Profolio Management,用于产品推销、定价和广告决策的 Brandaid,用以支持企业短期规划的 Projector 及适用于大型卡车生产企业生产计划决策的 Capacity Information System 等。

到 20 世纪 70 年代末,决策支持系统大都由模型库、数据库及人机交互系统等三个部件组成,称为初阶决策支持系统。

(2) 20世纪80年代初,决策支持系统增加了知识库与方法库,构成了三库系统或四库系统。所谓知识库系统,是指有关规则、因果关系及经验等知识的获取、解释、表示、推理及管理与维护的系统。知识库系统中知识的获取是一大难题,与决策支持系统同时发展起来的专家系统在此方面有所进展。方法库系统是指以程序方式管理和维护各种决策常用的方法和算法的系统。

(3) 到20世纪80年代后期,人工神经元网络及机器学习等技术的研究与应用为知识的学习与获取开辟了新的途径。专家系统与决策支持系统相结合,充分利用专家系统定性分析与决策支持系统定量分析的优点,形成了智能决策支持系统(IDSS),提高了决策支持系统支持非结构化决策问题的能力。

(4) 近年来,决策支持系统与计算机网络技术相结合而形成了新型的能供异地决策者共同参与决策的群体决策支持系统(GDSS)。群体决策支持系统利用便捷的网络通信技术在多个决策者之间进行沟通,提供良好的协商与综合决策环境,以支持需要集体做出的重要决策。在群体决策支持系统的基础上,为了支持范围更广的群体,包括个人与组织共同参与大规模复杂决策,人们又将分布式的数据库、模型库与知识库等决策资源有机地集成起来,用于构建分布式决策支持系统(DDSS)。

(5) 我国决策支持系统的研究现状。决策支持系统的概念是20世纪80年代末引入我国的,但在此之前,有关辅助决策的研究早就有所开展。目前,我国在决策支持系统领域的研究已有不少成果,但总体上发展较缓慢,在应用上与期望有较大的差距,这主要反映在软件制作周期长、生产率低、质量难以保证、开发与应用联系不紧密等方面。

7.2.2 决策支持系统的特征与组成

1. 决策支持系统的特征

决策支持系统是一种高度灵活且有良好交互性的、可对半结构化和非结构化问题的决策提供辅助的信息技术系统。决策支持系统将决策者和信息技术提供的特定支持功能联系在一起(见表7-2)。信息技术的优势是高速、可以存储大量信息以及具有复杂的处理能力,能帮助决策者产生决策所需的有用信息;而决策者的技能体现为经验、直觉、判断能力以及有关决策因素的知识。虽然信息技术提供了强大的功能,但对于决策者来说,要想得到问题的解答,还必须清楚到底需要哪类信息以及如何处理这些信息。事实上,决策支持系统的主要功能就是通过加强决策者的洞察力来对决策者提供帮助,改善决策者的决策效果。决策者的知识技能与信息技术的强大功能相结合,使决策者能更迅速地响应市场的变化以及更高效地管理资源。

表 7-2 决策支持系统:决策者与信息技术的结合

决策者的优势	决策支持系统的优势	信息技术的优势
经验	提高生产率	速度
直觉	增进理解	信息
判断	加快速度	处理能力
知识	提高灵活性	
	减少问题的复杂性	
	降低成本	

对于决策支持系统的基本特征,不同的学者有不同的看法,本书根据 Sprague 和 Carson 的看法,归纳为以下五个方面。

(1) 解决上层管理人员经常面临的结构化程度不高、说明不够充分的问题。
(2) 把模型或分析技术与传统的数据存储技术及检索技术结合起来。
(3) 易于为非计算机专业人员以交互会话的方式使用。
(4) 强调环境及用户决策方法改变的灵活性及适应性。
(5) 支持但不是代替高层决策者制定决策。

2. 决策支持系统的组成

不同的决策支持系统在应用和复杂性方面有很大差异,但它们有某些共同点。典型的决策支持系统由三个部件组成:模型管理、数据管理和用户界面管理。

当用户进行分析时,用户要通过用户界面管理部件告诉决策支持系统将采用哪种模型(位于模型库中)、使用哪些信息(位于数据库中);模型要利用来自数据管理部件的信息,并对这些信息加以分析,然后将分析结果返回用户界面管理部件,即在用户面前显示出来(见图 7-1)。

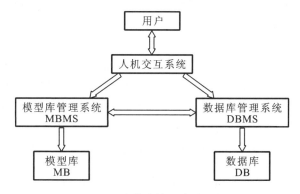

图 7-1 决策支持系统的组成

下面全面剖析决策支持系统的三个部分。

1. 模型管理部件

模型管理部件是由决策支持系统的模型库和模型库管理系统组成的。模型是对某个事件、事实或状况的描述。企业利用模型描述变量与变量之间的关系。例如，利用方差分析统计模型确定报纸、电视和广告牌的广告促销效果是否一样。决策支持系统利用模型为决策者提供各种不同的信息分析方式，对各种各样的决策问题提供帮助。决策支持系统中运用的模型取决于决策类型和决策所需的分析类型。例如，运用"what-if"模型观察一个或多个变量发生变化时对其他变量的影响，或者利用最优化方法在经营业务的限制范围和有限资源的条件下找出盈利最多的解决方案。我们可以利用诸如 Excel 的电子表格软件建立一个简单的决策支持系统进行 what-if 分析。

模型库管理系统负责存储和维护决策支持系统的模型。它的功能与数据库管理系统的功能类似。模型管理部件并不能为决策者解决特定的问题而选择最佳模型，选择模型还要靠决策者的专业知识。但是，模型管理部件可以帮助决策者快速方便地建立和运行模型。

2. 数据管理部件

数据管理部件的功能是存储并维护用户希望决策支持系统使用的信息。因此，数据管理部件由决策支持系统的信息及其数据库管理系统两部分组成。决策支持系统中供用户使用的信息有以下三个主要来源。

（1）组织内部信息：人们可能期望组织中的所有可用信息都能提供给决策支持系统。我们可以将决策支持系统设计成能直接访问公司内部的数据库和数据仓库。

（2）外部信息：有些决策需要输入来自组织外部的信息，如政府各部门的信息、来自金融机构以及 Internet 上的信息等。这些数据来源都能为决策支持系统提供所需的附加信息。

（3）个人信息：将决策者的经验和洞察力等个人信息结合到决策支持系统中。

3. 用户界面管理部件

用户界面管理部件负责决策者与决策支持系统之间的沟通。它包括用户界面和用户界面管理系统。这一部件可让决策者将个人的技能知识与计算机的存储和处理能力结合在一起。用户界面是决策支持系统中用户可见的部分，用户可通过用户界面输入信息、命令和模型。如果一个决策支持系统的界面设计得很糟糕、不灵活或操作烦琐，那么无论系统的功能有多么强大，也没人愿意使用它。最佳的用户界面应当是采用用户习惯的术语和方法，且灵活、简便，具有良好的一致性和适应性。

7.2.3 决策支持系统在企业中的应用现状

1. 需求原因

企业现代化管理是一项复杂的系统工程。在经济全球化的趋势下，中国加入

WTO之后，企业间的竞争不止限于国内，可以说四面八方都是竞争者。日趋激烈的市场竞争，全球范围内的竞争环境，大量的竞争者和巨大的消费市场，恶化的竞争环境，增强的消费者权益意识，日益复杂繁多的消费需求，政府颁布的更详尽的法令和制度，使得企业要在市场中求得生存和发展空间，在进行决策时就要考虑更多、更复杂的制约因素，因而将不可避免地面临以下两方面的挑战。

（1）为决策服务的内、外部信息量迅速增加，对信息的及时性、准确性、客观性等方面的要求更高、更严。

（2）参与决策的因素众多，包括技术、经济、管理、个人经验等，而且诸因素间有机关联，导致现代决策复杂度大幅增加，难度增大。因此，仅凭以往自身经验进行决策已远远不能适应现代企业管理的要求，利用计算机辅助企业决策，实施决策科学化就成为发展的趋势，于是企业管理者迫切需要一种计算机化的决策支持系统。

虽然每个企业的状况和需求都不相同，但是有着共同的需求。

（1）快速的计算。及时的决策在许多情况下非常关键，如股票交易、市场营销策略等。

（2）克服人在处理和存储上的限制。人的智力受制于人处理和存储信息的能力，而且，人不可能随时都能准确无误地回想起信息。

（3）认知极限。当需要许多不同的知识和信息时，个人解决问题的能力将受限制。计算机系统能帮助人快速访问和处理大量存储的信息。计算机还有助于减轻工作组中的协调和沟通的任务。

（4）削减费用。计算机化的支持能削减管理费用，比如可在异地相互交流，这将提高生产率（如财务或法律分析师），提高的生产率就意味着更低的成本。

（5）信息支持。通过计算机技术，管理者可以获得正确的、及时的和最新的信息来进行决策。

（6）质量支持。计算机能提高决策的质量，例如，可以选择更多的备选方案，快速进行风险分析，以很小的代价迅速收集专家的意见。许多专业知识甚至可以直接由计算机系统导出。利用计算机，决策制定者可以执行复杂的模拟，检查各种可能的情况，快速经济地做出判断。

（7）有助于业务流程重组和员工授权。竞争不仅在于价格，还在于质量、及时性、产品的定制及对客户的支持。决策支持技术，如专家系统，使得欠缺本专业知识的人也能做出好的决策，这样就可以进行有意义的授权。决策支持系统还可用于业务流程重组中，研究竞争者的活动、定制产品、优化生产流程等。

决策支持系统的应用可以很好地满足上述需求，可以减少决策的盲目性，可以更加有效地利用信息资源，从而提高市场反应能力。

2. 决策支持系统在企业管理中的应用

决策支持系统在现代企业管理中的应用越来越广泛，相关例子举不胜举，概括起来主要有如下几个方面。

（1）销售支持。每日按地区、部门、销售员和产品生成销售情况的汇总给高级经理的决策提供支持。这些报告记录了丢失的业务、挽回的业务和新的业务。根据需要还可以定制额外的周期报表，这些特殊的报表给经理提供了比较和趋势分析，有助于确定问题和机会。决策支持系统应用能够分析和评价以往产品的销售，以确定产品成功或失败的因素。借助决策支持系统，可以利用全公司的数据来推测决策所隐含的利润和收入。

（2）客户分析和市场研究：决策支持系统利用统计工具来分析每天收集的交易数据，以确定各种类型客户的消费模式，然后采取相应的营销措施来实现最大的利润。对于重点客户，要提供更好的服务和更优惠的价格策略；对于潜在客户，要进行促销予以争取；对于易流失的客户，要分析原因以挽回。市场研究包括：利用预测模型分析得出每种产品的增长模式，以便做出终止或者扩张某种产品的适当决定；进行企业品牌和形象的研究，以便提升企业和品牌的知名度和美誉度；分析客户满意度，进行市场规模与潜在规模的研究等。

（3）财务分析：按年、月、日或其他自定义周期来进行实际费用和预估费用的比较；审查过去现金流的趋势，并预测未来的现金需求量；复杂项目的预算计划和成本分摊；整合各分支机构的财务数据，形成正确、一致的财务报表。

（4）运筹和战略计划：基于资源和时间的限制来确定最优的项目时间表；制定工厂每日的生产计划；确定大型连锁机构中分支网点的设立，如连锁店、加油站、通信中继站等；协助制订大规模资本投资计划，并计算投资风险。

（5）企业分析：为了达到组织的目标所必须考虑的因素，称为关键成功因子（critical success factor, CSF）。CSF 是企业级分析的焦点。这样的因子可以是战略性的或操作性的，主要从三个来源导出，即组织性因素、行业因素和环境因素。关键性能指标（key performance index, KPI）提供了 CSF 在公司层次上的度量。典型的 KPI 包括盈利能力、财务、市场、人力资源、计划、经济分析、消费者趋势等。

7.3 决策支持系统的主要类型

1. 数据驱动的决策支持系统

这种决策支持系统强调以时间序列访问和操纵组织的内部数据。它通过查询和检索访问相关文件系统，提供最基本的功能。后来发展了数据仓库系统，以提供另外一些功能。数据仓库系统允许采用应用于特定任务或设置的特制的计算工具或较为通用的工具与算子来对数据进行操纵。再后来结合了联机分析处理（OLAP）的数据驱动型决策支持系统则提供更高级的功能和决策支持，并且此类决策支持是基于大规模历史数据分析的。主管信息系统（EIS）及地理信息系统（GIS）属于专用的数据驱动型决策支持系统。

2. 模型驱动的决策支持系统

模型驱动的决策支持系统强调对模型的访问和操纵,比如统计模型、金融模型、优化模型和/或仿真模型。简单的统计和分析工具提供最基本的功能。一些允许复杂数据分析的联机分析处理(OLAP)系统可以分为混合决策支持系统,并且提供模型和数据的检索,以及数据摘要功能。一般来说,模型驱动的决策支持系统综合运用金融模型、仿真模型、优化模型或多规格模型来提供决策支持。模型驱动的决策支持系统利用决策者提供的数据和参数来辅助决策者对某种状况进行分析。模型驱动的决策支持系统通常不是数据密集型的,也就是说,模型驱动的决策支持系统通常不需要很大规模的数据库。模型驱动的决策支持系统的早期版本称为面向计算的决策支持系统。这类系统有时也称为面向模型或基于模型的决策支持系统。

3. 基于 GIS 的决策支持系统

基于 GIS(地理信息系统)的决策支持系统通过 GIS 向管理者或商情分析者提供决策支持信息或决策支持工具。通用目标 GIS 工具,如 ARC/INFO、MapInfo 及 ArcView 等是一些有特定功能的程序,可以完成许多有用的操作,但对于那些不熟悉 GIS 及地图概念的用户来说,比较难以掌握。特殊目标 GIS 工具是由 GIS 程序设计者编写的程序,以易用程序包的形式向用户组提供特殊功能。以前,特殊目标 GIS 工具主要采用宏语言编写。这种提供特殊目标 GIS 工具的方法要求每个用户都有一份主程序(如 ARC/INFO 或者 ArcView)的拷贝用于运行宏语言应用程序。现在,GIS 程序设计者拥有较从前丰富得多的工具集来进行应用程序开发。程序设计库拥有交互映射以及空间分析功能的类,使得采用工业标准程序设计语言来开发特殊目标 GIS 工具成为可能,这类程序设计语言可以独立于主程序进行编译和运行(单机)。同时,Internet 开发工具已经走向成熟,能够开发出相当复杂的基于 GIS 的程序让用户通过 World Wide Web 进行使用。

4. 基于数据仓库的决策支持系统

数据仓库(DW)是支持管理决策过程的、面向主题的、集成的、动态的、持久的数据集合。它可将来自各个数据库的信息进行集成,从事物的历史和发展的角度来组织和存储数据,供用户进行数据分析并辅助决策,为决策者提供有用的决策支持信息与知识。基于数据仓库理论与技术的决策支持系统的主要研究课题包括:①DW 技术在决策支持系统开发中的应用以及基于 DW 的决策支持系统的结构框架;②采用何种数据挖掘技术或知识发现方法来增强决策支持系统的知识源;③决策支持系统中的 DW 的数据组织与设计及 DW 管理系统的设计。总的说来,基于 DW 的决策支持系统的研究重点是如何利用 DW 及相关技术来发现知识并向用户解释和表达,为决策支持提供更有力的数据支持,有效地解决了传统决策支持系统数据管理的诸多问题。

5. 群体决策支持系统

群体决策支持系统是指在系统环境中，多个决策参与者共同进行思想和信息的交流以寻找一个令人满意和可行的方案，但在决策过程中只由某个特定的人做出最终决策，并对决策结果负责的系统。它能够支持具有共同目标的决策群体求解半结构化的决策问题，有利于决策群体成员思维和能力的发挥，也可以阻止消极群体行为的产生，限制了小团体对群体决策活动的控制，有效地避免了个体决策的片面性和可能出现的独断专行等弊端。群体决策支持系统是一种混合型的决策支持系统，允许多个用户使用不同的软件工具在工作组内协调工作。群体支持工具的例子有：音频会议、公告板和网络会议、文件共享、电子邮件、计算机支持的面对面会议软件及交互电视等。群体决策支持系统主要有四种类型：决策室、局域决策网、传真会议和远程决策。

6. 分布式决策支持系统

这类决策支持系统是随着计算机技术、网络技术，以及分布式数据库技术的发展与应用而发展起来的。从架构上来说，分布式决策支持系统是由地域上分布在不同地区或城市的若干个计算机系统组成的，其终端机与大型主机进行联网，利用大型计算机的语言和生成软件，而系统中的每台计算机上都有决策支持系统，整个系统实行功能分布，决策者在个人终端机上利用人机交互，通过系统共同完成分析、判断，从而得到正确的决策。分布式决策支持系统的目标是把每个独立的决策者或决策组织看成一个独立的、物理上分离的信息处理节点，为这些节点提供个体支持、群体支持和组织支持。它应能保证节点之间顺畅的交流，协调各个节点的操作，为节点及时传递所需的信息以及其他节点的决策结果，从而最终实现多个独立节点共同制定决策。

7. 智能决策支持系统

智能决策支持系统（IDSS）是人工智能（artificial intelligence）和决策支持系统相结合，应用专家系统（expert system）技术，使决策支持系统能够更充分地应用人类的知识或智慧型知识，如关于决策问题的描述性知识、决策过程中的过程性知识、求解问题的推理性知识等，并通过逻辑推理来解决复杂的决策问题的辅助决策系统。智能决策支持系统的目标是：将人工智能技术融入传统的决策支持系统中，弥补决策支持系统单纯依靠模型技术与数据处理技术，以及用户高度卷入可能出现意向性偏差的缺陷；通过人机交互方式支持决策过程，深化用户对复杂系统运行机制、发展规律乃至趋势走向的认识，并为决策过程中超越其认识极限的问题的处理要求提供适用技术手段。根据智能决策支持系统的实现可将其分为：基于专家系统的智能决策支持系统；基于机器学习的智能决策支持系统；基于智能代理技术的智能决策支持系统；基于数据仓库、联机分析处理及数据挖掘技术的智能决策支持系统等。

8. 自适应决策支持系统

自适应决策支持系统是针对信息时代多变、动态的决策环境而产生的,是将传统面向静态、线性和渐变市场环境的决策支持系统扩展为面向动态、非线性和突变的决策环境的支持系统,用户可根据动态环境的变化按自己的需求自动或半自动地调整系统的结构、功能或接口。自适应决策支持系统的研究主要从自适应用户接口设计、自适应模型或领域知识库的设计、在线帮助系统与决策支持系统的自适应设计四个方面进行。其中问题领域知识库能否建立是自适应决策支持系统成功与否的关键,它使整个系统具有了自学的功能,可以自动获取或提炼决策所需的知识。对此,要求问题处理模块必须配备一种学习算法或在现有决策支持系统模型上再增加一个自学构件。归纳学习策略是其中最有希望的一种学习算法,可以通过它从大量实例、模拟结果或历史事例中归纳得到所需知识。此外,神经网络、基于事例的推理等多种知识获取方法的采用也将使系统更具适应性。

阅读材料 2

Parkway 公司:用于财产管理的 DSS

Parkway 公司总部位于 Philadelphia,拥有 30000 个停车场与 100 家修车厂,分布在东海岸的城市,北起加拿大的多伦多,直至美国佛罗里达的 Jacksonville。20 世纪 90 年代末,该公司的成本和收入产生波动,严重影响了其盈利。Parkway 公司仍处于基础阶段,不能提供所需要的信息来较好地管理其成本和收入。例如,Parkway 公司可以测量个人的各项业绩,但不能很快得到整个公司有关各项执行情况或彼此关系的视图。

2001 年,Parkway 公司组建了数据仓库和分析软件来解决这些问题。这个新系统使 Parkway 公司能按修车厂的类型、停车的时间、价格结构、超时成本和利用率来分析收入,因而管理者可以做出有关价格和修车厂位置的较好决策。

Parkway 公司也可以利用这个新系统确定一个具体城市的月、日、周停车的最佳组合,以识别最获利的顾客。这个系统已经帮助 Parkway 公司减少了 65% 的超时费用,增加了每块空间的利用率和 5%~10% 的收入。轿车损坏赔偿可以按修车厂、雇员和时间日期进行跟踪。

阅读材料 3

地理信息系统的应用

通过使用图形、图表、地图、数字影像、三维表达、动画和其他数字可视化技术等,信息系统的数据可以表示成用户容易操作的形式。数字化工具可以把数据表示为图形的形式,帮助用户发现大量数据中的模型和关系,而把这些数据表达成传统的文本表格是很难辨识的。有些数据可视化工具具有互动功能,用户可以用它处理数据,并观察图形,展现它们响应处理时的变化。

地理信息系统(GIS)是决策支持系统的一种特殊类别,它以数字地图的形式分析与显示计划和决策的数据。这款软件能汇总、储存、处理和显示与地理相关的信息,并在地图上将数据连接为点、线和面。GIS 具有建模的能力,能改变数据和自动修改企业情景以找到较好的解决方案。

GIS 可用于科学研究、资源管理和开发计划中有关人员与其他资源的地理分布知识的决策。例如,GIS 可以帮助地方政府计算自然灾害的紧急响应时间,可以帮助零售供应链识别可获得新的店址,可以帮助银行识别最好的新的支行位置或自动取款机(ATM)位置。GIS 工具对小企业应用也很划算,有些还可以应用于网络上。

瑞典应用 GIS 计划帮助老人家庭护理救助的委派。老人家庭护理的计划者必然涉及一组复杂的变量,包括多任务、许多不同的护理提供者和客户、护理与行程所需的有限时间。这个特殊问题引导他们借助 GIS 软件,因为在进行日调度时,必须考虑老人和家庭护理提供者的位置。

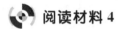
阅读材料 4

ShopKo——价格决策的决策支持系统

一件商品太晚打折,没有销售出去,就会增加库存的成本。如果太早打折,它将损失利润,因为人们会挤着去买他们以前要用较高价格买的商品。

ShopKo 零售折扣店包括 162 个在大、中城市的 ShopKo 折扣店和 165 个在较小乡村社区的 Pamida 折扣店,每个折扣店商品的最佳定价对利润会有很大的影响。ShopKo 现在使用 Spotlight 降价优化软件为要降价的商品确定最佳的时间和价格。这款软件通过数学模型和 ShopKo 2003 年的销售数据准确地指出各种商品何时降价和降多少,以求边际利润最大化。通过几年来相关商品销售数据的分析,这款软件给出了每一种商品的季节需求曲线,并预测在不同的价格下,该种商品每周能销售多少。这款软件也可利用销售历史预测当价格变动时顾客需求的敏感度。在应用这款软件之前,ShopKo 经常要降价 3~4 次,现在售完所有商品只需降价 1~2 次。

7.4 人工智能系统

7.4.1 人工智能

由于决策本身的复杂性和动态性,决策所需信息的不足,所以传统决策支持系统对非结构化决策支持的突破很少。因而人们引入人工智能的概念,进一步拓展系统的智能。通过一系列的人工智能系统,财务分析师可以管理资产、投资股票市场和从事其他金融活动。医院使用人工智能,可以从调度员工、为病人安排床位,到诊断和治疗疾病实现智能化。信用卡公司使用人工智能可以发现信用卡欺诈,保险公司使用人工智能可以查出骗保行为。人工智能同样适用于机票定价、食品制造、石油探测和儿童保护等任务中。在保险业、气象学、机械、航空工业和军事等各种领域,人工智能都有着广泛的应用。

人工智能(artificial intelligence,AI)是使机器模仿人类的思维和行为的一门科学。人工智能是计算机技术研究的前沿,虽然其思想早在20世纪40年代已出现,但至今未取得实质性的突破,在用计算机模拟人脑的长河中只迈出了第一步。人工智能技术将计算机用于要求知识感知、推理、理解和识别的场所。为了达到此目的,计算机必须做到:

(1) 懂得共同的感觉;
(2) 懂得事实和加工非定量资料;
(3) 能涉及概念和不连续性;
(4) 懂得事实间的关系;
(5) 以自由格式的形式与人进行接口;
(6) 能自学,了解新情况。

人工智能由一组相关的技术组成,这些技术包括专家系统(ES)、自然语言处理(NLP)、语音识别、图像识别、机器人。例如,专家系统是一个人工智能系统,它能使计算机对一个问题进行推理,然后得出结论。从已知的知识出发,用户经由推理得到新知识。

对企业来说,最重要的就是计算机能够思考。机器人是众所周知的人工智能设备。机器人是一种机械设备,它能模拟人类的感官、拥有独立行动的能力。机器人与汽车这样的机械设备不同,汽车需要司机指挥其各种行动,机器人则不用人员指挥。机器人在许多行业都有应用。

据调查显示,70%的五百强企业使用人工智能系统作为决策支持的一部分,人工智能软件的销售额在迅速攀升。企业使用的人工智能系统主要分为以下几类。

(1) 专家系统:通过问题推理,以结论或推荐的方式提供建议。
(2) 神经网络:在训练之后可以识别模式和模糊逻辑。模糊逻辑是一种用计算机处理模糊的或主观的信息方式。
(3) 遗传算法:产生许多种解决方案,从中选出较好的;然后使用这些较好的方案来产生更好的方案,从而不断改进问题的一种解决方法。
(4) 智能代理:是一个能够独立工作的适应性系统,可以从事专业的、重复性的以及预先设置好的工作。

7.4.2 专家系统

专家系统是一个智能计算机程序系统,其内部含有大量的某个领域专家水平的知识与经验,能够利用人类专家的知识和解决问题的方法来处理该领域问题。也就是说,专家系统是一个具有大量的专门知识与经验的程序系统,它应用人工智能技术和计算机技术,根据某领域一位或多位专家提供的知识和经验,进行推理和判断,模拟人类专家的决策过程,以便解决那些需要人类专家处理的复杂问题。简言之,专家系统是一个模拟人类专家解决领域问题的计算机程序系统。

1. 专家系统的应用领域

专家系统是人工智能中最重要的也是最活跃的一个应用领域,它实现了人工智能从理论研究走向实际应用、从一般推理策略探讨转向运用专门知识的重大突破。20世纪60年代初,出现了运用逻辑学和模拟心理活动的一些通用问题求解程序,它们可以证明定理和进行逻辑推理。但是这些通用方法无法解决大的实际问题,很难把实际问题改造成适合于计算机解决的形式,并且对解题所需的巨大的搜索空间也难于处理。1965年,费根鲍姆等人在总结通用问题求解系统的成功与失败经验的基础上,结合化学领域的专门知识,研制了世界上第一个专家系统dendral——用于推断化学分子结构。几十年来,知识工程的研究,专家系统理论和技术的不断发展,已几乎渗透到各个领域,包括化学、数学、物理、生物、医学、农业、气象、地质勘探、军事、工程技术、法律、商业、空间技术、自动控制、计算机设计和制造等,开发了几千个专家系统,其中不少在功能上已达到,甚至超过同领域中人类专家的水平,并在实际应用中产生了巨大的经济效益。其功能应用领域概括如下。

(1) 解释(interpretation):用于测试肺部测试(如PUFF)。

(2) 预测(prediction):用于预测可能由黑蛾所造成的玉米损失(如PLAN)。

(3) 诊断(diagnosis):用于诊断血液中细菌的感染(MYCIN,如诊断汽车柴油引擎故障原因之CATS系统。

(4) 故障排除(fault isolation):用于电话故障排除系统ACE。

(5) 设计(design):用于专门设计小型电动机的弹簧与电刷之专家系统MOTOR BRUSH DESIGNER。

(6) 规划(planning):用于辅助规划IBM计算机主架构之布置,重安装与重安排之专家系统CSS,以及辅助财物管理之PlanPower专家系统。

(7) 监督(monitoring):用于监督IBM MVS操作系统之YES/MVS。

(8) 除错(debugging):用于侦查学生减法算术错误原因之BUGGY。

(9) 修理(repair):用于修理原油储油槽之专家系统SECOFOR。

(10) 行程安排(scheduling):用于制造与运输行程安排之专家系统ISA,如工作站(work shop)制造步骤安排系统。

（11）教学（instruction）：用于教导使用者学习操作系统之 TVC 专家系统。

（12）控制（control）：用于帮助 digital corporation 计算机制造及分配之控制系统 PTRANS。

（13）分析（analysis）：用于分析油井储存量之专家系统 DIPMETER 及分析有机分子可能结构之 DENDRAL 系统。它是最早的专家系统，也是最成功者之一。

（14）维护（maintenance）：用于分析电话交换机故障原因之后，能建议人类该如何维修之专家系统 COMPASS。

（15）架构设计（configuration）：用于设计 VAX 计算机架构之专家系统 XCON 以及设计新电梯架构之专家系统 VT 等。

（16）校准（targeting）：用于校准武器如何工作的专家系统。

2. 专家系统的基本结构

专家系统的基本结构如图 7-2 所示，其中箭头方向为数据流动的方向。专家系统通常由人机交互界面、知识库、推理机、解释器、综合数据库、知识获取等六部分构成。

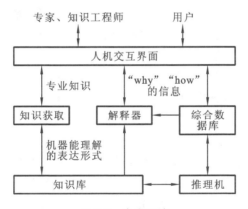

图 7-2　专家系统

（1）知识库：用来存放专家提供的知识。专家系统的问题求解过程是通过知识库中的知识来模拟专家的思维方式的，因此，知识库是专家系统质量是否优越的关键所在，即知识库中知识的质量和数量决定着专家系统的质量水平。一般来说，专家系统中的知识库与专家系统程序是相互独立的，用户可以通过改变、完善知识库中的知识内容来提高专家系统的性能。人工智能中的知识表示形式有产生式、框架、语义网络等，而在专家系统中运用得较为普遍的知识是产生式规则。产生式规则以 IF...THEN... 的形式出现，就像 BASIC 等编程语言里的条件语句一样，IF 后面跟的是条件（前件），THEN 后面跟的是结论（后件），条件与结论均可以通过逻辑运算符 AND、OR、NOT 进行复合。在这里，产生式规则的理解非常简单：如果前提条件得到满足，就产生相应的动作或结论。

(2) 推理机：针对当前问题的条件或已知信息，反复匹配知识库中的规则，获得新的结论，以得到问题求解结果。在这里，推理方式可以有正向推理和反向推理两种。正向推理是从条件匹配到结论，反向推理则先假设一个结论成立，看它的条件有没有得到满足。由此可见，推理机就如同专家解决问题的思维方式，知识库就是通过推理机来实现其价值的。

(3) 人机交互界面：是系统与用户进行交流时的界面。通过该界面，用户输入基本信息、回答系统提出的相关问题，并输出推理结果及相关的解释等。

(4) 综合数据库：专门用于存储推理过程中所需的原始数据、中间结果和最终结论，往往是作为暂时的存储区。解释器可根据用户的提问，对结论、求解过程做出说明，因而使专家系统更具有人情味。

(5) 知识获取：是专家系统知识库是否优越的关键，也是专家系统设计的"瓶颈"所在。通过知识获取，可以扩充和修改知识库中的内容，也可以实现自动学习功能。

(6) 解释器：用于对求解过程做出说明，并回答用户的提问。两个最基本的问题是"why"和"how"。解释机制涉及程序的透明性，让用户理解程序正在做什么和为什么这样做，向用户提供关于系统的一个认识窗口。在很多情况下，解释机制是非常重要的。为了回答"为什么"得到某个结论的询问，系统通常需要反向跟踪动态库中保存的推理路径，并把它翻译成用户能接受的自然语言表达方式。

专家系统的基本工作流程是，用户通过人机界面回答系统的提问，推理机将用户输入的信息与知识库中各规则的条件进行匹配，并把被匹配规则的结论存放到综合数据库中。最后，专家系统将最终结论呈现给用户。专家系统还可以通过解释器向用户解释以下问题：系统为什么要向用户提出该问题(why)？计算机是如何得出最终结论的(how)？领域专家或知识工程师通过专门的软件工具，或通过编程来实现专家系统中知识的获取，不断地充实和完善知识库中的知识。

我们来看一个非常简单的专家系统，它可告知司机在接近红绿灯时应该做什么。处理红绿灯问题是专家系统最适用的问题类型之一。这是一个反复发生的问题，人们应当遵循一系列既定的步骤去解决它。在没有意识到的情况下，人们或许已经经历了许多次内心的问答过程(见表 7-3)。

表 7-3 红绿灯专家系统规则

规则	现象或事实	是	否	解释
1	绿灯亮了吗	通过十字路口	转到规则 2	绿灯亮时是安全的，否则需要更多信息
2	红灯亮了吗	转到规则 4	转到规则 3	应该停车，不可以通过
3	在你到达十字路口前，可能要变红灯了吗	转到规则 4	通过十字路口	只有黄灯亮才会出现这种情况，然后你有两种选择

续表

规则	现象或事实	是	否	解 释
4	在进入路口前,你能停车吗	停车	转到规则5	应停车,否则可能出现问题
5	是否有辆车正从某一侧开过来?	准备应付撞车事件	通过十字路口	除非十字路口没有车通过,否则很可能相撞

如果在接近十字路口时绿灯亮了,你可以直接通过;如果红灯亮了,就应该停车;如果不停车并且某一侧有车经过,你可能就会有麻烦了。同样,若黄灯亮了,你可以在交通信号灯快要变成红灯之前通过路口;否则,就有可能发生交通事故。

有时决策支持系统虽然与专家系统结合使用,但专家系统与决策支持系统有着根本区别。运用决策支持系统时,用户必须对所处理的问题具有相当的专业知识和专业技能,即决策支持系统是辅助用户进行决策的。这意味着用户必须知道如何对问题进行推理、应该提出哪些问题、如何得到答案以及如何进行下一步。使用专家系统则不同,专家系统本身就具有这些功能。用户只需向专家系统提供需要解决问题的事实和症候。用于实际解决问题的技术或专业知识是来自其他人——这个领域的专家。故专家系统需要获取人类的专业知识。

 阅读材料5

红海湾公司:汕尾电厂生产经营管理辅助决策系统

广东红海湾发电有限公司(以下简称"红海湾公司")是由广东省粤电集团有限公司、广东电力发展股份有限公司、广州发展电力投资有限公司和汕尾市资产经营管理公司四方共同出资组建的大型发电企业,于2004年3月30日注册成立,注册资本为25亿元,负责汕尾电厂的建设和运营。

多年来,红海湾公司始终致力于建设智慧型电厂,把提升管理水平作为企业生存和发展的重点。紧紧围绕粤电集团有限公司"做强做大,持续和谐"的总战略,科学制定发展规划,持续推动三标整合管理体系认证、NOSA管理体系认证、6S管理,实施绩效管理,加强节能减排管理,力争把汕尾电厂打造为技术先进、安全经济、节能高效、环保清洁的一流发电企业。

1. 渴求统一决策支持平台

红海湾公司管理层十分重视企业信息化建设。目前红海湾公司的信息化基础设施日臻完善,在企业建设、生产、管理各个方面都已不同程度地采用了信息化手段,信息化系统随着技术的变化不断更新。2008年,汕尾电厂已有MAXIMO、Q4Safe、燃料系统和点检系统等16个信息系统在运行使用。

然而，发电市场竞争较为激烈，在多方压力剧增的状况下，红海湾公司管理层对于企业的信息化建设提出了全新的、层级更高的要求：要使管理信息系统成为帮助贯彻和落实企业管理思想的有效工具；要使系统植入"科学用能、系统节能"的思想，通过科学运行和精细化管理实现节能减排；要在对电厂各项管理的全面监控和科学决策的基础上，帮助打造全新的智慧型电厂。

纵览汕尾电厂现有的系统，虽为过去企业的高速发展提供了保障和动力，但各系统间存在信息壁垒，缺乏有效的信息共享机制，致使管理层进行系统决策时需访问分布在网络不同位置的多个业务管理系统，一定程度上影响了决策的时效性，阻碍了信息系统在决策支持和管理应用方面发挥更大的功效。

鉴于上述的管理诉求，红海湾公司进行了审慎的调研分析，决定联手景华天创（北京）咨询有限责任公司，利用国际先进的商务智能分析技术，结合汕尾电厂的实际情况和多年管理经验实施"智能电厂生产经营管理辅助决策系统"项目。

2. 厂级数据共享中心

汕尾电厂管理辅助决策系统的实施，所采用的产品可以将关系型数据模型转化为多维数据模型的 ROLAP 技术，同时可以电厂各业务部门的管理核心为基础，打破各业务系统的信息壁垒，以建立统一的电厂级数据中心、经营决策辅助中心为目标，形成覆盖电厂生产、经营和管理等方面管理决策辅助平台。

按照项目规划，红海湾公司智能电厂生产经营管理辅助决策系统主要涉及四大模块，即生产经营模块、设备管理模块、财务应用模块和生产运行模块。

这一管理决策辅助平台的实施到底有何作用？对此，景华天创（北京）咨询有限责任公司首席专家丘创先生表示，智能电厂生产经营管理辅助决策系统打破了火电厂传统的控制系统、管理信息系统、分析决策系统各自独立的局面，基于先进的数据仓库技术、ROLAP 数据集成多维转化技术和信息共享的理念，通过收集归纳各业务系统的信息，建立真正厂级数据共享中心，实现预算、采购、项目、库存、设备、生产经营、生产运行、财务管理、人力资源管理决策等各个层面的信息共享，以及发电厂生产管理过程信息、经营管理分析信息的"纵向贯通"，以达成工业过程信息和管理业务信息的无缝融合。

建立厂级数据中心，实现电厂现有各种生产、经营管理应用系统的横向融合和信息集成，最终建立全厂统一的智能化辅助决策管理平台，为电厂生产运行管理人员提供功能强大并具有广阔扩展空间的管理、分析和决策的平台，给电厂管理者提供及时、定量的分析和决策支持。

3. 项目价值"多点开花"

红海湾公司智能电厂生产经营管理辅助决策系统项目的实施，真正做到了从电厂的整体生产经营管理出发，以电厂量化分析科学决策分析为基础，以提升电厂核心竞争力为目标，基于先进的技术和智能平台分析强大的功能，整合电厂的经营管理、生产运行各个业务系统的信息和数据，打破了系统和信息的壁垒，并结合二次开发技术为电厂的生产经营管理提供全面的技术支持和完整的解决方案，为管理决策提供准确、及时的信息保障。对此，红海湾公司总经理张洪刚先生表示，项目价值可谓是"多点开花"。

例如，在设备运维、故障分析层面，在保证数据及时准确的基础上，不仅可实现对设备运维进行即时的监控和结构分析、历史对比分析与专业对比分析等，还可建立故障分析，监控故障情况及相关预警指标和体系，为设备运维和故障提供管理分析手段。

而对于生产运行、生产经营及库存分析方面的价值，则突出体现在为生产运行建立了发电指标体系并进行专业管理分类方面。不同的专业分类提供不同的分析，并允许专业人员对月度生产运行情况编写专业分析说明，使人脑与计算机结合，形成专业生产运行分析报告。系统不仅为生产经营、库存、项目及预算管理等提供系统化的分析结果，而且实现了业务间的信息整合，使分析不再集中于单一业务而是集成多项业务，为生产管理提供更有价值的信息，对实际业务管理有更大的决策参考价值。

尤其值得一提的是，通过对电厂经营管理指标的提炼，项目组开发出了电厂发电量、利润、保利煤价敏感性分析模块，对电厂经营的关键指标进行生产经营预测，以辅助管理决策。

在财务管理方面，项目组对电厂财务数据建立不同角度的财务分析主题，并提炼其中的关键财务指标，形成电厂特色的财务三大主题分析（资产负债分析、利润分析、现金流量分析），根据实时发电量计算生成实时利润分析、财务指标分析、经营业务考核分析、三大敏感性分析（保本电量分析、保利煤价分析、利润分析）、日保本电量分析、月保本电量分析、利润影响分析、项目预算管理分析等，为电厂的财务管理和生产经营管理提供了功能强大的电厂特色分析。此外，通过对电厂多年财务管理、预算管理经验的总结，项目组开发了新的功能应用，对财务、预算管理过程中的关键信息进行专项分析，为电厂管理提供及时、准确、高效的管理分析报告。

毋庸置疑，在大数据时代，高效的信息整合、智能分析与传递已经成为企业信息化发展的必然趋势。通过生产经营管理辅助决策系统项目的建设，红海湾公司在生产经营、财务管理、设备管理和生产运行管理方面实现了大幅跨越，企业管理思想和先进技术手段的完美结合，也将企业引入一个全新的发展里程。

本章小结

本章首先介绍了决策的概念、决策的类型以及决策的两种基本理论；然后在此基础上引入了决策支持系统的概念，解释了决策支持系统的结构特点，并分析了人工智能系统的运用；最后介绍了专家系统的基本结构与原理。

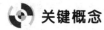 **关键概念**

结构化决策　　非结构化决策　　半结构化决策　　决策理论　　决策支持系统（DSS）　　专家系统（ES）

 简答题

1. 什么是决策？决策的主要构成要素有哪些？
2. 决策从性质角度可以分为哪几种类型，其特点及其区别是什么？
3. 什么是决策支持系统？它的基本特征有哪些？
4. 决策支持系统由哪几部分构成？每部分的作用是什么？
5. 什么是人工智能？哪些人工智能系统在商业中应用较广泛？
6. 什么是专家系统？它由哪些部件构成？
7. 专家系统与决策支持系统的区别有哪些？

综合案例 7-1

某城市繁华地段有一家食品厂，因经营不善长期亏损，该市政府领导拟将其改造成一个副食品批发市场，这样既可以解决企业破产后下岗职工的安置问题，又可方便附近的居民。为此进行了一系列前期准备，包括项目审批、征地拆迁、建筑规划设计等。不曾想，外地一开发商已在离此地不远的地方率先投资兴建了一个综合市场，而综合市场中就有一个相当规模的副食品批发场区，足以满足附近居民和零售商的需求。

面对这种情况，市政府领导陷入了两难境地：如果继续进行副食品批发市场建设，必然亏损；如果就此停建，则前期投入将全部泡汤。这种情况下，该市政府盲目做出决定，将该食品厂厂房所在地建成一居民小区，由开发商进行开发，但对原食品厂职工没能做出有效的赔偿，使该厂职工陷入困境，该食品厂职工长期向上反映不能解决赔偿问题，对该市的稳定造成了隐患。

阅读以上案例，思考以下问题。

请分析此案例中的决策失误之处。如何有效进行决策？

综合案例 7-2

中国农业银行（以下简称"农行"）是我国四大国有银行之一。为了深化体制改革，加强基础管理，健全内控机制，农行决定加快信息化建设的步伐，可是，虽然农行业务系统更新换代已完成，业务系统的规范化已实现，但始终无法解决如何有效利用现有数据为分析和决策提供强有力的支持，落后的分析手段与业务的高度信息化和快速发展形成了强烈的反差。这促使农行决心建立先进的分析决策支持系统。为此，建立了农行资金财务分析决策支持系统。该系统的目标是：基于数据仓库、联机

第 7 章 决策支持系统

分析、数据挖掘等技术,为农行总行营业部资金财务部的分析和决策提供一个易用、灵活、快速的并集成分析、统计、汇总报表及数据挖掘的新一代商业智能系统。

农行已经建立了完备的业务系统,有了比较可靠的信息技术应用基础,同时积累了相对丰富的历史数据,这就为商业智能系统的实施奠定了基础。可以利用这些宝贵的历史数据发现金融市场的发展规律、预测业务未来的变化趋势、洞悉业务经营的状况、预测和监控风险、辅助决策者发现新的利润增长点、优化银行的资金配置、帮助银行更加稳健地实现银行的管理和经营目标。

阅读以上案例,思考以下问题。

请分析农行的资金财务分析决策支持系统可以达到哪些目标。

上机实践

1. 应收应付管理模块训练

(1) 对所有应收单据进行批量审核,并进行收款处理和收款核销,最后查询应收款(见图 7-3)。

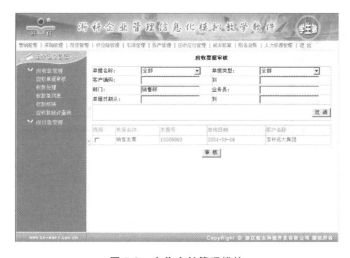

图 7-3　应收应付管理模块

(2) 对所有应付单据进行批量审核,并进行付款处理和付款核销,最后查询应付款。

操作说明如下:应收应付款是企业资金流的重要环节,管理好企业的应收应付款是统一企业物流、资金流和信息流的主要手段之一。应收应付管理子系统主要用于管理核算企业与客户、供应商之间的往来款项,通过应收应付单据的录入,对企业的往来账款进行综合管理,及时准确地提供客户、供应商的往来账款余额信息,帮助企业合理进行资金调配,提高资金的利用率。

2. 业务流程

应收款管理业务流程一般如下。

（1）接收到销售系统传递的销售发票（应收单据），进行审核。

（2）财务根据销售发票进行付款。

（3）将客户的付款情况录入收款单。

（4）对收款单进行核销处理。

应付款管理的业务流程一般如下。

（1）接收到采购系统传递的采购发票（应付单据），进行审核。

（2）根据应付记录进行付款。

（3）将付款情况录入付款单。

（4）对付款单进行核销处理。

3. 功能与操作

1）应收款管理

应收单据审核：各种应收单据（系统中主要是销售部门开具的销售发票）只有经过审核后才能进行核销，同时形成记账凭证传递到财务总账供记账使用。系统后台根据用户提交审核的应收单，以客户的身份向企业付款，从而生成一条客户付款记录（企业收款记录），提示用户进行收款处理（见图7-4）。

图 7-4 审核应收票据

收款处理：系统自动生成的客户付款信息列表，用户可以根据这些收款信息进行收款处理，即填写新的收款单据（见图7-5）。

选择一条收款信息进行"收款"处理。系统会根据收款信息自动调出一张收款单，用户确认后保存即可（见图7-6）。收款处理的同时会生成收款记账凭证，并传递到总账。

收款单列表：录入的收款单列表，在这里可以查看到收款单的详细信息，包括已核金额和余额（见图7-7）。

第 7 章 决策支持系统

客户	日期	方式	金额	收款处理
浙江天源电子	2004-9-12	现金支票	￥2,340.00	收款
浙江智达科技开发有限公司	2004-9-12	现金支票	￥4,680.00	收款
吉林远大集团	2004-9-12	现金支票	￥4,680.00	收款

收款信息

图 7-5　根据收款信息进行收款处理

图 7-6　收款单

收款单

单据编号	制单日期	客户	金额	余额	查看
10000000	2004-9-12	吉林远大集团	4680	4680	选择
10000001	2004-9-12	浙江天源电子	2340	2340	选择

收款单

制单日期:	2004-9-12	单据编号:	10000001	结算方式:	现金支票
客户:	浙江天源电子			币种:	人民币
汇率:	1.00	金额:	2340	本币金额:	2340
客户银行:	中国银行浙江分行			客户账号:	45892561458722
票据号:		部门:	销售部	业务员:	刘丰

款项类型	客户	部门	业务员	金额	本币
应收	浙江天源电子	销售部	刘丰	2340.00	
合计				2340.00	

核销人：于哲科　　审核人：于哲科　　录入人：于哲科

返回

图 7-7　查看收款单详细信息

收款核销:收款核销的功能主要是将收回的客户款项与该客户应收款项进行核销,建立收款与应收款的核销关系,监督应收款的及时核销,加强往来款项的管理。进入"收款核销"页面,选择往来客户及其他一些过滤条件,过滤应收单和收款单(见图7-8)。

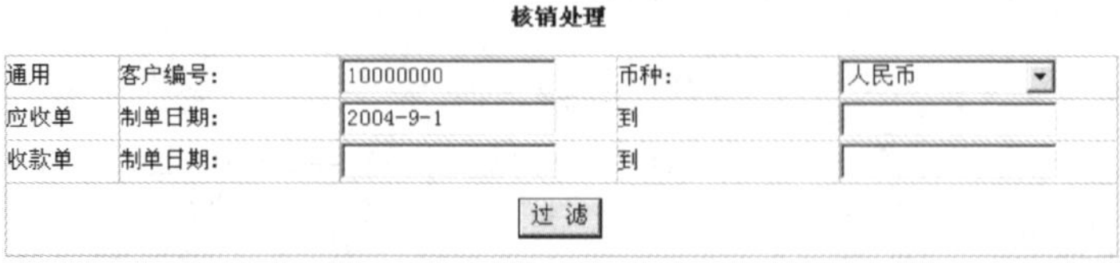

图7-8 收款核销处理

在过滤得到的收款单和应收单列表中,系统根据自动核销的原则分配好各单据的本次结算金额,这样可提升核销工作的效率。用户确认后点击"保存"按钮,本次核销成功(见图7-9)。

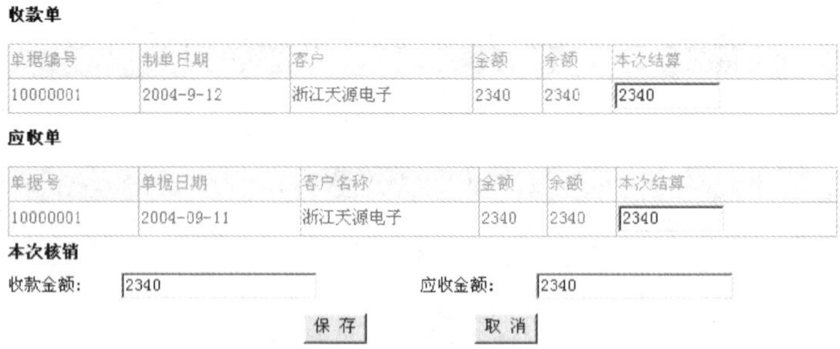

图7-9 收款单和应收单

应收款统计查询:应收款统计查询的功能主要是对未核销完毕的应收款进行统计查询(见图7-10)。

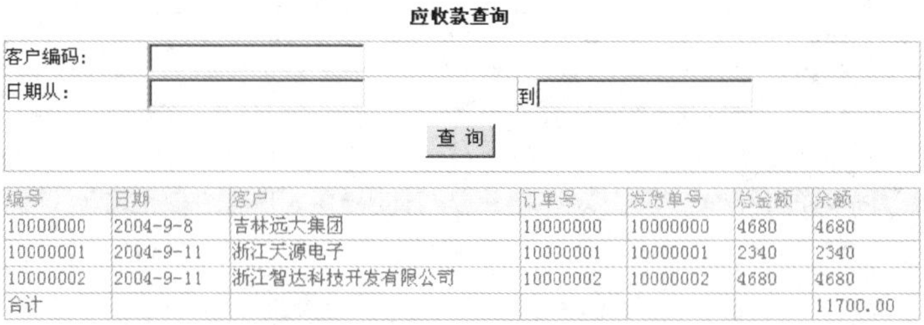

图7-10 应收款统计查询

2) 应付款管理

应付单据审核:审核应付单据(采购发票),并制作记账凭证提交到总账(见图7-11)。

第 7 章　决策支持系统

应付票据审核

单据名称：	全部	单据类型：	全部
供应商编码：		到	
部门：	采购部	业务员：	
单据日期从：		到	

过滤

选择	单据名称	单据号	单据日期	供应商
□	采购发票	10000000	2004-09-10	浙江杭州天富设备厂
□	采购发票	10000001	2004-09-10	浙江杭州天富设备厂
□	采购发票	10000002	2004-09-12	浙江杭州天富设备厂
□	采购发票	10000003	2004-09-12	杭州蓝光电子有限公司

审核

图 7-11　审核应付票据

付款处理：根据应付款情况向供应商付款，同时制作付款单。在系统中，付款单是企业向供应商付款的凭据。填写付款单前，用户可以在"应付款统计查询"页面中查询到目前应付款项的具体情况，录入时在表头中选择好要付款的供应商，然后在表体的"本币金额"中填写本次付款的金额（见图 7-12）。确定后系统会保存该付款单，同时生成记账凭证。

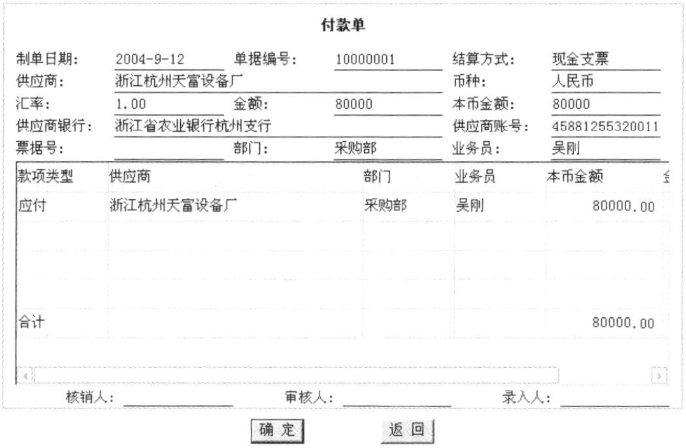

付款单

制单日期：	2004-9-12	单据编号：	10000001	结算方式：	现金支票
供应商：	浙江杭州天富设备厂			币种：	人民币
汇率：	1.00	金额：	80000	本币金额：	80000
供应商银行：	浙江省农业银行杭州支行			供应商账号：	45881255320011
票据号：		部门：	采购部	业务员：	吴刚

款项类型	供应商	部门	业务员	本币金额
应付	浙江杭州天富设备厂	采购部	吴刚	80000.00
合计				80000.00

核销人：　　　　审核人：　　　　录入人：

确定　　返回

图 7-12　付款单

付款单列表：付款单列表收录了企业应付款所有的付款记录（见图 7-13）。

付款核销：核销处理是指用户日常进行的付款核销应付款的工作，其作用是处理核销应付款，建立付款与应付款的核销关系，监督将应付款及时核销，加强往来款项的管理（见图 7-14）。

与收款核销一样，通过选择供应商及其他过滤条件，过滤应付单和付款单记录。系统会根据自动核销原则分配各单据本次结算的金额，从而提升核销工作的效率（见

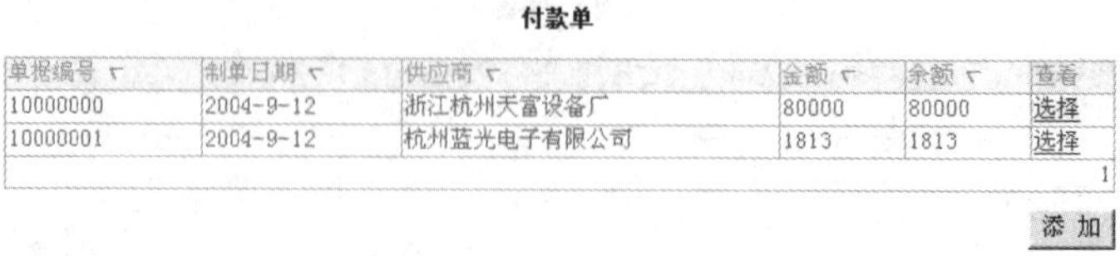

图 7-13　付款单列表

图 7-14　付款核销处理

图 7-15)。保存后，本次核销工作完成。

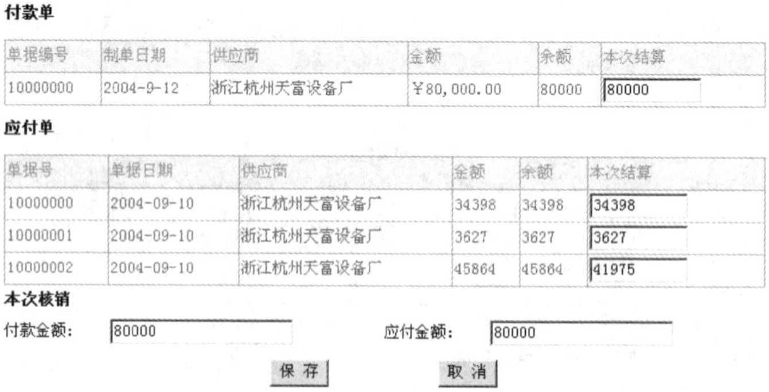

图 7-15　付款单和应付单

应付款统计查询：应付款统计查询用来查询企业目前的应付款详细情况(见图 7-16)。

图 7-16　应付款查询

第 8 章 供应链管理系统

学习目标

1. 了解 21 世纪企业市场环境的特点；
2. 了解传统企业经营模式存在的问题；
3. 了解供应链管理模式与传统管理模式的区别；
4. 掌握供应链管理模式的核心思想；
5. 掌握供应链的基本概念和特点；
6. 掌握供应链管理的基本概念和特点；
7. 掌握供应链管理系统的基本模块。

引入案例

宝洁公司供应链管理案例分析

宝洁公司是全球最大的日用品制造企业。沃尔玛公司是全球最大的商业零售企业。在其合作之初，跟所有的制造商和分销商一样，它们是竞争对手而不是合作伙伴，有着自我扩张欲之称的宝洁公司与沃尔玛公司也经历了很长时间的冷战。宝洁公司企图控制在沃尔玛公司销售的产品的价格，而沃尔玛公司也不甘示弱，针锋相对，威胁要终止宝洁公司产品的销售，并且把最差的货架留给它。1987 年，为了寻求更好的手段以保证沃尔玛分店里"帮宝适"婴儿纸尿布的销售，宝洁公司的 CEO 戴耶与沃尔玛公司的老板沃尔顿终于坐到了一起。那个时刻，被认为是协同商务流程革命的开始。其实，这种合作并不复杂。首先，宝洁公司开发并给沃尔玛公司安装了持续补货系统，通过这个系统，宝洁公司可以知道沃尔玛各个分店的销售及库存情况，通过这个数据来调整自己的生产量并给沃尔玛公司制订补货计划。通过此项合作，双方的客户服务水平得到了提升，在库存方面也降低了成本，两家公司都得到了更多的利润。圆满的合作效果使得两家公司有了进一步的合作，合力启动了 CPFR 流程，使得沃尔玛分店中的宝洁产品利润增长了 48%，存货接近于零。而宝洁公司在沃尔玛公司的销售收入和利润也大幅增长了 50% 以上，双方的合作使得他们最大限度地降低了成本、提高了效率。

案例启示

宝洁公司与沃尔玛公司合作成功的案例，让我了解到供应商之间合作的重要性。

供应商间的战略合作关系可以提高企业的核心竞争力,降低交易成本,加大供应链的长期利润,达到共赢。正因这样,宝洁公司与沃尔玛公司的合作,使得两个企业的核心竞争力都增强了。假如低库存的沃尔玛与保有安全库存的家乐福,以同样的价格购进了宝洁公司的产品,沃尔玛会因为库存少、库存成本低而降低定价,取胜于家乐福,得到更多消费者的青睐,从而获得更多的利润。宝洁公司也相同,可以根据零售商的需要生产,也可以降低库存,降低成本,用更多的流动资金做更多的事情。

8.1 供应链管理产生的原因

8.1.1 供应链管理产生的背景与环境

21世纪企业市场环境发生了巨大的变化,具体表现在以下几个方面。

1. 科学技术快速发展

随着科学技术的飞速发展,功能更强的信息技术开始走向商业化,给企业带来了深刻的影响。信息技术促进了企业管理的规范化与提升了企业管理效率,打破了企业间竞争与合作的地域限制,增强了企业海外市场的可拓展性和外部资源的可利用性,企业间的合作不断加强,生产技术指标也趋于国际化。

2. 全球经济一体化的发展

由于全球化市场竞争越来越激烈,企业面临的风险也越来越大,仅靠自身力量难以取得竞争优势,上下游企业只有联合起来,形成各种虚拟组织,才能在市场竞争中处于领先地位。

3. 市场发生剧烈变化

全球市场逐渐由卖方市场转向买方市场,消费者的消费观念和消费行为发生了根本的变化,产品市场需求变化节奏加快,产品寿命周期越来越短,客户对交货期的要求越来越高,企业面临严重的挑战。

4. 供应链管理的产生是传统利润源的枯竭,经济组织寻找新的利润源的结果

由于新的制造技术和战略(如适时制造、看板管理、精益制造、全面质量管理等)的产生,企业的生产成本大幅下降,竞争优势有了明显提升,这些新的制造技术和战略在当时已成为企业的重要利润源泉。于是,企业纷纷将大量的资源投资于实施这些战略。然而,在过去的几年中,许多企业已经尽可能地降低了制造成本。这一传统的利润源泉给企业带来的利润越来越少。这一现象引起了企业界和学术界的共同关注,人们认识到企业要想进一步增加利润和市场占有率,就必须寻找新的利润源。

5. 现代企业核心竞争力理论的发展

任何一个企业不可能在各个方面都比别人强,因此,企业应该将自己的主要力量集中在最核心的业务上,充分发挥自己的核心竞争优势,而其他业务都可以外包出去,这样才可以最大限度地提高企业的获利能力。在这种观念的指导下,供应链上下游企业间的相互协作变得越来越重要。

8.1.2 供应链管理模式的形成与发展

1. 20 世纪 80 年代

长期以来,企业一般采取"纵向一体化"的管理模式,以具有竞争优势的核心企业为中心,通过投资自建、投资控股或兼并等方式扩大企业经营规模,实现多元化经营。然而,"纵向一体化"的管理模式导致企业规模过大,管理效率下降,资源配置效率低,企业对市场反应迟钝。供应链管理模式最早是在 20 世纪 80 年代末提出来的,是在美国迈克尔·波特提出的"价值链"基础上形成和发展起来的。随着市场竞争的加剧,企业的竞争动力从"产品制造推动"转向"客户需求拉动",从原材料生产制造到销售,整个供应链条上的企业活动都由最终客户需求拉动,包括人力资源、财务、采购订单、生产计划、库存运输和销售服务等,企业逐渐放弃了"纵向一体化"的经营模式,转而实施"横向一体化"的新管理模式。到 20 世纪 90 年代现代化生产过程准时性、精益性和集成性等,要求和实现水准也越来越高。在这种管理模式下,企业集中资源进行优势经营,利用社会分工,将其他业务或经营环节交给协作企业来完成。这可利用企业外部资源快速响应市场需求,同时减少了因市场波动带来的不确定性。

基于物料需求计划(MRP)发展起来的制造资源计划(MRPⅡ),在 20 世纪 90 年代形成的企业资源计划(ERP)软件系统,在制造企业中得到了广泛应用,使得企业生产过程各环节的链接从物料供应、生产制造逐步扩充到整个企业各部门,乃至企业外部资源的链接。

2. 20 世纪 90 年代

20 世纪 90 年代以来,现代企业面临的市场竞争是国际化的市场竞争,竞争的内涵已经从产量竞争、质量竞争、成本竞争发展到时间竞争,日益反映了市场竞争内容的深入和广泛。随着传统利润源的萎缩,为了进一步挖掘降低产品成本和满足客户需要的潜力从而寻找到新的利润源,人们开始将目光从管理企业内部生产过程转向产品生命周期中的供应环节和整个供应链系统,供应链管理这一新的管理理念就应运而生,并逐步得到发展和完善。不少学者研究指出,产品在全生命周期中供应环节的费用(如储存和运输费用)在总成本中所占的比例越来越大,企业通过有效的供应链管理能够大幅度地增加收益或降低成本。惠普公司、爱立信公司、数学仪器公司、宝洁公司等世界著名大公司都已采用这种管理新方法,并因此增强了国际竞争力。据宝洁公司透露,它们能够使其零售客户在一定时期内节约数千万美元,其方法的实质在于制造商和供应商紧密地合作,共同创造商业计划来消除整个供应链中浪费做法的根源。实践表明,供应链管理这一新的管理模式,可以使企业在最短的时间内找到最好的合作伙伴,用最低的成本、最快的速度、最好的质量赢得市场,受益的不只是一家企业，而是一个企业群体，供应链管理可以认为是21世纪企业利润增长的新源泉。几年的实践表明，供应链环节的存储和控制不仅影响到产品的供应效率，而且影响到相当大部分的产品总成本，在供应链过程中提高效率、降低成本确实有很大潜力。随着管理学前沿理论的发展，生产计划、经营策略、战略管理研究与实践不断地深入，战略设计变得非常流行，大量资源被投入到各种类型战略的研究实施。20世纪80年代初步产生的第三方物流在20世纪90年代得到了较大发展。与制造企业对应的物料需求计划、配送资源计划和物流资源计划也已提出并投入实践。进入21世纪，经过了十几年发展起来的供应链概念和思想逐步形成了一些理论、方法和相应的计算机管理软件系统，在供应链建模技术、供应链管理技术和供应链管理支持技术等方面已经取得了巨大的进展，供应链管理模式日益丰富，正朝着集中计划与分散执行相结合的模式发展，供应链管理在不断深入发展，例如敏捷供应链管理（ASCM）等已经在研究实施中。

8.1.3 供应链管理与传统管理的区别

1. 传统管理的问题

传统的管理依赖间断性的库存缓冲环节来促使生产过程的货流通畅，并对变化的消费需求做出可靠的反应。

（1）由供应链的每一个环节向上游转移，需求的不稳定性增加，预测准确度降低。库存商品增加，库存成本增大。同时，制造商和零售商也已对某些物品的缺货现象习以为常。

（2）制造商和零售商对新的需求趋势反应迟缓。比如某种商品突然流行起来，并在商店里脱销，补货订单达到零售商的配送中心后，配送中心并不是采取更多的行动，而是在此商品降到最低库存水平时才向制造商发出订单。然后，生产计划部门开始计划新的生产。整个体系将无法及时抓住此次良机。传统体系由于采取沿着供应链向上游逐级转移的订货程序，没有和潜在的消费需求及时沟通，所以，无法做到更快地向市场供应产品。

（3）管理者对所有产品的管理抱着一视同仁的态度，对变化的与稳定的品类保持同样的库存，销量大的品类和销量小的品类都采取同样的物料处理方法。这样，减少分销成本的机会就丧失了。

2. 供应链管理与传统管理的区别

供应链管理于20世纪70年代后期在工业发达国家中兴起并迅速在全球发展传播，成为一种全新的管理思想和实践。供应链管理与传统管理的区别主要有以下几个方面。

（1）供应链管理把供应链中的所有节点企业看成一个整体，供应链管理涵盖整个物流的从供应商到最终客户的采购、制造、零售等职能领域过程。

(2) 供应链管理强调和依赖战略管理。"供应"是整个供应链中节点企业之间事实上共享的一个概念(任意两个节点之间都是供应和需求关系),同时,它又是一个具有重要战略意义的概念,因为它影响了整个供应链的成本和市场占有份额。

(3) 供应链管理具有更高的目标。通过库存和合作关系去达到高水平的服务,而不是仅完成一定的市场目标。传统管理与供应链管理的特征对比如表 8-1 所示。

表 8-1　传统管理与供应链管理的特征对比

因　　素	传 统 管 理	供 应 链 管 理
库存控制	公司为主	管道协调
存货流	间断	平衡
成本	公司最小	最终客户成本
信息	公司控制	分享
风险	公司为主	共担
计划	公司内部	供应链团组
组织间关系	公司内降低成本	基于最终成本的合作

供应链管理是一种系统的管理思想和方法,它执行供应链中从供应商到最终用户的物流的计划和控制等功能。供应链管理作为一种全新的管理思想,强调通过供应链各节点企业间的合作和协调,建立战略伙伴关系,将企业内部的供应链与企业外部的供应链有机集成起来进行管理,达到全局动态最优目标,最终实现"双赢"或"多赢"的目的。由此可以看到,供应链管理着重强调了三种思想:"系统"思想、"合作"思想和"双赢"思想。这是贯穿供应链管理始终的三个核心思想,也是其区别于传统管理的根本所在。

"系统"思想。供应链本身就是一个系统,整个系统在信息共享的基础上实现物流和资金流的顺利流动,实现系统的增值。系统观念的核心思想不再是孤立地看待各个企业及各个部门,而是考虑所有相关的内外联系体——供应商、制造商、销售商等,并把整个供应链看成是一个有机联系的整体。系统思想是供应链管理思想中的核心思想,是"双赢"思想和"合作"思想的基础。

"合作"思想。合作是供应链管理成功的最基本的要求和条件,是供应链管理的力量源泉,整个供应链竞争力的大小直接取决于供应链各节点企业间合作的程度。供应链合作伙伴关系不仅包括"风险分担、利益共享",还包括"信用互守、信息共享、团结互助"等含义。供应链管理的研究和实践表明:增加供应链节点企业间的联系和合作,实现无缝隙供应链(seamless supply chain),能够有效地减轻供应链中的牛鞭效应(bullwhip effect)。

"双赢"思想。进入 20 世纪 90 年代,企业逐渐发现通过合作能提高整个供应链的总利润。因此,他们将其经营策略改为合作竞争策略,强调通过企业间的合作达到整个供应链的绩效最优,以此来实现各节点企业对利润的追逐。因此,"双赢"思想是"系统"思想和"合作"思想得以贯彻实施的保障。

8.2 供应链管理概述

8.2.1 供应链基础

1. 供应链的概念

虽然供应链概念目前尚未形成统一的定义,但是许多学者从不同角度出发给出了许多不同的定义,均揭示了供应链的特点和内涵。一般认为,供应链概念是从制造业发展而来的,认为供应链是制造业中的一个内部过程,是指将采购的原材料和零部件,通过生产转换和销售等活动传递给用户的一个过程。传统的供应链概念局限于企业的内部操作,注重企业的自身利益目标。

有些学者把供应链的概念与采购、供应链管理联系起来,用来表示企业与供应商之间的关系,这种观点得到了提出研究合作关系、JIT关系、精细供应、供应商行为评估和用户满意度等问题的学者的重视。但这样一种关系也仅仅局限在企业与供应商之间,而且供应链中的各企业独立运作,忽略了与外部供应链成员的联系,往往造成企业间的目标冲突。

后来供应链概念关注到企业与其他企业的联系、供应链的外部环境,认为它应该是一个通过链中不同企业的制造、组装、分销、零售等过程将原材料转换成产品,再到最终用户的转换过程,这是更大范围、更为系统的概念。

美国的斯蒂文斯(Stevens)于1989年在《Int. J. of Physical Distribution and Material Management》的19卷发表文章,介绍了集成供应链的概念。这一概念包括功能集成、企业内部集成和企业外部集成,集成的目的是消除部门间及企业间的障碍。他认为,"通过增值过程和分销渠道控制从供应链商的供应商到客户的客户的流就是供应链,它开始于供应的源点,结束于消费的终点";"供应链是通过前馈的信息流与反馈的物料流和信息流,将供应商、制造商、分销商、零售商到最终用户连成一个整体的结构模式"。这些定义都注意了供应商的完整性,考虑了供应链中所有成员操作的一致性。

近年来,供应链的概念更加注重围绕核心企业的网链关系,如核心企业与供应商、供应商的供应商乃至一切前向的关系,核心企业与用户、用户的用户及一切后向的关系。此时供应链的概念成为一个网链的概念,像丰田、耐克、尼桑、麦当劳和苹果公司的供应链管理都从网链的角度来实施。

下面举例分析供应链的定义。假设有一位顾客走进沃尔玛商店购买洗发水,那么供应链始于顾客对洗发水的需求。供应链的下一环节是该顾客所光顾的沃尔玛商店。沃尔玛商店货架上的商品来自它的库存,库存商品可能由沃尔玛商店自营的成品仓库或分销商提供,而分销商的商品则由制造商(如宝洁公司)提供。宝洁公司生产厂从各种供应商处获取原材料,而这些供应商的商品则由下游供应商提供。例如,包装材料可能来自泰乃克公司,泰乃克公司又从其他供应商获取生产包装物的原材料,从而形成一条供应链(见图8-1)。

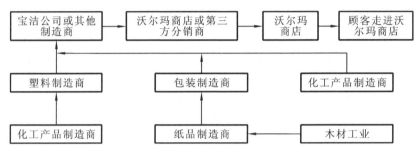

图 8-1 沃尔玛商店供应链

供应链是一个动态系统,包括不同环节之间持续不断的信息流、物流和资金流。供应链的每个环节都执行不同的程序,并与其他环节互相作用与影响。沃尔玛商店向顾客提供产品,同时标出商品价格和使用信息,顾客向沃尔玛商店支付货款。沃尔玛商店在售场信息及补充订单完成后把货款转给分销商,分销商也向沃尔玛商店提供信息和送货日程。类似的信息流、物流和资金流发生在供应链的全过程。

综上所述,供应链是围绕企业,通过对信息流、物流、资金流的控制,从采购原材料开始,制成中间产品及最终产品,最后由销售网络把产品运送到消费者手中,将供应商、制造商、分销商、零售商直到最终用户连成一种整体的功能网链结构模式。它是一种范围更广的结构模式,包括所有加盟的节点企业,从原材料的供应开始,经过链中不同企业的制作加工、组装和分销等过程直到最终用户。它不仅是一条连接供应商到用户的物流链、信息链和资金链,而且是一条增值链,物料在供应链上因加工、包装和运输等过程而增加其价值,给企业带来收益。

典型的供应链包括许多环节,其结构(见图8-2)包括:顾客、零售商、批发商或分销商、制造商、零部件或原材料的供应商。

2. 供应链的特征

从图8-2可以看出,供应链是一个网络系统,由供应链、供应商的供应商和用户、用户的用户组成。一个实体是一个节点,节点和节点之间是一种需求与供应的关系。供应链管理协调了供应链上所有参与企业之间物流、信息流和资金流的关系:物流是供应链上的产品由供应商到顾客的流通及反向的退货流通;信息流包括需求预测、订单传递和交货情况报告;资金流包括信用卡信息、信用期间、结算期等。

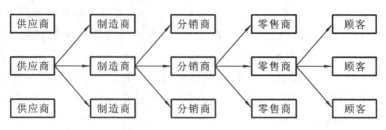

图 8-2 供应链结构

因此,供应链主要有以下特征。

(1) 复杂性。因为供应链节点企业组成的跨度(层次)不同,所以供应链结构模式比一般单个企业的结构模式更复杂。

(2) 动态性。供应链管理因为企业战略和市场需求变化的需要,其节点企业需要动态更新,所以供应链具有明显的动态性。

(3) 面向用户需求。供应链的形成、存在、重构,都是基于一定的市场需求而产生的。在供应链的运作过程中,用户的需求拉动是供应链中信息流、物流和资金流的驱动源。

(4) 交叉性。相对产品而言,每种产品的供应链由多个链条组成。相对企业而言,每个企业是这个链条的成员,同时又是另一个链条的成员,众多的链条形成交叉结构,增加了供应链协调管理的难度。

8.2.2 供应链管理基础

1. 供应链管理的含义

前面介绍了供应链的概念和特征。关于供应链这一复杂系统,要想取得良好的管理绩效,必须找到有效的协调管理方法,供应链管理思想就是在这种环境下提出的。供应链管理最早由世界级的管理顾问 Oliver&Webber 于 20 世纪 80 年代初期提出,而到 20 世纪 90 年代,学术界才真正从理论学角度来定义供应链管理的含义。Bechtel Christian 和 Jayanth Jayaram 两位学者在《the International Journal of Logistics Management》一文中对供应链管理进行了研究。他们将供应链管理视为普通学术理论去研究它的基本思想,并推断供应链管理会是一种挑战。

关于供应链管理,更多的只是从普通的层面而不是从业务实践上进行引导,这就有必要从建立理论、开发标准化的工具方法方面使供应链管理的实践更为成功。

关于供应链管理的定义有多种不同的表述。尹文斯认为,供应链管理是通过前馈的信息流和反馈的物料流及信息流,将供应商、制造商、分销商、零售商,直到最终用户连成一个整体的管理模式。菲利普认为,供应链管理不是供应商管理的别称,而是一种行业的管理策略,它把不同企业集成在以提升整个供应链的效率,注重企业之间的合作。供应链世界论坛给出的定义为,供应链管理是从提供商品、服务和信息来为用户和股东增添价值的,从原材料供应商直到最终用户的关键业务过程的集成管理。《物流术语》国家标准(GB/T 18354—2001)将供应链管理定义为,利用计算机网络全面规划供应链中的商流、物流、信息流、资金流等,并进行计划、组织、协调与控制。马士华将供应链管理定义为,供应链是围绕核心企业,通过对信息流、物流、资金流的控制,从原材料的采购开始,制成中间产品及最终产品,最后由销售网络把产品送达消费者手中,将供应商、制造商、分销商、零售商,直到最终用户连成一个整体的功能网链结构模式。

供应链是围绕核心企业,将供应商、制造商、分销商、零售商,直到最终用户连成一个整体的功能网链结构模式,它涉及从供应商的供应商到客户的客户的全过程。供应链管理是围绕核心企业,借助信息管理技术,将从原材料采购、产品制造、分销,到交付给最终用户全过程中的相关业务流程(商流、物流、信息流、资金流)进行协同运作管理的总称,其目的是在提高客户满意度的同时,降低整个供应链系统的成本。

供应链管理的基本要点包括以下几方面内容。

(1) 以流程为中心,强调从职能管理向过程管理转变。

(2) 注重顾客价值与灵活性,强调从利润管理向绩效管理转变,从产品管理向顾客管理转变。

(3) 注重供应商与客户关系管理,强调从交易管理向关系管理转变。

(4) 用信息来驱动、代替库存,强调从库存管理向信息管理转变。

(5) 强调专长基础上的内外资源协同利用,以及推迟定制等方法的运用。其中推迟定制是指在设计产品时,将产品的制作和订单执行过程尽可能地标准化,推迟客户差异点,在提高客户价值的同时,提高资产利用率。

2. 供应链管理的目标

供应链管理的目的,旨在通过对供应链各个环节的活动协调,以实现最佳业务绩效,从而增强整个供应链上所有企业的业务,使生产系统能够较好地管理由原材料到产品、到客户的生产过程,提升客户的满意度,减少总生产成本。对企业来说,供应链管理最根本的目的就是增强企业的核心竞争力,其首要目标是提升客户满意度,即做到将正确的产品或服务(right product or services),按照合适的状态与包装(right condition and packaging),以准确的数量(right quantity)和合理的成本费用(right cost),在恰当的时间(right time)送达指定地方(right place)的确定的客户(right customer),即"7R"原则。因此,最好的供应链管理不是将财务指标作为最重要的考核标准,而是密切关注产品进入市场的时间、库存和市场份额等情况。具体来说,供应链管理的目标是通过调和总流通成本最低化、总库存最少化、客户服务最优化、总周期时间最短化、物流质量最优化等目标之间的冲突,以实现供应链绩效最大化。

3. 供应链管理的基本内容

实现企业供应链管理,首先要弄清楚供应链管理的主要内容。马士华教授认为供应链管理主要涉及四个领域,即供应(supply)、生产计划(schedule plan)、物流(logistics)和需求(demand),如图 8-3 所示。供应链管理是以同步化、信息化生产计划为指导,以各种技术为支持,尤其以 Internet/Intranet 为依托,围绕供应及生产计划、物流(主要指生产过程)、满足需求来实施的。供应链管理主要包括计划、合作与控制从供应商到客户的物料(零部件和成品等)和信息。供应链管理的目的在于提高客户服务水平和降低总的交易成本,并寻求两个目标之间的平衡。

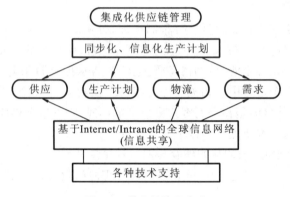

图 8-3　供应链管理内容

在以上四个领域的基础上,可以将供应链管理细分为职能领域和辅助领域。职能领域主要包括产品工程、产品技术保证、采购和生产控制、库存控制、仓储管理、分销管理。辅助领域主要包括客户服务、制作和设计工程、会计核算、人力资源、市场营销。

由此可见,供应链管理关心的并不仅仅是物料实体在供应链中的流动,除了企业内部与企业之间的运输问题与事物分销以外,供应链管理还包括以下内容。

(1) 供应链管理策略的制定(不同行业、不同产品类型要求采用不同的供应链管理策略),推动式或牵引式供应链运作方式的确定(不同企业有不同的管理文化,企业应选择适合自己实际情况的运作方式)。

(2) 战略性供应商和客户合作关系管理。

(3) 供应链产品需求预测和计划。

(4) 供应链的设计(全球节点企业,资源和设备等的评价、选择和定位)。

(5) 企业内部和企业之间的物料供应和需求管理。

(6) 基于供应链管理的产品设计与制造管理,生产集成化计划、跟踪和控制。

(7) 基于供应链的客户服务和物流(运输、库存和包装等)管理。

(8) 企业间的资金流管理(汇率、成本等)。

(9) 基于 Internet/Intranet 的供应链运作的信息支持平台及信息管理等。

4. 供应链管理的特点

从供应链管理的概念和目的中可以看出,供应链管理始终以客户为中心,强调伙伴间的合作与多赢,具体来说主要包括以下特点。

(1) 以客户为中心。供应链管理的首要目标是提升客户的满意度,它通过降低供应链成本的战略,实现对客户的快速反应,以此提升客户的满意度,从而提升企业的信誉度,获得竞争优势。例如,对下游企业来讲,供应链上游企业的功能不是简单地提供物料,而是要利用最低的成本提供最好的服务。由于满足客户需求与成本支付是一对基本矛盾,因此,对客户服务目标的设定,更要关注满足客户需求与成本支付的平衡。

(2) 强调物流、信息流、资金流、工作流和组织流的集成。这几个流在企业日常经营中都会发生,但过去是间歇性或间断性的,因而会影响企业间的协调,最终导致整体竞争力下降。供应链管理强调必须把这几个流集成起来,只有实现跨企业流程集成化,才能实现供应链企业协调运作的目标。

(3) 强调伙伴间的合作与共享。在供应链管理中,企业要清楚地辨别自己的核心业务,然后狠抓核心资源,以提高核心竞争力。非核心业务一般采取外部的方式分散给业务伙伴,与业务伙伴结成新型的拥有共同利益的战略联盟合作伙伴关系,强调伙伴间的合作,强调利益共享和风险共担。合作更需要依赖供应链成员之间业务过程一体化的共识,需要建立相应的信任机制和协商机制。信任是信息增值交换的基础,只有实现信息共享才能增加供应链上的利润。协商机制是解决核心企业与客户利益冲突关系的基础,其包括利益的合理分配、高效的合作和风险共担。

(4) 强调一体化的精细化管理。供应链上的核心企业除了核心业务外,其余各项业务都来自于外部。也就是说,按照市场规则将内部业务社会化;按照核心企业需求,将具有不同核心能力的企业级资源整合起来,让组织边界变得更加模糊,使供应链管理成为一项高度互动而复杂的系统工程。它强调的是一体化的精细化管理,保证在延迟生产环境下整个供应链的协同运作,各环节的无缝对接。

(5) 注重信息技术的集成应用。信息技术是提升整个供应链运作效率的重要保障之一。在这个多节点、多合作伙伴组成的复杂网链上,信息技术的支持,降低了伙伴间的交易成本,可使合作伙伴及时获取有效信息,以满足客户的需求。同时,基于Internet信息技术的集成(EDI、GIS、GPS),又可随时对在途物品进行管理,以满足物流的个性化需求。

(6) 更加注重物流企业的参与。过去的物流就是指搬运东西。但是,在供应链管理环境下,物流的作用特别重要,因为缩短物流周期比缩短制作周期更关键。美国曾经有人就早餐使用的麦片粥进行过统计,从生产厂商到超级市场这一过程要花104天的时间。而在这104天里真正用于生产的时间很短,大部分时间用于分销、运输、仓储、再分销、再仓储。过去的快速响应市场,大部分情况下都把注意力放在制造业上,只要产品能够快速制作出来就能够快速响应客户的需求。实际上,最终提供给客户的产品不是由单独一个企业来完成的,而是从原材料开始一级一级传递过来的,响应周期是多级的"链式周期",而不是点式周期(单个企业的制造周期)。因此,缩短物流周期所取得的效益会更大。例如,制造商投资数百万元购买一台新设备,使加工一个零件的时间从原来的1分钟缩短到30秒,工效提升1倍,但是它对缩短整个供应链周期的贡献很小。如果把二级供应商到一级供应商的物流周期从7天缩短到5天,就可以节约出2天时间。所以供应链管理强调一种从整体上响应最终客户的协调性,没有物流企业的参与是不可想象的。

(7) 注重供应链的动态化管理。供应链的整体效率和价值创造能力是链条上合作伙伴基于一种战略型的亲密关系协同产生的。战略型的亲密关系是供应链新生能力不竭的源泉,是取得竞争优势的原动力。要长期保持这种关系,就要不断优化伙伴之间的关系结构。这种优化可以通过管理与伙伴的关系,对合作伙伴进行阶段性的绩效评估来实现。管理与伙伴的关系,首先要管理核心企业与伙伴的诚信交易,共同制定发展目标和行为计划,提供相应的技术支持等。以核心企业的经营管理、价值观、文化观影响伙伴,创造和谐氛围,形成团队合作竞争机制,从而提升和发展伙伴关系。从知识管理角度看,伙伴关系的提升是开发供应链系统隐形知识资产的过程。对伙伴进行阶段性的绩效评估,是一种竞争激励,一方面可以促使伙伴提升整体素质;另一方面,为了维护供应链成员的所有利益,也将放弃与少部分伙伴的继续合作,从而优化合作伙伴的关系结构。

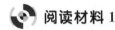
阅读材料1

海尔集团信息化整合全球供应链

海尔集团现有10800多个产品,平均每天开发1.3个新产品,每天有5万个产品出库;一年的资金运作进出达996亿元,平均每天需结算2.76亿元,做1800多笔账;在全球有近1000家供方(其中世界500强企业44家),营销网络53000多个;拥有15个设计中心和3000多名海外经理人。如此庞大的业务体系,依靠传统的金字塔式管理架构或矩阵式模式,很难维持正常运转,业务流程重组势在必行。

海尔集团能取得今天的业绩,与实行全面的信息化管理是分不开的。借助先进的信息技术,海尔集团发动了一场管理革命:以市场链为纽带,以订单信息流为中心,带动物流和资金流的运动。通过整合全球供应链资源和用户资源,逐步向"零库存、零营运资本和(与用户)零距离"的终极目标迈进。

以市场链为纽带重构业务流程

总结多年管理经验,海尔集团探索出一套市场链管理模式。简单来说,市场链就是把外部市场效益内部化。过去,企业和市场之间有一条鸿沟,在企业内部,人员相互之间的关系也只是上下级或同事。如果产品被市场投诉,或者滞销,最着急的是企业领导人。下面的员工可能也很着急,但是使不上劲。海尔集团不仅让整个企业面对市场,而且让企业里的每一个员工都去面对市场,把市场机制成功地导入企业的内部管理,把员工相互之间的同事和上下级关系变为市场关系,形成内部的市场链机制。员工之间实施sst,即索赔、索酬和跳闸策略:如果你的产品和服务好,下道工序给你报酬,否则会向你索赔或者"亮红牌"。

结合市场链模式,海尔集团对组织机构和业务流程进行了调整,把原来各事业部的财务、采购、销售业务全部分离出来,整合成商流推进本部、物流推进本部、资金流推进本部,实行全集团统一营销、采购、结算;把原来的职能管理资源整合成创新定单支持流程3r(研发、人力资源、客户管理)和基础支持流程3t(全面预算、全面设备管理、全面质量管理)模式,3r和3t流程相应成立独立经营的服务公司。

整合后,海尔集团商流推进本部和海外推进本部负责搭建全球的营销网络,从全球的用户资源中获取订单;产品本部在3r流程的支持下不断创造新的产品来满足用户需求;产品事业部将按流获取的订单和产品本部创造的订单执行实施;物流本部利用全球供应链资源搭建全球采购配送网络,实现JIT订单加速流;资金流搭建全面预算系统;这样就形成了直接面对市场的、完整的核心流程体系和3r、3t等支持体系。

商流推进本部、海外推进本部从全球营销网络获得的订单形成订单信息流,传递到产品本部、事业部和物流本部,物流本部按照订单安排采购配送,产品事业部组织安排生产;生产的产品通过物流的配送系统送到用户手中,而用户的货款也通过资金流依次传递到商流、产品本部、物流本部和供方手中。这样就形成了横向网络化的同步业务流程。

erp+crm:快速响应客户需求

在业务流程再造的基础上,海尔集团形成了"前台一张网,后台一条链"(前台的一张网是海尔客户关系管理网站(haiercrm.com),后台的一条链是海尔的市场链)的闭环系统,构筑了企业内部供应链系统、ERP系统、物流配送系统、资金流管理结算系统和遍布全国的分销管理系统及客户服务响应call-center系统,并形成了以订单信息流为核心的各子系统之间无缝连接的系统集成。海尔ERP系统和CRM系统的目的是一致的,都是快速响应市场和客户的需求。前台的CRM网站作为与客户快速沟通的桥梁,将客户的需求快速收集、反馈,实现与客户的零距离;后台的ERP系统可以将客户需求快速发到供应链系统、物流配送系统、财务结算系统、客户服务系统等流程系统,实现对客户需求的协同服务,大大缩短对客户需求的响应时间。

海尔集团于2000年3月10日投资成立海尔电子商务有限公司,全面开展面对供应商的b2b业务和针对消费者个性化需求的b2c业务。通过电子商务采购平台和定制平台与供应商和销售终端建立紧密的互联网关系,建立动态企业联盟,达到双赢的目标,提高双方的市场竞争力。在海尔集团搭建的电子商务平台上,企业和供应商、消费者实现互动沟通，使信息增值。

面对个人消费者，海尔集团可以实现全国范围内的网上销售业务。消费者可以在海尔集团的网站上浏览、选购、支付，然后可以在家里静候海尔集团的快捷配送及安装服务。

cims+JIT：海尔 e 制造

海尔 e 制造是根据订单进行的大批量定制。海尔 ERP 系统每天准确自动地生成向生产线配送物料的 bom，通过无线扫描、红外传输等现代物流技术的支持，实现定时、定量、定点的三定配送；海尔集团独创的过站式物流，实现了从大批量生产到大批量定制的转化。

订单信息流驱动：同步并行工程

海尔集团的企业全面信息化管理是以订单信息流为中心，带动物流、资金流运动的管理模式，所以，在海尔集团的信息化管理中，同步工程非常重要。比如美国海尔销售公司在网上下达 1 万台的订单。订单在网上发布的同时，所有的部门都可以看到，并同时开始准备，相关工作并行推进。不用召开会议，每个部门只要知道与订单有关的数据，做好自己应该做的事就行了。如采购部门一看订单就会做出采购计划，设计部门也会按订单要求把图纸设计好。3 月 24 日，河北华联通过海尔网站的电子商务平台下达了 5 台商用空调的订单，订单号为 5000541，海尔物流采购部门和生产制造部门同时接到订单信息，在计算机系统上，马上显示出负责生产制造的海尔商用空调事业部的缺料情况，采购部门与压缩机供应商在网上实现招投标工作，配送部门根据网上显示的配送清单在 4 小时以内及时送料到工位。3 月 31 日，海尔商用空调已经完成定制产品生产，5 台商用空调室外机组已经入库。而传统的开发过程是串行过程，部门之间相互隔离，工作界限分明，产品开发按阶段顺序进行，导致开发周期长、成本高，按照这个过程生产 5 台商用空调需要 4~6 个月的时间。

零距离、零库存——零运营资本

传统管理下的企业根据生产计划进行采购，由于不知道市场在哪里，所以是为库存采购，企业里有许许多多"水库"。海尔集团实施信息化管理，通过三个 JIT 打通这些水库，把它变成一条流动的河，不断地流动。JIT 采购就是按照计算机系统的采购计划，需要多少，采购多少。JIT 送料是指各种零部件暂时存放在海尔立体库，然后由计算机进行配套，把配置好的零部件直接送到生产线。海尔集团在全国建有物流中心系统，无论在全国什么地方，海尔集团都可以快速送货，以实现 JIT 配送。

库存不仅是资金占用的问题，最主要的是会形成很多的呆坏账。现在的电子产品更新很快，一旦产品换代，原材料和产成品价格跌幅均较大，产成品积压的最后出路就只有降价，所以会形成现在市场上的价格战。不管企业说得多么好听，降价的压力来自于库存。海尔集团用及时配送的时间来满足用户的要求，最终消灭库存现象。

8.3 供应链管理信息系统

供应链管理是一种集成的管理思想和方法,它执行供应链中从生产商到最终用户的物流的计划和控制等职能。从本质上看,供应链是一种综合物流形式,本身包含从采购、生产到销售中涉及的仓储、运输、配送等多种物流活动。为供应链管理建立信息系统,可实现供应链各组织间信息的合理流动,并可对供应链的物流过程各环节进行科学的组织和控制。供应链管理信息系统的应用,在降低企业成本、提高交货率、缩短交货期等方面效果显著。

8.3.1 供应链业务分析

1. 采购管理

采购是供应链管理中的一个重要环节,它在制造商和供应商之间起桥梁作用。采购是一个复杂的过程,采购活动包含鉴定新的供应商的资质、各种不同物资的采购和监督供应商的表现,因而采购在供应链结构中起着重要的作用。

在供应链管理模式下,采购活动是由订单驱动的。制造订单的产生是在用户需求订单的驱动下产生的,这样,制造订单驱动采购订单,采购订单再驱动销售订单,该过程如图 8-4 所示。

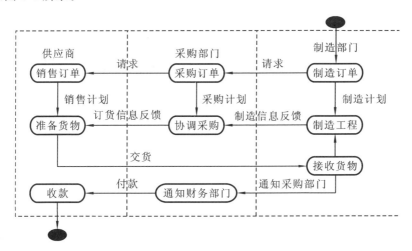

图 8-4 供应链管理的采购业务流程图

2. 生产管理

生产计划是企业根据需求预测和优化决策,对企业的产出品种、产出质量、产出速度、产出时间、劳动力和设备的配置,以及库存水平等问题进行预先考虑和安排的文件。企业按生产计划对生产任务与各生产要素进行反复比较,综合平衡,从时间和空间上就可对生产任务做出总体安排,并进一步对生产任务进行层层分解,落实到车间、班组,以保证计划任务的实现。生产控制的功能是对生产计划执行过程进行监督、检查、评价与调整,以保证生产计划按预定计划完成。从层次上,生产控制可分为订单控制、投料控制、生产作业控制三个层次。订单控制是对用户提出的订货数量与交货期做出承诺后的保证,以维护企业的信誉。当接受一批订单时,交货期控制就成为订单控制的重点。对已接受的订货投放到任务池进行投料控制。生产作业控制是根据加工车间的情况,对投放到任务池的生产任务出具加工票据,并通过工序状态的统计分析,判断生产任务的完成情况,对偏差做出修正的过程。

在企业的生产管理活动中,生产计划和生产控制是紧密相连的。控制的目的是保证计划与计划的执行相衔接,保证计划的执行结果与计划的预期相一致。

根据供应链管理模式对生产计划与生产控制的要求,形成一种多代理集成的多级协调生产计划与控制系统的运作模式,如图 8-5 所示。该模式中,通过三级协调机制(决策协调、信息协调与运作协调)把由订单控制、投料控制、生产作业控制组成的三级控制活动,以及由生产计划、物料需求计划、生产作业计划组成的三级生产计划活动有机结合起来。

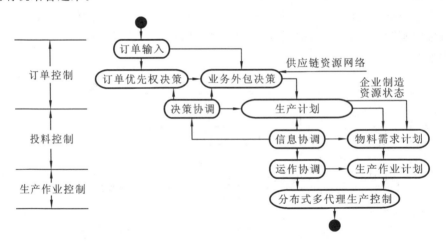

图 8-5　生产计划和控制系统的运作模式

3. 销售管理

企业生产、经营的最终目标是获取利润,而获取利润的唯一途径是销售产品或服务。随着市场经济的发展,企业间的竞争日趋激烈,国内外市场相对缩小,因而企业的产品销售问题就更加突出。企业要在激烈的竞争中求生存、谋发展,必须在生产之前进行销售调研和市场预测,然后对生产和销售做出最佳战略性选择。销售管理是企业经济收入的最直接来源,销售业绩的好坏直接影响企业业绩的多寡。一般来说,销售管理主要包含销售市场预测、销售报价、下达销售订单、销售发货、销售退货和销售订单注销等,如图 8-6 所示。

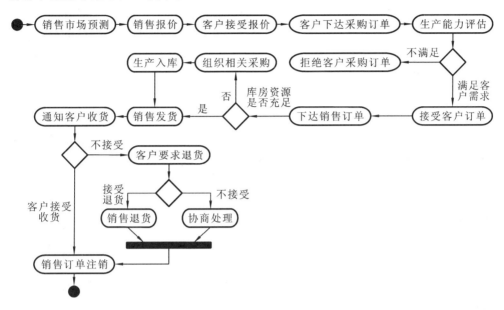

图 8-6 销售管理业务活动图

(1) 销售市场预测。由于市场信息具有动态性、不确定性和复杂性,所以需要对销售市场进行预测,以便在激烈的市场竞争中处于优势地位。进行销售市场的预测是决定销售业绩好坏的一个重要因素。销售预测是指对消费者和社会集团的需求进行预测。销售中应该及时掌握市场动态,预测市场的变动趋势,从而为生产提供决策依据。

(2) 销售报价。当客户询问或企业进行竞标时,需要进行销售报价。报价的高低有时会成为业务成功与否的关键。因此,如何快速准确地获取客户的需求信息并进行合理的报价,对企业而言十分重要。

(3) 下达销售订单。在供应链环境下,"以销定产"使整个企业的销售业务、采购业务和库存不再具有盲目性。企业根据销售信息的变化来实现对日常业务的动态管理,这样的管理方式不仅灵活合理,而且能够降低库存成本,使采购业务更加具有针对性,也更加适应激烈的市场竞争。当核心企业查询到客户发出的采购订单后,查询库存及生产信息以确认是否接受该采购订单。经确认可以接纳后,回复客户接纳本次业务,并根据客户采购订单下达本企业的销售订单。销售业务是由销售订单驱动的,它是销售发货业务、产品出库业务和采购业务的原始凭证。销售订单下达后,核心企业采购部门根据销售订单信息、库存状况及产品物料清单(记载产品组成所需使用材料的表格)确定要完成该销售订单所需采购原材料的品种和数量,以保障生产和销售业务顺利进行。

(4) 销售发货。随着市场竞争的日趋激烈,客户对产品交货的时间、方式和标准要求越来越高。如何保证企业交货的及时准确及客户获取交货的信息是保证企业与客户建立长期稳定的战略合作关系的关键。销售订单下达后,库存部门可查询客户的订货情况,根据库存确定发货次数及发货数量,并通知生产部门生产所需要的产品品种和数量,以保证按时准确发货。

确认产品出库后,销售部门发布相关信息,并通知客户发货情况。客户的采购部门通过查询该发货信息,及时调整库房以备接货,这样既可以及时掌握发货信息,又可以避免因运输过程中造成的人为疏漏,大大增强了整个收货、发货过程的及时性和透明性。核心企业的采购部门也如此进行采购收货业务,保证生产和库存业务的顺利进行。

(5) 销售退货。客户退货信息的及时获取和企业反馈信息的及时发布是销售退货业务的关键。及时获取信息能够保证本方库房提早安排卸货地点,提高了本方业务的主动性和灵活性;客户信息的及时反馈有利于减小退货对客户造成的不良影响,缩短了企业与客户的距离。

(6) 销售订单注销。在与某个销售订单相关的所有业务完成后,注销销售订单。订单注销后转化为历史数据以备查询。

4. 供应链环境下的物流管理

在供应链的采购、生产和销售环节都伴随大量的物流活动。实际上,物流是将供应链各环节串接起来构成完整供应链系统的纽带。

1) 供应链环境下物流管理的特点

由于供应链管理下物流环境的改变,相比传统物流管理的特点,新的物流管理的特点反映了供应链管理思想的要求和企业竞争的新策略。

图 8-7 所示的为供应链管理环境下的物流系统模型。从图 8-7 中可以看出,需求信息与反馈信息的传递与传统物流管理的不同,已经不是逐级传递,而是网络式的传递,企业可以通过 EDI/Internet 快速掌握供应链上不同环节的供求信息和市场信息。因此,供应链环境下的物流系统包含三种运行信息:需求信息、供应信息、共享信息。共享信息的增加对供应链管理来说非常重要。由于可以实现信息共享,所以供应链上任何节点企业都能及时掌握市场的需求信息和整个供应链的运行情况,每个环节的物流信息都能透明地与其他环节进行交流与共享,从而避免需求信息的失真现象。

2) 供应链物流模式

供应链物流模式主要包含企业自营物流和外包物流两种模式。企业自营物流就是企业通过自身的物流管理能力实现物资的流动,外包物流就是企业寻求外购物流服务,即采用第三方物流。对第三方物流,即企业将物流服务外包给其他物流公司,不属于企业内部管理事务,故本文不做论述。供应链环境下的企业自营物流是物流

第 8 章 供应链管理系统

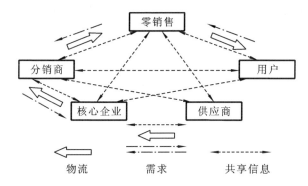

图 8-7　供应链管理环境下的物流系统模型

管理的重点。企业自营物流包括以下几方面内容。

（1）企业供应物流。企业为保证自身生产的节奏，为实现准时化的生产，不断供应原材料、零部件、燃料、辅助材料的物流活动，这种物流活动对企业生产的正常、高效进行起着重要作用。供应物流就是原材料、零部件的采购和调拨。企业供应物流不仅要保证供应，而且要以最低的成本、最少的消耗来完成这项物流活动。

（2）企业生产物流。企业生产物流涉及生产运作管理，是指企业在生产工艺中的物流活动，也就是生产企业的车间或工序之间，其原材料、零部件或半成品，按工艺流程的顺序使其最终成为产成品，并送达成品库暂存的过程。这种物流活动与整个生产工艺过程相伴，实际上已构成了生产工艺的一部分。企业生产物流主要包括：原料、零部件、燃料等从企业仓库开始，进入生产线，再进一步随生产加工过程一个环节一个环节地流动。在流动的过程中，本身被加工，同时产生一些废料、余料，直到生产加工终结，再流至产成品仓库，这样便终结企业生产物流过程。

（3）企业销售物流。企业销售物流是指企业的流出物流，是将生产出的产品向批发商、零售商传递的物流，是企业为保证自身的经营效益，不断伴随销售活动，生产企业通过购销或代理协议将产品所有权转给用户（或者将产成品转移到流通环节）的物流活动。销售物流活动在现代社会中具有很强的服务性，以满足买方的需求，最终实现销售。在这种前提下，企业销售物流的特点是通过包装、送货、配送等一系列物流来实现销售的。

（4）企业回收物流。企业回收物流是指对企业排放的无用物或再利用物进行运输、装卸、处理等的物流活动。企业在生产、供应、销售活动中会产生各种边角余料、废料或退货，这些东西的回收过程就是逆向物流。逆向物流可以帮助企业降低生产成本并提升客户的满意度、加强环保等多方面的间接经济效益与社会效益。

在以上四种企业自营物流中，最重要的是企业供应物流和企业销售物流，这两种物流直接影响供应链系统的正常运转，本文中研究的供应链环境下的物流管理主要是针对这两种物流设计的。图 8-7 所示的为基于供应链的协同物流体系活动图，图中显示了物流在整个供应链系统中与其他系统的关系,以及它自身所处的位置。从图 8-7 中可以看出,在供应链的任何环节都充斥着物流活动,物流是连接供应链各个部分的纽带。

8.3.2 供应链管理信息系统的构成

典型的核心企业供应链管理信息系统一般由采购管理子系统、生产管理子系统、销售管理子系统、物流管理子系统及决策支持系统构成。

1. 采购管理子系统

采购管理主要包括采购计划、决策的制定和采购业务的处理。其中供应量的管理是采购计划重要的部分。采购管理子系统的总体目标是以最低的总成本为企业的生产经营提供物资供应和服务;协调企业内部及企业与供应商的物资供应关系,实现物资采购从申请采购、计划审批、选择供应商到物资入库交付生产。采购管理子系统的职能表现在两方面:对外选择和管理供应商,控制并保证价格优势;对内控制与保证采购流程的实施,保证采购质量和交货期能够满足企业生产和市场的需求。

2. 生产管理子系统

生产管理包括生产计划管理和生产控制管理。供应链环境下的生产计划不只是围绕核心企业的需求展开,在生产计划的制订过程中,上游企业承接订单的能力和意愿都反映在下游企业的生产计划中,上游企业的生产进度信息也和下游企业的生产进度信息一致。作为滚动编制计划的依据,其目的是保持上下游企业生产活动的同步。供应链环境下的企业生产控制需要更多的协调机制,体现了供应链的战略伙伴关系原则。生产管理子系统主要是为了协调供应链中企业的生产问题。生产计划是生产控制管理的依据,生产控制是检查生产计划的执行情况,两者共同完成对企业生产过程的管理。

3. 销售管理子系统

供应链销售管理模式中相邻企业间信息交流频繁,信息传递规范,企业内、外部的信息获取及时准确,销售业务的协调能力和应变能力大大高于传统销售管理模式。要实现上述特点,供应链销售管理子系统就需要合理选择系统的技术架构和体系结构,使其能够快捷有效地进行信息处理和查询。

4. 物流管理子系统

物流是供应链的一部分,是对供应链上各种物料(包括原材料、零部件、产成品)、服务及信息从起点到终点流动过程的计划、组织和控制活动的总称。它充分运用信息技术,将运输、仓储、装卸、加工、整理、配送等有机结合,为供应链管理提供支持。企业物流管理主要针对供应物流和销售物流。典型的物流系统包括:运输、存储、包装、物料搬运、订单处理、库存控制、客户服务、退货处理、其他活动等。物流管理子系统是管理这些物流活动所形成的人机交互系统。

5. 决策支持系统

决策支持系统是在传统的管理信息系统理论基础上发展起来的一个适用于不同领域、概念和技术的全新的信息系统发展分支。决策支持系统为决策者提供决策所需要的数据、信息和背景资料，明确决策目标和进行问题的识别，建立或修改决策模型，提供各种备选方案并对方案进行综合评价和选优，通过人机对话进行分析、比较和判断，为决策提供有益帮助。在供应链管理信息系统中，决策支持系统包括供应链流程作业、供应链关系、供应链物流管理等，其起着十分重要的作用。

8.3.3　供应链管理信息系统的构建

实施供应链管理系统的顺序大致可分为四步，即计划与准备、选定合作伙伴、计划与实施以及评价。供应链由原材料供应商、制造商、分销商、物流与配送商、零售商及消费者组成，一条富有竞争力的供应链要求组成供应链的各成员都具有较强的竞争力，不管每个成员能为供应链做什么，都应该是专业化的，而专业化就是优势之所在。

1. 计划与准备

在计划与准备阶段，首先应调整本企业的活动机制，确定企业的经营战略和活动目标。想削减库存或想增加自有流动资金等，就要有针对性地设定项目目标，出示具体数值。锁定的具体目标是能使项目成员保持一致的前进方向，同时还可以作为今后活动的判断、评价基准。

其次是完善企业内部信息系统和推进业务的标准化。本企业内的采购、生产、库存、物流、销售等一系列供应链的业务，应考虑多个环节的信息是否统一、准确。如果各成员不信任库存管理系统的库存信息，那么生产部门和销售部门的产品条形码就容易出错，这样就很难推进企业内的活动。

再次以企业内部的生产流程为切入点，在实施跨越企业的供应链管理之前，要调整本企业内的协作机制，消除瓶颈。在企业内部实施项目时，各部门之间可看成合作伙伴关系；基本部门间的合作伙伴关系是从整个企业的最佳化出发来推进项目实施的。在规模较大的企业，存在"部门的屏障"现象，部门间信息共享和协同推进可能不太顺利。因此，即使是部门间的伙伴关系，也应学习不同企业间的"双赢"关系，努力构建部门之间的信任关系，共同受益。

最后考虑拓宽业务改革的范围。准备阶段，正确认识业务的环境与现状，制订出可行的战略计划非常重要；起步阶段，应以小的项目为对象，在取得成功的基础上，循序渐进地应用供应链以取得更大的成效。

2. 选定合作伙伴

合作伙伴企业的选择，应由企业内设置的实施活动调查小组负责筛选工作，最后由最高经营者来决定，构筑相互信任的关系。合作伙伴企业选择标准如下。

(1) 供应链的经营战略一致的企业。
(2) 有强烈业务改革欲望的企业。
(3) 能成为解决供应链难题对象的企业。
(4) 最高经营者彼此之间志同道合,能构筑信任关系的企业。
(5) 经营管理中活用信息技术的企业。
(6) 经营透明度高,值得信任的企业。
(7) 有前瞻性的企业。
(8) 目前有实际业绩的企业。
(9) 今后合作伙伴关系前景良好的企业。

目前我国企业供应链构筑的倾向是,随着企业间合作伙伴关系的进展,活动取得成果后,交易成效好的企业易于被选中。因此,从选择方来看,应重视将来与哪家企业进行交易;从被选择方来看,应考虑本企业作为合作伙伴是否合适。

总之,选定合作伙伴,不单要看交易业绩,还应从供应链的改革成果来选择。

3. 计划与实施

供应链的合作伙伴选定后,首先要实施小规模的试验项目,合作伙伴之间通过相互交换信息,了解现状,以此来制订改善的计划,推进业务、人员、组织的变革。在这一阶段,共同分享利润和承担风险、转变观念和改变业务模式是计划与实施的三个要点。

企业间相互公开信息是相当难的事情,因为公布出准确的信息,如实反映企业的强势和弱势,稍不留意就会流入竞争对手那里,或者被合作伙伴企业恶意利用,招来致命的打击。但供应链管理的活动始于合作伙伴企业间的信息共享,根据相互间的信任关系,共同实现最佳化供应链的信息,向对方提供正确、快速的高质量信息,将有助于降低供应链的成本和提高对消费者的附加价值。这就要求合作伙伴企业在共享利润和承担风险的同时,相互公开各自的经营现状和信息,公开其责任和成果的测定方法,求得认同,努力构建双赢关系。

其次,在供应链业务中,要时刻考虑企业的整体最佳状况,来决定库存计划、订货计划、需求预测、生产计划和销售计划等,这就使准备进入供应链的企业的业务目标发生变化。例如,以前的销售人员以扩大销售来增加销售额为目标,而现在的销售人员需要考虑客户的库存量,分批适量地销售成为新的目标。另外,为了提高下游企业的供应链效率,要求供应链上游企业从事贴商标、分拣、信息沟通等不能给本企业带来直接效益的工作,这就要求实行业务的"人"的观念跟上这种变化,使业务的目标适应变化后的业务评价标准。

最后,业务目标的变化和人的观念的转变,势必带来供应链企业的业务模式的变化,使采购管理、生产计划、库存管理、物流、销售管理等业务系列化,其中最重要的是通过考虑现状而改变业务的"业务流程再造",则能取得更大的效果。

总之,计划与实施会促进业务的改革和业务模式的改变,导致人的观念转变,共享供应链利润和承担风险,抵御日益激烈的市场竞争,从而带来竞争优势。

4. 评价

对项目活动进行评估,并将评估结果用于下一个项目,特别是成功经验的积累,有利于加快下一个项目实施的步伐。根据情况,可对企业战略和活动目的进行反馈,并重新实施计划。

本章小结

本章主要介绍了供应链、供应链管理及供应链管理信息系统的相关知识。首先介绍了供应链管理产生的背景,主要包括 21 世纪市场环境的特点、传统管理存在的问题及供应链管理的发展阶段;其次介绍了供应链的基本知识,主要包括供应链的定义、供应链的特点;然后介绍了供应链管理的基本知识,主要包括供应链管理的含义、目标、内容、特点;最后介绍了供应链管理信息系统的基本知识,主要包括供应链管理业务及其流程、供应链管理信息系统的构成、供应链管理信息系统的实施步骤等。

关键概念

供应链　供应链管理　物流管理　采购管理

简答题

1. 简述传统企业管理模式存在的问题。
2. 简述供应链管理的核心思想。
3. 什么是供应链和供应链管理?供应链管理的内容包含哪些?
4. 根据对供应链的理解,给出供应链的网络结构模型。
5. 供应链管理中采购管理的作用和流程是什么?
6. 试述供应链管理中生产管理子系统的功能和结构。
7. 供应链管理系统实施步骤有哪些?

综合案例 8-1

小肥羊:供应链集成企业管理

餐饮行业和其他传统行业一样面临着原料的采购、配送问题,而采、供、配、送这样一个供应链条,被外界称为供应链,如何保证这个供应过程不出现差错,这对餐饮企业的经营至关重要。餐饮企业要突破传统的供应链管理模式,彻底告别"缺什么补什么,要什么买什么"的经营理念,需要建立一套基于原料供应商到企业的订单供应链管理模式。

在这方面,小肥羊集团已成为业内的领跑者。目前,通过信息化系统,可以查询到小肥羊贯穿企业生产全过程的批次管理方法，从任何一个环节入手，都可以按批次查到所需要的信息，无论是在成品，还是在生产线上的半成品，都能根据批次迅速定位到该批次的产品原料、供应商、生产过程检验等资料。对于有保质期要求的原料或产品，在材料领用出库时，系统会根据先进先出的原则自动配给，以有效确保材料的品质，并减少无谓的过期浪费。

小肥羊集团是中国最大的火锅餐饮连锁企业之一，也是国内提供全套服务的连锁餐厅运营商。近年来，小肥羊以信息化管理平台为基石，采用餐饮、物流、生产加工垂直一体化多业态经营模式，构成上下游集成的完整供应链系统，实现了对400余家连锁店进行统一集中化管理。

由于各自独立核算，小肥羊集团下的各子公司虽然存在着相同的业务，但在会计科目、物料编码等基础资料设置上并不统一。例如在固定资产管理上，有些子公司按资产类别设置明细科目，有些子公司则按照资产所属部门设置科目。为此，小肥羊集团首先在信息技术系统上构建了标准化的基础数据管控平台，实现了组织、科目、客户、供应商、物料等基础数据的统一，公司内的客户、供应商、物料统一，公司间流转的物料统一，集团内部的客商统一。真正做到了集团财务集中核算的"三统一"，即统一会计科目体系、统一基础数据、统一核算制度。目前，信息化已是小肥羊集团的主要战略之一。随着集团规模和管理需求的不断升级，与金蝶等信息技术公司的持续合作，使小肥羊集团的信息化系统在功能上日趋完善。"集团管控使我们在快速扩张中能够控制风险，是我们管理决策的有力工具，也使我们顺利形成了财务一体化、信息一体化、垂直一体化的运营模式"，小肥羊信息技术部门负责人对记者表示。

1. 原料统一配送

小肥羊集团经营所需的食品原料种类繁多，季节性强，品质差异大，如何发挥集团采购优势，统一调度配送资源，降低运营成本，是小肥羊集团垂直一体化运营体系的关键。为此，小肥羊集团成立了物流配送分公司，在包头、锡林浩特设立了一级分拨中心，在北京、上海、深圳、山东、陕西、河南、河北、甘肃、新疆等九个省（市）设立了二级分拨中心。业务范围覆盖全国32个省（市、自治区），拥有20大类、6000多个品种适合全国统配的物料资源，并承担分布在11个分拨中心的近3000个地方采购物料的配送任务，作为小肥羊集团餐饮经营的集中采购、配送、仓储的后勤保障。

小肥羊集团借助金蝶公司的解决方案实现了物流配送体系的有效运作，对食材进行集中采购和统一配送，各门店在系统中上报采购需求，集团进行汇总分析后制订统一的采购计划，通过统一的供应商管理和价格管理平台，进行集中采购和财务结算，有效降低了物料的采购成本，提高了小肥羊集团的整体竞争优势。

同时，小肥羊集团总部将物流业务系统延伸到连锁店，根据系统中下属企业的要货申请，在集团内进行库存物资的分配、平衡，下达统一的集团内部配送指令，使连锁店与物流公司的业务形成闭环，从而集中资源优势有效解决连锁店的原材料供应，降低连锁店的运营成本。

2. 供应链集成企业应用

小肥羊集团将供应链管理系统与门店管理系统进行整合,实现了信息的充分共享,系统自动对配送中心的每一笔出货和门店的每一笔进货与门店的销售信息做比对,哪些材料用了多少、还剩多少,清晰可查。业务系统的集成应用,一方面可减轻中间单据的人工传输环节所造成的大量时间成本、提高效率的作用;另一方面对其中的任何一个环节,包括小肥羊集团的店面和区域的物流配送,以及生产基地的过程管理,都能够及时控制。一个提货的需求进行到了什么样的程度,店面库存的状态如何,物流是否已备货,是否需要进行某一材料的统一采购,统一订货是否全部实现了透明化,这样标准化、规范化的系统管理让更多的人有精力去了解市场现状、经营情况,以及投入到创新产品的研制中。

3. 财务报表的统一管理

目前小肥羊集团下属共有140多个财务组织,集团管理层需要及时掌握下属企业的财务状况和经营成果,实现及时追溯查询,同时下属单位也要结合自身的管理需求,查看各类财务报表和管理报表。报表体系分为核算单体报表、核算取数报表、财务管理报表、资产损益报表四大类,既包括按财务会计要求定期编制的财务报告,又包括按管理会计要求实时生成的会计报表。每月通过系统生成的各类报表为500份左右,多维度、多口径地分析集团财务和业务状况,大大提高了会计报表编报的及时性,增强了会计信息的真实性、准确性和决策相关性。

在报表系统的支撑下,总部可以对下属各门店每天的进销存信息进行实时查看,大大提高了对众多店面异常情况的监控。如今,在信息系统的支撑下,小肥羊集团的成本核算可以做到单个菜品,每月可统计每种菜品的毛利率,对那些点击率高、毛利率高的产品进行特别宣传,并淘汰低利润又不受欢迎的菜品。

阅读以上案例,思考以下问题。

(1) 结合案例,分析小肥羊集团的供应链管理信息系统主要包括哪几个功能模块。

(2) 请分析供应链管理系统为小肥羊集团解决了哪些方面的问题。

综合案例 8-2

一汽大众汽车有限公司通过物流整合提高效益

一汽大众汽车有限公司正式成立于1991年,是由中国第一汽车集团公司和德国大众汽车股份有限公司共同投资89亿元组建的合资企业。近年来,该公司在中国汽车行业中一直名列前茅,占有较大的市场份额。其名牌产品捷达轿车和奥迪轿车已成为中国年轻汽车一族所追求的目标,并拥有越来越多的客户。1997年,捷达轿车的产销量与 1996 年相比增长了 70%，在全国轿车行业中名列第三。一汽大众汽车有限公司所取得的成功，除了市场的开拓与投入、技术创新等有效举措外，另一重要的因素就是引入了现代化的计算机管理模式和技术，即它通过企业资源计划对企业物流进行了有效整合。

一汽大众汽车有限公司为了提高自身的竞争力，在我国汽车整车行业中率先引进了 SAP 的 R/3 系统（一整套完整的企业资源计划系统）来对企业进行管理，为企业管理方式的探索走出了一条新路。由于汽车市场需求的变化，要求制造商从小品种、大批量的生产方式转变为多品种、小批量的生产方式，在一汽大众汽车有限公司，仅捷达车的品种就有 59 种，批量小、生产批次多，如果不采用先进的信息管理系统，必会导致库存量大、生产效率低、生产成本高的情况出现。因此，企业考虑统筹规划，使物流、信息流和资金流并行，对企业内部物流进行整合，从制度上规范了公司业务的各个环节，改善了企业的经营决策功能，实现采购订货及时、库存量降低、生产计划安排合理。这一整合提高了企业的应变能力和竞争能力，从而使企业在市场上获得了更高的声誉，整体运营水平大大提高了。具体表现在以下方面。

1. 采购管理

首先，在采购上根据主计划和物料清单对库存量进行查对，用计算机快速计算出所缺物料的品种、数量和进货时间，将采购进货下达到各厂。然后，由采购人员从系统中查看各供应商的历史信息，根据其价格、供货质量、服务等指标来选择供应商。这既能准确、高质量地实现物料采购，又大大缩短了采购周期。

2. 库存管理

采购的准确和及时，使库存量大大降低了。以前，库存资金占用严重，仅国产化件资金占用量就高达 1.2 亿元，使用 R/3 系统后降低到 4000 万元左右。同时，系统对库存量的上限和下限有严格的控制，只要库存量达到了上限，系统就会给出报警信号，物料无法再进入仓库；而达到下限时，系统也会提醒采购人员立即补充库存，起到自动提示和监督的作用。在库存盘点方面也节约了大量的人力和时间，以前每天最多可清查 4 个仓库，而采用计算机管理后，4 个仓库的盘点仅用 10 分钟就可完成。

3. 生产管理

在一汽大众汽车有限公司的生产装配线上，生产计划一旦形成，就立即下达到各个生产部门，并分解到工位。同时，物料供应部门也应根据计划要求准确及时地将各种物料送往各个工位，每一种物料都用各自的条形码作为标志，一旦某个工位的物料低于下限，就立即由计算机发出缺料通知，这样可以边干边等，不至于发生停工待料的现象。供货部门接到信号后，根据其条形码信息可及时将物料送到所需工位。在生产和组装过程中，每一道工序都由系统严格进行监控，如每个工位都进行了哪些工作、是否合格等信息都将准确无误地存入计算机内。

4. 质量控制

由于每道工序都要记录工作质量合格与否,所以系统能如实地反映产品和配套零件的质量情况。当整车下线时,所有这些信息都被扫描存储在计算机数据库中。这样,质量管理信息的采集与处理、质保的定期跟踪都变得方便和容易,较好地实现了全面质量管理。

5. 成本核算与控制

在企业资源计划系统中,一汽大众汽车有限公司的每个部门都是一个独立的成本核算中心,都有一个预算指标来实施严格准确的成本控制。在使用计算机管理系统以前,由于汽车的零部件繁多,每一个产品的成本都较难计算得很准确,现在利用 R/3 系统可对企业业务流程中的每个环节的成本变化进行跟踪,每个工序、每个环节,只要产生增值,就立即动态地进行成本滚加,并可实现对产品的成本按月分析,加以控制。整个年度的经营计划都非常好地控制在企业的经营者手中。

6. 财务管理

实现了财务电算化后,及时准确的成本跟踪使成本核算实现了自动化,财会部门的职能和工作重点也发生了重大转变。过去那些忙于记账、核对、做报表的人员,现在的任务是随时对成本进行比较和分析,真正起到了成本控制的作用。由于将财务的分块处理变为工作流管理,有效地控制了资金流的流向,提高了财务工作效率,保证了财务数据的准确性,加强了财务分析功能,大大缩短了财务处理业务量和财务结算周期。以前,完成月报需要一周时间,年报则更长;现在标准的资产负债表,从产生到打印出来仅需要一分钟时间。同时,系统中多货币及外汇、汇率的管理也为企业的财务运作提供了有效工具,一汽大众汽车有限公司每年要动用 4 亿～5 亿德国马克的外汇,仅在汇率管理上就为企业节约了大量的资金。

阅读以上案例,思考以下问题。

(1) 结合案例,请总结一汽大众汽车有限公司在哪些方面取得了成功。

(2) 结合案例,请讨论一汽大众汽车有限公司供应链管理平台是如何实现战略目标的。

上机实践

1. 成本核算模块训练

(1) 查询工资项目和工资类别,并进行岗位工资设置,总经理设置为 5000 元,销售部、采购部设置为 2000 元,仓库管理部、生产部和计划部设置为 1000 元(见图 8-8)。

(2) 设置工资类别为默认工资类别。

(3) 查询各部门的工资情况,录入并保存数据。

(4) 对工资发放进行核算,并进行月末结转,最后查询工资报表。

图 8-8 成本核算模块

操作说明如下:企业生存和发展的关键在于不断提高经济效益。提高经济效益的手段:一是增收,二是节支。增收靠创新,节支靠成本控制。成本控制的基础是成本核算工作。工资核算是财务核算的一部分,其日常业务要通过账务记账凭证反映,成本核算系统、工资管理系统和账务总账系统之间形成凭证传递的关系。

2. 业务流程

1) 工资管理

工资项目:工资管理系统列出了与工资核算有关的数值类信息(见图 8-9)。

工资项目列表

项目	类型	增减	小数位
应发合计	数字	增	0
扣款合计	数字	减	0
实发合计	数字	增	0
基本工资	数字	增	0
岗位工资	数字	增	0
社会保险	数字	减	0

图 8-9 工资项目列表

工资类别:工资类别的功能主要是为不同类别的人员发放不同工资项目的工资而设置的,如图 8-10 所示。

岗位工资设置:设置各个部门的岗位工资(见图 8-11)。

工资类别设置:设置当前工资管理所使用的工资类别(见图 8-12)。

工资录入:在月末结转前录入和查看本月员工工资(见图 8-13)。

选择部门、员工选项,可以查看该员工本月工资应发合计、扣款合计和实发合计,

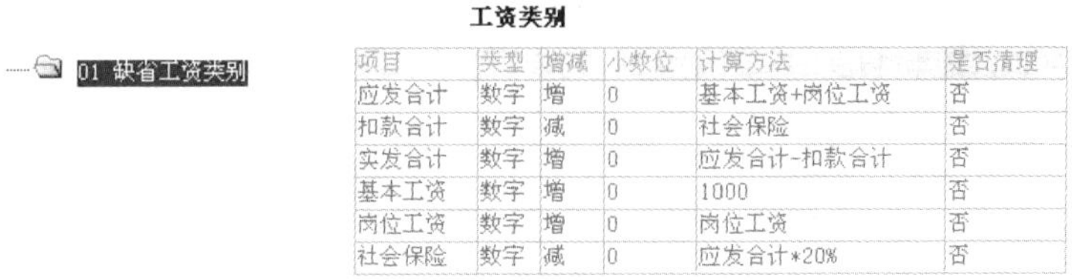

第 8 章 供应链管理系统

图 8-10 工资类别

图 8-11 设置岗位工资

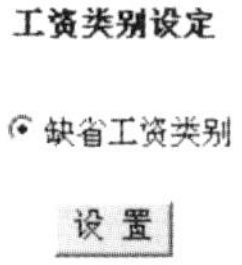

图 8-12 工资类别设定

图 8-13 录入和查看员工工资

如果该员工本月工资还没有录入，则上述三项为空，此时可以单击"录入"按钮对员工本月工资进行录入。系统会根据工资类别设置的工资项目计算公式自动计算员工本月工资，保存后录入即成功（见图 8-14）。

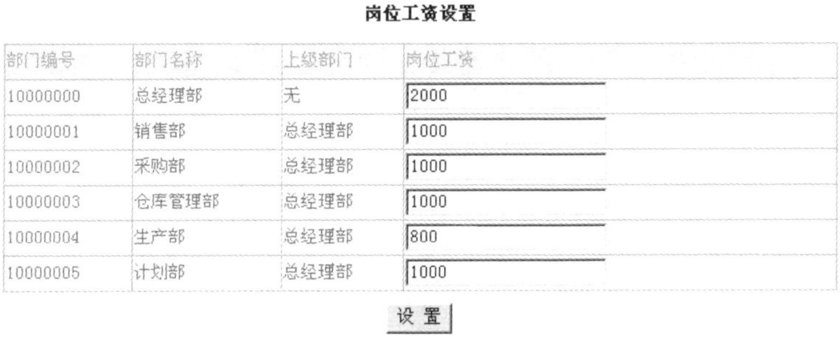

发放核算：在工资按照工资录入表发放完毕后，就需要在账务上做记账凭证处理，本功能可完成这些凭证的生成（见图 8-15）。

月末结转：在本月的工资数据处理完成之后，需要对本月的工资数据进行备份。

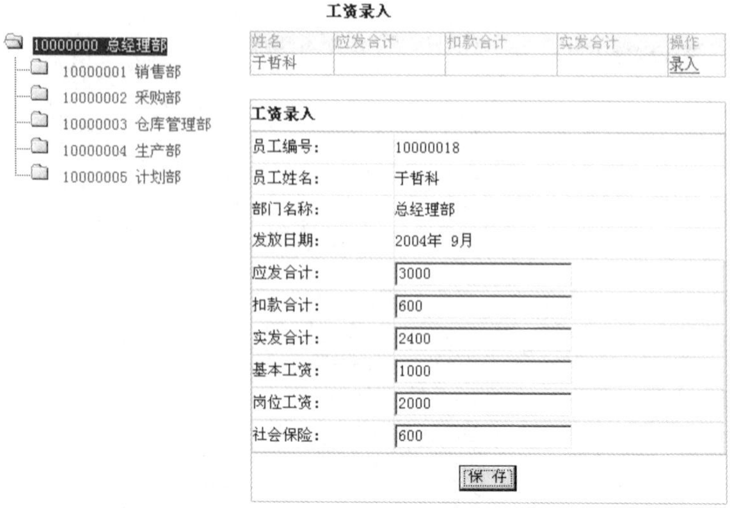

图 8-14 成功录入工资数据

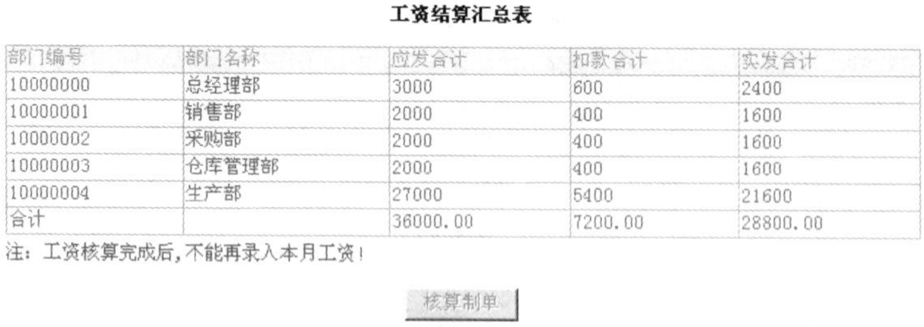

图 8-15 工资结算汇总表

一方面可以作为历史数据,以便进行年度汇总;另一方面可自动对下月的数据进行清理。以上内容处理完成后,系统自动将业务日期设置为下个月,不能再处理本月的工资数据(见图 8-16)。

工资报表:工资报表里可以查看工资系统每月工资的统计报表数据(见图 8-17)。

2)成本核算

工资费用分配:财会部门根据工资费用分配表,将工资费用根据用途进行分配,并编制记账凭证,供登账处理之用。工资费用的分配必须在工资系统月结后完成(见图 8-18)。

原材料收发结转:根据仓库的出入库记录,统计原材料的收发数量及成本,编制记账凭证,供登账处理之用。原材料收发的结转必须在月底当日,所有出入库单据登记完成后才可以进行(见图 8-19)。

制造费用结转:制造费用的结转参考本月记账凭证中制造费用科目的明细进行

月末结转

当前会计期间：	2004年度9月

结转处理：
1. 将本月的工资明细表置为不可修改状态。
2. 生成下月工资明细表。
3. 结转后才可以完成工资费用的分配。

注：请在完成工资录入以及发放核算工作后进行结转！

[确 定]

图 8-16 月末结转

工资报表

部门：生产部   期间：2004年 9月

[查 询]

员工姓名	应发合计	扣款合计	实发合计
刘丽	1800	360	1440
金柯	1800	360	1440
王静	1800	360	1440
陈莉莉	1800	360	1440
欧阳笑	1800	360	1440
刘星	1800	360	1440
吴霞	1800	360	1440
陈福	1800	360	1440
陈买	1800	360	1440
刘海利	1800	360	1440
刘霞	1800	360	1440
欧阳巧巧	1800	360	1440
刘华	1800	360	1440
顾晓芬	1800	360	1440
刘文方	1800	360	1440

1

图 8-17 工资报表数据

工资费用分配

部门编号	部门名称	应发合计
10000000	总经理部	3000
10000001	销售部	2000
10000002	采购部	2000
10000003	仓库管理部	2000
10000004	生产部	27000
合计		36000.00

[分 配]

图 8-18 工资费用分配

汇总，编制记账凭证，必须完成固定资产系统的月末结转后才可以进行（见图 8-20）。

生产成本核算：在完成了工资分配、原材料收发及制造费用的结转后，用户可以进入"生产成本核算"，对本月生产的产品成本进行核算记账。

原材料收发成本结转

物料编号	物料名称	计量单位	期初结存 数量/成本	本期收入 数量/成本	本期发出 数量/成本	期末结存 数量/成本
10000001	机箱架	件	0/0	1500/73600	/	1500/73600
10000003	挡板	件	0/0	1650/3300	/	1650/3300
10000004	P/R按键	件	0/0	1650/1650	/	1650/1650
10000006	线材	件	0/0	1495/2990	/	1495/2990
10000007	面板主体	件	0/0	1700/68000	/	1700/68000

合计　　　　　　　　　　　　　　本期收入：171240　　本期发出：0

[结 转]

图 8-19　原材料收发成本结转

制造费用结转

部门	车间	单位	日期	金额
生产部	生产车间汇总	元	2004-9-30	9680

[结 转]

图 8-20　制造费用结转

第 9 章　客户关系管理系统

学习目标

1. 了解客户关系管理系统产生的背景。
2. 了解企业管理中心理念的发展阶段。
3. 理解并掌握 CRM 的定义。
4. 理解并掌握 CRM 的核心思想。
5. 熟悉并掌握 CRM 系统的特点。
6. 掌握 CRM 系统的分类。
7. 理解并掌握 CRM 的常见模块。

引入案例

泰国东方饭店客户关系管理

泰国的东方饭店堪称亚洲饭店之最,几乎天天客满,不提前一个月预订是很难有入住机会的,而且客人大都来自西方发达国家。泰国在亚洲算不上是特别发达的国家,但为什么会有如此诱人的饭店呢?大家往往认为泰国是一个旅游国家,而且有世界上独有的人妖表演,是不是该饭店在这方面下了工夫。错,他们靠的是真工夫,靠的是非同寻常的客户服务理念,也就是现在经常提到的客户关系管理。

他们的客户服务到底好到什么程度,下面通过一个实例来看一下。

一位朋友因公务经常出差泰国,并下榻在东方饭店,第一次入住时,良好的饭店环境和服务给他留下了深刻印象,当他第二次入住时,几个细节更让他对饭店的好感迅速上升。

那天早上,当他走出房门准备去餐厅的时候,楼层服务生恭敬地问道:"于先生是要用早餐吗?"于先生很奇怪,反问"你怎么知道我姓于?"服务生答:"我们饭店规定,晚上要背熟所有客人的姓名。"这令于先生大吃一惊,因为他频繁往返于世界各地,入住过无数高级酒店,但这种情况还是第一次碰到。

于先生高兴地乘电梯下到餐厅所在的楼层,刚走出电梯门,餐厅的服务生道:"于先生,里面请",于先生更加疑惑,因为服务生并没有看到他的房卡,就问:"你知道我姓于?"服务生答:"上面的电话刚打来过,说您已经下楼了"。如此高的效率让于先生再次大吃一惊。

于先生刚走进餐厅,服务小姐微笑着问:"于先生还要老位子吗?"于先生的惊讶再次升级,心想"尽管我不是第一次在这里吃饭,但最近入住的一次也是一年前了,难道这里的服务小姐记忆力那么好?"看到于先生惊讶的目光,服务小姐主动解释说:"我刚刚查过记录,您于去年的6月8日在靠近第二个窗口的位子上用过早餐",于先生听后兴奋地说:"老位子!老位子!"小姐接着问:"老菜单?一个三明治,一杯咖啡,一个鸡蛋?"现在于先生已经不再惊讶了,"老菜单,就要老菜单!"于先生已经兴奋到了极点。

上餐时,餐厅赠送了于先生一碟小菜,由于这种小菜于先生是第一次看到,就问:"这是什么?"服务生后退两步答:"这是我们特有的某某小菜"。服务生为什么要先后退两步呢? 他是怕自己说话时口水不小心落在客人的食品上,这种细致的服务不要说在一般的酒店,就是美国最好的饭店,于先生都没有碰见过。这一次早餐给于先生留下了终生难忘的印象。

后来,由于业务调整,于先生有三年的时间没有再去泰国。在于先生生日的时候,突然收到一封东方饭店发来的生日贺卡,里面还附了一封短信:非常想念您,希望能再次见到您。今天是您的生日,祝您生日愉快。于先生当时很激动,发誓如果再去泰国,绝对不会入住其他饭店,一定要入住东方饭店,而且要说服所有朋友也像他一样。于先生看了一下信封,上面贴着一枚六元的邮票。六元钱就这样买到了一颗心,这就是客户关系管理的魔力。

东方饭店非常重视培养忠实的客户,并且建立了一套完善的客户关系管理体系,使客户入住后可以得到无微不至的人性化服务。迄今为止,世界各国有约20万人曾入住过那里。用他们的话说,只要每年有十分之一的老顾客光顾饭店,就会永远客满。

案例启示

泰国东方饭店的成功告诉我们,客户关系管理并非只是一套软件,而是以会员服务意识为核心,贯穿于所有经营环节的一整套全面完善服务理念和服务体系,是一种企业文化。重视培养忠实的客户,并建立一套完善的客户关系管理体系,使客户可以得到无微不至的个性化服务,是企业取得成功的关键,也正是客户关系管理的魅力所在。

9.1 客户关系管理的定义与本质

客户关系管理(customer relationship management,CRM),从管理科学的角度来考察,源于"以客户为中心"的市场营销理论,是一种旨在改善企业与客户之间关系的管理机制。从解决方案的角度考察,它是将市场营销的科学管理理念通过信息技术集成到软件上的系统。网络时代的客户关系管理应该是利用现代信息技术手段，在企业与客户之间建立的一种数字的、实时的、互动的交流管理系统。

因此，CRM 的内涵是企业利用信息技术和互联网（Internet）技术实现对客户的整合营销，是以客户为核心的企业营销的技术实现和管理实现。CRM 主要包含以下内容。

(1) 客户概况分析：包括客户的基本信息、信用、偏好等。

(2) 客户忠诚度分析：指客户对产品或商家的信任度、持久性、变动情况等。

(3) 客户利润分析：指不同客户所消费的产品的边际利润、总利润、净利润等。

(4) 客户性能分析：指不同客户所消费的产品按种类、渠道、销售地点等指标划分的销售额。

(5) 客户未来分析：包括客户数量、类别等情况的未来发展趋势、争取客户的手段等。

(6) 客户产品分析：包括产品设计、关联性、供应链等。

(7) 客户促销分析：包括广告、宣传等促销活动的管理。

如果企业资源计划软件帮助企业优化了内部的管理流程和其他内部资源，那么 CRM 的出现则使企业的外部资源（主要是客户资源）得以合理利用，其目标在于通过提供快速、周到、优质的服务来吸引和保持更多的客户，以及通过客户的工作流程来节省获取客户和保留客户的成本。

CRM 的核心管理思想包括以下三方面。

(1) 客户是企业发展最重要的资源之一。

(2) 应对企业与客户发生的各种关系进行全面管理。

(3) 进一步延伸企业供应链管理。

首先，CRM 将企业内部和外部所有与客户相关的资料及数据集成在同一个系统里，以便让市场营销人员、销售人员、服务人员等所有与客户接触的第一线人员都能够共享。

其次，CRM 对市场营销、销售与服务等前台工作导入流程管理的功能让每一类客户的需求可通过系列规范的流程得到快速而妥善的处理，并且让服务同一个客户的销售、市场营销、服务与管理人员能够紧密协作，从而大幅提高销售业绩与客户满意度。

需要说明的是，关于 CRM 的定义，不同的机构有着不同的理解和表述。

GartnetGroup 认为，CRM 就是为企业提供全方位的管理视角、赋予企业更完善的客户交流能力，使客户的收益最大化的工具。

Hurwitz Group 认为，CRM 的焦点是改善销售、市场营销、客户服务等与客户关系有关领域的商业流程并实现自动化。CRM 是一种原则制度，它以客户为中心，其目标是缩短销售周期，降低销售成本，增加销售收入，寻找扩展业务所需的新的市场渠道，以及提升客户的价值、满意度、盈利心理和忠诚度。CRM 也是一种软件和技术，CRM 应用软件简化和协调了销售、市场营销、服务等各类业务运营的过程，并将注意力集中于满足客户的需要上，同时还将多种与客户交流的渠道，如面对面交流、电话接洽及 Web 访问等融合为一体，以方便企业按照客户的喜好使用适当的渠道与之进行交流。从本质上说，CRM 不过是一款"聚焦于客户"的工具。

IBM 公司把 CRM 分为三类：关系管理、流程管理和接入管理，内容涉及企业识别、挑选、获取、保持和发展客户的整个商业过程。关系管理是与销售、服务、支持和市场相关的业务流程的自动化历程管理，使用数据挖掘技术或数据仓库分析客户行为、期望、需要、历史，并具有全面的客户观念和客户忠诚度衡量标准等。流程管理是使业务流程更加灵活，随着商业条件或竞争压力的变化而做出相应改变的过程。接入管理主要用来管理客户与企业交互的方式，如计算机电话集成（CTI）、电子邮件响应管理系统（EBMS）等，包括行政管理、服务水平管理和资源分配功能。IBM 公司给 CRM 的定义包括两个层面的内容：首先，企业实施 CRM 的目的就是通过一系列的技术手段了解客户目前的需求和潜在客户的需求，适时地为客户提供产品和服务。其次，企业对分布于不同部门、存在于客户所有接触点上的信息进行分析和挖掘，分析客户的所有行为，预测客户下一步对产品和服务的需求，企业内部相关部门实时地输入、共享、查询、处理和更新这些信息，进行一对一的个性化服务。

9.2 客户关系管理产生的背景及其发展

9.2.1 客户关系管理产生的背景

CRM 是营销管理自然演变的产物，并非技术进步的结果。在西方的市场竞争中，企业领导者发现，传统的以 4P 为核心的由市场部门进行营销的方法越来越难以实现营销的目标。而 CRM 就是发达国家以客户为中心的营销的整体解决方案，它在注重 4P 关键要素的同时，还将营销重点从客户需求进一步转移到客户的保持上，并且保证企业将适当的时间、资金和管理资源直接集中在这一关键任务上，反映出在营销体系中各种交叉功能的组合。

企业管理的中心观念经历了以下五个演变阶段。

第一阶段是"产值中心论"阶段。当时，制造业处于鼎盛时期——产品供不应求的卖方市场，这一阶段，企业管理的中心就是产值管理。

第二阶段是"销售额小心论"阶段。由于现代化大生产的发展，特别是经过了 1929—1933 年的经济危机和大萧条后，产品的大量积压使企业陷入了销售危机和破产威胁,企业为了生存,纷纷摒弃了产值中心论的观念,此时企业的管理实质上就是对销售额的管理。为了提高销售额,企业对外强化推销观念,对内则采取严格的措施来提升产品质量。

第三阶段是"利润中心论"阶段。激烈的质量竞争使得产品的成本不断提高,促销活动使得销售费用上升。因此,在销售额不断增长的同时,实际利润却在不断下降,为此,管理的重点由销售额转向了实际利润,企业管理的中心又移向了以实际利润为中心的观念上。

第四阶段是"客户中心论"阶段。利润中心论的管理一方面是由于过分强调企业利润和外在形象,而忽略了顾客需求,导致客户的不满和销售滑坡;另一方面,当企业无法或很难再从削减成本中获得更大利润时,就自然将目光转向了顾客,企图通过削减客户的需求价值来维护其利润,企业管理由此进入以客户为中心的管理阶段。

第五阶段是"客户满意中心论"阶段。随着工业经济社会向知识经济社会的过渡,经济全球化和服务一体化成为时代的潮流,客户对产品和服务的满意度成为企业发展的决定性因素,因此客户的满意度成为企业管理的中心。

消费者价值选择的变迁相应地经历了以下三个阶段。

第一阶段是"理性消费时代"。这一阶段,恩格尔系数较高,社会物质尚不充裕,人们的生活水平较低,消费者的消费行为是相当理智的,不但重视价格,而且更看重质量,此时,消费者价值选择的标准是"好"与"差"。

第二阶段是"感觉消费时代"。这一阶段,社会物质和财富开始丰富,恩格尔系数下降,人们的生活水平逐步提高,消费者的价值选择不再仅仅是经济耐用和物美价廉,而是开始注重产品的形象、品牌、设计和使用的方便性等,选择的标准则是"喜欢"和"不喜欢"。

第三阶段是"感情消费时代"。随着科技的飞速发展和社会的不断进步,人们的生活水平大大提高,消费者越来越重视心灵上的充实感和满足感,更加追求在商品购买与消费过程中心灵上的满足感,这一阶段,消费者的价值选择是"满意"与"不满意"。

总之,一方面,经济的全球化,使得行业之间的划分越来越模糊,竞争对手不仅来自行业内部,在利益机制驱动下,许多来自行业外部的竞争者也会加入这个行业。另一方面,从客户的需求来看,其采购产品比以往更加理性,已经不满足于只购买产品,更关注能否得到良好的、具有个性化的服务。上述两种变化的客观进程使 CRM 成为企业管理新的时代内容和决定性的因素。

从技术的发展来看,信息技术的发展特别是互联网技术的进步推动了 CRM 的发展。科学技术的突飞猛进为 CRM 的实现及其功能的扩张提供了前所未有的手段,比如数据挖掘、数据仓库、基于浏览器的个性化服务系统等,也使得企业与客户之间交流的渠道越来越多,除了当面交谈、电话联系外,还有呼叫中心、移动通信、掌上电脑、电子邮件、网站等。正是上述多种因素使得 CRM 能够被更多的企业所接受。

可以说,以互联网为核心的技术进步是 CRM 的加速器。

9.2.2 客户关系管理的发展

最早发展 CRM 的国家是美国。早在 1980 年,美国便有所谓的"接触管理"(contact management)业务,专门收集客户与公司联系的所有信息;到 1990 年,"接触管理"演变成电话服务,并对客户资料进行分析以支持"客户关怀"(customer care)。

从 20 世纪 80 年代中期开始,为了降低成本、提高效率、增强企业竞争力,许多公司进行了业务流程的重新设计。为了对业务流程的重组提供技术支持,很多企业采用了企业资源计划系统,即所谓的 ERP(enterprise resource planning)系统,它一方面提升了企业内部业务流程的自动化程度,使员工从日常事务中解放出来,另一方面也对原有的流程进行了优化。由此,企业完成了提高内部运作效率和质量的任务,可以有更多的精力去关注企业与外部相关利益者的互动,以抓住更多的商业机会。在企业的诸多相关利益者中,客户的重要性日益突出,他们在服务的及时性与质量等方面都提出了更高的要求。企业在处理与客户的关系时,越来越感觉到信息技术支持在与客户建立良好关系中的作用,CRM 系统应运而生。

最初的 CRM 应用是在 20 世纪 90 年代初,主要基于部门的解决方案,如销售队伍自动化(SFA)和客户服务支持(CSS)。它们虽然增强了特定的商务功能,但却未能为公司提供完整的加强与个体客户间关系的手段。于是,20 世纪 90 年代中期推出了整合交叉功能的 CRM 解决方案。它把内部数据处理、销售跟踪、国外市场和客户服务请求融合为一体,不仅包括软件,还包括硬件、专业服务和培训,为公司员工提供全面的、及时的数据,让他们清晰地了解每位客户的需求和购买历史,从而为客户提供相应的服务。

但 CRM 这一概念直到 20 世纪 90 年代末才开始深入一些公司。IBM 公司调查显示,大多数企业,尤其是中小型商业企业,仅对 CRM 应用有一般的了解,对特定的解决方案一无所知。并且,虽然这些公司中大多数都收集客户信息,但这些信息通常还是分别存储在不同的部门中,没有很好地在全公司内整合与共享。

20 世纪 90 年代后期,互联网技术的迅猛发展加速了 CRM 的应用和发展。Web 站点、在线客户自助服务和基于销售自动化的电子邮件使每一个 CRM 解决方案的采纳者进一步拓展了服务能力,这时 CRM 真正进入推广时期。

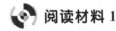 **阅读材料 1**

客户关系管理实施的成功要素

1. 高层领导的支持

总体来讲,成功的客户关系管理项目都要有高层领导的支持,其职位一般是销售副总经理或总经理或营销副总经理或董事长或合伙人,其主要任务是确保本公司或本部门能有效地参与市场竞争。

2. 要专注于流程

有些项目小组一开始就把精力全放在技术支持上,这是一个错误。实际上,好的项目小组应该专注于流程,要知道技术只是促进因素,并不是解决方案,因此,好的项目小组开展工作后的第一件事就是要花时间去研究现有的营销、销售和服务策略,并找出改进方法。

3. 技术的灵活运用

在那些成功的客户关系管理项目中,技术的选择总与要改善的特定问题紧密相关。在一个企业中,如果其销售员或服务工程师在现场工作时很难与总部建立联系,那么这个企业很可能选择机会管理功能。如果企业处理订单时的出错率很高,则很可能选择配置器功能。如果销售管理部门想减少新销售员熟悉业务所需的时间,那么这个企业应该选择营销百科全书功能。选择的标准是,根据业务流程中存在的问题来选择合适的技术,而不是调整流程来适应技术要求。

4. 组织良好的团队

客户关系管理实施队伍应该在四个方面有较强的能力。首先是企业业务流程的重组,因为客户关系管理并不是在每个业务环节上都提高5%,而是在某几个环节上获得巨大的提高。这需要企业对其流程的关键部分自愿进行修改,需要小组中有对企业现状不满意的人,他们会研究企业的流程为什么是这样的,并在合适的时间和合适的地方对流程进行修改。

其次是系统的客户化。不论企业选择哪种解决方案,一定程度的客户化工作是需要的。作为新兴市场,大部分客户关系管理的产品都应用了最新的技术。应该根据企业的工作流程对客户关系管理工具进行修改,这对获得最终用户是很关键的,并且需要对系统设计环境很了解的人加入客户关系管理实施团队。系统的集成化因素也很重要,特别对那些打算支持移动用户的企业更是如此。

最后,实施客户关系管理系统需要改变用户的工作方式,还需要实施小组具有改变管理方式的技能,并提供桌面帮助。这些对于帮助用户适应和接受新的业务流程很重要。

9.3 客户关系管理的功能和企业文化

9.3.1 客户关系管理的功能

客户关系管理就是要通过对企业与客户之间发生的各种关系进行全面管理,以赢得新客户,巩固既有客户,并增进客户利润贡献度的管理模式。客户关系管理的功能主要分为以下三大部分。

（1）统一客户信息管理。打破部门之间的信息分割，整合企业不同的部门、不同的人所掌握的客户信息资料，实行客户信息集中统一管理，这包括对客户类型的划分、客户基本信息、客户联系人信息、企业销售人员的跟踪记录、客户状态和合同信息等。在企业内部，不同的部门和不同的人掌握着不同的客户信息，它们以分散的形态存在着。例如，销售部门掌握着客户的购买信息和相关的档案，财务部门掌握着客户的资金和信用等财务信息，而生产部门和物流部门则掌握着客户的订单等。必须把这些信息整合起来，才能了解客户全貌，更好地针对客户开展业务。

（2）实现企业经营目标。通过对各种渠道（包括传统营销、电话营销和网上营销）接触的客户进行记录、分类和辨识，了解客户的需求，并对客户需求进行系统的分析和研究，提供对潜在客户的管理及对各种市场活动的成效进行评价。在此基础上，针对不同的客户，实行"一对一营销"的个性化服务，提高客户的满意度和客户价值，维持老客户，发展新客户。同时，结合前端的供应商关系管理，使企业和供应商及客户之间实现良性互动，最大限度地利用供应链资源，拓展企业生存和发展空间，提高企业经营效益和企业核心竞争力。

（3）提供协同互动的管理平台。利用电子商务，建立面向客户的管理平台。支持现场销售人员的移动通信设备或掌上电脑设备接入。帮助企业建立网上商店，支持网上结算管理及与物流软件系统的接口。企业对电话销售和现场销售等各种销售活动进行跟踪，及时分析客户的需求动向和偏好，并根据客户需求的变化对产品、职能、网点和物流配送等进行及时调整。同时，根据供应商的业务安排、工作进度、流程、信用风险和环境变化等信息，为客户提供高质量的服务。另外，建立产品安装、服务请求、服务内容、服务网点和服务收费等档案，详细记录服务全程情况，支持现场服务与自助服务。客户可以不受时间和空间的限制，通过 Internet 访问企业网站，以获得相关的信息和指导。

9.3.2 客户关系管理与企业文化

CRM 实施于企业的市场、销售、技术支持等与客户有关的工作部门，虽然在形式上表现为一些软件包的组合、调试、安装、调试和运行，但却包含着一种新型的营销管理理念。因此，CRM 的实施能否成功，不仅取决于 CRM 方案供应商的实施经验和技术水平，而且与企业自身的推进力度有很大的关系，尤其是理念的贯彻和思想的融合，即企业文化体系的改造。

CRM 作为一种专门管理企业前台的管理思想和管理技术，提供了一个利用各种方式收集和分析客户资源的系统，也提供了一种全新的商业战略思维。它可以帮助企业充分利用以客户为主的外部商业关系资源，扩展新的市场和业务渠道，提高客户的满意度和企业的盈利能力。

而 CRM 系统要求把"为客户解决需求"的理念贯彻到电话服务系统(CTI)、自动销售系统(SFA)、市场推广系统和售后服务系统等与客户打交道的所有环节中,即从以生产为中心转向到以客户的需求为中心,从以推销产品为目的转向到以为客户提供整体解决方案为目的,而企业内部则从各部门的多头作战转向团队协作方向。因此,CRM 成功实施的前提就是要求传统的推销型企业从企业结构、企业文化、业务流程向适应新的"客户拉动式"的营销理念转变。

因此,企业要成功地应用 CRM,应该从以下几个方面对企业文化进行改造。

1. 重视客户利益,让客户满意

企业在以前的市场竞争中,往往会形成一种以企业本身利益最大化为目标的企业文化,这种文化因为能够有效地使企业各个资源围绕企业如何获取最大利润而展开,因此,在很长一段时间内为企业的发展带来了帮助。于是"盈利是唯一目标"成为企业经营的唯一定律。在这一指导思想下,许多企业为获利自觉不自觉地损害了客户的利益,客户对供应商或品牌的忠诚度普通偏低。企业这种以自身利益为唯一目标的做法极有可能导致老客户的不断流失。而开发一个新客户的成本是保留一个老客户成本的 5 倍,自然企业的利益也会因此受损。重视客户利益,让客户满意是提高客户对企业的忠诚度的有效方法。由于客户的忠诚度,企业不仅可以低成本地从老客户身上获取利益,而且可以因老客户的推介而提高对新增客户的销售额。

2. 关注客户个性需求

在运作过程中,传统企业面对的是一个群体市场,大部分企业基于企业自身利益的本位主义交易观念,只是简单地根据市场上的大众需求来经营自己的产品。企业一旦发现产品滞销,首先考虑的是如何加紧促销,而忽略了从消费者的个性需求的角度进行突破。但资料表明,越来越多的消费者在选择商品时,将能否满足个性需求当做首要前提,那种仅仅适应大众人群的产品有近八成无人问津。经济全球化使商品能够在全世界范围内自由流动,买方市场的膨胀使消费者对商品的选择余地很大,"个性化"和"多元化"的价值观念及消费需求,促使消费者在选择商品时将个性化需求提到了前所未有的高度。

3. 注重情感消费的经营思路

随着社会财富的不断积累,人们的消费观念已经从最初的追求物美价廉的理性消费时代过渡到感性消费时代。感性消费时代最突出的一个特点是消费者在消费时更多地追求一种心灵的满足,产品本身已经摆在次要位置,消费者可以很方便地找到许多在价格、质量、外形等方面相似的商品,最终确定消费者取舍的因素,很有可能是消费者对生产企业的感情。感情是很难量化的东西,但它确实能为企业争取客户。

4. 努力争取以客户为主的企业外部资源的思想

传统企业在特定的经济环境和管理环境下,已经形成具有共性的企业文化,这种文化的突出表现就是企业管理的着眼点在于内部资源管理,即企业管理后台部分,缺乏对于客户这一前台资源的相应管理。

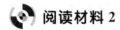 阅读材料 2

杭州银泰移动 CRM

一场静悄悄的革命正在杭州银泰百货进行。2002年10月,它与浙江移动杭州分公司(以下简称杭州移动)签订了协议,由杭州移动提供移动短信商务平台,银泰百货则使用自己积累的数据库,开始了一系列移动客户关系管理的尝试。

银泰百货在杭州可谓业界翘楚,其商场沿街长度达160米,营业面积占30000平方米,各级员工有3000余名;2002年实现销售额11.14亿元,成为浙江发展最快的大型百货商场之一。近几年来,银泰百货一直在关注对传统企业的改造。

这次的"IT"手术,总共有来自三方的4家公司参与。银泰百货对移动客户关系管理表示出了极大兴趣,经过5年的积累,银泰百货手上已经积累了几万名VIP客户的详细资料,但是,面对如此庞大的数据库,也"办法不多"。于是,总经理希望利用信息技术来改善客户关系的管理。

其实,浙江移动早已上了一个简单的移动商务平台,可是只能实现一些初级的短信群发、短信日收之类的功能,并没有想过将管理观念、营销理念导入。当初做这个平台时,考虑得比较简单。很多属于短信办公助理,如你常看到的"今天产品大打折",一按鼠标就发送出去。软件装在客户端,如企业内部通知即可发给客户,相当于内部的宽网。应该说这个想法挺好,但是没有从顾客心理出发,没有研究企业需求,所以一直不理想。但也找不到更好的解决办法。

移动认为,我们调查了30多家企业,发现企业真正需要的是双向互动,比方搞一个活动,我们不仅要把客户资料收集过来,还要分门别类加以处理,这部分客户可以做打折短信,那部分客户可以进行短信促销,既有主动信息发送,也有客户上行。当这些客户上行后,可以做成一个数据库,该数据库可以作为企业以后进行客户关系管理的一种重要手段。

1. 银泰百货演绎移动 CRM

从2002年10月开始,银泰百货利用移动短信平台开始了一项互动的市场营销活动,活动中与顾客往来交流的各种信息,会及时反馈到公司的客户关系管理系统中。

银泰的流量非常大。以前给VIP客户发一轮信函,不仅需要大量的人手,而且每封邮费要一块多,成本很高。但通过短信商务平台,直接把产品与客户数据连在一起,不但方便快捷,而且即使每个客户的成本按一毛钱算,费用也节省了90%。实际上,由于移动公司给了大折扣,实际费用还要低很多。一位银泰百货的内部人士告诉记者。

第 9 章　客户关系管理系统

目前，杭州银泰每个月都能借助移动短信平台，进行四次短信促销、调查活动。另外，通过移动短信平台，还可以对收集来的信息进行合理的信息分类，进行数据库营销。最简单的形式就是，商家搞活动对新产品进行促销。

举个简单的例子，如果顾客买了化妆品，打开后按照上面的标签，发个短消息就可以有某种优惠，数据库便可收录她的喜好。当她在 3 个月后将护肤品用完时，及时消息便会自动找上门来。

专业人士认为，对银泰百货这样的零售企业最理想的移动客户关系管理模式，除了短信行销外，还有就是定位系统。比如，当顾客走到商厦附近的时候，系统就能自动根据数据库中收录、分析出的顾客爱好，发一条针对性强的促销信息。事实上，通过现有的技术，这并不难实现。只要顾客的手机开着，他附近的 3 个基站就能监测到他的位置，并通过一些算法，定位系统就能准确定位，误差不过十几米。

2. 杭州移动的盘算

在移动商务的拓展领域，杭州移动扮演一个沉默但积极参与的角色。杭州的移动运营商竞争激烈，价格战打得很厉害，重压之下，移动需要寻求资费之外新的盈利模式。一位专家指出：现在个人数据的业务盈利模式已经很成熟，移动市场如果还有激动人心的事物发生，一定是在企业数据业务这块。现成的终端硬件设备、短信技术从理论上说也并不复杂，通过简单的应用，就可以节省一块钱的支付费用。何况，运用短信商务平台，企业可以进行动态零售监控，有针对性地促销，甚至是小额支付平台。

对于杭州移动来说，更大的驱动力还在于客户资源。如果某家企业推行移动商务平台，则意味着这家企业内部的所有员工都要使用该运营商的服务，移动商务平台成了一个捆绑企业客户的重要手段。

个人手机的号码可能换就换了，不受约束，而企业客户不大可能轻易改动，尤其是当企业的管理模式是基于移动商务这个平台之上时。所以，这是一个很重要的、绝对的经济增长点。各行业中，首先受到关注的是保险、证券、出租、信息技术、中介等这些高流动性行业；其次是零售、汽车、航空等庞大客户群行业。这就是商机所在。杭州是著名的旅游城市，即使是导游对顾客的管理、酒吧的客户关系管理，都是极有市场潜力的。这块蛋糕非常大。移动的代表这么说。

9.4　客户关系管理系统

9.4.1　客户关系管理系统的特点

客户关系管理是一种以客户为中心的业务模式，由多种技术手段支持，通过以客户为中心来达到增强企业竞争力的目的。所以客户关系管理不仅是一种管理理念，也是一种管理技术。其本质上是以客户关系为导向的一套计算机化的网络软件系统,其目的是有效地收集、汇总、分析和共享各种顾客数据,积累顾客知识,有效地支持客户关系策略。主流的客户关系管理系统具有以下几个特点。

1. 综合性

完整意义上的客户关系管理系统不仅能使企业拥有灵活有效的客户交流平台,而且能使企业具有综合处理客户业务的基本能力,从而实现基于 Internet 和电子商务应用的新型客户管理模式。客户关系管理能综合企业客户服务、销售和营销行为优化的自动化要求,在统一的信息库下开展有效的顾客交流,使得交易流程成为一种综合性的业务操作方式。

2. 集成性

在电子商务背景下,客户关系管理系统能与其他企业级应用系统(ERP、SCM)集成。对企业而言,只有实现了前后端应用系统的完全整合,才能真正实现客户的价值,如客户关系管理与企业资源计划的集成。企业资源计划的实施能给企业带来内部资源的优化配置;客户关系管理则能从根本上改革企业的管理方式和业务流程,因此其具备的强大工作引擎,其解决方案可以确保各部门的任务都能动态协调和无缝集成。如客户关系管理系统中的销售自动化系统,能够及时向企业资源计划传送产品数量和交货日期等信息;营销自动化和在线销售组件,可使企业资源计划订单与配置功能发挥到最大,客户可以真正实现按需配置产品,并现场进行订购。

3. 智能化

成熟的客户关系管理系统不仅能完全实现商业流程的自动化,而且能为管理者的决策提供强大的支持。因为客户关系管理获得了大量客户的信息,通过成功的数据仓库建设和数据挖掘对市场和客户需求展开了完善的智能分析,为管理决策提供参考信息,从而提高管理者经营决策的有效性。此外,客户关系管理的商业智能还可以改善产品的定价方式、发现市场机会,从而提升市场占有率。

4. 高技术

客户关系管理系统涉及种类繁多的信息技术,如数据仓库、网络、语音、多媒体等多种先进技术。同时,为了实现与客户的全方位交流,在方案布置中要求呼叫中心、销售平台、远端销售、移动设备与基于 Internet 的电子商务站点有机结合,这些不同技术和不同规则的功能模块和方案要结合成为一个统一的客户关系管理环境,就要求不同类型的资源和先进技术的支持。客户关系管理为企业提供的数据知识的解决方案中,要通过数据仓库、数据挖掘和决策分析工具的技术支持,才能使企业理解统计数据和客户关系模式、购买行为等的关系。在整合不同来源的数据并以相关形式提供给企业管理者或客户时,信息技术的影响是巨大的,当然也是最终的。

9.4.2 客户关系管理系统的分类

从逻辑模型的角度来讲,一个完整的客户关系管理系统可以分为三个层次:界面层、功能层与支持层,如图9-1所示。

界面层是客户关系管理系统同用户或客户进行交互、获取或输出信息的接口。通过提供直观的、简便易用的界面,用户或客户可以方便提出要求,得到所需要的信息。这一层的模块有呼叫中心和电子商务两部分。

功能层由执行客户关系管理基本功能的各个系统构成,主要包含销售自动化、营销自动化和服务自动化。

支持层则是指客户关系管理系统所用到的数据库管理系统、操作系统、网络通信协议等,是保证整个客户关系管理系统正常运作的基础。

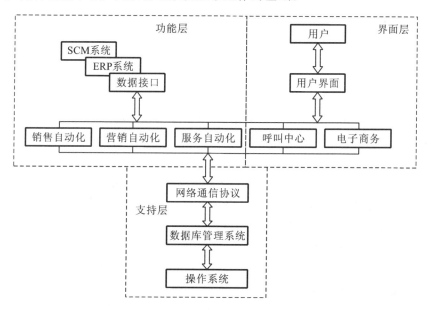

图 9-1　客户关系管理的逻辑体系结构图

与这三个层次相对应,可将客户关系管理系统大致分为如下三个模块,在小型的客户关系管理系统中也可将其当做三类系统。

(1) 对应功能层:对销售、营销和客户服务三部分业务流程的信息化——操作型客户关系管理。

(2) 对应界面层:与客户进行沟通所需要的手段(如电话、传真、网络、Email等)的集成和自动化处理——协作型客户关系管理。

(3) 对应支持层:对前面两部分功能所积累下的信息进行加工处理,产生客户智能,为企业的战略战术决策做支持——分析型客户关系管理。

下面详细分析这三个模块。

1. 操作型客户关系管理

应用此模块的目的是让这些部门的业务人员在日常的工作中能够共享客户资

源、减少信息滞留,力争把一个企业变成单一的"虚拟个人"呈现给客户,它是客户关系管理软件中最基本的应用模块。它通过基于角色的关系管理工作平台实现员工的授权和个性化,使前台交互系统和后台订单执行系统可以无缝集成链接,并同步所有客户的交互活动,从而使企业作为一个统一的信息平台面对客户,大大减少了客户在与企业的接触过程中产生的种种问题。其主要包括:销售自动化、营销自动化、服务自动化。

使用这种系统的人员主要有以下几类。

(1) 销售人员。使销售自动化,包括订单处理、发票处理及销售机会管理。

(2) 营销人员。使营销自动化,如促销活动管理工具,用于计划、设计并执行各种营销的活动,以寻找潜在客户。

(3) 现场服务人员。使服务自动化,包括自动派给工具、设备管理、服务合同及保质期管理等。

2. 协作型客户关系管理

协作型客户关系管理一般有呼叫中心、客户多渠道联络中心、帮助平台以及自助服务帮助导航,具有多媒体、多渠道整合能力的客户联络中心是其主要发展趋势。它将市场、销售和服务三个部门紧密结合在一起,支持它们之间的协作,使企业各部门之间协作畅通,数据一致,从而为企业发挥更大的作用。它能够让企业服务人员同客户一起完成某项活动,比如支持中心人员通过电话指导客户修理设备,因为这个修理活动要由员工和客户共同参与,因此是协同的。

3. 分析型客户关系管理

分析型客户关系管理以数据仓库和数据挖掘为基础,支持、发掘和理解顾客行为。其主要原理是将交易操作所积累的大量数据进行过滤,然后存储到数据仓库中去,再利用数据挖掘技术建立各种行为预测模型,最后利用图标、曲线将企业各种关键运行指标以及客户市场分割情况等信息发布给操作型模块,达到成功决策的目的。应用此模块的人员不与客户直接打交道,而是从运营型系统所产生的大量数据中提取有价值的各种信息。

这一功能统一于客户关系管理系统结构图中,如图 9-2 所示。

从全局角度看,完整的客户关系管理系统包含以下四个分系统。

(1) 客户协作管理分系统。客户协作管理分系统主要实现了客户信息的获取、传递、共享和应用,支持电话中心、Web 服务、电子邮件服务、传真等多种联系渠道的紧密集成,支持客户与企业的互动。

(2) 操作管理分系统。操作管理分系统主要实现了市场营销、销售、客户服务与支持等三种基本商务活动的优化和自动化,也包括市场营销自动化、销售自动化和客户服务自动化等功能模块。随着移动技术的快速发展,销售自动化可进一步实现移动销售,客户服务自动化则将实现对现场服务的支持。

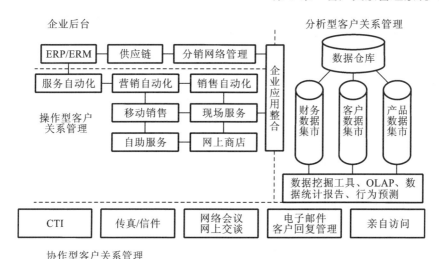

图 9-2　客户关系管理系统结构图

（3）分析管理分系统。分析管理分系统将实现客户数据仓库、数据集市、数据挖掘等工作，在此基础上实现商业智能和决策分析，实现分析管理分系统的核心技术数据仓库和数据挖掘技术。

（4）应用集成管理分系统。应用集成管理分系统将实现与企业资源计划（ERP）、供应链管理等系统的紧密集成，直至实现整个企业的应用集成。

客户关系管理系统在这四个分系统的支持下，实现与客户的多渠道紧密联系、客户订单的流程追踪、客户市场的划分和趋势研究、在线数据联机分析和支持智能决策，以及实现与企业其他系统的集成。

9.4.3　客户关系管理系统的功能

客户关系管理（CRM）系统是利用信息科学技术实现市场营销、销售、客户服务等的自动化系统，是企业更高效地为客户提供满意、周到的服务，以提高客户满意度、忠诚度为目的的一种管理经营方式。客户关系管理既是一种管理理念，又是一种软件技术。以客户为中心的管理理念是客户关系管理实施的基础。

客户关系管理的功能可以归纳为三个方面：市场营销中的客户关系管理、销售过程中的客户关系管理、客户服务过程中的客户关系管理，以下简称为市场营销、销售、客户服务。

1. 市场营销

客户关系管理系统在市场营销过程中，可有效帮助市场人员分析现有的目标客户群体，如主要客户群体集中在哪个行业、哪个职业、哪个年龄层次、哪个地域等，从而帮助市场人员进行精确的市场投放。客户关系管理也会有效分析每一次市场活动的投入产出比,根据与市场活动相关联的回款记录及举办市场活动的报销单据进行计算,就可以统计出所有市场活动的效果报表。

2. 销售

销售是客户关系管理系统中的主要组成部分,主要包括潜在客户、现实客户、联系人、业务机会、订单、回款单、报表统计图等模块。业务员可通过记录沟通内容、建立日程安排、查询预约提醒、快速浏览客户数据来有效缩短工作时间,而大额业务提醒、销售漏斗分析、业绩指标统计、业务阶段划分等功能又可以有效帮助管理人员提高整个公司的成单率、缩短销售周期,从而实现最大效益的业务增长。

3. 客户服务

客户服务主要用于快速及时地获得问题客户的信息及客户历史问题的记录等,这样可以有针对性并且高效地为客户解决问题,提高客户满意度,提升企业形象。其主要功能包括客户反馈、解决方案、满意度调查等功能。应用客户反馈中的自动升级功能,可让管理者第一时间得到超期未解决的客户请求,解决方案功能使全公司所有员工都可以立刻提交给客户最为满意的答案,而满意度调查功能又可以使最高层的管理者随时获知本公司客户服务的真实水平。有些客户关系管理软件还会集成呼叫中心系统,这样可以缩短客户服务人员的响应时间,对提高客户服务水平也起到了很好的作用。

现在市面上的很多客户关系管理软件都包含很多其他功能,如办公管理、行政管理、进销存等,但是这些系统只是为了使用者的方便而产生的,与真正的客户关系管理没有任何的关系。

9.4.4 客户关系管理系统的结构

客户关系管理要求以"客户为中心",形成以客户服务为核心的业务流程和客户驱动的产品与服务设计。客户关系管理系统由接触中心、业务操作系统、数据分析系统以及系统管理和集成平台构成,如图 9-3 所示。

(1) 接触中心。其主要功能是实现企业与客户之间的信息交流,并将相关信息记录下来,存入企业统一的数据仓库。它主要由呼叫中心、电话交流、网上交流、电子邮件、传真信件等与客户直接接触的方式和业务信息系统构成。

(2) 数据分析系统。数据分析系统是通过对数据仓库中记录的客户及产品资料进行数据挖掘和分析,从中发现客户行为规律和购买模式等,并为企业决策提供支持,它是客户关系管理的核心部分。

(3) 业务操作系统。业务操作系统是根据获得的客户信息,以客户为中心组织企业的销售、营销和服务等业务,并将相关信息记录下来,同时与企业的企业资源计划系统和供应链管理系统进行信息交流的系统。与传统企业最主要的区别是,业务流程不再是以产品为中心,而是以客户为中心,打破传统企业职能层级制的限制而直

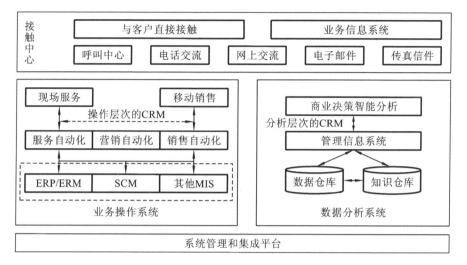

图 9-3 客户关系管理系统框架结构

达客户。业务操作系统主要由销售自动化、营销自动化、服务自动化构成。

9.4.5 客户关系管理系统的模块

1. 销售管理自动化

我们知道,客户关系管理系统最初的雏形就是销售管理自动化(SFA)系统,随着技术的逐渐成熟,客户关系管理系统的功能在不断地扩展。客户关系管理系统发展到今天,其中的销售自动化模块已经相当成熟。销售自动化就是将销售人员所从事的具体销售活动尽可能地"信息化""标准化",并实现销售人员分配的"合理化",打破目前在企业化中普遍存在的"销售单干"现象,通过对客户信息、后台业务信息的高度共享,以及销售流程的规范化,提高企业整体的销售业绩。

客户关系管理中的销售自动化是为了覆盖企业对销售过程的控制而设计的一个功能模块。其目标是提高销售的有效性,保证客户销售数据的准确性、及时性和完整性,对客户销售进行有效管理,提供决策支持所需的数据。不同的软件、销售提供商推出的具体产品功能可能各不相同,但一般都包括销售过程管理与预测管理、销售指标和业绩考核、销售合同管理等方面的内容。

2. 营销自动化

在客户关系管理系统中,市场营销管理模块覆盖了企业的市场活动过程,是帮助市场营销人员进行各类市场活动的管理工具。

营销自动化(marketing to automation,MA)模块可以为营销提供一些独特的功能,如营销活动计划的编制执行、活动的控制和结果的分析、活动预算及其结果预测、营销资料管理等。

一般而言,营销自动化模块仍然属于操作型的应用,是营销人员进行"市场活动"的操作工具。虽然在具体的寻找目标市场(客户群)等方面需要用到很多分析型客户关系管理的功能,包括对已有日常经营过程中的数据进行分析、挖掘有价值的信息,但是对市场活动本身的计划、执行,以及效果评测,还是属于业务操作的范围。

3. 客户服务与支持管理

客户服务与支持(CSS)主要是通过呼叫中心和互联网实现客户服务与支持的,并与销售、营销功能较好地结合起来,为企业提供更多的商机,向已有的客户销售更多的产品。

客户服务与支持的典型应用包括:客户关怀,纠纷、调货、订单与跟踪、现场服务管理、问题及解决方法的数据库,维修行为安排和调度,客户账号、服务协议和合同管理、服务请求管理,联络活动管理,客户普查管理等。

4. 客户分析系统

大多数企业通过 SFA/MA/CSS 模块的应用,在企业上下将客户关系管理基础数据的采集从无到有地建立了起来。但是,在大量的客户数据积累起来之后,数据的分析将成为重担。

客户分析通过挖掘与分析现有客户信息来预测客户的未来行动,可帮助企业在适当的时机向客户销售适当的产品和服务。客户分析系统一般包括:客户分类分析、市场活动影响分析、客户联系时机优化分析、增量销售与交叉销售分析等。

客户分类分析使企业能够将更多的精力放在能为企业带来最大效益的重点客户身上。市场活动影响分析使企业知道客户最需要什么。客户联系时机优化分析是使企业掌握与客户联系的时机,如多长时间与客户联系一次、通过何种渠道联系为好。增量销售与交叉销售分析可以让企业知道向每一特定的客户推销什么样的已购产品和相关产品。

本章小结

本章主要介绍客户关系管理的相关内容。首先介绍了客户关系管理的定义与本质,主要包括客户关系管理的定义、客户关系管理的内容及客户关系管理的核心思想;其次介绍了客户关系管理产生的背景和阶段,主要包括企业管理中心理念的发展阶段、消费者价值选择阶段、客户关系管理发展阶段;接着介绍了客户关系管理与企业文化,主要包括成功实施 CRM 企业文化必须进行的改造;最后介绍了客户关系管理系统的基本知识,主要包括客户关系管理系统的特点、客户关系管理系统的功能、客户关系管理系统的结构、客户关系管理系统的分类、客户关系管理系统的基本模块。

关键概念

客户　客户关系　客户关系管理　分析型客户关系管理　操作型客户关系管理

协作型客户关系管理

简答题

1. 简述 CRM 的定义。
2. 简述 CRM 的核心思想。
3. 客户关系管理系统按照其功能可以分为哪几类？
4. 客户关系管理系统网络结构可以分为哪几类，各有什么特点？
5. 客户关系管理系统常见模块有哪些？主要功能是什么？

综合案例 9-1

万科的客户关系管理案例分析

在地产界流传这样一个现象：每逢万科新楼盘开盘，老业主都会前来捧场，并且老业主的推荐成交率一直居高不下，部分楼盘甚至能达到 50%。据悉，万科在深、沪、京、津、沈阳等地的销售，有 30%～50% 的客户是已经入住的业主介绍的；在深圳，万科地产每开发一个新楼盘，就有不少客户跟进买入。金色家园和四季花城，超过 40% 的新业主是老业主介绍的。据万客会的调查显示：万科地产现有业主中，"万客会"会员重复购买率达 65.3%，56.9% 的业主会员将再次购买万科楼盘，48.5% 的会员将向亲朋推荐万科地产。这在业主重复购买率一直比较低的房地产行业，不能不说是一个奇迹。

1. 第五专业

在设计、工程、营销、物管的基础上，万科经过多年的实践和反思，提出了"房地产第五专业"的理念，即客户关系管理，企业也从原来的项目导向转为客户价值导向。为适应企业对客户关系管理的更高诉求，万科主动引入了信息技术，探索实现了客户关系管理的信息化。万科建立了客户中心网站和 CRM 等信息系统，从多个视角、工作环节和渠道，系统性地收集客户的意见、建议，及时做出研究和响应，这些意见和建议还为企业战略、战术开发提供了指引。万科的第五专业，成为引领企业持续发展、不断续写传奇的重要动力。

2. 关注客户体验

万科素以注重现场包装和展示而闻名，同类的项目，每平方米总要比其他地产贵几百元甚至上千元。有人不理解：我没看出万科楼盘有什么惊人之处，技术也好，材料也好，设计也好，都和别人差不多。其实，只要客户仔细到万科的项目上看看，基本上会被那里浓郁的、具有艺术品位的、温馨的居家氛围和某些细节所打动，会发现那里才是理想中的家园，于是愿意为此多掏很多钱，愿意为瞬间的美好感受、未来的美好遐想而做决定。

万科以其产品为道具、以服务为舞台,营造了一个让消费者融入其中、能产生美好想象和审美愉悦的空间环境与人文环境,万科出售的不再仅仅是"商品"和"服务",万科出售的是客户体验——客户在其精心营造的审美环境中,通过自身的感悟和想象,得到了一种精神上的愉悦。

3. "6+2"服务法

万科有一个称为"6+2"的服务法则,从客户的角度出发可分成以下几步。

第一步:温馨牵手。强调温馨牵手过程中发展商信息透明,阳光购楼。万科要求所有的项目在销售过程中,既要宣传有利于客户(销售)的内容,也要公示不利于客户(销售)的内容。其中包括一公里以内的不利因素。

第二步:喜结连理。在合同条款中,要尽量多地告诉业主签约的注意事项,降低业主的无助感,告诉业主跟万科沟通的渠道与方式。

第三步:亲密接触。公司与业主保持亲密接触,从签约结束到拿到住房这一段时间里,万科会定期发出短信、邮件,组织业主参观楼盘,了解楼盘建设的进展,及时将其进展告诉业主。

第四步:乔迁。业主入住时,万科要举行入住仪式,以表达对业主的敬意与祝福。

第五步:嘘寒问暖。业主入住以后,公司要嘘寒问暖,建立客户经理制,跟踪到底,通过沟通平台及时发现、研究、解决出现的问题。

第六步:承担责任。问题总会发生,当问题出现时,特别是伤及客户利益时,万科不会推卸责任。

随后是"一路同行"。万科建立了忠诚度维修基金,所需资金来自公司每年的利润及客户出资。

最后是"四年之约"。每过四年,万科会全面走访一遍客户,看看有什么需要改善的。

4. 多渠道关注客户问题

倾听是企业客户关系管理中的重要一环,万科专门设立了一个职能部门——万科客户关系中心。客户关系中心的主要职责除处理投诉外,还肩负客户满意度调查、员工满意度调查、各种风险评估、客户回访、投诉信息收集和处理等工作。具体的渠道包含以下几方面。

(1) 协调处理客户投诉:各地客户关系中心得到公司的充分授权,遵循集团投诉处理原则,负责与客户的交流,并对相关决定的结果负责。

(2) 监控管理投诉论坛:"投诉万科"论坛由集团客户关系中心统一实施监控。规定业主和准业主们在论坛上发表的投诉,必须24小时内给予答复。

(3) 组织客户满意度调查:由万科聘请第三方公司实施,旨在全方位地了解客户对万科产品服务的评价和需求,为客户提供更符合生活需求的产品和服务。

(4) 解答咨询:围绕万科和服务的所有咨询或意见,集团客户关系中心都可以代

第 9 章 客户关系管理系统

为解答或为客户指引便捷的沟通渠道。

5. 精心打造企业与客户的互动形式

随着企业的发展,万科对客户的理解也在不断提升。在万科人的眼里,客户已经不只是房子的买主,客户与企业的关系也不再是"一锤子买卖"。于是在 1998 年,万科创立了"万客会",通过积分奖励、购房优惠等措施,为购房者提供系统性的服务。万客会理念的不断提升和丰富,从单向施予的服务到双向沟通与互动,再到更高层次的共同分享,万客会与会员间的关系越来越亲密,从最初的开发商与客户、产品提供方与购买方、服务者与使用者,转变为亲人般的相互信任,朋友般的相互关照。

万科没有刻意强调客户关系管理,而是将客户的利益,包括诉求真正放在心上、捧在手里、落实到行动上。万科深知,对客户利益的关照需要每个子公司、每名员工的贯彻落实,而公司对子公司及员工的考核,是检验公司对客户真实看法的试金石,是引导下属企业及员工言行的指挥棒。

目前,面对市场竞争的压力,已经有许多房企开始意识到具有优质的服务才能占领或保住市场,如绿地、保利等品牌房企均倡导以服务为主题。业内专家表示,从以产品营造为中心到以客户服务为中心,这将是房地产发展的必然途径,与此同时,服务营销的观念也将推动房地产市场走向更加成熟和理性。

阅读以上案例,思考以下问题。
(1) 万科采取了哪些具体措施来实施客户关系营销?
(2) 从上述案例看,房地产的客户价值是什么?
(3) 借鉴万科的经验,简述房地产企业如何实施客户关系管理?

综合案例 9-2

德士高的顾客忠诚计划——俱乐部卡

美国西北大学凯洛格商学院教授、整合营销创始人唐·舒尔兹(Don Schultz)曾预言:零售商未来的成功模式只有两种,一种是沃尔玛模式,即通过提高供应链效率,挤压上下游成本,以价格和地理位置作为主要竞争力;另一种是德士高模式,即通过对顾客的了解和良好的顾客关系,将顾客忠诚计划作为企业的核心竞争力。没有任何中间路线。

德士高超市连锁集团 9 年前开始实施的忠诚计划——俱乐部卡,帮助公司将市场份额从 1995 年的 16% 上升到了 2003 年的 27%,成为英国最大的连锁超市集团。德士高的俱乐部卡被很多海外商业媒体评价为"最善于使用顾客数据库的忠诚计划"和"最健康、最有价值的忠诚计划"。

在英国,有 35% 的家庭加入了俱乐部卡,注册会员达到 1300 多万人。据统计,有 400 万家庭每隔三个月就会查看一次他们的俱乐部卡积分,然后冲到超市,像过圣诞节一样地疯狂采购一番。

德士高俱乐部卡的设计者之一，伦敦 Dunnhumby 市场咨询公司主席 Clive Humby 非常骄傲地说："俱乐部卡的大部分会员都是在忠诚计划推出伊始就成为我们的忠诚顾客，并且从一而终，他们已经和我们保持了9年的关系。"

1. "俱乐部卡"绝不是折扣卡

Clive Humby 介绍，俱乐部卡计划设计之初不只是将自己定位为简单的积分计划，它是德士高的营销战略，是德士高整合营销策略的基础。

在设计俱乐部卡时，德士高的营销人员注意到，很多积分计划章程非常烦琐、积分规则很复杂，消费者往往是花很长时间也不明白具体积分方法。还有很多企业推出的忠诚计划奖励非常不实惠，看上去奖金数额很高，但是很难兑换。这些情况造成了消费者根本不清楚自己的积分状态，也不热衷于累计和兑换，成为忠诚计划的"死用户"。

因此，俱乐部卡的积分规则十分简单易懂，顾客可以从他们在德士高消费的数额中得到1％的奖励，每隔一段时间，德士高就会将顾客累计的奖金换成消费代金券，邮寄到消费者家中。这种方便实用的积分卡吸引了很多家庭的兴趣，据德士高自己的统计，俱乐部卡推出的头6个月，在没有任何广告宣传的情况下，就取得了17％的"顾客自发使用率"。

在 Sains bury、Asda 等连锁超市也相继推出了类似的累计积分计划以后，德士高并没有陷入和它们打价格战、加大顾客返还奖励等误区中。德士高通过顾客在付款时出示俱乐部卡，掌握了大量翔实的顾客购买习惯数据，了解了每个顾客每次采购的总量，主要偏爱哪类产品、产展使用的频率等。Clive Humby 说："德士高拥有英国最好、最准确的消费者数据库，我们知道有多少英国家庭每个星期花12英镑买水果，知道哪个家庭喜欢香蕉，哪个家庭爱吃菠萝。"

通过软件分析，德士高将这些顾客划分成了十多个不同的"利基俱乐部"（Nich-Club），比如单身男人的"足球俱乐部"等。俱乐部卡的营销人员为这十几个分类俱乐部制作了不同版本的"俱乐部卡杂志"，刊登最吸引他们的促销信息和其他一些他们关注的话题。一些本地的德士高连锁店甚至还在当地为不同俱乐部的成员组织了各种活动。现在，"利基俱乐部"已经成为一个个社区，大大提高了顾客的情感转换成本（其中包括个人情感和品牌情感：成为德士高有效的竞争壁垒）。

2. 有效的成本控制

德士高要维持一个拥有1000万会员的俱乐部，而且是以现金送还为主要的奖励方法，还要为不同"利基俱乐部"成员提供量身定做的促销活动，这其中的日常管理和营销沟通工作量非常庞大。如果不进行有效的成本控制，德士高肯定会陷入自己设计的成本泥潭。

据德士高的统计,俱乐部卡每年返还给顾客的折扣大约为1.5亿英镑,9年来共为此付出了10亿英镑的代价。因此,德士高总结出了一整套成本控制方法。

首先,德士高几乎从来不使用电视等大众媒介来推广俱乐部卡。Clive Humby解释:"德士高以前是电视媒体的主要广告商之一,但是后来通过调查发现,直接给顾客寄信,信息到达率更高,更能引起消费者的注意。并且很多消费者认为,定期收到一些大公司的沟通信件,让他们有抬高了社会地位的感觉。在英国这个有限的市场里,德士高的市场目标不可能赢得更多的消费者,而是怎样增加单个消费者的价值,所以直接和消费者建立联系,既便宜又有效。"

如果"利基俱乐部"要进行一次"获得新顾客"的营销活动,他们往往会选择用一两本这些细分市场经常阅读的杂志来进行这种营销活动。然后花很低的广告费,在杂志中夹带"利基俱乐部"的促销信件。

为了更好地控制成本,德士高还经常和供应商联手促销,作为返还给消费者的奖励,把维系忠诚计划的成本转移到供应商身上。由于德士高这种按照消费者购买习惯细分市场的"利基俱乐部"数据库,内容真实详细,促销非常具有针对性,供应商十分愿意参加这样的促销活动,提高品牌知名度、加强与消费者的联系,相比沃尔玛强制供应商降价促销,供应商基本都自愿与德士高联手,实现共赢。

3. 业务延伸

从1996年开始,德士高已不满足于经营单纯的零售积分卡,而是把业务延伸到了金融服务领域,于当年6月推出了"Clubcard Plus7"联名卡。

联名卡(co-branded card)一般是非金融界的盈利性公司与银行合作发行的信用卡,近年来被市场广泛接受,发展很快。较成功的先例有美国航空公司与花旗银行联名发行的Aadvantage卡、AT&T与美国运通卡联合发行的AT&T、Universal Card等。在管理方式上,联名双方(或多方签有详细的利润分成)可以利用公司的品牌和忠诚顾客基数,针对有一定特殊共性的消费群体来设计品牌,是一种极好的市场细分手法。

德士高的"Clubcard Plus"推出时,针对的是俱乐部卡会员中最忠诚、消费额度最高的20%的中产阶级家庭。Clive Humby说:"在英国,消费者对于德士高的信任度大大超过了一般的金融服务公司,因此与德士高联名推出信用卡是理所当然的。"

现在,不仅"Clubcard Plus"信用卡在英国颇受欢迎。2003年,公司在俱乐部卡的基础上还推出了"德士高个人金融服务"和"德士高电信服务"等其他利润更高的服务。推出不到一年,用户已经超过了50万。正如德士高自己形容:"我们不仅仅是用俱乐部卡的积分来奖励消费者,还根据它的数据来决定企业的发展方向。"

4. 相关链接:德士高怎样赢得顾客忠诚度

由德士高俱乐部卡设计者Clive Humby、Terry Hum和Tim Phillips合著的《德士高怎样赢得顾客忠诚度》,在美国发行后立即登上了亚马逊畅销书榜。书中详细介绍了德士高怎样利用细分的消费者数据来设立德士高的"利基俱乐部"。

德士高将超市中顾客经常购买的商品分为50种,每种类别和消费者的一种生活习惯及家庭特征相对应,如"奶粉、尿片等"代表年轻父母,"水果、蔬菜"代表健康的生活习惯。然后通过收银员扫描每个顾客购买的商品来得到大量的统计数据。系统运行6个月后,德士高的数据库成功地分出了13个"利基俱乐部"。

最近,德士高为女性购物者和对健康很在意的消费者,特别推出了"瘦身购物车"。这种推车装有设定阻力的装置,使用者可自主决定推车时的吃力程度,阻力越大,消耗的卡路里就越多。推车购物过程中,顾客的手臂、腿部和腹部肌肉都得到锻炼,相当于进行一定时间的慢跑或游泳而得到的锻炼。手推车上还装有仪器,可测量使用者的脉搏、推车速度与时间,并显示推车者消耗的热量。德士高发言人称,这种"瘦身购物车"的造价是普通推车的7倍,但受到了目标群体的热烈欢迎。

阅读以上案例,思考以下问题。

(1) 分析一般忠诚计划的原理及其利弊。

(2) 德士高的忠诚计划与一般忠诚计划有何不同?

(3) 请分析德士高忠诚计划的成功之处。

(4) 德士高忠诚计划的成功对国内企业实施忠诚计划有何启示?

上机实践

1. 财务总账模块训练

(1) 查询基础数据中的科目代码和余额初始情况。

(2) 查询是否有需要审核的凭证,进行审核。

(3) 对各类账表进行查询分析。

操作说明如下:企业的财务管理是企业管理的重要组成部分,它以货币的形式反映和监督企业日常的经济活动,并对这些经济业务的数据进行分类、汇总,以便为企业的管理和决策提供必要的信息支持。财务总账就是财务管理的核心,负责处理企业记账凭证输入、复核、登记及输出各种账表(见图9-4)。

2. 业务流程

1) 基础数据

会计科目表:系统使用的会计科目如图9-5所示。

初始科目余额表:开始使用总账系统时,企业各科目账户的余额如图9-6所示。

2) 凭证管理

凭证审核:凭证审核即凭证复核,为了保证账簿资料的真实性、可靠性,会计工作中要求对每一笔经济业务所填制的凭证进行严格审核,然后才能据以登记入账。复核凭证是复核员按照财会制度,对制单员填制的记账凭证进行检查核对的工作,主要任务是审核记账凭证与原始凭证是否相符,使用会计科目是否准确等。由于系统中

第 9 章　客户关系管理系统

图 9-4　财务总账模块

会计科目表

编号	名称	编号	名称
1001	现金	1002	银行存款
1009	其他货币资金	1101	短期投资
1111	应收票据	1131	应收帐款
1141	坏帐准备	1133	其他应收款
1201	物资采购	1211	原材料
1243	库存商品	1301	待摊费用
1501	固定资产	1502	累计折旧
1603	在建工程	1701	固定资产清理
1801	无形资产	1911	待处理财产损溢
2101	短期借款	2111	应付票据
2121	应付帐款	2131	预收账款
2151	应付工资	2153	应付福利费
2161	应付股利	2171	应交税金
2176	其他应交款	2191	预提费用
2301	长期借款	3101	实收资本（或股本）
3111	资本公积	3121	盈余公积
3131	本年利润	3141	利润分配
4101	生产成本	4105	制造费用
4107	劳务成本	5101	主营业务收入
5102	其他业务收入	5201	投资收益
5301	营业外收入	5401	主营业务成本
5402	主营业务税金及附加	5405	其他业务支出
5501	营业费用	5502	管理费用
5503	财务费用	5601	财务费用
5701	所得税		

图 9-5　会计科目表

初始科目余额表

科目编号	科目名称	方向	科目余额
1001	现金	0	5000
1002	银行存款	0	1000000
1009	其他货币资金	0	0
1101	短期投资	0	0
1111	应收票据	0	0
1131	应收帐款	0	0
1141	坏帐准备	1	0
1133	其他应收款	0	0
1201	物资采购	0	0
1211	原材料	0	9500
1243	库存商品	0	21700
1301	待摊费用	0	0
1501	固定资产	0	1920000
1502	累计折旧	1	32500
1603	在建工程	0	0
1701	固定资产清理	0	0
1801	无形资产	0	0
1911	待处理财产损溢	0	0
2101	短期借款	1	0
2111	应付票据	1	0
2121	应付帐款	1	0
2131	预收账款	1	0
2151	应付工资	1	0
2153	应付福利费	1	0
2161	应付股利	1	0
2171	应交税金	1	0
2176	其他应交款	1	0
2191	预提费用	1	0
2301	长期借款	1	0
3101	实收资本（或股本）	1	2000000
3111	资本公积	1	100000
3121	盈余公积	1	823700
3131	本年利润	1	0

图 9-6　初始科目余额表

所有的记账凭证都是自动产生的，所以用户可以直接从凭证的复核开始对凭证进行管理。通过选择凭证日期对所有未复核凭证进行过滤，从过滤得到的凭证中复选要审核的凭证，点击"审核"按钮就完成了对凭证的复核工作。实际会计工作中，凭证的制证和复核不能是同一个人，因此系统将复核人默认为"财务主管"。凭证复核是凭证记账的基础，未经复核的凭证不能进行记账（见图9-7）。

凭证记账：记账是会计工作的一个重要环节，也是会计核算中一项重要的基础工作。凭证复核通过后，并没有登记各种账簿信息，复核通过仅是凭证登记到账簿的一个必要条件。记账过程完成后，将所选凭证按照分录科目逐级对分录的金额、数量、外币进行汇总，并据此登记科目余额账，最后给凭证打上记账标志，并登记记账人（见图9-8）。

凭证记账的第一步是从已经复核的凭证中选出需要记账的凭证，然后点击"下一步"按钮。系统显示出本次记账的记账报告，即记账凭证的科目汇总表（见图9-9）。确认无误后，点击"记账"按钮，本次记账工作完成。

第 9 章 客户关系管理系统

凭证审核

凭证类别:	全部	制单人:	全部
日期从:	2004-9-1	到	2004-9-22

确定

选择	凭证日期	编号	借方金额合计	贷方金额合计	制单人	审核人
☐	2004-9-11	10000000	￥36,000.00	￥36,000.00	于哲科	
☐	2004-9-11	10000001	￥7,200.00	￥7,200.00	于哲科	
☐	2004-9-12	10000007	￥34,398.00	￥34,398.00	于哲科	
☐	2004-9-12	10000008	￥3,627.00	￥3,627.00	于哲科	
☐	2004-9-12	10000009	￥45,864.00	￥45,864.00	于哲科	
☐	2004-9-12	10000010	￥1,813.00	￥1,813.00	于哲科	
☐	2004-9-12	10000011	￥80,000.00	￥80,000.00	于哲科	
☐	2004-9-12	10000012	￥1,813.00	￥1,813.00	于哲科	

注:凭证的制证和复核不能为同一人,系统中默认为主管复核.

审 核

图 9-7 凭证审核

凭证记账

选择记账范围

期间:	2004-9		类别:	记帐凭证	
未记账凭证:	10000000	10000003	10000006	10000009	10000011
	10000001	10000004	10000007	10000010	10000012
	10000002	10000005	10000008		
已审核凭证:	10000000	10000003	10000006	10000009	10000011
	10000001	10000004	10000007	10000010	10000012
	10000002	10000005	10000008		
记账范围:	☐ 10000000	☐ 10000003	☐ 10000006	☐ 10000009	☐ 10000011
	☐ 10000001	☐ 10000004	☐ 10000007	☐ 10000010	☐ 10000012
	☐ 10000002	☐ 10000005	☐ 10000008		

下一步

图 9-8 凭证记账

凭证记账

记账报告(凭证张数: 6)

科目编码	科目名称	借方金额	贷方金额
2151	应付工资	￥28,800.00	￥0.00
2176	其他应交款	￥7,200.00	￥0.00
1002	银行存款	￥0.00	￥36,000.00
2151	应付工资	￥7,200.00	￥0.00
2176	其他应交款	￥0.00	￥7,200.00
4105	制造费用	￥9,680.00	￥0.00
1502	累计折旧	￥0.00	￥9,680.00
4101	生产成本	￥27,000.00	￥0.00
5502	管理费用	￥9,000.00	￥0.00
2151	应付工资	￥0.00	￥36,000.00
4101	生产成本	￥9,680.00	￥0.00
4105	制造费用	￥0.00	￥9,680.00
1211	原材料	￥140,040.00	￥0.00
1201	物资采购	￥0.00	￥140,040.00

记 账   取 消

图 9-9 完成凭证记账操作

凭证查询:根据各种条件查询系统中的未记账凭证,如图 9-10 所示。

凭证查询

凭证类别:	全部	制单人:	全部
日期从:		到	

确定

凭证日期	编号	借方金额合计	贷方金额合计	制单人	审核人	查看
2004-9-30	10000006	￥0.00	￥0.00	于哲科	财务主管	选择
2004-9-12	10000007	￥34,398.00	￥34,398.00	于哲科	财务主管	选择
2004-9-12	10000008	￥3,627.00	￥3,627.00	于哲科	财务主管	选择
2004-9-12	10000009	￥45,864.00	￥45,864.00	于哲科	财务主管	选择
2004-9-12	10000010	￥1,813.00	￥1,813.00	于哲科	财务主管	选择
2004-9-12	10000011	￥80,000.00	￥80,000.00	于哲科	财务主管	选择
2004-9-12	10000012	￥1,813.00	￥1,813.00	于哲科	财务主管	选择

记账凭证

记字第 10000008 号　　制单日期: 2004年9月12日　　附件: 张

摘要	科目名称	借方金额	贷方金额
采购物料	物资采购	￥3,100.00	￥0.00
	应交税金	￥527.00	￥0.00
	应付帐款	￥0.00	￥3,627.00
合计:		￥3,627.00	￥3,627.00

记帐: _____　　复核: 财务主管　　制单: 于哲科

返回

图 9-10　凭证查询

3) 账表查询

总账:总账又称总分类账,可以在系统中查询到从建账开始各科目每月借、贷,以及余额的当前合计、当前累计金额(见图 9-11)。

1002 银行存款 总账

科目:	1002 银行存款					
年	月	摘要	1001 现金	贷方	方向	余额
		期	1002 银行存款		借	1000000
2004	09	当	1009 其他货币资金	117813		
2004	09	当	1101 短期投资	117813	借	882187
			1111 应收票据			
			1131 应收帐款			
			1141 坏帐准备			
			1133 其他应收款			
			1201 物资采购			
			1211 原材料			
			1243 库存商品			

图 9-11　总账查询

第 9 章 客户关系管理系统

科目余额表：完成从建账开始任意期间所有科目的期初余额、本期发生、期末余额等账务数据的查询，如图 9-12 所示。

科目余额表

科目编码	科目名称	期初余额借方	期初余额贷方	本期发生借方	本期发生贷方	期末余额借方	期末余额贷方
1001	现金	5000		0	0	5000	
1002	银行存款	1000000		0	117813	882187	
1009	其他货币资金			0	0		
1101	短期投资			0	0		
1111	应收票据			0	0		
1131	应收帐款			0	0		
1141	坏帐准备			0	0		
1133	其他应收款			0	0		
1201	物资采购			73250	140040	66790	
1211	原材料	9500		140040	0	149540	
1243	库存商品	21700		0	0	21700	
1301	待摊费用			0	0		
1501	固定资产	1920000		0	0	1920000	
1502	累计折旧		32500	0	9680		42180
1603	在建工程			0	0		
1701	固定资产清理			0	0		
1801	无形资产			0	0		
1911	待处理财产损溢			0	0		
2101	短期借款			0	0		

图 9-12 科目余额表

4）财务管理

平衡分析：在每个会计期末，需要对账务资料进行平衡检查，这一功能由系统自动执行，并返回检查结果（见图 9-13）。

2004年9月平衡分析表

资产 =	贷54243	负债 =	借8563
成本 =	借36680	权益 =	平
		损益 =	借9000
合计 =	贷17563	合计 =	借17563
借贷平衡			

图 9-13 对账务资料进行平衡检查

月末结账：当一个会计核算周期结束时，需要对本月的账务资料进行月末结转处理，即所说的封账。系统的月末结账功能就是完成封账需求，所以它是每月账务处理的最后一步操作，也是必须进行的一步操作（见图 9-14）。在月末结账前必须完成固定资产、工资、成本等的核算。

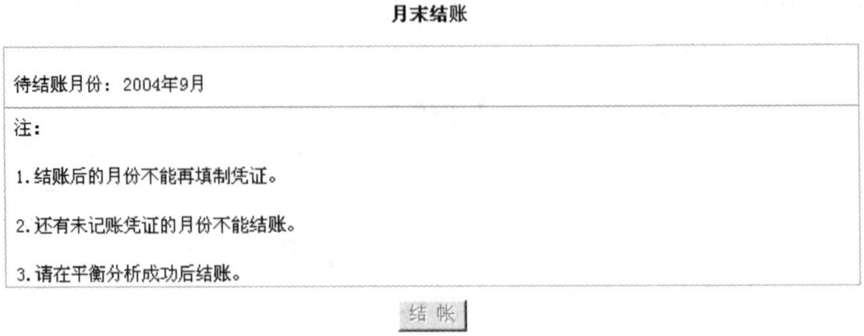

月末结账

待结账月份：2004年9月

注：

1.结账后的月份不能再填制凭证。

2.还有未记账凭证的月份不能结账。

3.请在平衡分析成功后结账。

[结 帐]

图 9-14 月末结账

第10章 大数据与管理信息系统

学习目标

1. 了解大数据的概念;
2. 掌握大数据的特征;
3. 清楚大数据时代给管理信息系统带来的冲击和挑战;
4. 知道大数据对管理信息系统业务流程的变化和影响;
5. 掌握大数据环境下的信息安全怎样保障。

引入案例

数据挖掘助奥巴马连任　大数据左右美国政界

晚春时节,奥巴马竞选团队背后的数据专家注意到,明星乔治·克鲁尼(George Clooney)对于年龄在40~49岁的美西地区女性颇具吸引力。她们是最愿意为了与克鲁尼——当然还有奥巴马共进晚餐而掏钱的人。

奥巴马竞选团队的决策是正确的,乔治·克鲁尼为奥巴马举办的竞选筹资晚宴成功募集到1500万美元。

奥巴马竞选团队也对为了奥巴马连任而在过去两年中收集到的其他数据进行了分析,并且奥巴马的竞选高参们决定采用这些分析结果。奥巴马竞选团队希望在美东复制克鲁尼效应,最终,他们选中了女明星莎拉·杰西卡·帕克(Sarah Jessica Parker),只要愿意掏钱,就能和奥巴马一起在帕克的家中用餐。

大众并不知道数据挖掘对竞选策略的贡献,数据挖掘发现:大众喜欢竞标、小型晚宴和名人。

核代码

奥巴马竞选团队经理吉姆·梅西纳(Jim Messina)从一开始就希望把这次竞选变成一次完全不同,并以度量来推动的竞选。

"我们将度量竞选活动中的所有元素",梅西纳在成为竞选经理后说。他此次雇用的数据挖掘团队人数是2008年的5倍,并任命数据挖掘专家雷伊德·甘尼(Rayid Ghani)为芝加哥总部首席科学家。

数据挖掘团队的具体任务并未对外公开,竞选活动时发现人本·拉伯特(Ben LaBolt)说,那是我们的核代码。数据挖掘团队会定期向奥巴马和他的竞选高参们报送消息,但具体内容外界无从知晓,他们把手中的数据视为相对于罗姆尼团队的最大优势。

11月4日,几位高级竞选顾问匿名对我们表示,通过大量的数据挖掘工作,他们帮助奥巴马筹集到了10亿美元,调整了电视上的精准投放广告,建立了摇摆州选民的精细模型。

10亿美元

在2008年的竞选中,尽管奥巴马应用技术的水平赢得了不少赞扬,但也无法忽视竞选活动中数据库过多的弱点。当时,在竞选团队不同的部门之间从不分项数据。这一次,竞选团队在最初的一年半时间里把各种数据合并到一起,制作了一个包含各类信息的大数据库。

新的大数据库并不会直接告知竞选团队如何寻找选民,但是数据挖掘团队能利用这个数据库来进行分析,针对不同类型的选民制定不同的宣传策略。竞选团队人员办公室的电话表上列出的不仅是选民的电话号码,还有选民被说服的可能性,这对于竞选团队而言是最宝贵的信息。

"我们能够预测谁会在线捐款,能够对那些通过邮件捐款的人和志愿者进行建模",一位高级顾问说。他表示,建模预测的做法是相对于2008年竞选的重大进步之一,大大提升了团队效率。

网上筹资活动很大程度上依赖于复杂的邮件宣传,数据收集和分析在其中再次发挥了重大作用。米歇尔·奥巴马的邮件在春天最受欢迎,而竞选负责人梅西纳的邮件有时比副总统拜登的更有效。

产出预测

在筹资活动结束之后,数据挖掘团队转向选情分析。他们通过4个来源的民调数据来详细分析关键州的选民情况。一位官员说,通过俄亥俄州2.9万选民的民调数据,可以深入分析各个族群的选民在任何时刻的趋势。在总统候选人的第一次辩论之后,数据挖掘团队分析出哪些选民倒戈,哪些没有。通过对这个数据库的分析,数据挖掘团队发现,大部分俄亥俄州选民并非奥巴马的支持者,而是因为罗姆尼的失误而倒戈的人。

一位高级官员说,他们每晚要实施6.6万次模拟选举,正是这些模拟选举推算出了奥巴马在摇摆州的胜算率。

这次竞选活动中,首次尝试了在Facebook上复制传统的上门宣传活动。最后几周,下载相关应用的人会收到带有摇摆州的友人图片的信息,告诉他们只需点击一个按钮,就能鼓励这些朋友登记参选、早点投票或参与民调。收到信息的人当中有五分之一的会有所响应,这很大程度上是来自熟人效应。

数据挖掘同样决定了竞选团队对广告的购买权。梅西纳决定依赖内部的大型数据库作出决策,而非相信外部媒体顾问。竞选团队通过一些复杂的模型来精准定位不同选民,他们购买了一些冷门节目的广告时段,而没有采用在本地新闻时段购买广告的传统做法。芝加哥竞选总部的数据发现,相比 2008 年,广告效率提高了 14%。

数据挖掘还决定了奥巴马在竞选后期应当在什么地方展开活动。2016 年 8 月,奥巴马决定在社交新闻网站 Reddit 上与网民互动,很多高级顾问对此一片茫然,他们得到的回答是"因为 Reddit 上有很多动员对象"。

数据挖掘支持下的决策为奥巴马的连任立下了汗马功劳,并将成为研究 2012 年总统大选的重要元素。这意味着华盛顿的竞选专家的作用极速下降,能够分析大数据的量化分析专家和程序员的地位却大幅提升。

一位官员说,"人们坐在屋里抽雪茄,高喊'买《60 分钟》'"的时代已经结束,政治领域的大数据时代已经到来。

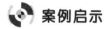 案例启示

奥巴马及其团队创新性地将大数据应用到竞选活动中,通过分析挖掘、搜集、存储的海量数据,寻找和锁定潜在的己方选民,运用数字化策略定位拉拢中间派选民及筹集选举资金,成为将大数据价值与魅力发挥到淋漓尽致的典型。

10.1 大数据与大数据分析

大数据分析已经有了广泛应用,并取得了极大成功。大数据技术到底有怎样的特点、怎么用、能在哪里用、能用到什么程度,大数据分析获得的结论是不是必然为真,或者说,大数据分析获得的结论是不是比传统数据分析所获得的结论更真。为了得到这些问题的答案,必须从基本概念开始分析。

10.1.1 大数据的定义

"大"本身是一个相对的概念,大数据的"大"表示数据规模是相较于以前的。

现阶段还不能对大数据下一个被公认的定义,普遍认可的是其 4V 的特征。

1. 规模性(volume)

大数据通常是指 10 TB(1 TB=1024 GB)规模以上的数据量。之所以产生如此巨大的数据量,一是由于各种仪器的使用,使我们能够感知到更多的食物,这些食物的部分数据甚至全部数据就可以存储起来;二是由于通信工具的使用,使人们能够全时段地联系,机器-机器(M2M)方式的出现,使得交流的数据量成倍增长;三是由于集成电路价格的下降。

2. 多样性(variety)

随着传感器种类的增多以及智能设备、社交网络等的流行,数据类型也变得复杂,不仅包括传统的关系数据类型,也包括以网页、视频、音频、Email、文档等形式存

在的未加工的、半结构化的和非结构化的数据。

3. 高速性(velocity)

我们通常理解的是数据的获取、存储以及挖掘有效信息的速度,但现在处理的数据是 PB 级代替了 TB 级。考虑到"超大规模数据"和"海量数据"也具有规模大的特点,强调数据是快速动态变化的,形成流式数据是大数据的重要特征,数据流动的速度快到难以用传统的系统去处理。

4. 价值性(value)

数据量呈指数增长的同时,隐藏在海量数据中的有用信息却没有呈相应比例增长,反而使我们获取有用信息的难度加大。以视频为例,连续的监控过程,可能有用的数据仅有一两秒。

大数据的"4V"特征表明其不仅仅是数据海量,对于大数据分析将更加复杂、更追求速度、更注重实效。

大数据中的单个数据的价值往往呈现出不稳定、不准确的特点,但从海量信息中得出的结论还是有价值的。IBM 公司认为第四个"V"应该是真实性(veracity),即收集的数据应当是具体为真的。另外,维基百科对大数据有一个简单的定义:大数据是利用软件工具捕获、管理和处理数据所耗时间超过可容忍时间的数据集。在现在的发展阶段给大数据一个权威准确的定义几乎不可能,新的技术概念被提出时往往需要经历一个过程。

大数据归根到底就是数据技术发展到一定阶段的产物。大数据在数据源、数据分析方式和对待数据的思维等方面都会对传统的数据分析技术带来革命性的变化。传统的数据管理方式与大数据的数据管理方式往往会因为数据环境条件的变化而导致处理方式上的根本性差异。这些差异主要体现在如下几个方面。

第一,数据规模。与小样本数据分析相比,数据库的分析量已很大,但与大数据相比,传统数据库就显得太小了。传统数据库处理的数据对象通常以 MB 为单位,而大数据处理的数据对象则常常以 TB、PB 甚至是 ZB 级别的数据规模为单位。

第二,数据类型。传统的数据库处理形式中,被处理的数据种类往往比较单一,而且大部分以结构化数据为主。但在大数据的数据源中,数据的种类非常多,包含有结构化、半结构化以及非结构化等不同的数据种类。

第三,模型和数据的关系。传统的数据库分析是在预设目标的前提下建立好模型,然后再收集样本。而大数据时代,数据流会一直出现,模型通常也只有在收集数据的过程中才能确定,且随着数据量的不断增长,建立的模型也常在不断地演变之中。随着数据而变的模型与数据的关系更密切,更具实用性。

第四,处理对象。传统数据库中,数据可能仅仅因为某一目的而被处理。而在大数据时代,数据往往被作为资源来辅助所需要解决的问题。

第五,处理工具。大数据时代的数据源结构多且复杂,传统的数据工程处理技术已经不能满足这样大量数据处理的要求。图灵奖获得者 JimGray 博士通过观察并总结了人类在科学研究上，先后经历了实验、理论和计算三种范式。

随着大数据形态的发展，需要有一种全新的数据研究范式来指导新形势下的科学发展研究。JimGray 提出了科学研究的"第四种范式"(the fourth paradigm)的数据探索型的研究方式。

10.1.2 大数据分析定义

大数据不仅是数据量的巨大，更重要的是，海量数据只有进行分析处理之后才能获取蕴含在这些海量数据中的有用信息。目前，越来越多的社会经济和科技研究领域涉及大数据应用，而大数据的基本属性，包括数量、速度、多样性等都出现层级式增长，所以大数据分析的方法就变得特别重要。可以说决定信息是否有价值的关键因素就在于分析方法的运用是否得当。大数据分析的方法大致有以下五个基本方面。

第一，可视化分析。使用大数据分析技术有专家，也有普通用户，可视化分析是所有使用大数据分析技术群体最基本的需求。可视化分析能够通过直观的数据图形展现其特点，用户比较能够通过可对比性的信息看懂数据背后存在的复杂联系。

第二，数据挖掘算法。大数据分析的核心是数据挖掘，数据挖掘的算法通常是以数据类型和格式为依据的，应用被统计学家所公认的算法来深入数据内部，挖掘出公认的有利信息。由于大数据的数据量确实大，这些数据挖掘的算法会给大数据以更快速的解决办法处理，如果算法需要很长时间才能得出结论，那么大数据的价值也就无从说起了。

第三，预测性分析能力。大数据分析最重要的应用领域之一就是预测性分析，从大数据中挖掘出有相互联系的不同类型的数据，通过科学地建立模型，之后再带入新的数据，从而预测未来的发展方向。

第四，语义引擎。大数据技术广泛应用于互联网。互联网平台可从用户搜索的网页关键词或标签来预判客户的潜在消费方向，从而根据客户需求推出相对应的产品，实现精准化营销。

第五，数据源质量和数据管理。大数据分析结果有效性的保证来源于数据源质量和数据管理，高质量的数据源和高效的数据分级管理，无论是在科学研究还是在其他应用领域，都能够保证分析结果的真实性和有价值性。

以上五个方面就是大数据分析技术的主要基础。

10.1.3 大数据分析方法与传统数据分析方法的区别

大数据分析方法对传统的机械还原论进行了深入批判，提出了整体、多样、关联、动态、开放、平等的新思维，这些新的想法通过智能终端设备、物联网、云存储、云计算等技术手段将思维理念变成可实现的技术操作手段甚至物理现实。大数据思维是一种数据化的整体思维,它通过"更多"(全体优于部分)、"更杂"(杂多优于单一)、"更好"(相关优于因果)等思维理念,使思维方式从还原性思维走向了整体性思维,实现了思维方式的变革。具体来说,大数据通过数据化的整体论,实现了还原论与整体论的融贯;通过承认复杂的多样性突出了科学知识的语境性和地方性;通过强调事物的相关性来凸显事实的存在性比因果性更重要。大数据处理的关键技术主要包括:数据采集、数据预处理、海量数据存储、数据分析及挖掘、数据的呈现与应用。图10-1展现了如何将大量的数据最终转化成有价值信息的一般步骤,基本囊括了大数据领域的关键技术。正如图10-1所示,数据经过一系列的加工和处理,最终以有价值的形式到达用户手中。需要注意的是,在数据分析中,云技术与传统方法之间进行了联合,使得一些传统的数据分析方法能够成功地应用到大数据的范畴中来。

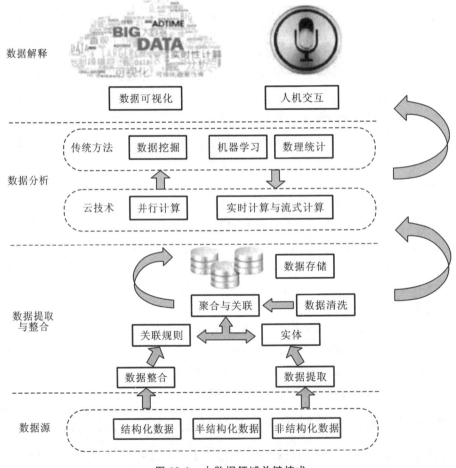

图 10-1 大数据领域关键技术

1. 在数据源及处理方式上的区别

大数据的特性决定了大数据体量很庞大。这个庞然大物如何被我们最有效地利用,是大家都想解决的问题。数据的发展历程大致可划分为三个主要阶段,即数的产生、科学数据的形成和大数据的诞生。

由于计算机软件技术的发展,我们获取数据的方式相比传统的数据收集方式更简便、更快捷,成本也更低。传统分析方法处理数据往往被数据库容量所限制,而且都经历了精确的提取、转换和加载的流程。也就是说,进入数据仓库的数据是被洗清过的,容易被模型系统理解并符合所需业务的元数据。其局限于有限的、被分类好的数据集,是对已知数据范围内容易理解的数据进行分析。而大数据所分析的则是针对传统手段难以捕捉的非结构化数据。这使得它更具有挑战性,但同时对这些非结构化数据的处理也提供了在数据源中获得更多的洞察力范围优势。传统的分析往往先建立固定的数据模型,数据之间的相互关系在制定模型时就已经成立,其后的收集与分析也必然在此基础上进行。而大数据分析因数据源主要以非结构化的图片、视频、移动设备产生的信息、无线射频识别(RFID)等数据形式存在,所以绝大多数的分析都处在常规数据库之外,处理的数据源是相对无规则的数据库。通常采用的是动态建模的分析方法,倾向于对实时数据进行建模并针对后续增补进来的数据跟踪续建相应的模型,具备实时性。

大量半结构化和非结构化数据加入数据源,将意味着不能保证数据源是完整的和完全无误的。就像统计人口,要想在一个限定的地域内统计出绝对固定的人口总数恐怕是一件难以完成的事情,因为人口总是在流动,要在变动中得出固定的结论是难以做到的。大数据只是数据体量大,并不代表我们能收集到数据的总体。有的时候,总体是可测的。比如总体是中国国民的人均收入,但在现实中,总体从理论上是无法准确可测的。比如,如果我们知道纽约证交所自成立以来的全部股价数据,我们还是没有办法了解这些股价数据所隐含的运行机制。这时就必须应用统计学的方法,帮我们从所选取的数据中透视出数据背后的真相。因此,大数据分析必须用到统计分析的方法。

与传统数据分析相比,大数据分析因为数据源的关系,分析路径和分析工具会有所不同,但是依然应用的是传统的分析思维,只是数据来源不同,处理方法上自然也会不同。正因为如此,也为大数据分析在应用领域的发展带去了无限前景。

2. 与传统概率统计分析方法的区别

如果传统的统计研究方法收集的是有意筛选的结构化数据,那么大数据就是一切可以被记录和存储且源源不断扩充的各种类型的数据集合。

传统的统计研究方法收集的样本是根据预期的抽样方案获得的标准数据,一旦偏离预期方案,数据将不能满足预期的要求。因此,基于样本数据所进行的统计分析方法发挥空间有限,如果遇到预期方案被及时修改的情况,数据不能实时收集的缺点则将暴露无疑。大数据分析与传统的统计分析相比,主要有以下几点区别。

第一,传统的统计分析方法要先给定研究标准,定标准是为了根据抽样数据来确定未来分析的目标,其过程主要靠研究人员的经验。在大数据中找资源,在数据分析速度极快且存储量极大的今天会变得容易很多,所以大数据时代就是从复杂的数据源中找出最需要的数量关系,从而以此作为判断或决策依据来得出结论。在"定性—定量—再定性"模式中,起点是定性,分析者的目的、选择等渗入起点中。量是被人的目的所牵引的。而在"定量—定性"模式中,起点是定量,量是客观的数据。依据数据本身的特点来呈现结论,提升得出新结论的可能性。

第二,传统的实证分析首先根据研究目标提出假设,然后通过收集样本数据并建立与之相匹配的模型去分析验证该假设是否成立。这种分析往往会被预先的假设所局限。如果假设与收集的样本不相符,或者所选样本数据不全,则将得不出有效的结论。很多传统统计实证分析被证实完全是为了迎合预先的研究假设。在大数据时代,我们可以去数据源中寻找任何可能的客观关系,然后加以归纳并形成结论。这将极大地丰富数据分析的空间,增强数据分析的有效性,有助于找到新的科学依据。

第三,传统的统计推理分析,一般采用分布式理论。其逻辑思路是"分布式理论—概率性保证—总体推论";其原理是以一定的概率性作为分析保证,根据样本的整体特征去推断最终的结论,结果是否正确完全取决于收集到的样本数据。

大数据时代强调的是收集全部数据,最终推论无需再根据概率来进行推断,只需统计完全的量,即直接从数据源的关系中推出结论。

传统的概率统计分析理论中,最大似然估计和回归分析方法分别是估计模型和数学建模的常用方法。其中最大似然估计是从最大似然原理发展起来的估计方法的基础,因为它从本质上揭示了通过样本分析估计总体的内在机理。而回归分析是利用统计学原理描述随机变量间相关关系的一种重要方法。反观大数据的分析方法,事实上与传统的概率统计方法并无不同。相较于最大似然估计,大数据分析只是抽取的样本范围更广,但并不能直接取代样本总体,总体总是在发生实时变化;与回归分析相比,大数据描述随机变量之间的相关关系更复杂、更宽泛,也更容易有一些新的发现,得出一些新的相关关系的结论。所以大数据分析在技术层面上只是传统的概率统计分析方法的一种延续。

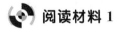 阅读材料 1

大 数 据

大数据(big data),是指所涉及的资料量规模巨大到无法通过目前的主流软件工具在合理时间内达到撷取、管理、处理并整理成为帮助企业经营决策的目的。大数据的特点是:数据量大,从 TB 级别跃升到 PB 级别;数据种类多样,如网络日志、视频、图片、地理位置信息等;要求实时性强,处理速度快,与传统的数据挖掘技术有着本质的不同;蕴藏着巨大的商业价值。大数据技术的战略意义不在于掌握庞大的数据信息,而在于对这些有意义的数据进行专业化处理。换言之,如果把大数据比作一种产业,那么这种产业实现盈利的关键在于提高对数据的"加工能力",通过"加工"实现数据的"增值"。

虽然大数据目前在国内还处于初级阶段,但是商业价值已经显现出来。首先,手中握有数据的公司基于数据交易即可产生很好的效益;其次,基于数据挖掘会有很多商业模式诞生,定位角度不同,或侧重数据分析,或侧重优化,如帮企业更精准地找到用户,降低营销成本,提高企业销售率,增加利润。未来,数据可能成为最大的交易商品。但数据量大并不能算是大数据,大数据的特征是数据量大、数据种类多、非标准化数据的价值最大化。因此,大数据的价值是通过数据共享、交叉复用后获取最大的数据价值。未来的大数据将会如基础设施一样,有数据提供方、管理者和监管者,数据的交叉复用将大数据变成一大产业。据统计,目前大数据所形成的市场规模在51亿美元左右,预计到2017年将上升到530亿美元。

 阅读材料2

大数据的十个经典案例

马云说:互联网还没搞清楚的时候,移动互联就来了,移动互联还没搞清楚的时候,大数据就来了。近两年,"大数据"这个词越来越为大众所熟悉,"大数据"一直是以高冷的形象出现在大众面前。面对大数据,相信许多人都一头雾水。下面通过十个经典案例,让大家实打实地来触摸一把"大数据"。你会发现大数据其实就在身边,而且很有趣。

啤酒与尿布

全球零售业巨头沃尔玛公司在对消费者购物行为进行分析时发现,男性顾客在购买婴儿尿片时,常常会顺便搭配几瓶啤酒来犒劳自己,于是尝试推出了将啤酒和尿布摆在一起的促销手段。没想到这个举措居然使尿布和啤酒的销量都大幅增加。如今,"啤酒+尿布"的数据分析成果早已成了大数据技术应用的经典案例,被人津津乐道。

数据新闻让英国撤军

2010年10月23日《卫报》利用维基解密的数据写了一篇"数据新闻"。将伊拉克战争中所有的人员伤亡情况均标注于地图上。地图上的一个红点便代表一次死伤事件,用鼠标点击红点后弹出的窗口则有详细的说明:伤亡人数,伤亡时间,造成伤亡的具体原因。密布的红点多达39万个,让人触目惊心。《卫报》一经刊出,立即引起朝野震惊,推动英国最终做出撤出驻伊拉克军队的决定。

意料之外:胸部最大的是新疆女子

淘宝数据平台显示,购买最多的文胸尺码为 B 罩杯。B 罩杯占比达 41.45%,其中又以 75B 的销量最好。其次是 A 罩杯,购买占比达 25.26%,C 罩杯购买占比只有 8.96%。在文胸购买的颜色中,黑色最为畅销。以省(市)排名,胸部最大的是新疆女子。

QQ 圈子把前女友推荐给未婚妻

2012 年 3 月腾讯推出 QQ 圈子,按共同好友的连锁反应摊开用户的人际关系网,把用户的前女友推荐给未婚妻,把同学、同事、朋友圈子进行分门别类,利用大数据处理能力给人带来"震撼"。

"魔镜"预知石油市场走向

如果你对"魔镜"还停留在"魔镜魔镜,告诉我谁是世界上最美的女人",那你就真的 out 了。"魔镜"不仅仅是童话中王后的宝贝,而且是真实世界中的一款神器。其实,"魔镜"是苏州国云数据科技公司的一款牛逼的大数据可视化产品,而且是国内首款。

现在,"魔镜"可以通过数据的整合分析可视化,不仅可以得出谁是世界上最美的女人,还能通过价量关系得出市场的走向。不久前,"魔镜"帮助中石化等企业分析数据,将数据可视化,使企业通过科学的判断、决策,节约成本,合理配置资源,提高了收益。

Google 公司成功预测冬季流感

2009 年,Google 公司通过分析 5000 万条美国人最频繁检索的词汇,将之与美国疾病中心在 2003—2008 年间季节性流感传播时期的数据进行比较,并建立一种特定的数学模型。最终 Google 公司成功预测了 2009 年冬季流感的传播甚至可以具体到特定的地区和州。

大数据与乔布斯癌症治疗

乔布斯是世界上第一个对自身所有 DNA 和肿瘤 DNA 进行排序的人。为此,他支付了高达几十万美元的费用。他得到的不是样本,而是包括整个基因的数据文档。医生按照所有基因按需下药,最终这种方式帮助乔布斯延长了好几年的生命。

奥巴马大选连任成功

2012 年 11 月,奥巴马大选连任成功也归功于大数据,因为他的竞选团队进行了大规模与深入的数据挖掘。时代杂志更是断言,依靠直觉与经验进行决策的优势急剧下降,在政治领域,大数据的时代已经到来;各色媒体、论坛、专家铺天盖地的宣传让人们对大数据时代的来临兴奋不已,无数公司和创业者都纷纷跳进了这个狂欢队伍。

微软公司大数据成功预测奥斯卡 21 项大奖

2013 年,微软公司纽约研究院的经济学家大卫·罗斯柴尔德(David

Rothschild)利用大数据成功预测24个奥斯卡奖项中的19个,成为人们津津乐道的话题。2016年,罗斯柴尔德再接再厉,成功预测第86届奥斯卡金像奖颁奖典礼24个奖项中的21个,继续向人们展示现代科技的神奇魔力。

超市预知高中生顾客怀孕

明尼苏达州一家塔吉特超市被客户投诉,一位中年男子指控塔吉特超市将婴儿产品优惠券寄给他的女儿——一个高中生。但没多久,他来电道歉,因为女儿经他逼问后坦承自己真的怀孕了。塔吉特超市就是依靠分析用户所有的购物数据,然后通过相关关系分析得出事情的真实状况。

阅读材料3

五个生活实例帮你理解所谓的大数据

大数据被称为未来繁荣的三个技术革命之一,一直以来都被披上"高大上"的神秘外衣。所谓 big data 其实就是由海量运算存储能力和数据建模算法两部分组成的,也就是说,是用数学建模的方法对过去的数据建模,以预测未来的行为。

今天为大家分析五个接地气的生活案例,以帮你更好地理解所谓的大数据。

阿里"神盾局"依靠大数据打假

阿里近日披露了系列打假案例,都是协助各地公安机关破获查假的案例。据悉,被阿里安全部誉为"最可靠情报"的大数据,其实就是账户交易数据、物流发货信息等。阿里安全部的人员表示,他们通过对发货地址、IP 地址、退货地址等信息的查询,可追查线下的仓库。账户的交易数据可披露每一次交易和每一次售假记录。即使卖家用不同的 ID 和店铺,也可以通过大数据找到线下的售假商家。目前,淘宝大量的交易数据已经成为警方确认制假、锁定嫌疑人的支撑。据阿里公关部称,经过多年的打假,已经建立了监测、分析、打击假货体系的大数据打假模型,并愿意用大数据模型与警方合作,共同抵制假货。

利用大数据找到女朋友

数学家 Chris McKinlay 是美国加州大学洛杉矶分校在读 PhD,在多次相亲后,对于找到另一半的事情毫无起色,作为一名数学家,他认为自己应该像一名数学家那样使用交友网站。McKinlay 利用自己的天赋,创建了一个自制的机器人程序,可利用假冒的 OkCupid 账号从网站上搜集女性大量信息。McKinlay 花了三周时间从美国 2 万女性收集到 6 万问题和答案,之后利用自己研发的改进型 K-Modes 算法将这些女网友分成 7 个在系统上存在差异的集群。通过建立数学模型计算的方式优化出两组女性,然后进行约会,在约会第 88 个女网友时,他找到了自己的真爱。

大数据之数字化社区"新管家"

"城管通"全名城市管理系统,是基于大数据开发的一款软件,这款软件需安装在城管工作人员的手机上,直接和指挥部平台系统相连,是利用大数据处理分析方式而建立的"数字城管"的一个典型实例。"城管通"的主要职责是利用数据处理分析群众投诉事件,处理事件一般分为七个步骤:事件发起、派单、接单、到达现场、处置、结论、评估。例如路面两旁的大树被大雪压断,交通出现状况,这时群众报警或是通过12345热线,就可直接把消息派到指挥中心,指挥中心将很快派人处理类似这样的事情。由城管人员通过手机上的"城管通"派单反映情况,可达到同样的效果。利用"城管通",工作人员还可将现场处理的情况通过平台及时反应给指挥中心,这样一来,不仅可以跟踪工作轨迹,还可根据处理时长对该事件进行初步评估测试,分析出容易出问题的设施等,真正做到各类型事件的有效追溯。

大数据之交通管理

"智能公交站牌"是一项基于大数据技术的城市公共交通智能化研究项目,主要估测下一班公交车离该站台的位置、车上乘客数、拥挤程度、到达时间等信息。使市民合理安排候车时间、即时调整出行路线、提高出行速率。有的智能公交站牌到站时间精确到分。目前这种利用大数据建立的"智能公交站牌"大多数还在全面测试中,有望调试完后,让乘客有更好的体验。在交通上大数据应用的另一个例子就是智能交通,人们通过上传数据、共享数据等来完成数据收集过程,通过对这些数据的分析处理,有望解决交通拥堵问题。

大数据与社会事业

现代生活利用大数据解决问题,使人们在当今城市的快节奏生活更加舒适。众所周知,以前人们到医院挂号、求诊配药等都要一次次排队,就医难成为现代不少人的无奈。而如今,由于电子医疗时代的到来,很多百姓可以通过网上预约挂号,使用一张IC卡就能轻松付费,病人的信息也能够及时进入信息系统形成各类诊疗数据。百姓病例记录通过医疗机构标准化,就可以形成多方位的大数据。医生根据病人的基本资料、诊断结果、处方、医疗保险等数据,将这些不同数据综合起来,通过大数据决策处理软件,医生将为病人选择最佳的医疗护理解决方案。

10.2 大数据与信息处理

管理信息系统是一个以人为主导的,综合利用计算机硬件、软件和网络设备进行信息的采集、传递、存储、加工、整理和挖掘工作,以提高组织的经营效率为目标的信息系统。信息的整个加工处理过程是管理信息系统中最重要的一环。大数据的出现使得信息的采集、存储、清洗、集成、数据挖掘等工作内容都发生了不同程度的变化。

10.2.1 数据的采集源与采集技术

大数据拓宽了数据的采集源。传统的数据大多是来自于人为主动产生的数据,比如QQ、微博、照片等。但是随着电子商务、物联网、互联网、大数据的发展，机器数据日益显现它的价值，这就导致了各种公司及机构开始重视收集机器数据，无论是散落在不同地理位置的传感器收集的数据、移动互联设备中的数据信息（如通过手机或平板电脑获得的个人位置信息）、网络点击数量（如淘宝的客户浏览数据）的数据，还是射频识别数据（RFID data），都成为新的热门数据来源。其中射频识别数据可以算是大数据发展以来的新宠，将 RFID 嵌入产品，进行实时数据分析，是未来包括物流、交通、零售、动物保护研究等在内的物联时代的智能首选。

数据源的变化也带来了数据采集技术的变化。大数据推动下产生的新的数据采集技术主要体现在以下几个方面。

（1）对于互联网企业，采用分布式架构的系统日志采集方法，满足每秒百兆字节的日志数据采集的要求。如 Facebook 的 Scribe，Scribe 将信息从各个日志源分别收集起来，然后存储于中央存储系统中，等待集中式的处理分析，以"分布收集、统一处理"的方式来提高数据采集的速度。

（2）对于网络上的数据，采用网络数据采集方法，主要是指垂直搜索引擎和网络爬虫等。由于数据的海量性，通常对于采集后的数据需要进行分拣和二次加工，所以要做到既快速又尽可能准确地把握数据的采集。例如，国内的"火车采集器"就是将垂直搜索引擎、网络雷达、信息追踪与自动分拣和自动索引技术结合起来的应用，达到海量数据采集与后期处理相结合的目的，以此应对数据的海量性。

（3）对于网络流量，可以采用深度包检测（DPI）、深度流检测（DFI）或是盲检测（BLINC）的宽带管理技术。现在也有学者提出将 DPI 和 DFI 技术相结合的联合检测方法，使得其具备检错和纠错的能力，提高网络流量检测的准确性。

（4）对于保密性要求较高的企业经营数据和科学研究数据，采用系统接口方式以确保数据的安全。

大数据的采集体系如图 10-2 所示，由图 10-2 可知，一般可将大数据采集体系分为智能感知层和基础支撑层。智能感知层主要包括数据传感网络、无线射频网络、智能识别网络（二维码）及资源接入系统，实现对非结构化、半结构化、结构化的海量数据的智能化识别、定位、接入、传输、监控、初步处理和管理等。而基础支撑层主要提供大数据服务平台所需的物理介质，如数据库资源、物理传输资源、物联网资源等。

10.2.2 数据集成与清洗技术

数据集成是利用各种手段和工具，在已有的数据基础上按照一定的逻辑关系对数据进行统一的规划和组织，以实现数据资源共享的目标。数据集成主要是将异构性的数据进行处理，以便在数据挖掘阶段进行统一的操作。对于大数据时代以非结构化、半结构化数据占主要部分的情况，数据快速、有效、实时、动态地集成已成为一个重要研究方向。因此，分布式的协作策略、动态式的实时集成成为最新信息技术方

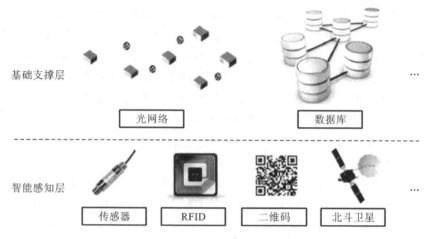

图 10-2 大数据采集体系

面的研究热点。

大数据时代用于企业数据挖掘的数据增多,而数据质量参差不齐,往往存在数据冗余、不完整、稀疏甚至错误的现象。在数据挖掘分析前,先进行预处理,可以降低数据的错误率,这是保证数据挖掘成果高准确性和高效率的有效且必要的方法。而数据清洗就是这样一个减少错误和不一致性的过程。面对海量的数据,盲目收集所有数据显然是一个很大的负担,所以数据清理的研究趋势是能够从最小的数据资源里获取最准确、最正确的知识。

10.2.3 数据存储的发展

大数据时代,传统的数据存储系统遇到了瓶颈,已经不能满足数据呈指数型暴增所带来的海量存储的需求。数据存储正朝着横向和纵向无限扩容的方向前进,即对存储系统能力的提升和存储量的扩容,使得存储系统能够满足大数据"类型"的需求和"量"的需求。另外,为了提高系统的扩展性、降低系统维护的复杂度,提出了以对象作为基础的存储形式。在这样的发展和需求背景下,云存储成为首选。云存储就是通过应用软件将网络中大量存在的各种不同类型的存储设备集合起来,协调各设备的工作来满足大数据对于数据存储的要求。

云存储主要可以分为两类:一类是生活中常会用到的一些个人的云存储应用,如最初的酷盘,后来的 360 云盘、百度云等,主打个人资料的上传与共享。另一类是企业级的云存储应用,如 EMC 公司推出的 EMC ATMOS 云存储,主打大规模非结构化数据的存储、归档和访问,以面向云的设计来确保企业和服务提供商在保持庞大规模数据的同时高效运行;IBM 公司推出的 IBM SmartCloud Virtual Storage Center,

是一种存储虚拟化平台,有助于快速迁移到基于云且面向服务的敏捷存储环境,支持数据的大规模增长,降低复杂性。

10.2.4 数据挖掘与分析

数据分析是管理信息最重要的一环,也是创造价值的一环。新类型的数据不断涌现,如实时数据、动态数据、时空数据、Web 数据,这些都是值得关注的数据。对应这些不同类型的数据,出现了不同的数据分析方法。具体来说,可分为以下几种类型。

(1) 实时数据作为一种动态的数据流,如微博、微信等,是大数据发展以来数据分析非常重要的一个方面,主要采用的是动态的数据流处理方式。

(2) 动态数据主要是通过时间序列从时间维度来分析发现相关的变化规律。零售、电信、金融行业对此都有了广泛应用,如零售行业通过分析历史数据在时间维度上的规律来发现企业潜在的商机,并预测未来客户群体及客户的潜在需要,有针对性地制订营销策略和采购计划。

(3) 时空数据由于各种移动传感器、定位系统的应用而变成了热点。经过几年的发展,在时空挖掘领域已经出现了许多有价值的工作,如时空模式发现、时空异常检测、时空预测和分类、时空聚类及时空推理与数据挖掘相结合。

(4) Web 数据,大数据时代对于 Internet 的重视尤为突出,因此大数据的数据量及其重要程度使得 Web 数据研究技术获得进一步发展。这个发展就是基于云计算的 Web 数据挖掘,同时也为 Web 数据挖掘成功找到了适应当前网络需求的可行方案。这个需求指的是对于当前互联网海量数据的地理分布、异构、动态以及高复杂性这些特性的应用需求。

大数据对于数据分析方面的影响不单是在分析数据类型的变化及相对应的数据挖掘方法的变化上,还给分析处理带来新的要求——实时分析。从现有的技术和模式来看,主要从流处理、批处理及两者相结合的方面入手。数据的价值会随着时间的流逝而减小,基于此,流处理将数据当成流,将连续不断的数据当成数据流,以获得实时近似的结果。MapReduce 模型是批处理最具代表性的模型,通过廉价的服务器集群实现大数据的并行处理,将问题分开处理,以此避免因大规模数据传输造成的通信负担。两者的结合是近些年来的又一热点,可以相互取长补短,使得数据分析能够更加实时化。

大数据时代的数据分析应用于方方面面,每个人的生活中或多或少都在应用着分析的成果,从试验性的接触到熟练地掌握,人们会逐渐发现数据分析带来的好处,对其需求也渐渐扩大。作为卖家,需要从各种营业数据里分析自己销售商品的未来走向,找出什么是卖点;作为买家,需要对各种产品的参数进行深度比较分析,来获得最优于自己的购买方案。因此,数据分析已经不是大企业的专利,也逐渐开始走向平民化。对于这点，IT巨头微软公司已经有了准确的认识。2013年10月，微软公司全球高级副总裁、大中华区董事长兼首席执行官贺乐斌在"大数据媒体日"发布大数据愿景：推动数据分析平民化，希望基于标准化的产品，使所有人都能够在任何时间、任何地点利用数据，并更好地做出决策。

10.2.5 辅助决策

在大数据背景下，人类的决策方式将不可避免地发生改变。大数据将把数学算法运用到海量数据上，通过让数据做主的方式进行科学决策，以此来修正人类的偏见和直觉。将信息系统和辅助决策进行有效结合是大数据时代的必然结果，而这将为辅助决策带来新的变革。特别是与信息之间的联系越来越紧密，孤立地看待问题必将被时代淘汰，单项决策支持的辅助决策在大数据时代能发挥的作用已经越来越小，综合、全面地看待问题，是大数据对决策者提出的新要求，也是决策支持在大数据时代的发展。管理信息系统的接入在消除信息孤岛的同时，也使得辅助决策实现了从单项决策支持向企业级决策支持的转变。

传统的辅助决策系统往往不能实现信息检索，而是主要进行智能决策。在大数据时代下，决策者将面对海量决策信息，信息检索的实现是帮助决策者进行信息分析与筛选的重要环节。信息系统现有的检索功能对这一环节的实现起着至关重要的作用，如何将信息系统的检索功能高效地运用到辅助决策中，是未来系统开发者面临的挑战。

大数据时代的到来，使得各行各业都不可避免地受到了冲击与改变，决策者在面临大量信息的同时也对辅助决策系统提出了更高的要求。信息系统对辅助决策的改变提高了辅助决策系统对海量数据的分析与处理能力，实现了从单一决策的制定到综合决策支持的改变，同时如何高效地兼并信息系统与辅助决策系统是每个从业人员面临的共同挑战，需要进一步研究。

10.2.6 数据可视化

数据展示是数据分析后将结果传递给人的一个过程，大数据分析所得结果之间的关联关系更加复杂，传统的展示方式已经不能满足要求。大数据带来了更为直观、互动的方式，以便人们更好地理解。可视化技术的引入就是其中重要的一项。

可视化技术是将数据转化为图形，以此来给予人们深刻而意想不到的洞察力。可视化技术是能够放大人类感知数据的图形表达方式，聚焦于关键的信息特征，以压缩信息的方式使得复杂信息能够快速被人理解。同时，从数据到图像的转变也能从中发现单纯处理数据时不易发现的信息。信息设计师David McCandless在TED上说道："通过可视化，可以把信息变成一道可用眼睛来探索的风景线，一张信息地图。当你迷失在信息中时，信息地图非常实用。"

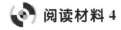 阅读材料 4

数据备份证明了她的清白

一个犯罪集团的成员被自动机枪射中并且受了重伤。这个罪犯认识到自己的团伙不需要自己了,所以决定弃暗投明,作为证人出庭。警方专门把他保护在一个重点看护病房里,并设了严密的保护措施,仅允许医院的医疗人员和少数几个探视者接触病人。此人受伤严重,有严重感染的危险。由于他对青霉素过敏,医生使用了其他药物作为替代品。

一天晚上,一个护士推着药品车通过了警方的警戒线,进入这个人的病房。护士给病人注射了青霉素,不久之后,病人死了。警方迅速展开调查,认为这个护士有巨大嫌疑;护士坚持他在计算机上查看病人的病历时,上面要求注射青霉素。随后警方调查了计算机记录,并没有发现这样的处方。一个计算机犯罪专家偶尔想到,应该深入研究计算机记录。他找到了备份数据资料(每天晚上对资料进行数据备份是很多地方通行的做法),发现上面有证据证明这个护士是无辜的。这个病人的病历曾经被修改,要求注射青霉素,然后又被改回原来的样子。经过更深入的调查,警方发现这家医院的记录确实被医院外的人修改过。一个黑客在网上溜进了医院的计算机系统,修改了病历,又溜走了。如此两次,没有人发现。

10.3 大数据与管理信息系统

管理信息系统的主要功能包括:提供能反映实际情况的信息来支持企业决策;辅助管理者进行监督和控制,以便有效地利用企业资源;用过去的信息预测未来和为不同管理层提供不同的报告来控制企业行为。管理信息系统由硬件、软件和人构成,它的应用也代表了一种企业管理思想。所以,管理信息系统是硬件、软件、人及管理思想的有机结合,而大数据对管理信息系统的这几个方面也产生了影响。

10.3.1 大数据推动管理信息系统的硬件发展

管理信息系统的硬件主要包括计算机硬件和网络管道两方面。大数据的海量数据特性首先冲击的是计算机硬盘的存储容量,而其庞大的数据量所需的计算次数又给计算性能带来了新要求。另外,半结构化与非结构化的数据占多数的特性也要求数据处理方式的转变。

CPU 的架构已经从单核转向多核,现今的发展主要是通过软件架构来完美组合多核 CPU,使得能够更好地利用多核 CPU 的并发机制来展示价值。对于硬盘存储,磁性介质硬盘(HDD)因其读/写速率的限制,不能很好地适应大数据的要求,进而出现了基于闪存的固态硬盘(SSD)。固态硬盘有许多独特的优点,比如它的抗震性、低耗性、小体积,尤其是良好的读/写性能,能为管理信息系统提供优良的存储性能。对于内存部分,典型代表如 PCM-SCM 的出现,使得内存同时具备了处理速度快和不容易丢失的内存与磁盘的两方面优点。

IDC 曾预测"大数据会显著推动基础架构横向扩展"。显然,硬件企业已经认识到这一点,并开始积极地靠近。以 Intel 公司为例,Intel 公司为实现容忍网络隔离而推出具有良好横向可扩展性的 x86 架构,另外在存储领域里也推出了基于开放架构的云计算体系。Intel 公司的至强处理器强劲的计算能力,加上数据直接 I/O 技术(DDIO)性能和 SATA 接口的固态硬盘(SSD)可以提高原始存储的读写率,更好地适应并满足大数据的存储、处理速度要求。另外,大数据的发展和市场需要,势必引起大数据一体机研发热潮,使得大数据存储、处理、软硬一体化得到充分利用,进而更好地为大数据研究和发展提供硬件平台支持,这在一定程度上解决了原有架构的扩展瓶颈,进一步推动了大数据向产业化发展,并使得大数据技术在相关行业中得到充分应用。

管理信息系统的硬件还有重要的一个方面就是网络管道。大数据对于数据传输速度更快、数据量更大的要求,促使管道技术向宽带化演进。另外,在管道架构方面,为了实现系统时延性的降低,网络管道趋于扁平化。软件定义网络和多管道组合技术也将使管道技术走向虚拟化与智能化。

10.3.2 大数据推动管理信息系统的软件发展

管理信息系统的软件方面主要包括操作系统、数据处理系统、数据库系统、应用软件等,可以从文件系统、数据处理系统、数据库系统这几方面看到大数据影响下的管理信息系统的软件发展。

文件系统是一种存储和组织计算机数据的方法,是操作系统用于明确磁盘或分区上文件的方法和数据结构,使对其访问与查找更加明确与便利。现如今的文件系统基本已经都采用分布式文件系统,经过这几十年的发展,该系统技术已经趋于成熟。在大数据的冲击下,分布式文件系统应大容量、高性能、高可用等的要求出现了 Hadoop 分布式文件系统(HDFS),它的优点是高度容错性和高吞吐率,并且可运行在通用硬件上。另外一个比较热门的分布式文件系统是 QFS(quantcast file system),这是一个开源的文件系统。与 HDFS 相比,它的性能更加优异,从容量来看,QFS 可以节省 50% 的磁盘空间;从吞吐率来看,QFS 的读/写速度是 HDFS 的两倍;另外,QFS 更容易与系统软件兼容,实现命令式的终端。

数据处理系统模式主要就是批处理与流处理两种。而现代数据处理最重要的就是数据处理的实时快速,也就是数据实时处理。对此,出现了内存计算,希望以此达到实时处理或近似于实时处理的效果。内存计算的意思就是在服务器的内存里处理超大量的实时数据,从而达到在分析和交易中提供即时结果的效果。另外,大数据时代下的数据挖掘算法研究成为管理信息系统决策支持的研究重点。深度学习是大数据时代又一重要的人工智能方法,是一种深度神经网络的机器学习模型,其成为现代人工智能研究的发展方向。然而,大数据背景下的深度学习具有模型庞大、计算量大、耗时长等特点,使得分布式管理系统通常需要并行计算来加速数据的处理与分析。

大数据的数据规模性、低密度价值性、类型多样性等特性及数据在不同领域应用的时间、处理方式的差异,推动了数据库系统的前进。如今,NoSQL 和 NewSQL 数据库阵营迅速崛起。NoSQL 就是"not only SQL",是对关系型数据库的一种补充,即非关系型数据库。NoSQL 指的是非关系型数据库,首要解决的问题就是如何对大数据进行有效处理。NoSQL 普遍采用简单的数据模型,通过元数据和应用数据分离技术以及弱一致性技术来处理大量数据,实现较高的吞吐率,并可以应用于便宜的 PC 服务集群上,实现可扩展性。NewSQL 是支持关系型数据库的,同时以 SQL 作为其主要的接口,但是内部结构发生了较大变化:它丢弃了原有的单线程服务的机制和昂贵的恢复机制,采用冗余机器来实现复制和恢复故障。如今的数据库系统已经在这两个概念领域里呈现出百花齐放的景象。

10.3.3 大数据推动新体系架构的研发

信息系统体系结构是对信息系统各构成要素及其关系的描述,信息系统体系结构包括信息系统的概念、信息系统的基础设施架构、信息系统的信息资源结构和信息系统的软件架构等。基于云计算的军事信息系统架构以云计算资源管理"虚拟化"、分布式数据管理和分布式数据处理等作为基础支撑技术,对已有军事综合电子信息系统体系架构进行改造,能够满足信息系统的高可靠性和高可扩展性要求,该体系结构为了对数据进行高效的利用,发生了以下改变:采用分布式数据处理技术,大幅提高了大规模数据访问和情报处理容量,提高了系统处理的实时性、可靠性;采用虚拟数据存储的方式,提高系统访问数据实时性和可靠性,降低系统反应时间,提高作战效能。

除了以上几个适应于大数据的信息系统体系结构框架之外,国内外还有很多学者和组织都在这方面做了许多有益的尝试,使得信息体系结构具有更好的数据处理与分析性能。如今数据就是新能源,高效地利用数据已经成了企业乃至国家的重点研究课题,研发具有更高大数据适应性的信息系统架构具有很高的社会及现实意义。

10.3.4 大数据推动数据收集分析的人才发展

由于现今用于各种大数据分析的策略性产品还没有完全成熟,不能单靠一家大数据服务供应商解决所有问题。如果一家企业外购这类产品,要做的并不只是简单地购买、安装、运行,更重要的是要有优秀的系统管理员来持续这样的应用过程,这样才能使系统发挥应有的作用。只有充分了解建立这些环境的实现方法,才能应用科学系统为企业服务。管理信息系统重要的一个部分是数据挖掘,而在大数据时代这点尤为突出,即怎样利用现有的系统从众多类型各异的数据中找出真正的价值。而采集数据和清洗数据作为数据分析的前提也显得尤为重要。

大数据时代的管理信息人才要掌握整个系统运行的知识、大数据应用的基本原理以及管理信息系统的整个管理思想和运作模式。除此之外,还要掌握的就是数据挖掘的能力,要有掌握机器学习、知识图谱的应用能力,能够熟练应用各种数据挖掘模型以及统计学的专业技能等。总之,管理信息人才要利用现有的大数据产品,做好信息管理工作,从海量的大数据中发掘有用信息。

企业里面大多数人都是管理信息系统的使用者,但基本都缺乏上述的能力,所以大数据时代的企业具备专业的技术和管理人员更加重要。大数据推动了专业数据方面的技术和管理人才的发展。

10.3.5 大数据推动企业管理思想的转变

就管理信息系统本身而言,它通过信息收集、存储、传输、加工和输出等实现辅助企业事务处理和管理职能以达到管理的目的。所以,以往一般企业的决策只是将管理信息系统做一个辅助参考,并不以数据挖掘的结果为真正的决策,而主要采用以目标驱动决策的方法进行决策。但是大数据给决策带来了新的思潮——数据驱动决策。根据美国麻省理工学院的一个团队对北美330家企业调查走访的结果可知,把自身企业定义为数据驱动的企业,能更好地完成既定的财务和运营目标,尤其是处在行业排名前1/3的企业。数据驱动企业平均比非数据驱动企业的生产力高出5%,利润高出6%。可见,数据驱动能给企业发展带来推动作用。

数据驱动决策并不是说管理者可以完全依赖数据,管理者要做一个提问的专家,要清楚地理清企业脉络并具有长远发展眼光,能够总体控制方向,然后由数据来告知答案。比如,零售商的管理者会提出:谁是优质客户;什么样的广告可以刺激购买等。当然也有些问题不是数据可以回答的,比如,企业在竞争对手中的地位。总而言之,一些由数据可以回答的问题在渐渐地表达数据本身的意见,最终实现数据驱动决策。

有学者提出,将传统的"目标驱动策略"与"数据驱动策略"结合起来,形成双向决策模型,从而构建了"评估与预测"和"监测与预警"的技术创新管理模型。这是管理决策思想的另一个创新,新与旧的结合使企业能更好地从传统"目标驱动决策"逐渐转向"数据驱动决策",让企业管理者逐渐相信数据说的"话"。

 阅读材料5

数据改变企业经营

商业社会中,大数据将是创新和竞争的新技术。2007年,信息经济学教授托马斯·达文波特就前瞻性地指出:"一些公司已经把它们商业活动的每一个环节都建立在数据收集、分析和行动的能力之上了。所有的公司都可以从它们的成功当中学习。"

今天,无论企业是否出于自愿,企业本身已经身处数据之中——企业内部信息系统、ERP所产生的每一条带有具体含义和价值的数据,与外部环境中由大众掌握的社交媒体等产生的模糊数据,以及社会生活中的人口、天气和其他公司的外部数据。来自社交媒体的负面信息可能使企业本身"苦练"的产品质量、品牌价值等内功一夕之间发生根本性的变化。"老罗挑战西门子冰箱"的微博大事件,足以让每一个企业警醒并关注来自消费者的信息。天气等公共问题的瞬息变化更是企业必须要善用的信息。暴雨、极寒等极端天气之下,应对得当的企业能够迅速捕捉到商机。比如羽绒制衣等企业如果了解到今冬的严寒,提前采购原料将会帮助其占得市场先机。这就要求以信息管理系统为代表的精确数据必须和来自社交媒体等来源的企业外部数据整合。涂子沛认为,对于企业来说,过去那种精准数据占90%、其他数据占10%的状况将被改变,来自社交媒体等外部数据将占到50%以上。

基于数据的竞争将提高组织的日常运营效率,找出可以省钱的地方和机会;基于数据的分析结果来提高决策速度和质量、增强预测能力,从而更好地理解客户和市场需要。企业因此要学会计算数据的投资回报——数据价值和数据成本的比值。因此降低数据成本,增加优质数据价值都是企业要关心的方向。自动化工具、使用云存储等都可能成为企业降低数据成本的方法,而社交化ERP对更多、更全面数据的收集,建立负责数据质量的数据治理队伍和流程,使用更新更成熟的数据工具、搭建数据整合分析平台都是数据增值的有效方法。其中,人们熟悉的数据挖掘、商务智能(BI)和证析(Analytics,泛指企业一切和数据相关活动,包括绩效和风险分析)等工具,可在大数据时代进行多源和实时的应用。

一个典型的商业应用是迪士尼乐园。迪士尼是孩子和童心未泯的成人的天堂,每个乐园里都有100多个项目,但每一项目前等待的排队人群常常令人兴致大减。为此迪士尼公司使用10多年的历史数据,结合天气、旅游等数据预测每一条队伍每一天每一小时所需的排队时间,游客可以参考这个分析结果安排自己在园区内的游览次序。为了处理突发情况,迪士尼公司还同时收集Twitter数据更新每一条队伍的排队等候时间。这可以使每位游客平均每人节省4个小时,提升游客们进园游玩的乐趣。

10.4 大数据带来的问题与采取的措施

大数据在给管理信息系统带来推动作用的同时也带来了许多问题,最突出的问题主要有以下几个方面。

10.4.1 数据安全问题及采取的相应措施

数据安全问题作为大数据冲击下的产物，对于管理信息系统尤为重要。由于管理信息系统里的数据都是企业的重要资产，尤其是一些核心信息，一旦泄漏，就会给企业带来巨大的经济损失。然而，很多管理信息系统都涉及跨部门设计，甚至有可能链接外部数据或使用云端，导致数据存在着安全隐患。

面对这样一个挑战，可以从两方面着手：一方面是从技术角度完善管理信息系统；另一方面是从管理角度建立完备的管理制度。

从技术上保障数据安全可以从以下三个方面入手。

(1) 建立完善的外部环境，加固受攻击面。

大数据时代下的管理信息系统的外部环境往往依赖于网络，数据存储一般都放在云端。操作系统漏洞或网络环境问题有可能威胁整个系统。如2008年2月15日，亚马逊EC2业务在云计算宿主离线导致大规模的服务中止，并抹去了一些客户的应用数据。因此，要加强操作系统和网络环境的安全保障，这可以从网络资源分配、防火墙建设、入侵检测技术、及时打补丁与杀毒来实现。如惠普公司使用Fortify进行代码扫描来保证代码的无安全漏洞性；在整合应用生命周期，将传统的惠普服务器、惠普云、数据中心解决方案及防病毒、防火墙产品进行整合，达到加固受攻击面的效果。

(2) 对于系统内部要严格做好安全措施，加强风险管理。

云安全技术是这一方面比较先进的技术。云安全也是基于"云"的创新，主要通过网状的客户端对网络中的各种软件进行检测来发现其中的异常，最终达到将各种病毒和木马的解决方案与各个客户端共享的目的。云安全融合了网络计算、并行处理以及未知病毒的判断等诸多新兴的技术和概念。为了避免系统一旦出现安全漏洞，而无法恢复数据的问题，应及时、有效地做好数据的备份。另外，要建立完善的数据库访问机制，避免关键数据的不必要外泄。

(3) 要主动防护信息，变被动为主动，从企业安全环境的评估、转型、优化及管理入手，全面做到智能防护。

如惠普公司推出的惠普数据中心安全防护服务——HP ArcSight ESM 6.0c和惠普TippingPoint新一代入侵防御系统等产品和解决方案，都是以智能主动防护为目标的。

从管理上保障数据安全，可以从以下四个方面入手。

(1) 完善数据资源保障制度。

根据现有的国家信息安全标准来建立企业的安全保障制度，这个安全保障制度包括数据资源安全的评估流程和评估标准、针对日常安全维护工作的维护机制及应对突发情况的快速响应机制。

（2）完善数据资源共享安全制度。

根据企业数据资源的机密程度划分不同的等级，依据划分的等级来设置企业数据资源的访问权限，以此建立相应的访问制度。存储在云端的数据，按照数据级别分区域存储。

（3）完善机密数据资源保护制度。

设置企业信息机密区，减少人员的接触，并制定机密数据接触使用的相关规定；对于可接触人员，应签订相应的保密协议，以防止泄密事件发生；对于技术上的存储安全措施（防火墙的设置），应设定相应的制度，并按要求执行。

（4）完善数据资源审计制度。

建立定期对系统进行检测与安全评估的制度，从制度上落实数据资源的审计工作；对于存储于云端的数据，引入第三方信息安全审计机制，完成云端存储的风险评估工作。

10.4.2 专业的技术和管理型人才缺失及采取的相应措施

现今，大数据的人才处于紧缺状况。通过麦肯锡全球研究院（McKinsey Lobal Institute）研究预测：在未来几年，具备深入分析数据能力人才的缺口仅在美国本土就可能达 14 万~19 万人，通过分析大数据来为企业做出有效决策的数据管理人员和分析师的缺口将达 150 万人。

面对这样的现状，企业可以采取不同的应对措施。

（1）企业外包。普通的金融、能源公司可以选择外包的形式，选择相对成熟的大数据服务厂商。

（2）内部培训。对于企业内部的数据管理人员与分析师，企业可以采取技术培训的形式。

（3）与高校人才合作。网络公司需要从根本上采取措施，不单单是员工的技术培训，还可以从人才引进方面着手，即与高校合作，培育企业所需要的人才。比如，IBM 公司的"全球千所高校合作学术计划"，学生可以在学校通过专业课程的培训获得最基础的专业知识，包括市场营销、数学、统计学等；同时，通过 IBM 公司，学生可以获得大数据分析软件、课程教材、研究案例等知识，通过 IBM 公司数据专家针对性的专业讲座来提高专业水平。这项计划旨在培养学生的大数据和分析学方面的能力，使之能胜任大数据的相关工作。

10.4.3 其他问题

除了上述数据安全问题和人才紧缺问题外，大数据的发展还引出了许多其他方面的问题。在数据处理方面，虽然已经有了新的技术突破，但是大数据应用的问题并没有完全解决。例如,怎样有效而快速地做好大量数据的清洗工作;怎样掌握"量"与"质"的平衡(若在清洗过程中粒度太粗,就可能无法达到清洗的预期效果;若在清洗过程中粒度太细,就可能将有用的信息过滤掉);实时处理方法虽然效果不错,但是该方法对应用的数据类型有一定的限制,如何将这些数据处理方法有效结合,创造出一种通用型的实时处理方式来打破这个瓶颈;数据中心的大部分电能用来维持服务器闲置时的供电,如何解决这方面的能耗问题;硬件方面,新旧硬件的交替期可能出现的木桶效应和不匹配问题。这些问题都有待解决。2013年6月,美国爆发的"棱镜门"事件所带来的也是隐私方面的不安全感。信息公开共享与隐私的矛盾问题也摆在了眼前。

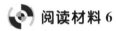 阅读材料6

美国"棱镜门"事件

2013年6月,前中情局(CIA)职员爱德华·斯诺登将两份绝密资料交给英国《卫报》和美国《华盛顿邮报》,并告之媒体何时发表。按照设定的计划,2013年6月5日,英国《卫报》先扔出了第一颗舆论炸弹:美国国家安全局有一项代号为"棱镜"的秘密项目,要求电信巨头威瑞森公司必须每天上交数百万个用户的通话记录。6月6日,美国《华盛顿邮报》披露称,过去6年间,美国国家安全局和联邦调查局通过进入微软公司、谷歌公司、苹果公司、雅虎公司等九大网络巨头的服务器,监控美国公民的电子邮件、聊天记录、视频及照片等秘密资料。美国舆论随之哗然。

美国决策者意识到,互联网在越来越多的国际事件上可以成为达到美国政治目的、塑造美国全球领导力的有效工具。2011年,以"脸谱网"(facebook)和"推特"(twitter)为代表的新媒体,贯穿埃及危机从酝酿、爆发、升级到转折的全过程,成为事件发展的"催化剂"及反对派力量的"放大器"。同样,类似的事件也在突尼斯和伊朗等国上演过。如今,以谷歌公司为首的美国IT巨头一方面标榜网络自由,反对其他国家的政府监管本国的互联网;另一方面又与美国政府负责监听的机构结盟,这无形之中就把自己贡献到祭坛上去了。

这项代号为"棱镜"(PRISM)的高度机密行动此前从未对外公开。《华盛顿邮报》获得的文件显示,美国总统的日常简报内容部分来源于此项目,该工具被称为是获得此类信息的最全面方式。一份文件指出,国家安全局的报告越来越依赖"棱镜"项目。该项目是其原始材料的主要来源。报道刊出后,外界哗然。保护公民隐私组织予以强烈谴责,表示不管奥巴马政府如何以反恐之名进行申辩,不管多少国会议员或政府部门支持监视民众,这些项目都侵犯了公民的基本权利。

这是一起美国有史以来最大的监控事件,其侵犯的人群之广、程度之深让人咋舌。

第10章 大数据与管理信息系统

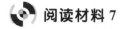阅读材料 7

大数据让隐私无处安放

对于大数据,很多用户的认知并不准确。从定义上来看,大数据的核心是搜集掌握大量数据,并进行专业的分析。具体到应用层面,可以看到很多基于大数据的应用,而这些大数据应用的背后蕴藏着巨大的安全风险。

想必很多网民应该记得,两年前,腾讯QQ曾经推出朋友圈功能,很多用户的真实名字出现在朋友圈中,引起了用户的强烈抗议,最后腾讯关闭了这一功能。腾讯QQ的朋友圈,本质上是基于QQ用户的好友关系及其他资料进行分析,能够准确地知道用户的真实姓名和一些社交关系。

腾讯QQ用户真实姓名被朋友圈曝光,仅仅是用户隐私泄露的一方面,这背后的数据分析才是令用户备感恐怖的地方。试想,如果腾讯QQ没有掌握到用户的隐私,如何知道用户的真实姓名及真实的社交关系?

答案显而易见,大数据搜集和数据分析过程中,都会触及用户的隐私。一旦某一环节存在安全隐患,后果就不堪设想。还网上传闻QQ数据大规模泄露,用户朋友圈和密码信息可以随意查看,这暴露了大数据的巨大安全隐患。

在海量互联网应用中,腾讯QQ朋友圈不过是大数据隐私堪忧的例子之一。在手机APP领域,一些所谓的健康应用,都在搜集用户数据,并对用户数据进行分析,给出相应的锻炼或饮食建议。这类手机APP,同样存在巨大的安全风险。

由于大数据可以光明正大地搜集用户数据,并可以对用户数据进行分析,这无疑让用户的隐私没有任何保障。作为一项新兴的技术,全球很多国家都没有对大数据采集、分析环节进行相应的监管。在没有标准和相应监管措施的情况下,大数据泄露事件频繁发生,已经暴露出大数据时代用户隐私安全的尖锐问题。

眼下,以智能手机、智能路由器以及智能手环为代表的智能硬件,正堂而皇之地采集用户隐私,并在不经过用户同意的情况下进行数据分析。这样一个混乱糟糕的环境,用户安全隐私如何保障?显然,头顶光环的大数据时代,安全已经成为一个不允回避的尖锐问题。

本章小结

大数据确实给人们的生活带来了方方面面的影响,也影响着现代管理信息系统的发展。同时,大数据新兴概念、技术和方法给管理信息系统的创新和应用增添了新的视角,对管理信息系统的数据处理流程和相关构成产生了积极的推动作用。如今,对于大数据的研究和应用尚处于初级阶段,管理信息系统研究者应该紧跟历史潮流,抓住机遇,做好一切准备,实现现代管理信息系统处理大数据的功能,使其能更好地为高校、企业和政府提供决策性支持,进而增加其创造力和竞争力。然而,对于大数据带来的人才转型、数据安全、新旧软硬件技术的磨合以及能源等方面的问题,管理信息系统开发者都应该重点关注,这也是管理信息系统发展中的重要研究方向。

　　本章掌握的要点有:大数据与大数据分析;大数据对管理信息系统数据处理过程中的数据采集、清洗、集成、存储、分析及数据可视化产生了哪些影响;大数据对管理信息系统的硬件、软件、人才培养以及管理思想方面有哪些推动作用;大数据给管理信息系统带来了哪些挑战;在人才短缺、数据共享、信息安全等方面有哪些相关问题;管理信息系统的发展会不会加快大数据的发展进程?

关键概念

　　大数据　　大数据分析　　大数据与信息管理　　大数据与管理信息系统　　大数据带来的安全问题　　大数据问题采取的应对措施

简答题

1. 简述大数据概念产生的历史。
2. 简述大数据的含义和大数据的特征。
3. 简述大数据分析与其他分析手段的区别。
4. 简述大数据与信息系统的关系,它怎样影响信息系统。
5. 简述大数据背景下的管理信息系统有些什么变化。
6. 简述大数据带来的问题及采取的应对措施。

综合案例 10-1

大数据时代下管理信息系统的应用——高墩一天的工作

　　某公司销售主管高墩,经过两天的休息后,周一精神抖擞地准备去上班。他的住所与公司只有20分钟的步行路程,高墩一般喜欢步行上班,临出门前,他打开手机,立刻出现了定制的气象预报,预报今天中午以后可能会下雨,于是高墩决定开汽车去公司。进入公司大门时,高墩习惯性地将自己的公司身份卡在门禁的打卡机上刷一下,他进入公司的时间立刻被人力资源管理系统记录在案。进入办公室后,高墩立刻打开办公桌上的计算机。由于是周一,上午要召开公司业务汇报会,高墩首先进入销售管理系统,要求系统立刻将上一周的销售报表打印出来。然后查看计算机桌面上等待处理的电子邮件,其中两份是外地代理商要求增加发货的信函,高墩立刻将其转发给成品库主管并同时利用系统的短信发送功能通知成品库主管有邮件给他。此时上周的销售报表已经打印出来,高墩立刻发现销售量比上一周下降了10%,高墩让系统列出了上周销售下降的代理商名单,看到销售量下降最多的就是要求增加发货的两个代理商,高墩在去开会之前要求秘书拟订一份应对销售下降的报告。

公司业务汇报会议后,公司生产经营副总经理召集了生产部、销售部和信息部等部门主管会议,讨论如何实现生产计划系统、销售系统、库房管理系统与采购系统的信息沟通问题。由于目前公司的销售系统便于销售人员在任何地方输入、查询客户资料和库存资料,可以很快汇总销售数据,已经能够满足销售部门的需要,因此高墩对将销售系统与其他系统的集成并不感兴趣。高墩回到办公室后,秘书已经将报告拟订好。高墩修改后,要求秘书再将销售系统中的一些代理商资料及代理成本的分析添加进计划,并将报告制成明天公司专门讨论销售情况会议的幻灯片。

下午,高墩与销售部中的几个业务骨干接待了某管理咨询公司的专家,他向大家演示了一套营销管理决策支持软件,该软件提供了一些可以支持广告决策的营销模式,选择新产品市场开发方法的模式及各种对销售情况进行分析的程序。大家对此很感兴趣,但是10万元的售价使他们不能立刻做出决定。高墩询问是否可以将软件留在公司试用,专家说可以,但是只能试用3个月。

专家走后,高墩上网搜索了与公司产品有关的市场及竞争对手情况,将一些重要的信息摘录下来,准备明天讨论会使用。接着又看了当天的一些重要新闻和已经收盘的股市情况。在下班回家的路上,高墩去超市购买了一些食品和日常用品。结账时,POS机直接从商品的条形码上读取了价格数据,汇总后,高墩用长城卡结了账。

阅读以上案例,思考以下问题:

(1) 大数据背景下,在高墩一天的工作生活中,他遇到、使用了哪些管理信息系统?你能从这些系统的信息处理方式中来分析它们有哪些特点吗?请设想,如何对其中的一些系统进行改进。

(2) 能否再举一些在日常生活和工作中所遇到的管理信息系统?

 综合案例 10-2

数据挖掘在市场营销中的应用

数据挖掘技术在企业市场营销中获得了比较普遍的应用,它是以市场营销学的市场细分原理为基础的,其基本假定是"消费者过去的行为是其今后消费倾向的最好说明"。通过收集、加工和处理涉及消费者消费行为的大量信息,确定特定消费群体或个体的兴趣、消费习惯、消费倾向和消费需求,进而推断出相应消费群体或个体下一步的消费行为,然后以此为基础,对所识别出来的消费群体进行特定内容的定向营销,这与传统的不区分消费者对象特征的大规模营销手段相比,大大节省了营销成本,增强了营销效果,为企业带来了更多的利润。

商业消费信息来自市场中的各种渠道。例如,当我们用信用卡消费时,商业企业就可以在信用卡结算过程中收集商业消费信息,记录下我们进行消费的时间、地点、感兴趣的商品或服务、愿意接受的价格和支付能力等数据;当我们在申办信用卡、办理汽车驾驶执照、商品保修单等需要填写表格的场合时，我们的个人信息就存入到相应的业务数据库中。企业除了自行收集相关业务信息之外，还可以从其他公司或机构购买此类信息为自己所用。

这些来自各种渠道的数据信息被组合，应用超级计算机、并行处理、神经元网络、模型化算法和其他信息处理技术手段进行处理，从中得到商家用于向特定消费群体或个体进行定向营销的决策信息。这种数据信息是如何应用的呢？举一个简单的例子，当银行通过对业务数据的挖掘，发现一个银行账户拥有者突然要求申请双人联合账户，并且确认该消费者是第一次申请联合账户时，银行会推断该用户可能要结婚了，就会向该用户定向推销用于购买房屋、支付子女学费等的长期投资业务，银行甚至可能将该信息卖给专营婚庆商品和服务的公司。

数据挖掘还可以用于构筑竞争优势。在市场经济比较发达的国家和地区，许多公司都开始在原有信息系统的基础上通过数据挖掘对业务信息进行深加工，以构筑自己的竞争优势，增大自己的营业额。美国运通公司（American Express）有一个用于记录信用卡业务的数据库，数据量达到 54 亿字符，并仍在随着业务的扩展而不断更新。运通公司通过对这些数据进行挖掘，制定了"关联结算（relationship billing）优惠"的促销策略，即如果一个顾客在一个商店用运通卡购买一套时装，那么在同一个商店再买一双鞋，就可以得到比较大的折扣，这样既可以增加商店的销售量，也可以增加运通卡在该商店的使用率。再如，居住在伦敦的持卡消费者如果最近刚刚乘坐英国航空公司的航班去过巴黎，那么他可能会得到一个周末前往纽约的机票打折优惠卡。

基于数据挖掘的营销，常常可以向消费者发出与其以前的消费行为相关的推销材料。卡夫（Kraft）食品公司建立了一个拥有 3000 万客户资料的数据库，数据库是通过收集对公司发出的优惠券等其他促销手段作出积极反应的客户和销售记录而建立起来的，卡夫食品公司通过数据挖掘了解特定客户的兴趣和口味，并以此为基础向他们发送特定产品的优惠券，为他们推荐符合客户口味和健康状况的卡夫产品食谱。美国的《读者文摘》（Reader's Digest）出版公司运行着一个积累了 40 年的业务数据库，其中汇集了遍布全球的 1 亿多个客户的资料，数据库每天 24 小时连续运行，保证数据实时更新，正是基于对客户资料数据库进行数据挖掘的优势，《读者文摘》出版公司的业务能够从通俗杂志扩展到专业杂志、书刊和音像制品的出版和发行业务，极大地扩展了自己的业务领域。

基于数据挖掘的营销对我国当前的市场竞争也具有启发意义，我们经常可以看到繁华商业街上一些厂商对来往行人不分对象地散发大量商品宣传广告，其结果是不需要的人随手丢弃资料，而需要的人并不一定能够得到。如果开家电维修服务的公司向在商店中刚刚购买家电的消费者邮寄维修服务广告，卖特效药品的厂商向在医院特定门诊就医的病人邮寄广告，肯定会比漫无目的的营销效果要好得多。

阅读以上案例,思考以下问题。
(1) 数据挖掘在企业市场营销中有哪些应用?
(2) 基于数据挖掘的市场营销为企业带来了什么好处?

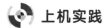 上机实践

1. 人力资源管理模块训练

(1) 查询企业各项基础数据,了解企业基本资料和部门设置。

(2) 对自己的信息进行修改,按照自己的情况,完善个人信息。

(3) 添加岗位招聘需求,需求部门为销售部,岗位为销售经理,需求数量为3人,工作地点为南大科院,岗位要求为有3年以上工作经验且有营销经验者优先。

(4) 对已发布的招聘需求进行审核。

(5) 查询应聘人员的情况,按照招聘计划择优录取相关人才,并结束本次招聘。

操作说明如下:人力资源是企业最重要的部门。对于人力资源的管理,最好的解决方案是与企业信息化系统集成,使人力资源管理模块同企业信息化系统的其他各个模块相连接。系统的人力资源管理除了提供企业员工信息的管理之外,还包括人才招聘的模块,企业员工可以根据自己的需要向系统人才库招聘部门员工。人力资源管理模块如图10-3所示。

图10-3 人力资源管理模块

2. 企业基础数据

企业信息:指本企业的基本资料。"企业信息"窗口如图10-4所示。

部门设置:指完成对企业部门的设置(见图10-5)。

企业信息	
公司名称：	新科电子科技有限公司
法定代表人：	于立国
经营模式：	生产型
省份：	浙江
城市：	杭州
公司地址：	浙江杭州新科大厦8F
邮编：	310000
注册资金：	200万
电话：	0571-88995566
传真：	0571-88554521
公司网址：	www.zkerp.com
公司简介：	我厂是专业生产电脑机箱高新科技企业，已为国内多家品牌生产配套应机箱，产品行销国内外30多个国家和地区。
开户银行：	浙江建设银行杭州市分行
开户帐号：	4327423241068845256
税号：	440012569855214

图 10-4 "企业信息"窗口

图 10-5 部门设置

3. 人事管理

员工信息：查看和维护企业员工的基本信息（见图 10-6）。

4. 招聘管理

招聘需求：企业在经营过程中，如果需要招聘新的员工，则可以在招聘需求中添加新的员工需求（见图 10-7）。

添加新的招聘需求时，需要填写完整需求部门（招聘的人员最终将属于这个部门）、岗位、需求数量、工作地点、性别、岗位要求及有效日期等信息（见图 10-8）。

招聘需求审核：新添加的招聘需求必须通过审核后才能发布。企业员工可以在"招聘需求审核"中查看所有等待审核的需求，点击"审核"选项后，该需求审核通过，系统后台将根据需求从人才库中调取应聘人员简历（见图 10-9）。

应聘处理：应聘处理是对已经审核通过但还在招聘的需求应聘情况进行查看和录取工作（见图 10-10）。

第 10 章　大数据与管理信息系统

员工档案资料表

姓名	工号	性别	身份证号码	电话	工作部门	合同到期日	信息维护
刘丰	10000000	男	320211791210042	0571-68652310	销售部	2005-8-26	修改
吴刚	10000001	男	230211791210045	0571-8852421	采购部		修改
孙继伟	10000002	女	230211791210045	0571-8852421	仓库管理部		修改
刘丽	10000003	男	321455791210025	13026542365	生产部		修改
金柯	10000004	女	325642368974510		生产部		修改
王静	10000005	男	230211791210045	0571-88995562	生产部		修改
陈利莉	10000006	女	513022780625688	0571-88365231	生产部		修改
欧阳笑	10000007	女	230211791210045	0571-8852421	生产部		修改
刘文方	10000008	男	371022770510236	13805718892	生产部		修改
顾晓芬	10000009	女	321023377021 0025	0574-9985624	生产部		修改
刘华	10000010	女	321022456120231	0517-5623412	生产部		修改
欧阳巧巧	10000011	女	230211791210045	0571-8852421	生产部		修改
刘霞	10000012	女	230211791210045	0571-88995522	生产部		修改
刘海利	10000013	男	3215477054521540	13065423685	生产部		修改
陈买	10000014	女	320123564523601	88387436	生产部		修改

1 2

员工信息卡

姓名：	孙继伟	工号：	10000002
性别：	女	婚否：	未婚
出生日期：	1981-8-1	籍贯：	浙江杭州
身份证号码：	230211791210045	户口所在地：	
电话号码：	0571-8852421	邮政编码：	
家庭住址：	福建福州		
工资类别：	缺省工资类别	停复薪：	正常
合同日期：		合同到期日：	
就业证到期日：		暂住证到期日：	
审评证到期日：		工作日期：	2004-8-26
投保日期：		保险证编号：	
工龄：		转正日期：	
工作岗位：	仓库管理部	离职日期：	

工作经验	教育经历	培训经历	语言能力

开始时间：	2000-8-1
结束时间：	2004-8-9
学校：	南昌大学
专业：	会计
学历：	本科
专业描述：	

返回

图 10-6　员工档案资料表

招聘需求列表

招聘部门	岗位	需求人数	发布日期	有效日期	删除	详细信息
生产部	组装车间工人	5	2004-09-12	2004-09-30	删除	查看

添加

图 10-7　招聘需求列表

招聘需求登记表

公司名称	新科电子科技有限公司
需求部门	生产部
岗位	组装车间工人
需求数量	5
工作性质	全职
工作地点	杭州
性别	无限制
岗位要求	1. 一年以上车间工作经验。 2. 45岁以下。 3. 可以加班。
有效日期	2004-9-30
发布日期	2004-9-12

[保存] [取消]

图 10-8 招聘需求登记表

待审核招聘需求列表

招聘部门	岗位	需求人数	发布日期	有效日期	审核	详细信息
生产部	组装车间工人	5	2004-9-12	2004-9-30	审核	查看

招聘需求登记表

公司名称	新科电子科技有限公司
需求部门	生产部
岗位	组装车间工人
需求数量	5
工作性质	全职
工作地点	杭州
性别	无限制
岗位要求	1. 一年以上车间工作经验。 2. 45岁以下。 3. 可以加班。
有效日期	2004-9-30
发布日期	2004-9-12

[修改] [返回]

图 10-9 待审核招聘需求列表

应聘管理

招聘部门	岗位	发布日期	有效日期	应聘人数	状态	详细信息	应聘情况
生产部	组装车间工人	2004-09-12	2004-09-30	4	进行中..	查看	查询

图 10-10 应聘处理

选择应聘情况查询，可以进入应聘人才的列表页。在这里用户可以选择想录取的人才，录取的人才将直接成为企业的正式员工，当然也可以点击"结束"按钮完成本次招聘(见图 10-11)。

应聘人才列表

招聘部门(岗位): 生产部--组装车间工人

	姓名	性别	出生日期	电话	Email地址	发送次数
☐	孙继伟	女	1981-8-1	0571-8852421		2
☐	刘丽	男	1980-3-16	13026542365		1
☐	张宁	女	1975-8-2			1
☐	刘建波	男	1969-3-3	0571-88365236	cii@sina.com	2

[录取]　[结束]　[返回]

图 10-11　应聘人才列表

参 考 文 献

[1] 黄梯云.管理信息系统[M]. 3版.北京:高等教育出版社,2005.
[2] 薛华成.管理信息系统[M]. 6版.北京:清华大学出版社,2012.
[3] 古玲香.你能成为CEO——以人为本的企业管理创新[M].北京:北京理工大学出版社,2008.
[4] 龙静.企业知识创新及其管理研究[M].北京:知识产权出版社,2011.
[5] 吕玉华.现代企业管理[M].成都:西南财经大学出版社,2008.
[6] 马浩.战略管理学精要[M].北京:北京大学出版社,2008.
[7] 王建民.战略管理学[M].北京:北京大学出版社,2006.
[8] 郑文礼.管理信息系统原理与应用基础[M].厦门:厦门大学出版社,2012.
[9] 张金城.管理信息系统[M].北京:清华大学出版社,2012.
[10] 庄玉良.管理信息系统[M].北京:机械工业出版社,2011.
[11] 李兴国.管理信息系统案例[M].北京:清华大学出版社,2010.
[12] 希尔,薛有志.战略管理——概念与案例[M].北京:机械工业出版社,2012.
[13] 黄旭.战略管理——思维与要径[M].北京:机械工业出版社,2012.
[14] 戴维,徐飞.战略管理——概念与案例[M].北京:中国人民大学出版社,2012.
[15] 吴忠,朱君璇.信息资源管理[M].北京:清华大学出版社,2011.
[16] 仲秋雁,刘友德.管理信息系统[M].大连:大连理工大学出版社,2006.
[17] 黄梯云.管理信息系统[M].北京:高等教育出版社,2009.
[18] 曹杰.管理信息系统教程[M].上海:科学出版社,2012.
[19] 李静.管理信息系统实验教程[M].北京:北京师范大学出版社,2011.
[20] 高波.企业管理信息系统[M].上海:科学出版社,2011.
[21] 王欣.管理信息系统[M].北京:中国水利水电出版社,2011.